MW01713973

UTB 2316

Eine Arbeitsgemeinschaft der Verlage

Beltz Verlag Weinheim und Basel
Böhlau Verlag Köln · Weimar · Wien
Wilhelm Fink Verlag München
A. Francke Verlag Tübingen und Basel
Paul Haupt Verlag Bern · Stuttgart · Wien
Verlag Leske + Budrich Opladen
Lucius & Lucius Verlagsgesellschaft Stuttgart
Mohr Siebeck Tübingen
C. F. Müller Heidelberg
Ernst Reinhardt Verlag München und Basel
Ferdinand Schöningh Verlag Paderborn · München · Wien · Zürich
Eugen Ulmer Verlag Stuttgart
UVK Verlagsgesellschaft Konstanz
Vandenhoeck & Ruprecht Göttingen
WUV Facultas · Wien

Rudolf Bultmann

Neues Testament und christliche Existenz

Theologische Aufsätze

Ausgewählt, eingeleitet und herausgegeben von
Andreas Lindemann

Mohr Siebeck

Rudolf Bultmann, 1884 in Wiefelstede (Oldenburg) geboren, 1976 in Marburg gestorben. Er wurde 1912 Privatdozent für Neues Testament in Marburg, 1916 Professor in Breslau, 1920 in Gießen, 1921 in Marburg.

Die Deutsche Bibliothek – CIP-Einheitsaufnahme

Bultmann, Rudolf:
Neues Testament und christliche Existenz : theologische Aufsätze / Rudolf Bultmann. Hrsg.: Andreas Lindemann. – 1. Aufl. – Tübingen : Mohr Siebeck, 2002
(UTB für Wissenschaft ; Bd. 2316)
ISBN 3-8252-2316-7 (UTB)
ISBN 3-16-147725-1 (Mohr)

Einbandgestaltung: Atelier Reichert, Stuttgart.
Druck: Hubert u. Co, Göttingen

ISBN 3-8252-2316-7 UTB Bestellnummer

Inhalt

Vorwort

Rudolf Bultmann war einer der wichtigsten und einflußreichsten Theologen des 20. Jahrhunderts. Mit dem hier vorgelegten Band soll Bultmanns Werk so vorgestellt werden, daß seine bleibende Bedeutung für Theologie und Kirche wahrgenommen werden kann. Die hier abgedruckten theologischen Aufsätze sind nicht nur für die Theologiegeschichte des 20. Jahrhunderts überaus bedeutsam, sondern sie stellen nach wie vor einen wesentlichen Beitrag zum theologischen Denken überhaupt dar.

Über die Frage, welche der Aufsätze Bultmanns in eine für sein Denken repräsentative Sammlung hineingehören, wird man stets geteilter Meinung sein können. Von den jeweiligen Herausgebern verantwortete Auswahlbände mit Aufsätzen Bultmanns erschienen 1960 in den USA (*Existence and Faith. Shorter Writings of Rudolf Bultmann*, herausgegeben und eingeleitet von Schubert M. Ogden) sowie 1973 in der damaligen DDR (*Gesammelte Aufsätze*, herausgegeben von Karl Matthiae, mit einer ausführlichen Einleitung und einem instruktiven Nachwort des Herausgebers). Die nun hier vorgelegte Auswahl von achtzehn Aufsätzen aus den Jahren zwischen 1925 und 1971 will ein repräsentatives Spektrum aus theologischen Aufsätzen Bultmanns in angemessener Form für einen weiteren Leserkreis, insbesondere auch für Studierende, zugänglich machen. Es sind Beiträge vor allem zur neutestamentlichen bzw. biblischen Theologie, zur Hermeneutik und zu Fragen theologischer Ethik; für Bultmanns exegetische Aufsätze sei ausdrücklich hingewiesen auf den von Erich Dinkler herausgegebenen Band *Exegetica* (Tübingen 1967). Die nachstehende Einführung gibt eine knappe Übersicht über Bultmanns Werk und erläutert dann den zeitgeschichtlichen Kontext der einzelnen abgedruckten Aufsätze.

Vierzehn der in dem vorliegenden Band zusammengestellten Aufsätze sind in den zwischen 1933 und 1965 erschienenen und mehrfach wieder aufgelegten Bänden *Glauben und Verstehen I–IV* enthalten, fünf von ihnen in dem inzwischen vergriffenen ersten Band dieser Aufsatzsammlung. Durch die neue Ausgabe bot sich die Möglichkeit, vier wichtige Aufsätze erstmals in einer Bultmann-Ausgabe zu publizieren. Es handelt sich um den für Bultmanns Beitrag zur „dialektischen Theologie“ wichtigen Aufsatz *Das Problem einer theologischen Exegese des Neuen Testaments* von 1925, um den für die Debatte zu Bultmanns Heidegger-Rezeption bedeutsamen Aufsatz *Die Geschichtlichkeit des Daseins und der Glaube*, in dem sich Bultmann mit dem Verhältnis von Philosophie und Theologie befaßt (1930), ferner um die von Bultmann zu Beginn des Sommersemesters 1933 vorgetragene Erklärung über *Die Aufgabe der Theologie in der gegenwärtigen Situation*, deren theologisch begründete kritisch-distanzierte Haltung gegenüber dem beginnenden nationalsozialistischen „Dritten Reich“ sich deutlich abhebt von zahlreichen damaligen Stellungnahmen auch aus kirchlichen Kreisen, sowie schließlich um den Aufsatz *Die protestantische Theologie und der Atheismus* aus dem Jahre 1971.

In seinem Geleitwort zu dem erwähnten von Karl Matthiae herausgegebenen Band schrieb Bultmann, seine Arbeit sei treffend mit dem Hinweis darauf charakterisiert worden, „daß ich zuerst und zuletzt Exeget zu sein mich bestrebte, und daß es mir dabei um die Einheit von Exegese und Theologie ging“. Diese Einheit sichtbar zu machen, ist auch das mit dem vorliegenden Auswahlband verbundene Ziel.

Bethel, 10. 3. 2002 Andreas Lindemann

Zur Einführung in diesen Band

Es war das entscheidende Anliegen Rudolf Bultmanns, dem neuzeitlichen Menschen die christliche Botschaft so zu vermitteln, daß dem Verstehen dieser Botschaft keine falschen Hindernisse in den Weg gelegt werden. Bultmann war historisch-kritisch arbeitender Exeget; seine Wurzeln lagen in der liberalen Theologie des späten 19. Jahrhunderts und in der religionsgeschichtlichen Schule. Als Exeget aber wandte er sich der „dialektischen Theologie" zu, mit dem Ziel, die exegetisch-historischen Fragestellungen der Schriftauslegung zu verbinden mit der systematisch-theologischen Reflexion. Das von ihm entworfene hermeneutische Programm einer existentialen Interpretation der biblischen Schriften ist theologisch unverändert aktuell.

Rudolf Bultmann wurde am 20. August 1884 im oldenburgischen Wiefelstede als Kind einer Pfarrersfamilie geboren; er studierte in Tübingen, Berlin und Marburg. 1910 promovierte er mit einer Arbeit über die paulinische Rhetorik[1], 1912 habilitierte er sich in Marburg mit einer Arbeit über die Exegese des altkirchlichen antiochenischen Theologen Theodor von Mopsuestia.[2] Bultmann, der wegen einer körperlichen Behinderung nicht Soldat werden mußte, wurde 1916 als Professor für Neues Testament nach Breslau berufen, 1920 nach Gießen, 1921 schließlich nach Marburg, wo er bis zu seiner Emeritierung 1951 lehrte und bis zu seinem Tode am 30. Juli 1976 lebte.[3]

Seine großen exegetischen Werke – *Die Geschichte der synoptischen Tradition* (1921)[4], die Kommentare zum Johannesevangelium[5], zu den Jo-

---

[1] Der Stil der paulinischen Predigt und die kynisch-stoische Diatribe, FRLANT 13, 1910 (wieder hg. von H. Hübner, 1984).

[2] Die Exegese des Theodor von Mopsuestia. Die Arbeit erschien zu Bultmanns 100. Geburtstag erstmals als Buch (hg. von H. Feld und K. H. Schelkle, Stuttgart 1984).

[3] Eine ausführliche biographische Skizze bietet H. G. Göckeritz in dem von ihm hg. Band: Rudolf Bultmann – Friedrich Gogarten. Briefwechsel 1921–1967, Tübingen 2002, 302–309 (zu Gogarten aaO., 311–319).

[4] FRLANT 29, Göttingen ^{2}1931; mit einem Nachwort von G. Theißen ^{10}1995.

[5] Das Evangelium des Johannes (KEK II), Göttingen 1941, ^{21}1986.

hannesbriefen[6] und zum Zweiten Korintherbrief[7] – sowie vor allem seine *Theologie des Neuen Testaments* (1953)[8] haben die exegetische Diskussion jahrzehntelang bestimmt, und sie sind bis heute ein Maßstab, an dem sich die historische und theologische Auslegung der neutestamentlichen Texte immer wieder messen lassen muß.

Bultmann verstand die theologische Arbeit als Akt des Glaubens[9], wohl wissend, daß die Theologie über den Glauben als Voraussetzung nicht verfügen kann, weil der Glaube selber Geschenk ist; zugleich aber ist Theologie für Bultmann historische Theologie, insofern sie den Anspruch der biblischen Texte anerkennt, dies freilich nicht als Voraussetzung der exegetischen Arbeit, sondern in deren Vollzug.

Bultmanns Ausgangspunkt ist die Einsicht, daß ein „objektivierendes" Reden von Gott nicht möglich ist. Gott ist kein „Gegenstand", „über" den der Glaube oder die Theologie Aussagen machen könnten. Vielmehr sieht Bultmann insbesondere in der Theologie des Apostels Paulus und in der des Evangelisten Johannes den Ansatz, daß sie alles, was sie von Gott sagen, zugleich auch vom Menschen sagen und umgekehrt, daß also Theologie als Rede von Gott und Anthropologie als Rede vom Menschen untrennbar zusammengehören. Dabei versteht Bultmann den Menschen von zwei Aspekten her: Zum einen ist der Mensch Sünder, der sein eigentliches Selbst stets verfehlt, der niemals der ist, der er vor Gott sein soll; zugleich ist der Mensch ein geschichtliches Wesen, d.h. er lebt in Beziehung zu anderen und in Beziehung zu sich selbst. In seiner Existenz ist er von der Geschichtlichkeit bestimmt, und das gilt auch für die biblischen Texte, deren Aussagen nicht als zeitlose Wahrheiten der Geschichte entnommen sind. Weil das so ist, müssen die biblischen Texte in die Sprache und das Denken der jeweiligen Gegenwart „übersetzt" werden. Dabei geht Bultmann davon aus, daß sich die Grundstrukturen des menschlichen Daseins und des daraus resultierenden Selbstverständnisses des Menschen gleich bleiben; andernfalls wäre es ja gar nicht möglich, die biblischen Texte heute zu verstehen. Andererseits aber ist das Weltbild, in dem sich das antike Denken ausspricht, nicht mehr unser Weltbild, d.h. bestimmte biblische Vorstel-

---

[6] Die Johannesbriefe (KEK XIV), Göttingen 1967, ^{2}1969.

[7] Der zweite Brief an die Korinther, hg. von E. Dinkler (KEK Sonderband), Göttingen 1976, ^{2}1987.

[8] Zuletzt hg. von O. Merk, UTB 630, Tübingen ^{9}1984.

[9] Zu Bultmanns systematischem Ansatz s. vor allem seine *Theologische Enzyklopädie* (hg. von E. Jüngel und K. W. Müller, Tübingen 1984).

lungen können wir nicht mehr verwenden. Bultmann versteht insbesondere die neutestamentlichen Wundererzählungen, aber auch Aussagen der Eschatologie, der Erwartung eines Weltendes, oder die räumlich gedachten Vorstellungen der Auferstehung und der Himmelfahrt Jesu als Konsequenzen des mythischen antiken Weltbildes, das vom neuzeitlichen Menschen nicht mehr geteilt wird. Aber dieser Wechsel im Weltbild bedeutet nicht, daß die entsprechenden Überlieferungen bedeutungslos geworden wären; vielmehr kommt es darauf an, diese Überlieferungen zu interpretieren, und zwar mit Blick auf das sich in ihnen aussprechende Existenzverständnis. Bultmann bezeichnet diesen hermeneutischen Ansatz als existentiale Interpretation oder mit dem Begriff „Entmythologisierung". Entgegen einem gern wiederholten Mißverständnis meint Bultmann damit gerade nicht die Eliminierung der in der Bibel enthaltenen mythischen bzw. mythologischen Aussagen, sondern dieser Begriff bezeichnet die Notwendigkeit der *Interpretation* der entsprechenden Texte. Gegen Bultmanns Verständnis der Wundererzählungen wird vielfach der Einwand erhoben, sein Hinweis auf das die Kenntnis der Naturgesetze voraussetzende neuzeitliche Welt beruhe auf einem durch die moderne Naturwissenschaft überholten Weltbild. Aber dies ist ein Mißverständnis; denn für das menschliche Selbst- und Weltverständnis gilt natürlich auch im 21. Jahrhundert die Feststellung Bultmanns: „Wir handeln stets so, daß wir uns auf die gesetzmäßige Verknüpfung des Weltgeschehens verlassen; und gerade wenn wir unter Verantwortung handeln, rechnen wir nicht damit, daß Gott etwa die Gesetze der Schwerkraft aufheben kann."[10]

Wie die existentiale Interpretation eines „mythischen", konkret: eines apokalyptischen Bibeltextes im existentiellen Vollzug in der Predigt aussehen kann, wird sichtbar etwa in Bultmanns Predigt über Mk 13,31–33, die er zum Ende des Sommersemesters 1950 hielt: Die Worte des Textes („Himmel und Erde werden vergehen …") bringen uns „unsere Vergänglichkeit und Nichtigkeit zum Bewußtsein", aber sie unterscheiden sich „von den Worten menschlicher Erkenntnis und Weisheit" dadurch, daß sie „zugleich Worte der Verheißung sind. In dem gleichsam über uns gesprochenen Nein ist das Ja Gottes verborgen"; Bultmann verweist auf andere biblische Worte, die denselben Gedanken zum Ausdruck bringen. Mit dem Wort in 1 Kor 3,21f („Alles ist euer …") meine Paulus „nicht, daß wir über alles verfügen können, daß aber in allen Begegnungen, in aller Zukunft unsere Ohnmacht gerade unsere Macht ist, über alles Herr zu werden. Gott

[10] R. Bultmann, Zur Frage des Wunders (s. u. 84–98, hier: 85).

begegnet uns im Worte Christi als unser Gott", was in dem Wort von 2 Kor 12,9 f. deutlich werde (Christi Kraft „ist in den Schwachen mächtig"). Die Zukunft, der wir entgegengehen, heißt dann: „dem Dunkel entgegengehen, offen für das, was Gott aus uns machen will. Das ist das Ungeheuerliche der Verheißung der Auferstehung der Toten, daß gerade der Glaube, der ‚auf Hoffnung glaubt, wo nichts zu hoffen ist' (Röm. 4,18), Gott als den erfahren darf, ‚der die Toten lebendig macht' (Röm 4,17)."[11]

„Der Gegenstand der Theologie ist Gott, und der Vorwurf gegen die liberale Theologie ist der, daß sie nicht von Gott, sondern von Menschen gehandelt hat. Gott bedeutet die radikale Verneinung und Aufhebung des Menschen; die Theologie, deren Gegenstand Gott ist, kann deshalb nur den λόγος τοῦ σταυροῦ zu ihrem Inhalt haben; dieser aber ist ein σκάνδαλον für den Menschen." Diese pointierten Feststellungen Rudolf Bultmanns aus dem Jahre 1924[12] charakterisieren sein theologisches Denken bei der Hinwendung zur dialektischen Theologie. Der als Eröffnungstext des vorliegenden Bandes gewählte, ein Jahr später verfaßte Aufsatz *Welchen Sinn hat es, von Gott zu reden?* (1–12) steht ebenfalls im Kontext der frühen „dialektischen Theologie"; er läßt zugleich den besonderen von Bultmann gesetzten Akzent erkennen: Gefragt wird nach der Stellung des Menschen vor Gott. „Will man von Gott reden, so muß man offenbar von sich selbst reden" (3) – dies freilich nicht in dem Sinne, daß nun doch der Mensch zum „Gegenstand" der Theologie wird, sondern so, daß der Mensch dem Anspruch Gottes begegnet und sich so als Sünder erfährt. Diese Grundaussage wird dann eingehend entfaltet, ganz im Sinne dessen, was später als „Theologie der Existenz" bezeichnet werden konnte. Der Aufsatz geht zurück auf einen Vortrag, den Bultmann am 25. März 1925 im Kreis oldenburgischer Kandidaten hielt. Hans Roth, ein ehemaliger Marburger Student, hatte Bultmann um einen Beitrag gebeten zu der Frage, „wie der Mensch in der Bibel und in der heutigen Moderne ‚gesehen' wird", und zwar unter ausdrücklichem Hinweis darauf, daß es große Unsicherheiten gebe hinsichtlich dessen, was „Glauben" heißt; Bultmann antwortete darauf, gerade dieser Hinweis mache ihm „Lust ..., das Thema ‚Welchen Sinn hat es, von Gott zu reden?' zu wählen".[13] Bei der Lektüre wird er-

---

[11] R. Bultmann, Marburger Predigten, Tübingen 1956, 222.224.

[12] R. Bultmann, Die liberale Theologie und die jüngste theologische Bewegung, in: Glauben und Verstehen I, 1–25, hier: 2.

[13] Der Vorgang ist dargestellt bei R. Rittner, Hans Roth und Rudolf Bultmann – oder das Ringen um moderne Theologie, in: Oldenburger Jahrbuch 100, 2000, 137–159, vor allem 150 f.

kennbar, daß es sich nicht um eine akademische Reflexion handelt, sondern um eine existentielle Auseinandersetzung Bultmanns mit dem im Grunde alles entscheidenden theologischen Thema.

Der ebenfalls 1925 publizierte Aufsatz *Das Problem einer theologischen Exegese des Neuen Testaments* (13–38) ist zu sehen im Kontext der grundsätzlichen Frage nach dem Verhältnis von Theologie und historischer Schriftauslegung. Bultmann spricht zunächst generell von den Möglichkeiten des Umgangs mit Texten: Ein Text erhebt einen Anspruch; er begegnet als „Wort", das „gehört" werden, das geradezu „Ereignis" werden will. Man kann dem Text also nicht distanziert gegenübertreten, und das bedeutet, daß die Exegese von der Wahrheitsfrage bestimmt ist; es gibt keine „neutrale Exegese", sondern man hat es immer mit der „Sache" zu tun, von der der Text redet. Bezogen auf die Auslegung des Neuen Testaments bedeutet dies, daß sie zwar methodisch „profan" zu sein hat, daß sie als *theologische Exegese* aber den Glauben voraussetzt. Damit ist „die Exegese in der gleichen Lage wie die Theologie überhaupt, die auch nur sinnvoll ist unter der Voraussetzung des Glaubens, und die doch über diese Voraussetzung nicht verfügt, die aber doch getrieben werden muß" (33). Bultmann folgert, daß Theologie und Exegese bzw. systematische und historische Theologie zusammenfallen (34).

Im Oktober 1927 fand in Eisenach der erste Deutsche Evangelische Theologentag statt. Sowohl in der alttestamentlichen wie in der neutestamentlichen[14] Sektion wurde über das Verhältnis der Exegese zur „dialektischen Theologie" diskutiert; der von Bultmann gehaltene Vortrag wurde 1928 unter dem Titel *Die Bedeutung der „dialektischen Theologie" für die neutestamentliche Wissenschaft* (39–58) veröffentlicht.[15] Bultmann führt zunächst aus, was mit dem Begriff „dialektische Theologie" gemeint ist, nämlich nicht ein dogmatisches System, sondern „eine bestimmte Weise des Redens"; er verdeutlicht dies anhand der Aussage, daß Gott dem Sünder gnädig ist: „Das ‚Wissen' um Gottes Gnade ist nicht das Wissen um eine

---

[14] Es handelte sich zugleich um die 6. Neutestamentlertagung; sie war nicht wie ursprünglich geplant mit dem Philologentag, sondern mit dem Theologentag zusammengelegt worden, was in der Gruppe zu Einsprüchen geführt hatte; vgl. A. Titius (Hg.), Deutsche Theologie. Bericht über den ersten deutschen Theologentag zu Eisenach (Herbst 1927), Göttingen 1928, 95.

[15] In dem Bericht dazu heißt es: Zu dem in der neutestamentlichen Sektion gehaltenen „Vortrag von D. Bultmann erscheinen nicht nur die Mitglieder der AT.lichen Abteilung; auch die andern Sektionen haben ihre Sitzungen ausgesetzt; der Saal macht den Eindruck wie bei Plenarsitzungen" (aaO., 97f.).

zeitlose Wahrheit oder um ein Faktum der Vergangenheit, sondern das Ergreifen der Gnadentat Gottes“ (40.42). Die Konsequenzen für die neutestamentliche Exegese beschreibt Bultmann am Beispiel des rabbinischen Satzes, daß der unsichtbare Gott sich dem Menschen in der Stunde seines Todes zeigt (44): Je mehr ich von dem weiß, was „Tod“ meint, um so besser vermag ich jenen Satz zu verstehen. Bultmann spricht in diesem Zusammenhang vom „Vorverständnis“, von einem „nichtwissenden Wissen“, das „ein Wissen im Charakter der Frage“ ist (53). Der Sinn der Exegese liegt nicht in der Rekonstruktion eines Stücks Vergangenheit, sondern darin, daß mir im Text die Möglichkeit eines neuen Verständnisses meiner selbst begegnet: Der Text „ist nicht ‚Quelle‘ für Gewesenes, sondern redet, indem er von meiner Existenz redet, von mir, und ich begegne ihm nicht betrachtend und konstatierend, sondern in echter Frage und Lernbereitschaft, und er kann mir zur Autorität werden“ (49). Dies wird näher expliziert am Beispiel dessen, wie Paulus vom Menschen als „Leib“ (σῶμα) bzw. Fleisch (σάρξ) spricht; hier findet sich jener Zugang zur paulinischen Theologie, der später vor allem in Bultmanns Theologie des Neuen Testaments breit entfaltet wird.

Im Jahre 1929 stellte der junge Systematiker Gerhardt Kuhlmann kritische Fragen an Bultmann.[16] Dieser habe „mit Recht den Begriff der Existenz zum methodischen Ausgangspunkt seiner Theologie gemacht“; er verstehe jedoch entsprechend der phänomenologischen Analyse Martin Heideggers Existenz als „Entscheidung für . . .“, und eben dies sei zu befragen: „Wenn Existenz jeweils Entscheidung ist, ‚wofür‘ fällt die Entscheidung, wofür ‚kann‘ sie fallen? Wenn Sein immer ist ‚in bezug auf etwas‘, was ist dieses ‚Etwas‘, was ‚kann‘ es sein?“ Kritisch stellt Kuhlmann fest, „daß eine rein formale Methodologie als Aufgabe der Philosophie ein Phantom ist“; sooft Theologie „eine philosophische Methode zur Erhebung eines vermeintlich eigenen Gegenstandes benutzte, wurde dieser unter der Hand zu einem philosophischen“. Diese Gefahr bestehe in besonderer Weise bei der Übernahme einer Philosophie wie der Heideggers; denn diese sei, anders als Bultmann annehme, „keine ‚Wissenschaft vom Sein‘, sondern untersucht den ‚Sinn von Sein‘, d. h. sie ist von vornherein darauf angelegt, ein bestimmtes Sein als einzig mögliches Sein zu ‚entdecken‘, das Dasein.“ Bultmanns Fehler sei nicht, daß er sich auf Philosophie beruft; es frage sich aber, „mit welcher Philosophie die Theologie ins Gespräch kommen möch-

[16] G. Kuhlmann, Zum theologischen Problem der Existenz. Fragen an Rudolf Bultmann, ZThK NF 10, 1929, 28–57.

te, mit einer ausgesprochenen Metaphysik oder mit einer kritischen Philosophie" – und Heideggers Philosophie sei „durch und durch" Metaphysik. Bultmann gegenüber sei auf den paradoxen Inhalt der Offenbarung hinzuweisen: „Erst die Einsicht in das unbegreifliche ‚Geschehen' der Offenbarung bringt die Theologie … zur Besinnung über sich selbst", und dieses Geschehen „würde dann nicht das paradoxe Ereignis der Existenzerfassung meinen, sondern, philosophisch gesprochen, die wirkliche Begrenzung je meines Daseins durch ein fremdes."[17]

Bultmann, der später mit Kuhlmann bis zu dessen frühem Tod 1949 in regem Austausch stand, antwortete 1930 mit dem umfangreichen Aufsatz *Die Geschichtlichkeit des Daseins und der Glaube* (59–83), in dem er nun seinerseits das Verhältnis von Theologie und Philosophie beleuchtet: „Die Philosophie sieht, *daß* Dasein nur je ein konkretes ist, das durch ein bestimmtes Wie charakterisiert ist; sie redet vom *Daß* dieses *Wie*, aber nicht von dem Wie selbst. Die Theologie aber redet von einem bestimmten Wie", nämlich vom konkreten Dasein, „sofern es glaubt (bzw. nicht glaubt, was für sie nicht ein Negativum, sondern ein Positivum ist), sofern sein Wie dadurch charakterisiert ist, daß es von einer bestimmten Verkündigung getroffen ist oder getroffen werden soll" (62). Heideggers Philosophie versteht Bultmann als Phänomenologie, „die die Phänomene zum Sich-Zeigen bringen will"; die Theologie „läßt sich von ihr an das Phänomen weisen; sie läßt sich von dem Phänomen belehren, vom Dasein, dessen Struktur die Philosophie aufdeckt" (64). Die Theologie müsse auf die philosophische Daseinsanalyse zurückgreifen, wenn sie Wissenschaft und nicht allein Predigt sein will. Daß es aber Theologie geben muß, ist freilich „weder aus einer Idee der Wissenschaft zu deduzieren, noch von der philosophischen Daseinsanalyse aus zu begründen"; vielmehr kann die Theologie „nur im gläubigen Dasein selbst ihren Grund haben . . . und die Theologie kann nur eine Bewegung des Glaubens selbst sein" (67). Im zweiten Teil des Aufsatzes führt Bultmann die Diskussion stärker mit Friedrich Gogarten, wobei es primär um das Verhältnis von Geschichte und Geschichtlichkeit geht (73–82).[18] Der Aufsatz schließt mit einer „Übersetzung" der paulinischen Trias Glaube, Liebe, Hoffnung, verbunden mit dem Begriff der Freude, in die Sprache der existentialen Analyse (82 f.).

Die folgenden vier Aufsätze waren in dem 1933 unter dem Titel „Glauben und Verstehen" erschienenen ersten Aufsatzband Bultmanns erstmals publi-

---

[17] Die Zitate finden sich aaO., 29.35.42.43.55.57.

[18] Zum Verhältnis zwischen Bultmann und Gogarten s. H. G. Göckeritz (s. o. Anm. 3).

ziert worden. Der Beitrag *Zur Frage des Wunders* (84–98) befaßt sich mit dem Verhältnis von „Mirakel" und Wunder: Der Gedanke des Mirakels als einer Durchbrechung des Naturzusammenhangs sei für uns nicht mehr nachvollziehbar, dies aber nicht etwa „deshalb, weil ein solches Geschehen aller Erfahrung widerspräche, sondern weil die Gesetzmäßigkeit, die für uns im Gedanken der Natur eingeschlossen ist, nicht eine konstatierte, sondern eine vorausgesetzte ist, und weil wir uns von dieser Voraussetzung nicht nach subjektivem Belieben freimachen können" (84 f.). Bultmann versteht das Wunder als Tun Gottes, nicht im Sinne eines konstatierbaren Mirakels, sondern im Sinne der Offenbarung der Gnade Gottes, die dem sündigen Menschen die Vergebung zuspricht. Die Frage der Auslegung neutestamentlicher Wundererzählungen wird am Ende nur gestreift; denn selbst wenn die Wunder Jesu historisch gesichert wären, „so gilt doch, daß sie als Werke eines Menschen der Vergangenheit uns unmittelbar nichts angehen"; sie sind vielmehr „restlos der Kritik preiszugeben", weil für den Glauben keinerlei Interesse daran besteht, „die Möglichkeit oder Wirklichkeit der Wunder Jesu als Ereignisse der Vergangenheit nachzuweisen". Als gepredigte Zeugnisse verdeutlichen die Wundererzählungen die Zweideutigkeit der christlichen Predigt, indem sie zeigen, „daß gerade das Wunder als konstatierbares Ereignis nicht geeignet ist, den Glauben zu begründen", weil sie es ja jedem freistellen, „sie auf eine ihm verständliche Kausalität zurückzuführen" (97).

In dem Aufsatz *Die Christologie des Neuen Testaments* (99–121) gibt Bultmann eingangs eine Skizze des Christusverständnisses der älteren historischen Forschung,. Gegen den Ansatz von Johannes Weiß, der auf die Einzigkeit der Person Jesu abgehoben hatte, stellt Bultmann unter Hinweis vor allem auf Paulus fest, die urchristliche Gemeinde habe „kein Bild der Persönlichkeit Jesu bewahrt", und aus den Evangelium lasse sich ein solches „nur mit Phantasie rekonstruieren" (104 f.). In der religionsgeschichtlichen Schule, für die Wilhelm Bousset steht, sei die Vorstellung des Christus- bzw. Kyrioskults entwickelt worden, der unter dem Einfluß der Mysterienreligionen gestanden habe (106–110). Aber, so Bultmann, „für Paulus ist die ἐκκλησία nicht in erster Linie die kultische Versammlung, sondern eine geschichtlich-eschatologische Größe, und die Christusgemeinschaft ist nicht eine mystische Lebensgemeinschaft, die den Mysten aus dem menschlichen Leben herausnimmt, sondern sie macht ihn in diesem Leben zum Leiden und Wirken fähig" (111). Das neue Leben ist „eine durch das Heilsereignis geschaffene geschichtliche Möglichkeit und ist Wirklichkeit, wo es im Entschluß ergriffen wird" (113); Christologie ist deshalb „nicht der theoretische Exponent der praktischen Frömmigkeit, ist nicht Spekulation und Lehre über das göttliche Wesen Christi, sondern sie ist *Verkündigung, Anrede*", also „die ‚Lehre', daß durch Christus unsere Gerechtigkeit geschafft ist, daß er um unsertwillen gekreuzigt und auferstanden ist" (114). Mythologische Vorstellungen, wie sie sich auch bei Paulus und Johannes finden, sind Ausdrucksformen, die sagen wollen, daß uns hier Gottes Handeln begegnet. Jesus ist „als reiner Mensch aufgetreten wie ein Prophet und Lehrer", seine Lehre ist in ihrem Gehalt „nichts anderes als reines Judentum, reiner Prophetismus. Aber daß er es *jetzt* sagt, in letzter entscheidender Stunde, das ist das Unerhörte" (119), und die Christologie ist „die Verkündigung der Heilstatsache, daß in Jesus Christus Gott die Welt mit sich versöhnt hat, daß er Gottes Wort ist" (121).

In der Studie *Der Begriff des Wortes Gottes im Neuen Testament* (122–147) fragt Bultmann, was gemeint ist, wenn das Neue Testament vom Wort Gottes spricht. Er setzt ein mit einer Untersuchung des Sprachgebrauchs im Alten Testament und im antiken Judentum, wozu er selbstverständlich auch Jesus rechnet: „Gottes Wort wendet sich nicht an den Intellekt, sondern an den Willen; es wird nicht gesehen, sondern gehört; nicht wissenschaftliche Forschung, sondern Gehorsam vernimmt es" (126 f.). Dagegen ist im griechisch-hellenistischen Sprachgebrauch das Wort „nicht im echten Sinn Anrede, und es ist nicht zeitliches Ereignis in einer bestimmten Situation, in einer bestimmten Geschichte" (132). Der neutestamentliche Sprachgebrauch ist gegenüber dem des Alten Testaments nicht wesentlich neu; allerdings ist der Begriff des Wortes Gottes hier nun „dadurch charakterisiert, daß es in menschlicher Rede an den Menschen ergeht", daß es „immer Anrede" ist, die gehört werden soll (134.136). Dieses Wort ergeht in der Predigt, die Glauben fordert; dabei muß aber klar gemacht werden, „daß dieser Glaube wirklich ein Verstehen ist" (137). Die Predigt hat die Aufgabe, das Wort so zu sprechen, daß die Möglichkeit des Verstehens tatsächlich eröffnet wird. Bultmann expliziert dies am Beispiel der paulinischen und der johanneischen Verkündigung: „Gottes Wort ereignet sich da, wo Zorn und Gnade, wo Gericht und Vergebung Ereignis werden" (146).

In den 30er Jahren des 20. Jahrhunderts gab es in der deutschen Theologie eine intensive Auseinandersetzung um die Bedeutung des Alten Testaments in der christlichen Kirche. Wilhelm Vischer schrieb ein zweibändiges Buch mit dem Titel „Das Christuszeugnis des Alten Testaments"; auf der anderen Seite stand eine Theologie, die dem Alten Testament den kanonischen Rang absprechen wollte, und die sich dafür auf keinen Geringeren als Adolf von Harnack berufen konnte; die alttestamentliche Forschung aber beschränkte sich vielfach auf die Rekonstruktion historischer Befunde und ließ die Frage nach der theologischen Relevanz weitgehend unbeachtet. Bultmann spricht angesichts dessen bewußt von der *Bedeutung des Alten Testaments für den christlichen Glauben* (148–171), d. h. es geht ihm um ein im eigentlichen Sinne theologisches Problem. Er skizziert eingangs traditionelle Positionen zum Verhältnis zwischen den beiden Testamenten der christlichen Bibel; dann aber betont er, entscheidend sei eine Fragestellung, „die im Alten Testament nicht das Dokument einer vergangenen und aus ihm selbst zu rekonstruierenden Zeit sieht, sondern die es unter Frage interpretiert, welche Grundmöglichkeit menschlichen Daseinsverständnisses in ihm ihren Ausdruck finde" (153). Bultmann betont, daß der Mensch im Alten Testament „in seiner Zeitlichkeit und Geschichtlichkeit gesehen" ist – ein Daseinsverständnis, das dem des Neuen Testaments völlig entspricht (159). Was aber ist dann das „Neue" im Neuen Testament? „Sofern in Israel der Gedanke Gottes radikal gedacht ist, indem die Gedanken der Sünde und der Gnade radikal erfaßt sind, ist der Glaube des Alten Testaments Hoffnung und ihm steht der Glaube des Neuen Testaments gegenüber als der Glaube, der die Erfüllung hat", dies gilt, insofern der christliche Glaube daraufhin an Gott glaubt, „daß Gott durch Christus die Welt mit sich versöhnt hat" (166). Die Geschichte Israels ist für den christlichen Glauben nicht Offenbarungsgeschichte; aber insofern uns auch im Alten Testament Gesetz und Evangelium begegnen und „jenes Daseinsverständnis des Menschen als des Geschöpfes, das in seiner Geschichtlichkeit unter Gottes Anspruch steht, klaren Ausdruck gefunden" hat, kann das Alte Testament auch für Christen unmittelbar Gottes Wort sein (171).[19]

Das Sommersemester 1933 beginnt Bultmann am 2. Mai mit einer Erklärung zu der seit der Ernennung Hitlers zum Reichskanzler entstandenen Lage; seine Ausführungen über *Die Aufgabe der Theologie in der gegenwärtigen Situation* (172–180)[20] wurden im Juni in den „Theologischen Blättern" veröffentlicht.[21] Ähnlich wie Karl Barth in seiner Schrift „Theo-

---

[19] Zum größeren theologischen Kontext vgl. Karolina de Valerio, Altes Testament und Judentum im Frühwerk Rudolf Bultmanns, BZNW 71, Berlin/New York 1994, vor allem 370–377.

[20] Der Text findet sich unter dem Titel *The Task of Theology in the Present Situation* in dem von Schubert M. Ogden herausgegebenen Band: Existence and Faith. Shorter Writings of Rudolf Bultmann, Cleveland/New York, ^{6}1968, 158–165; in deutschsprachigen Bultmann-Ausgaben war er bislang nicht enthalten.

[21] Diese Zeitschrift, herausgegeben von K. L. Schmidt, der im Sommer 1933 seine Bonner Professur verlor, stand der neuen Entwicklung äußerst kritisch gegenüber; der Jahrgang 1933, der u. a. die unterschiedlichen theologischen Gutachten und Aufsätze zur Fra-

logische Existenz heute" betont Bultmann den Sinn und die Notwendigkeit theologischer und kirchlicher Arbeit unter den neuen politischen Bedingungen. Bultmann spricht vom Glauben an Gott als den Schöpfer, der zugleich auch der Richter der Welt ist. Die Ordnungen, in denen wir uns vorfinden, sind zweideutig: „Sie sind *Gottes* Ordnungen, aber nur, sofern sie uns zu unserer konkreten Aufgabe im Dienst rufen. Sie sind Ordnungen der *Sünde* in ihrer bloßen Gegebenheit" (175). Kritisch bezieht sich Bultmann auf eine Kundgebung der Deutschen Studentenschaft, in der unter anderem der Satz formuliert worden war, man wolle „die Lüge ausmerzen"; Bultmann verweist auf Beispiele, die zeigen, daß die tatsächliche Entwicklung eine ganz andere ist, und dabei nennt er als schlimmstes Beispiel die Diffamierung der deutschen Juden (179). Gewiß ist Bultmanns Erklärung kein Akt eines zum Kampf entschlossenen Widerstands; aber sie steht jedenfalls in deutlichem Widerspruch zu dem „freudigen Ja", das gerade in der Anfangszeit des NS-Regimes gerade auch im akademischen und im kirchlichen Raum vielfach öffentlich ausgesprochen wurde.[22] Bultmann verwendet am Ende den auch in seinen wissenschaftlichen Arbeiten immer wieder begegnenden Begriff der „Entscheidung": Wir werden „uns zu entscheiden haben, ob christlicher Glaube für uns Geltung haben soll oder nicht . . . Und vor Verfälschungen des Glaubens durch eine völkische Religiosität sollen wir uns ehrlicherweise ebenso hüten wie vor einer Verfälschung des völkischen Glaubens durch christlichen Aufputz. Es gilt: Entweder-Oder" (179 f.).[23]

Im Jahre 1941, auf dem Höhepunkt der militärischen Machtentfaltung Deutschlands, der von nicht wenigen durchaus so etwas wie „Offenbarungsqualität" zugeschrieben wurde, untersucht Bultmann *Die Frage der natürlichen Offenbarung* (181–206): Gibt es neben der Christusoffenbarung noch andere Offenbarungen? Bultmann setzt ein mit der Frage nach

---

ge des „Arierparagraphen" in der Kirche dokumentiert, ist eine zeitgeschichtliche Quelle ersten Ranges.

[22] Vgl. dazu A. Lindemann, Neutestamentler in der Zeit des Nationalsozialismus. Hans von Soden und Rudolf Bultmann in Marburg, Wort und Dienst NF 20, 1989, 25–52 und die dort genannte Literatur. An Bultmanns Verhalten im Jahre 1933 erinnerte Hans Jonas bei der Gedenkfeier für Bultmann am 16.11.1976. H. Jonas, Im Kampf um die Möglichkeit des Glaubens, in: O. Kaiser (Hg.), Gedenken an Rudolf Bultmann, Tübingen 1977, 41–70 (hier: 43 f.).

[23] Vgl. auch Bultmanns Stellungnahme zu dem Verbot einer „kirchenpolitischen Betätigung" von Theologieprofessoren im Frühjahr 1935, abgedruckt in dem in Anm. 3 genannten Band von H. G. Göckeritz, 288 f. (Dokument Nr. 11).

dem Gottesbegriff, wobei die Grundaussagen an den Aufsatz von 1925 anknüpfen, nun freilich mit deutlich erkennbarem Bezug zur Zeitsituation. Den Gedanken, daß Gott sich in der Geschichte offenbare, weist Bultmann zurück: „Jedes Phänomen der Geschichte ist zweideutig, und keines offenbart als solches Gottes Willen"; das Handeln des Menschen ist ein Wagnis, „das vor Gott verantwortet werden muß. Und wenn der Wagende sein Werk vor Gottes Augen tut, tut er es nicht in dem Bewußtsein, daß er Gottes Plan eindeutig enträtselt hat, sondern in dem Bewußtsein, daß sein Werk die Probe vor Gottes Richterthron zu bestehen hat, dessen Spruch er nicht vorwegnehmen kann" (194). Die Frage nach Gott freilich ist als solche noch nichts spezifisch Christliches; christlich ist erst das Reden von Gottes Tat, in der er „seine Gnade schenkt und uns und die Welt verwandelt", christlich ist der Glaube, „daß Gott durch Jesus Christus seine Gnade hat erscheinen lassen . . ., daß er durch ihn die Welt mit sich versöhnt hat" (197). „Der natürliche Mensch hat den Anstoß zu überwinden, daß ein zufälliges geschichtliches Ereignis mit dem Anspruch auftritt, Gottes Offenbarung zu sein"; gerade das Zufällige gehört zur Offenbarung: „Das ‚das Wort ward Fleisch', das in dem ‚es steht geschrieben' durchgehalten wird in der christlichen Kirche, und das sich jeweils im gesprochenen Predigtwort erneuert, welches uns mit dem Anspruch begegnet, Gottes Wort zu verkünden" (201).

In gewissem Sinne dieselbe Fragestellung bestimmt den im Jahre 1946 in der Basler „Theologischen Zeitschrift" veröffentlichten Aufsatz *Anknüpfung und Widerspruch* (207–222), in dem sich Bultmann implizit auch mit der Theologie des in Basel lehrenden Karl Barth auseinandersetzt: Ist der christliche Glaube eine Religion wie andere auch, so kann die christliche Verkündigung und insbesondere die Mission ohne weiteres an fremde Religiosität anknüpfen; versteht sich der Glaube aber als Geschenk der Offenbarung, so kann er offenbar nur im Widerspruch zu allen menschlichen Phänomenen stehen. Wie ist aus diesem Dilemma herauszukommen? Gottes Handeln am Menschen hat einerseits „keinen Anknüpfungspunkt im Menschen", denn es „macht den Menschen, den es lebendig machen will, vorher zunichte"; aber „gerade im Widerspruch wird in paradoxer Weise der Anknüpfungspunkt geschaffen, oder besser: aufgedeckt . . . Der Mensch, den Gottes Widerspruch trifft, ist der Mensch, der sich in den Widerspruch zu Gott gestellt hat und der dadurch sich selbst verloren hat" (209 f.). „Die Sünde des Menschen", so stellt Bultmann fest, „ist der Anknüpfungspunkt für das widersprechende Wort von der Gnade" (210). Der Mensch als ganzer, genauer gesagt: die Sprache des Menschen ist der Anknüpfungspunkt für die Verkündigung, für das in der Predigt gesprochene Wort Gottes (211). Als neutestamentliche Beispiele verweist Bultmann auf Paulus und insbesondere auch auf die Areopagrede in Apg 17, sowie auf die Zusammenhänge urchristlicher Aussagen mit den Mysterienreligionen und der Gnosis; zwar urteilt die heutige Exegese gerade in dem zuletzt genannten Punkt sehr viel zurückhaltender, aber Bultmanns Hinweis auf den religionsgeschichtlichen Kontext, in dem das Neue Testament steht, bleibt jedenfalls unverändert richtig.

Bultmanns theologisches Denken war bestimmt von der Frage nach dem Verstehen des Glaubens und dem Verstehen der diesen Glauben bezeugenden Texte. Das erste nach dem Zweiten Weltkrieg publizierte Heft der „Zeitschrift für Theologie und Kirche" (1950) enthielt Bultmanns Aufsatz *Das Problem der Hermeneutik* (223–247), in dem er die Frage nach dem Verstehen grundsätzlich thematisiert.[24] Bultmann expliziert das hermeneutische Problem dabei nicht nur mit Blick auf die theologische bzw. die biblische Hermeneutik; daher eignet sich dieser Aufsatz unverändert gut als Hinführung zur grundsätzlichen Frage des Verstehens, auch wenn seit seinem Erscheinen viele neue Aspekte hinzugekommen sind.[25] Bultmann betont, daß das Verstehen von Texten von einem Vorverständnis ausgeht, ohne das eine Fragestellung und eine Interpretation gar nicht möglich ist; diese „Fragestellung aber erwächst aus einem Interesse, das im Leben des Fragenden begründet ist", wobei vorausgesetzt wird, daß dieses Interesse auch in den Texten lebendig ist „und die Kommunikation zwischen Text und Ausleger stiftet" (229). Natürlich sind gerade im Zusammenhang wissenschaftlichen Fragens auch andere Formen des Verstehens möglich; Bultmann verweist etwa auf die Möglichkeit, daß ein historischer Text nicht primär als Zeugnis für das gelesen wird, wovon er berichtet, sondern als Zeugnis seiner eigenen Zeit, aus der er berichtet, oder daß ein historischer Text entgegen seiner eigenen Intention auch unter geschichtswissenschaftlichen Gesichtspunkten gelesen werden kann (233). Bultmann vedeutlicht das Gemeinte am Beispiel der Interpretation von Kunstwerken (235–237).

---

[24] Eröffnet wurde das Heft mit einem ebenfalls programmatischen Aufsatz von Gerhard Ebeling: Die Bedeutung der historisch-kritischen Methode für die protestantische Theologie und Kirche, ZThK 47, 1950, 1–46; wieder abgedruckt in: G. Ebeling, Wort und Glaube I, Tübingen ^{2}1962, 1–49.

[25] Zu erwähnen ist in der Tradition Bultmanns bzw. Heideggers stehend vor allem H.-G. Gadamer, Wahrheit und Methode. Grundzüge einer philosophischen Hermeneutik, Tübingen ^{6}1990; vgl. ferner die Beiträge in U.H.J. Körtner (Hg.), Hermeneutik und Ästhetik. Die Theologie des Wortes im multimedialen Zeitalter, Neukirchen-Vluyn, 2001.

Erst gegen Ende geht er auf die Auslegung der biblischen Texte ein, wobei er nochmals den Begriff des „Vorverständnisses" näher expliziert. Abschließend folgt eine knappe ausdrückliche Diskussion mit Karl Barth (245–247).

Der eng mit dem Namen Bultmanns verbundene Begriff „Entmythologisierung" spielt in den in diesem Band enthaltenen Aufsätzen eine vergleichsweise geringe Rolle. Der 1954 ursprünglich als Rundfunkbeitrag verfaßte Aufsatz *Die christliche Hoffnung und das Problem der Entmythologisierung* (248–257) geht auf die Frage ein, ob die in den biblischen Texten enthaltenen mythologischen Hoffnungsbilder als solche für den christlichen Glauben verpflichtend sein können; Bultmann stellt fest, daß die antiken Bilder für uns nicht mehr nachvollziehbar sind, daß aber sehr wohl zu fragen ist, ob mit dieser Feststellung schon „das letzte Wort gesprochen ist oder ob in ihnen ein bleibender Sinn Ausdruck gefunden hat", der für das Existenzverständnis des Menschen eine „Möglichkeit ist, die ihr Recht nie verlieren kann" (252). Insbesondere bei Paulus und bei Johannes komme die Dialektik zum Ausdruck, „daß der gegenwärtige Gott zugleich der kommende Gott ist"; gerade so ist Gott der, „dessen Gnade den Menschen von der Gebundenheit an seine Vergangenheit befreit und für die Zukunft – für Gottes Zukunft – öffnet". Dann kann der Glaube „darauf verzichten, die Zukunft, die Gott im Tode schenkt, auszumalen", denn er erkennt, daß die mythologischen Hoffnungsbilder „von der Zukunft Gottes reden als von der Erfüllung des menschlichen Lebens" (257).

Unter der Frage *Ist voraussetzungslose Exegese möglich?* (258–266) vertieft Bultmann 1957 seine Überlegungen zur Hermeneutik; er differenziert scharf zwischen den *Voraussetzungen* der Exegese und den *Vorurteilen*, die die Ergebnisse der Exegese voraussetzen wollen: „Jede von dogmatischen Vorurteilen geleitete Exegese hört nicht, was der Text sagt, sondern läßt ihn sagen, was sie hören will" (259). Selbstverständliche Voraussetzung der Exegese ist die Anwendung der historischen Methode, insofern die Texte schon allein in ihrer Sprache geschichtlich bedingt sind; dies schließt ein, „daß die Geschichte eine Einheit ist im Sinne eines geschlossenen Wirkungs-Zusammenhangs" und daß es dementsprechend keine „Wunder" gibt, die diesen Zusammenhang zerreißen (260 f.). Natürlich sei es richtig, daß die biblischen Schriften keine historischen Dokumente sein wollen, sondern Glaubenszeugnisse; „aber wenn sie als solche verstanden werden sollen, so müssen sie zuvor historisch interpretiert werden", d. h. „sie müssen übersetzt werden, und die Übersetzung ist die Aufgabe der historischen Wissenschaft" (261). Damit verbindet sich die wichtige Einsicht, „daß historische Erkenntnis nie eine abgeschlossene definitive ist"; denn „da geschichtliche Phänomene nicht neutral beobachtbare Fakten sind, sondern sich in ihrem Sinn nur dem lebendig bewegten Fragenden erschließen, so werden sie immer nur je jetzt verständlich, indem sie in die je gegenwärtige Situation hineinsprechen" (264). Bultmanns Schlußthesen mit ihren Erläuterungen (264–266) sind für jede theologische Interpretation biblischer Texte nach wie vor gültig.

Im Jahre 1958 bat die kanadische Zeitschrift „The Christian Century" u. a. auch Rudolf Bultmann um eine Antwort auf die Frage, was gegenwärtig theologisch zu tun geboten sei. Bultmann nennt in seinen *Gedanken über die gegenwärtige theologische Situation*[26] (267–273) zwei aktuelle „Versuchungen": Zum einen die „Reaktion", also ein nach rückwärts gerichtetes Streben nach dogmatischer Sicherheit des Glaubens, zum andern die „Politisierung". Im Blick auf erstere wiederholt Bultmann seine oft begegnende Feststellung, daß der christliche Glaube keine Weltanschauung ist, die die Rätsel des Lebens zu lösen und dem Menschen die Verantwortung für sein Handeln abzunehmen vermöchte; Glaube ist vielmehr „das Vertrauen auf die Gnade Gottes", das keine Sicherheit kennt „als das dem Menschen zugesprochene Wort der Gnade". Der Anstoß liege darin, „daß dieses Wort der Gnade zugleich das Wort vom Kreuz ist, daß die Verheißung des Lebens die Bereitschaft für die Übernahme des Todes einschließt" (268 f.). Bultmann verdeutlicht dies durch die paulinische Rechtfertigungslehre, und er verweist in diesem Zusammenhang abermals auf die Begegnung mit den Religionen und auf das Verhältnis der Theologie zur Philosophie (270 f.). Hinsichtlich der „Versuchung" der „Politisierung" kritisiert Bultmann die immer wieder aufgestellte Forderung, daß die Kirche „Weisung geben" solle im Zusammenhang politischer Probleme und Konflikte; die Kirche habe vielmehr „solches Ansinnen bestimmt abzuweisen . . . Denn die Kirche, die hier Weisung geben soll, besteht ja in concreto aus den Männern des Kirchenregiments, und diese können nur ihr persönliches Urteil abgeben" (272). Diese Antwort wird man jedenfalls nicht leichtfertig beiseite schieben dürfen, auch wenn zum „Kirchenregiment" mittlerweile nicht mehr nur Männer, sondern ebenso auch Frauen gehören. Bultmann ruft sehr betont zur Übernahme von politischer Verantwortung; „aber Theologie und Kirche haben nicht die Aufgabe, politisch verbindliche Regeln aufzustellen und damit den einzelnen Menschen die Verantwortung für die eigene Entscheidung abzunehmen" (273).

---

[26] Der Originaltitel lautet: *Theology for Freedom and Responsibility*.

Ein Beitrag zur ethischen Diskussion ist auch die 1959 veröffentlichte Untersuchung *Der Gedanke der Freiheit nach antikem und christlichem Verständnis* (274–283). Bultmann differenziert hier zwischen dem griechisch-antiken und dem christlichem Verständnis von Freiheit; für erstere steht die Philosophie, insbesondere die Stoa, die in ihrem Denken voraussetzt, daß „der Mensch seiner selbst mächtig ist" (278). Auf der anderen Seite steht vor allem Paulus, dessen Aussagen zwar bisweilen an stoisches Denken anklingen, der aber doch etwas ganz anderes meint, weil für ihn „das Wesen des Menschen nicht die ihrer selbst mächtige erkennende Vernunft ist, sondern der Wille, der den Menschen zu dem macht, der er ist" (279). Freiheit bedeutet für Paulus „die in Christus offenbar gewordene Gnade Gottes, die aus dem alten Menschen einen neuen macht", die Befreiung von der Macht der Sünde; diese Freiheit ist „kein ihm verfügbarer Besitz. Gnade ist unverfügbar und kann nur immer neu empfangen werden im glaubenden Aufblick zu ihr" (281). Diese Einsicht hat nach Bultmann zwar nicht direkt, wohl aber indirekt Konsequenzen für die Frage nach der politischen Freiheit: Wenn die Gnade „den Menschen offen macht für seine Begegnungen, so macht sie ihn eben damit offen für die konkreten geschichtlichen Aufgaben" (283). Der Rechtsstaat ist „nur gesund, wenn die Freiheit in ihm durch das Gesetz begründet ist und wenn das Gesetz ein die Freiheit begründendes ist"; dieses Gesetz werde „vom christlichen Glauben verstanden als zu dem Gesetz gehörig, das dem Leben dient", auch wenn diese Freiheit nicht identisch ist mit jener inneren Freiheit des Menschen, „zu der die Gnade Gottes befreit" (283).

Der 1963 verfaßte Aufsatz *Zum Problem der Entmythologisierung* (284–293) ist eine späte Stellungnahme Bultmanns zu der von ihm selbst angestoßenen und in den 1950er und 1960er Jahren zum Teil mit großer Heftigkeit geführten Diskussion.[27] In knapper Form macht er klar, was er meint, wenn er eine entmythologisierende Exegese fordert. Die Lektüre der wenigen Seiten zeigt, daß die beschriebene Aufgabe alles andere als erledigt ist, auch wenn der längst in den allgemeinen Sprachgebrauch eingegangene Begriff der Entmythologisierung in der Theologie bisweilen nur noch eine geringe Rolle spielt oder fehlgedeutet wird. Die hermeneutische Aufgabe, Texte, die von der Wirklichkeit in anderen Kategorien sprechen

[27] Zu dem 1941 gehaltenen und publizierten, seitdem vielfach nachgedruckten, die Debatte auslösenden Vortrag Bultmanns *Neues Testament und Mythologie* vgl. W. Schmithals, Zum Problem der Entmythologisierung bei Rudolf Bultmann, ZThK 92, 1995, 166–206.

als wir das tun, angemessen für heute zu „übersetzen", besteht unverändert fort[28] – sofern man nicht meint, es komme in der Theologie auf das Verstehen biblischer Aussagen gar nicht mehr entscheidend an.

Der kleine Aufsatz *Die protestantische Theologie und der Atheismus* (294–298) ist eine der letzten von ihm selbst verantworteten Publikationen Bultmanns. In gewisser Weise schließt sich hier der Kreis, denn die Überlegungen führen zurück zu der Frage, welchen Sinn es habe, von Gott zu reden. Bultmann unterscheidet den unbewußten, alltäglichen Atheismus von dem bewußten Atheismus, für den der Gottesglaube eine Illusion und die Rede von Gott bloße Mythologie ist (295). In der Frage des Menschen nach der Eigentlichkeit seiner Existenz sieht Bultmann implizit die Frage nach Gott. Gewiß sei der Glaube an das „Unbedingte im Bedingten" kein christlicher Gottesglaube; aber das von der Kirche verkündigte Wort Gottes „wird verständlich gerade für den Menschen, der von der Frage nach seiner Existenz und damit von der Frage nach dem Unbedingten bewegt ist" (297). Im Glauben an Gott als den Schöpfer, „dem ich vertraue als dem, der in der Welt, in der ich zu handeln habe, sein verborgenes Regiment führt . . . wird die Welt und mein Leben in ihr neu, und es gilt, diesen Glauben immer wieder neu zu fassen", da er nie einfacher Besitz sein kann; sprechendes Zeugnis dafür ist das dem Paulus als Antwort auf sein Gebet zuteilgewordene Wort Christi, das der Apostel in 2 Kor 12,9 f. überliefert hat: „Genug ist für dich meine Gnade; denn die Kraft kommt in der Schwachheit zur Vollendung" (298).

[28] Dazu D. Fergusson, Art. Entmythologisierung, RGG^4 II, Tübingen 1999, 1328–1330.

Verzeichnis der Erstveröffentlichungen

1. Welchen Sinn hat es, von Gott zu reden?
in: Theologische Blätter 4, 1925, 129–135
= Glauben und Verstehen I, Tübingen. J. C. B. Mohr (Paul Siebeck), 1933, 26–37.

2. Das Problem einer theologischen Exegese des Neuen Testaments
in: Zwischen den Zeiten 3, 1925, 334–357.

3. Die Bedeutung der „dialektischen Theologie" für die neutestamentliche Wissenschaft
in: Theologische Blätter 7, 1928, 57–67.
= Glauben und Verstehen I, 114–133.

4. Die Geschichtlichkeit des Daseins und der Glaube
in: Zeitschrift für Theologie und Kirche NF 11, 1930, 329–364.

5. Zur Frage des Wunders
in: Glauben und Verstehen I, 214–228.

6. Die Christologie des Neuen Testaments
in: Glauben und Verstehen I, 245–267.

7. Der Begriff des Wortes Gottes im Neuen Testament
in: Glauben undVerstehen I, 268–293.

8. Die Bedeutung des Alten Testaments für den christlichen Glauben
in: Glauben und Verstehen I, 313–336.

9. Die Aufgabe der Theologie in der gegenwärtigen Situation
in: Theologische Blätter 12, 1933, 161–166.

10. Die Frage der natürlichen Offenbarung
in: Offenbarung und Heilsgeschehen, BevTh 7, München. Chr. Kaiser, 1941.
= Glauben und Verstehen II, Tübingen. J. C. B. Mohr (Paul Siebeck), 1954, 79–104.

11. Anknüpfung und Widerspruch
in: Theologische Zeitschrift 2, 1946, 401–418
= Glauben und Verstehen II, 117–132.

12. Das Problem der Hermeneutik
in: Zeitschrift für Theologie und Kirche 47, 1950, 47–69
= Glauben und Verstehen II, 211–235.

13. Die christliche Hoffnung und das Problem der Entmythologisierung
in: G. Bornkamm u. a., Die christliche Hoffnung und das Problem der Entmythologisierung, 1954, 21–32
= Glauben und Verstehen III, Tübingen. J. C. B. Mohr (Paul Siebeck), 1960, 81–90.

14. Ist voraussetzungslose Exegese möglich?
in: Theologische Zeitschrift 13, 1957, 409–417
= Glauben und Verstehen III, 142–150.

15. Gedanken über die gegenwärtige theologische Situation
in: Christian Century 75, 1958, 967–969
= Glauben und Verstehen III, 190–196.

16. Der Gedanke der Freiheit nach antikem und christlichem Verständnis
in: Universitas 14, 1959, 1129–1138
= Glauben und Verstehen IV, Tübingen. J. C. B. Mohr (Paul Siebeck), 1965, 42–51.

17. Zum Problem der Entmythologisierung
in: Kerygma und Mythos VI.1, 1963, 19–27.
= Glauben und Verstehen IV, 128–137.

18. Die protestantische Theologie und der Atheismus
in: Zeitschrift für Theologie und Kirche 68, 1971, 376–380.

Die Aufsätze unter Nr. 2, 4, 9 und 18 sind für den vorliegenden Band neu gesetzt worden; die Seitenangaben am inneren Rand beziehen sich auf den ursprünglichen Erscheinungsort. Die übrigen Aufsätze sind aus *Glauben und Verstehen I–IV* übernommen worden; die Seitenangaben am inneren Rand beziehen sich auf den jeweiligen Band.

Eine vollständige Bibliographie Bultmanns und einen umfassenden Überblick über die Bultmann-Literatur bietet die Internet-Seite der *Rudolf-Bultmann-Gesellschaft für Hermeneutische Theologie* e. V. (www.univie.ac. at/bultmann).

Welchen Sinn hat es, von Gott zu reden?*)

1925

I.

Versteht man unter „von Gott" reden „*über Gott*" *reden*, so hat solches Reden überhaupt keinen Sinn; denn in dem Moment, wo es geschieht, hat es seinen Gegenstand, Gott, verloren. Denn wo überhaupt der Gedanke „Gott" gedacht ist, besagt er, daß Gott der Allmächtige, d. h. die Alles bestimmende Wirklichkeit sei. Dieser Gedanke ist aber überhaupt nicht gedacht, wenn ich *über* Gott rede, d. h. wenn ich Gott als ein Objekt des Denkens ansehe, über das ich mich orientieren kann, wenn ich einen Standpunkt einnehme, von dem aus ich neutral zur Gottesfrage stehe, über Gottes Wirklichkeit und sein Wesen Erwägungen anstelle, die ich ablehnen oder, wenn sie einleuchtend sind, akzeptieren kann. Wer durch Gründe bewogen wird, Gottes *Wirklichkeit* zu glauben, der kann sicher sein, daß er von der Wirklichkeit *Gottes* nichts erfaßt hat; und wer mit Gottesbeweisen etwas über Gottes Wirklichkeit auszusagen meint, disputiert über ein Phantom. Denn jedes „Reden *über*" setzt einen Standpunkt außerhalb dessen, worüber geredet wird, voraus. Einen Standpunkt außerhalb Gottes aber kann es nicht geben, und von Gott läßt sich deshalb auch nicht in allgemeinen Sätzen, allgemeinen Wahrheiten reden, die wahr sind ohne Beziehung auf die konkrete existentielle Situation des Redenden.

Man kann über Gott sinnvoll so wenig reden wie man über *Liebe* reden kann. In der Tat, auch *über* Liebe kann man nicht reden, es sei denn, daß dies Reden über Liebe selber ein Akt des Liebens wäre. Jedes andere Reden über Liebe ist kein Reden von Liebe, da es sich außerhalb der Liebe stellt. Also eine Psychologie der Liebe

*) Aus: „Theologische Blätter" IV, 1925, S. 129–135.

würde jedenfalls von allem andern reden als von Liebe. Liebe ist keine Gegebenheit, *woraufhin* ein Tun und Reden, ein Nichttun oder Nichtreden möglich wäre. Sie besteht nur als eine Bestimmtheit des Lebens selbst; sie *ist* nur, indem ich liebe oder geliebt werde, nicht daneben oder dahinter. Ebenso steht es mit dem Verhältnis von Vaterschaft und Kindschaft. Als Naturgegebenheit gesehen — so daß man darüber reden kann — offenbart es gerade nicht sein eigentliches Wesen, sondern ist der Spezialfall eines bestimmten Naturgeschehens, das sich zwischen Individuen einer Gattung abspielt. Wo das Verhältnis wirklich besteht, ist es nicht von außen zu sehen, d. h. nicht etwas, *woraufhin* z. B. der Sohn dies oder jenes sich gestatten oder auch lassen, sich zu diesem oder jenem verpflichtet fühlen kann. Tritt die Reflexion auf dies „Woraufhin" in das Verhältnis ein, so ist es zerstört. Es *ist* nur, wo der Vater als Vater, der Sohn als Sohn in seinem Leben bestimmt ist.

Ist das richtig, so würde z. B. der etwaige *Atheismus* einer Wissenschaft nicht darin bestehen, daß sie die Wirklichkeit Gottes leugnet, sondern sie wäre ebenso atheistisch, wenn sie sie als Wissenschaft behauptete. Denn in wissenschaftlichen Sätzen, d. h. in allgemeinen Wahrheiten von Gott reden, bedeutet eben, in Sätzen reden, die gerade darin ihren Sinn haben, daß sie allgemeingültig sind, daß sie von der konkreten Situation des Redenden absehen. Aber gerade indem der Redende das tut, stellt er sich außerhalb der tatsächlichen Wirklichkeit seiner Existenz, mithin außerhalb Gottes, und redet von allem andern als von Gott.

In diesem Sinne aber von Gott reden, ist nicht nur Irrtum und Wahn, sondern ist *Sünde*. Luther hat in seiner Genesiserklärung sehr deutlich zum Ausdruck gebracht, daß Adams Sünde nicht eigentlich die Tat war, mit der er, von der verbotenen Frucht essend, das Gebot übertrat, sondern dies, daß er sich einließ auf die Frage: sollte Gott gesagt haben? das „disputare de deo", das so sich außerhalb Gottes stellen und den Anspruch Gottes auf den Menschen zum disputablen Problem machen. Denn wollten wir uns dieser Konsequenz entziehen und sagen: dies Disputieren braucht doch nicht schlimm gemeint zu sein; es kann im Gegenteil gut gemeint sein; es kann ja der Wahrhaftigkeit, dem Verlangen nach Gott entspringen, so würden wir wieder zeigen, daß wir den Gedanken Gottes nicht erfaßt haben. Wir wären in den alten Fehler gefallen und stellten uns die Allmacht Gottes und unsere Bestimmtheit durch sie wieder als eine Tatsache vor, die als allgemeine Wahrheit faßbar ist, etwa wie die Bestimmtheit jedes irdischen Objekts durch die Kausalgesetzlichkeit. Aber gerade dann wäre nicht erfaßt, was die Bestimmtheit unserer Existenz durch Gott bedeutet; denn sie bedeutet zugleich den *Anspruch* Gottes auf uns, sodaß jedes sich außerhalb Gottes stellen eine Verleugnung des Anspruchs Gottes auf uns, also Gottlosigkeit, Sünde wäre. Das wäre nur anders, wenn es eben eine Neutralität Gott gegenüber gäbe. Damit aber wäre der Gedanke Gottes preisgegeben. Adam meint, vor Gott fliehen zu können; aber durch die Flucht wird Gottes Anspruch nicht getilgt. So wird ein Reden über Gott zur Sünde.

Und es bleibt dabei: *Sünde* auch dann, wenn es aus ehrlichem Suchen nach Gott hervorgeht. Und daraus wird nur klar, daß wenn wir in einer solchen Situation sind, in der wir ehrlicherweise über Gott disputieren müssen, wir eben Sünder sind und von uns aus nichts tun können, um aus der Sünde herauszukommen. Denn es würde uns ja gar nichts helfen, wollten wir aus der richtigen Einsicht in den Gottesgedanken aufhören mit dem disputare de deo. Denn anders von Gott, nämlich *aus* Gott, zu reden, können wir uns offenbar nicht vornehmen. Denn als *unser* Unternehmen würde es wiederum Sünde sein, weil es eben *unser* Unternehmen wäre, in dem der Gedanke an *Gottes* allmächtiges Walten preisgegeben wäre. Von Gott reden als *aus* Gott reden kann offenbar nur von Gott selbst gegeben werden.

II.

Es zeigt sich also: will man von Gott reden, so muß man offenbar *von sich selbst reden.* Aber wie? Denn wenn ich von mir selber rede, rede ich dann nicht vom Menschen? und gehört nicht zum Gottesgedanken ebenso bestimmt der Gedanke, daß *Gott das „ganz Andere"*, die Aufhebung des Menschen ist? Stehen wir also nicht zwischen zwei Verboten, zwischen denen es nur die Situation der Resignation, des Schweigens zu geben scheint? Auf der einen Seite die bestimmte Einsicht: jedes Reden, in dem wir aus unserer eigenen konkreten Existenz herausspringen, ist kein Reden von Gott; nur eine Aussage über unsere eigene Existenz könnte es sein? Auf der andern Seite die ebenso bestimmte Einsicht: alles Reden von uns kann nie ein Reden von Gott sein, weil es nur vom Menschen redet?

Denn in der Tat, jede Konfession, jedes Reden von Erleben und innerem Leben wäre Reden von Menschlichem. Und mit noch so begeisterten Konfessionen, die mir ein anderer macht, wäre mir in der Situation des Zweifels nicht geholfen, wollte ich mich nicht selbst betrügen. Ja, auch meine eigenen Erlebnisse, wollte ich mich ihrer getrösten oder mich in der Situation des Zweifels auf sie beziehen, würden mir unter den Händen zergehen. Denn wer sagt mir, daß nicht jenes Erlebnis Illusion war? daß ich nicht darüber hinaus muß? daß ich nicht jetzt die Wirklichkeit klarer sehe?

Oder müßte doch behauptet werden: wir reden ja gerade *aus* Gott, wenn wir bekennen, wenn unser inneres Leben spricht, wenn unser Erleben sich ausspricht? Ohne Zweifel kann das der Fall sein. Aber in *dem* Moment, wo wir uns unser Bekenntnis, unser inneres Leben, unser Erlebnis gegenüberstellen als das, *woraufhin* wir uns Gottes getrösten, oder was wir andern empfehlen als das, *woraufhin* sie Gottes gewiß sein sollen, — in *dem* Moment reden wir *über* unsere Existenz und haben uns selbst von ihr gelöst. Und das ist ebenso der Fall, wenn wir nach Erlebnissen ausschauen und sie uns wünschen; wir fragen dann nach uns und nicht nach Gott. Beziehe ich mich — rückblickend oder vorblickend — auf mich, so habe ich mein Ich gleichsam gespalten; und das sich beziehende Ich ist mein existentielles Ich; das andere Ich, auf das ich mich beziehe, das ich als das Gegegebene nehme, ist ein Phantom ohne existentielle Wirklichkeit. Und das existentielle Ich, das sich umsieht, das fragt, — erweist sich eben in diesem Fragen, in diesem Sich-umsehen als gottlos. Wollen wir also von Gott reden, so können wir es offenbar auch nicht so anfangen, daß wir von unsern Erlebnissen und unserm inneren Leben reden, das, sowie wir es objektivieren, seinen existentiellen Charakter verloren hat. Und diesem als Gegebenheit gesehenen menschlichen Wesen gegenüber besteht der Satz, daß *Gott das ganz Andere* ist.

Aber eben nur so hat dieser Satz seinen Sinn, d. h. er hat seinen Sinn nur in strenger Bezogenheit auf den ersten Satz, daß Gott die unsere Existenz bestimmende Wirklichkeit ist. Losgelöst davon kann der Satz nur bedeuten, daß Gott *etwas* ganz anderes ist als der Mensch, eine metaphysische Wesenheit, irgend eine ätherhafte Welt, irgend ein Komplex geheimnisvoller Kräfte, ein schöpferischer Urquell (wobei die etwaige Behauptung, daß das bildlich gemeint sei, sich selbst mißversteht, weil Gott hier in der Tat ganz naturhaft gedacht ist) oder endlich *das Irrationale.* Eine Frömmigkeit, die sich auf diese Gottesvorstellung gründen wollte, wäre Flucht vor Gott, weil hier der Mensch gerade der Wirklichkeit entfliehen will, in der er steht, gerade seiner konkreten Existenz entrinnen will, in der er einzig Gottes Wirklichkeit erfassen kann. In dieser modernen Frömmigkeit wird sehr deutlich, wie recht Luther hat, zu sagen, daß der natürliche Mensch vor Gott flieht und Gott haßt. Er sucht ja gerade, indem er der Wirklichkeit seiner konkreten Existenz entfliehen will, dem zu entfliehen, worin er einzig Gott finden kann. Es ist ja wohl verständlich, daß der Pseudo-Gott des Schöpferischen oder des Irrationalen die menschliche Gottessehnsucht bezaubern kann; denn er verheißt dem Menschen, daß er von sich selbst loskomme. Aber diese Verheißung ist ein Mißverständnis und ein Betrug; denn indem der Mensch *so* von sich selbst loskommen will, entläuft er Gott — wenn anders Gott die seine konkrete Existenz bestimmende Macht ist, — und läuft sich selbst in die Arme, — wenn anders die Gedanken des schöpferischen Urquells und des Irrationalen menschliche Abstraktionen sind und die Erlebnisse, deren der Mensch sich in solchen Zuständen getröstet, höchst menschliche Vorgänge. Der Gedanke des „Ganz Anderen" läßt sich auf diese Weise überhaupt nicht durchführen. Und übrigens entläuft jener Mensch in Wahrheit freilich Gott nicht; aber indem sein Verhalten zu Gott das der aversio ist, ist seine Existenz, sofern durch Gott bestimmt, die des Sünders.

Der Gedanke von *Gott als dem ganz Anderen* kann also, wenn von Gott dem Allmächtigen die Rede sein soll, nicht bedeuten, daß Gott etwas außerhalb meiner wäre, das ich erst suchen müßte, und um das zu finden ich erst mir selbst entfliehen müßte. Daß Gott, der meine Existenz bestimmt, gleichwohl der Ganz Andere ist, kann also nur den Sinn haben, daß er mir als dem Sünder gegenübersteht als *der* Ganz Andere; daß er, sofern ich *Welt* bin, mir gegenübersteht als *der* Ganz Andere. Von Gott als dem ganz Anderen zu reden hat dann Sinn, wenn ich gesehen habe, daß die tatsächliche Situation des Menschen die des Sünders ist, der von Gott reden möchte und es nicht kann; der von seiner Existenz reden möchte und es auch nicht kann. Er müßte von ihr reden als der durch Gott bestimmten und kann von ihr als solcher nur reden als sündiger, d. h. als einer solchen, in der *er* Gott nicht sehen kann, der Gott als der ganz Andere gegenübersteht.

III.

Es ist also mit unserer Existenz eine ebenso merkwürdige Sache wie mit Gott; über beides können wir nicht eigentlich reden, über beides verfügen wir nicht. Was bedeutet das?

Die *Wirklichkeit*, von der wir gewöhnlich reden, ist das Weltbild, das seit Renaissance und Aufklärung unter Nachwirkung des Weltbildes der griechischen Wissenschaft unser Denken beherrscht. Wir sehen etwas als wirklich an, wenn wir es in dem einheitlichen Zusammenhang dieser Welt verstehen können, sei es, daß dieser Zusammenhang als kausal oder als teleologisch bestimmt gedacht ist, sei es, daß seine Elemente und Kräfte als materiell oder als geistig gedacht werden; denn der Gegensatz von materialistischer und idealistischer Weltanschauung wird angesichts der Frage, um die es sich hier handelt, gleichgültig.

Denn dies Weltbild ist entworfen unter Absehung von unserer eigenen Existenz; wir selbst werden dabei vielmehr als ein Objekt unter andern Objekten betrachtet und in den Zusammenhang dieses Weltbildes, das abgesehen von der Frage nach unserer eigentlichen Existenz gewonnen ist, eingestellt. Man pflegt die Vollendung eines solchen Weltbildes durch die Einfügung des Menschen als eine *Weltanschauung* zu bezeichnen, und man pflegt sich eine solche Weltanschauung zu wünschen oder, wenn man sie zu besitzen meint, zu propagieren. Daß solche Weltanschauungen sehr beliebt sind, auch wenn sie vom Menschen nichts besonders Schmeichelhaftes aussagen und ihn etwa als Zufallsprodukt einer Atomverbindung, als höchstes Wirbeltier und Vettern des Affen oder als ein interessantes Phänomen psychischer Komplexe erklären, ist verständlich. Denn sie leisten dem Menschen wieder den großen Dienst, daß sie ihn von sich selbst losbringen, daß sie ihn der Problematik seiner konkreten Existenz, der Sorge um sie und der Verantwortung für sie entheben. Darin liegt ja die Sehnsucht des Menschen nach einer sogenannten Weltanschauung begründet, daß er sich angesichts der Rätsel von Schicksal und Tod auf sie zurückziehen kann, daß er sich gerade in dem Moment, wo seine Existenz erschüttert und fragwürdig ist, dessen entschlägt, diesen Moment ernst zu nehmen, um ihn vielmehr zu verstehen als einen Fall des Allgemeinen, ihn einzugliedern in einen Zusammenhang, ihn zu objektivieren und so aus seiner eignen Existenz herauszuspringen. Und eben dies ist das πρῶτον ψεῦδος und führt notwendig dazu, die Erfassung unserer Existenz zu verfehlen, indem wir uns von außen sehen als Objekt des sich orientierenden Denkens. Und das wird dadurch nicht besser, daß wir uns im Unterschied von andern Objekten, mit denen wir uns in Wechselwirkung sehen, als Subjekt bezeichnen. Denn der als Subjekt bezeichnete Mensch ist ebenso von außen gesehen. Aus der Frage nach unserer Existenz hat deshalb die Unterscheidung von Subjekt und Objekt völlig auszuscheiden. Und die Sache wird auch dadurch keineswegs besser, daß man etwa eine theistische oder christliche „Weltanschauung" hat, etwa aus der Einsicht, daß unsere Existenz in Gott gegründet sei, und daß also eine Weltanschauung, in die dieser Satz aufgenommen ist, den Ansprüchen genüge und unsere Existenz erfasse. Denn hier ist ja Gott ebenso von außen gesehen als Objekt wie der Mensch. Wer etwa ein modernes Weltbild hat, das durch den Gedanken des Gesetzes konstituiert wird, hat ein gottloses Weltbild, auch wenn er die Weltgesetze als Kräfte und Formen des göttlichen Wirkens denkt, oder wenn er Gott als den Ursprung dieser Gesetzlichkeit ansieht. Das Wirken Gottes kann eben nicht als ein allgemeines Geschehen angesehen werden, das wir anschauen könnten (etwa in der Betrachtung jener Gesetze) unter Absehung von unserer eigenen Existenz, und in das wir nachträglich unsere Existenz eingliedern könnten, um sie uns so verständlich zu machen. Denn wir hätten damit ja den primären Gedanken von Gott als der unsere Existenz bestimmenden Wirklichkeit preisgegeben. Wir geben das auch unfreiwillig oder unbewußt zu, indem wir uns in unserem eigentümlichen Sein ganz klar von den Weltgesetzen unterscheiden. Es wird doch wohl niemand die Lebensbeziehungen, in denen er in Liebe, Dankbarkeit und Ehrfurcht mit anderen verbunden ist, als Funktionen von Gesetzen ansehen; jedenfalls nicht, wenn er wirklich in diesen Beziehungen lebt. Es geht also offenbar auch nicht, Gott als Prinzip der Welt zu denken, von dem aus die Welt und damit auch unsere Existenz verständlich werde. Denn da würde Gott eben von außen angesehen werden, und der Satz von seiner Existenz wäre eine allgemeine Wahrheit, die etwa in einem System von Erkenntnissen (allgemeinen Wahrheiten) ihren Platz hätte, also in einem System, das sich trägt und unsere Existenz tragen soll, statt Ausdruck unserer Existenz selber zu sein. Da wäre Gott eine Gegebenheit, zu der eine Erkenntnisrelation möglich ist, die nach Belieben vollzogen werden kann. Gott, bzw. seine Existenz wäre ein Etwas, *woraufhin* uns ein Verhalten — so oder so — möglich wäre. Und eben dies ist wieder das πρῶτον ψεῦδος: ist der Gedanke Gottes ernst genommen, so ist Gott nichts, *woraufhin* irgend etwas vorgenommen werden kann. Er wäre dann von außen gesehen, und ebenso hätten wir selbst uns von außen gesehen. Wir können also z. B. nicht sagen: weil Gott die Wirklichkeit regiert, ist er auch mein Herr; sondern nur wenn man sich in seiner eigenen Existenz von Gott angesprochen weiß, hat es Sinn von Gott als dem Herrn der Wirklichkeit zu reden. Denn jedes Reden über die Wirklichkeit, das absieht von dem Moment, in dem wir allein das Wirkliche haben können, nämlich von unserer eigenen Existenz, ist Selbsttäuschung. Gott ist nie ein von außen zu Sehendes, ein Verfügbares, ein „Woraufhin".

Ist es so, daß die Welt von außen gesehen gottlos ist, und daß wir, sofern wir uns als ein Stück Welt sehen, gottlos sind, so ist wiederum klar, daß Gott der Ganz Andere nicht ist, sofern er sich außerhalb der Welt irgendwo befindet, sondern sofern diese Welt als gottlose sündig ist. Diese von außen gesehene Welt, in der wir uns als Subjekte bewegen, das ist unsere Welt, die wir ernst nehmen und damit als sündig qualifizieren.

Es ist uns also von unserer Existenz nur ein Doppeltes klar: 1. daß wir die Sorge und Verantwortung für sie haben; denn sie bedeutet ja: tua res agitur; 2. daß sie absolut unsicher ist und wir sie nicht sichern können; denn dazu müßten wir außerhalb ihrer stehen und Gott selbst sein. Wir können nicht über unsere Existenz reden, da wir nicht über Gott reden können; und wir können nicht über Gott reden, da wir nicht über unsere Existenz reden können. Wir könnten nur eins mit dem andern. Könnten wir *aus* Gott von Gott reden, so könnten wir auch von unserer Existenz reden, und umgekehrt. Jedenfalls müßte ein Reden von Gott, *wenn* es möglich wäre, zugleich ein Reden von uns sein. So bleibt das richtig: wenn gefragt wird, wie ein Reden von Gott möglich sein kann, so muß geantwortet werden: nur als ein Reden von uns.

IV.

Aber folgt nicht vielleicht aus der geschilderten Situation, daß wir Sünder sind, etwas ganz anderes, nämlich daß wir überhaupt nicht reden sollen? Das würde natürlich zugleich bedeuten, daß wir überhaupt nicht handeln sollen! Führt die Anschauung, daß Gott für den Menschen der Ganz Andere ist, daß er die Aufhebung des Menschen ist, nicht zum *Quietismus*? Wer so dächte, machte den alten Fehler, er sähe nämlich den Gedanken Gottes an als das, *woraufhin* ein bestimmtes Verhalten möglich oder angemessen sei; den Fehler, daß der Gedanke Gottes überhaupt in Rechnung gesetzt wird für unser Verhalten als ein Gegebenes, über das wir verfügen können. Werden die Gedanken von Gott als dem Allmächtigen und dem Ganz Anderen in ihrer strengen Bezogenheit aufeinander ernst genommen, so besagen sie offenbar, daß ein sich orientierendes Fragen und ein auf Reflexion gegründetes Sich-entscheiden darüber, ob wir reden oder schweigen, handeln oder ruhen sollen, uns gar nicht anheimgegeben ist; daß die Entscheidung darüber Gottes ist, und daß es für uns nur ein Reden- oder Schweigen-*Müssen*, ein Tun- oder Nichttun-*Müssen* gibt. Und in der Tat ist das die einzige Antwort auf die Frage, ob und wann wir von Gott reden können: wenn wir *müssen.*

Es hat aber wohl Sinn, daß wir uns besinnen, was dies Müssen eigentlich bedeutet. Denn nach unserer herkömmlichen Denkweise sehen wir dies „Müssen" sofort wieder von außen, d. h. wir sehen uns, die Müssenden, als Objekt, das unter dem kausalen Zwang eines Subjekts steht, und wir sehen in diesem Fall Gott, den Befehlenden, als das Subjekt. Das bedeutet: wir sehen diese Bestimmtheit des Menschen durch Gott, von der in dem „Müssen" die Rede ist, als Naturprozeß von außen. Es kann hier aber nur ein Müssen gemeint sein, das *freie Tat* ist; denn solche allein geht aus unserem existentiellen Sein hervor, *in* solcher allein *sind* wir selbst und sind wir ganz. Solche Tat ist Gehorsam; denn Gehorsam bedeutet: sich einem Müssen in freier Tat fügen. Sie bedeutet kein Werk, zu dem wir uns um Gottes Willen entschließen müßten; denn dann wäre Gott ja von außen gesehen, und im Werk, das wir leisten und Gott präsentieren, sind wir ja nicht selbst, sondern wir stehen daneben. Sie bedeutet völlige Abhängigkeit, aber nicht als frommes Gefühl, sondern eben als freie Tat, denn nur in der Tat sind wir selbst. Also dies Müssen bedeutet Gehorsam.

Dann kann man aber folglich nie im allgemeinen fragen, wann dieses Müssen für uns gegeben ist. Man kann von diesem Müssen nicht von vornherein ein Wissen haben, denn damit wäre ja eine Stellung außerhalb des Müssens, also außerhalb unser selbst, die wir müssen, beansprucht, und man hätte den Sinn dieses existentiellen Müssens gar nicht verstanden. Die Tat kann als freie nicht daraufhin, daß ein Müssen vorliegt, getan werden, sondern sie kann nur als freie *zugleich* die gemußte sein. Kaum braucht gesagt zu werden, daß dies nicht so gemeint ist, daß das Tun aus einem Müssen der Begeisterung oder Leidenschaft, aus einer geheimnisvollen Tiefe unseres Inneren hervorbricht. Dann wäre ja von Naturnotwendigkeit die Rede. Das Mehr oder Weniger von Begeisterung tut so wenig zur Sache wie das Mehr oder Weniger von Widerstreben oder Selbstüberwindung, das die Tat für menschliches Auge als Opfer größer oder kleiner erscheinen lassen könnte. Um ein psychologisch gemeintes Müssen handelt es sich nicht. Das „Müssen" ist ja von Gott aus gesprochen und entzieht sich ganz unserer Verfügung. Unser ist allein die freie Tat. Wir sagen ja auch nur hypothetisch: es gibt für uns die Möglichkeit aus Gott zu reden und zu handeln, *wenn* es sie als Müssen gibt. Aber ob solches Müssen für uns Wirklichkeit wird, das können wir nicht von vornherein wissen. Wir können uns nur klar machen, was dies Müssen bedeutet, daß es nämlich von uns aus nur freie Tat sein kann, weil es ja sonst nicht unser existentielles Sein enthalten würde. Ob dies Müssen Wirklichkeit ist, das können wir nur *glauben.*

V.

Und eben dies und nichts anderes bedeutet *Glauben.* Aber damit ist freilich nicht erschöpfend erkannt, was es bedeutet. Denn wenn wir sagten, unser sei allein die freie Tat, so ist auch dieser Satz, oder vielmehr die Überzeugung, daß irgend etwas Bestimmtes unsere freie Tat sei, nur Glaube. Denn die freie Tat, da sie ja der Ausdruck unserer Existenz ist, ja, da wir nur in ihr und nirgends sonst im eigentlichen Sinne existieren, da sie nichts anderes als unsere Existenz selbst ist, — sie kann nicht gewußt werden im Sinne objektiver Feststellbarkeit; sie kann nicht als Probandum unter Beweis gestellt werden. Denn damit würden wir sie objektivieren und uns außerhalb ihrer stellen. Sondern sie kann nur getan, und sofern wir von diesem Tun *reden,* kann seine Möglichkeit nur geglaubt werden.

Dann also sehen wir uns schließlich dahin geführt, daß auch unsere eigene Existenz — denn sie ruht ja in unserer Tat — nie von uns gewußt werden kann. Ist sie Illusion? Unwirklichkeit? Jedenfalls nichts, wovon wir wissen, worüber wir reden können, und die doch allein, wenn sie in unserm Reden und Tun wirklich ist, diesem

Reden und Tun Wirklichkeit geben kann. *Wir* können sie nur glauben. Und liegt dies Glauben denn in unserer Hand, so daß wir uns dazu entschließen könnten? Offenbar müßte dies Glauben auch freie Tat, die Urtat, sein, in der wir unserer Existenz sicher werden, — und eben doch nicht eine willkürliche Annahme, die wir statuieren, sondern Gehorsam, ein Müssen, eben *Glauben*.

Die Frage, wie es zu solchem Glauben kommt, ist unlösbar, wenn sie gemeint ist als die Frage nach dem Prozeß, der sich dabei abspielt, wenn wir uns von außen sehen; einerlei ob wir den Prozeß rationalistisch oder psychologistisch, dogmatistisch oder pietistisch auffassen. Die Frage hat nur Sinn und ist in diesem Sinne freilich auch unabweisbar, wenn sie meint, was das Glauben bedeute. Dies Glauben kann ja nur die Bejahung des Tuns Gottes an uns, die Antwort auf sein an uns gerichtetes Wort sein. Denn wenn es sich im Glauben um die Erfassung unserer Existenz handelt, und wenn unsere Existenz in Gott gegründet, d. h. außerhalb Gottes nicht vorhanden ist, so bedeutet die Erfassung unserer Existenz ja die Erfassung Gottes. Wenn aber Gott nicht ein allgemeines Gesetz, ein Prinzip, eine Gegebenheit ist, so können wir ihn offenbar nur in dem erfassen, das er zu uns spricht, das er an uns handelt. Wir können von ihm reden, nur sofern wir von seinem auf uns gerichteten Wort, von seinem auf uns gerichteten Tun reden.

„Von Gott können wir nur sagen, was er an uns tut“ [1]).

Der Sinn dieses Wortes Gottes, dieses Tuns Gottes an uns wäre aber offenbar der, daß Gott, indem er uns die Existenz gibt, uns aus Sündern zu Gerechten macht, indem er die Sünde vergibt, uns rechtfertigt. Das würde nicht bedeuten, daß er uns diesen und jenen leichten oder schweren Mißgriff nachsieht, sondern daß er uns die Freiheit gibt, aus Gott zu reden und zu handeln. Denn nur im Tun als der freien Äußerung einer Person, nein vielmehr als dem, worin eine Person überhaupt existiert, kann Person zu Person in Beziehung treten, wobei man natürlich wieder alles verdirbt, wenn das Tun unter den Gesichtspunkt des gesetzlichen Geschehens gebracht wird.

Das kann ja nicht heißen, daß er uns inspiriert, uns zu Ekstatikern und Wundertätern macht, sondern daß er uns, die wir von ihm getrennt sind und nur *über* ihn reden, nach ihm fragen können, als gerecht ansieht. Es ist also nicht so, daß sich etwas Besonderes,

1) W. Herrmann, Die Wirklichkeit Gottes, 1914, S. 42.

Konstatierbares in unserm Leben ereignete, daß uns besondere Qualitäten eingeflößt würden und wir nun besondere Dinge täten oder besondere Worte redeten, die nicht menschlicher Art wären. Was könnten wir je tun und reden, das *nicht* menschlich wäre! Aber *dies* hat sich ereignet, daß all unser Tun und Reden von dem Fluche erlöst ist, uns von Gott zu trennen. Es bleibt immer sündig, sofern es immer ein von uns unternommenes ist. Aber eben als *sündiges* ist es gerechtfertigt, d. h. es ist gerechtfertigt aus *Gnade*. Wir *wissen* nie von Gott; wir *wissen* nie von unserer eigenen Wirklichkeit; wir haben beides nur im Glauben an Gottes Gnade.

So wäre also der Glaube der archimedische Punkt, von dem aus die Welt aus den Angeln gehoben würde und aus einer Welt der Sünde zur Welt Gottes würde? Ja, das ist die Botschaft des Glaubens. Wer aber weiter fragen wollte nach der Notwendigkeit, nach dem Recht, nach dem Grund des Glaubens, — er erhielte nur eine Antwort, indem er hingewiesen würde auf die Botschaft des Glaubens, die mit dem Anspruch, geglaubt zu werden, an ihn herantritt. Er erhielte keine Antwort, die vor irgend einer Instanz das Recht des Glaubens rechtfertigte. Sonst wäre ja das Wort nicht *Gottes* Wort; sonst würde ja Gott zur Rechenschaft gezogen; sonst wäre ja Glaube nicht Gehorsam. Völlig zufällig, völlig kontingent, völlig als ein Ereignis tritt das Wort in unsere Welt hinein. Keine Garantie ist da, auf die hin geglaubt werden könnte. Keine Berufung hat Platz auf den Glauben anderer, sei es Paulus, sei es Luther. Ja, für uns selbst kann der Glaube nie ein Standpunkt sein, woraufhin wir uns einrichten, sondern stets neue Tat, neuer Gehorsam. Stets wieder unsicher, sobald wir als Menschen uns umsehen und fragen; stets unsicher, sobald wir über ihn reflektieren, sobald wir über ihn reden; nur sicher als Tat. Stets sicher nur als der Glaube an die Sünden vergebende Gnade Gottes, die mich, der ich nicht aus Gott zu reden, sondern nur über Gott zu reden mir vornehmen kann, rechtfertigt, wenn es ihm gefällt. All unser Tun und Reden hat nur Sinn unter der Gnade der Sündenvergebung, und über sie verfügen wir nicht; wir können nur an sie glauben.

Auch dies Reden ist ein Reden über Gott und als solches, wenn es Gott gibt, Sünde, und wenn es keinen Gott gibt, sinnlos. Ob es sinnvoll und ob es gerechtfertigt ist, steht bei keinem von uns.

Das Problem einer theologischen Exegese des Neuen Testaments

1925

I.

Für die Exegese der *lutherischen Orthodoxie* ist die Schrift ein Buch von Lehren, die auf mich, den Leser, direkten Bezug haben, d. h. die nicht mein theoretisches Wissen bereichern, sondern mich über mich selbst aufklären und mein Leben bestimmen wollen. Sofern diese autoritativen Lehren als allgemeine Wahrheiten angesehen werden, zieht der *ältere Rationalismus* nur die Konsequenz aus dieser Auffassung der Schrift, indem er Ernst damit macht, daß die Schriftlehren wirklich allgemeine Wahrheiten sind. Denn sind sie das, so sind sie Vernunftwahrheiten, da die Vernunft die Instanz ist, um über den allgemeingültigen Charakter von Sätzen zu entscheiden. Was sich an Unvernünftigem in der Schrift findet, wird also umgedeutet oder als Akkomodation bzw. als zeitgeschichtliche Beschränktheit erklärt. Indem nun aber die Beobachtung des zeitgeschichtlich Beschränkten, Individuellen zum Selbstzweck der Betrachtung wird, weil es eine Differenzierung der einzelnen Schriften und Gruppen gestattet und damit die geschichtliche Darstellung ermöglicht, vollzieht sich innerhalb des Rationalismus die Wendung, und es entsteht die moderne *zeitgeschichtliche Erklärung*. Dabei fällt in der Folge der ursprünglich betonte Gegensatz zwischen dem zeitgeschichtlich Beschränkten und den ewigen Vernunftwahrheiten weg, und statt dessen wird das Individuelle als Fall einer *allgemeinen Gesetzlichkeit* verstanden, die die Einheit der Geschichte begründet.

Diese Gesetzlichkeit nun kann verschieden gedacht sein. Nach der idealistischen, speziell Hegelschen Geschichtsauffassung, die durch die *Tübinger Schule* zu langdauernder Herrschaft in der neutestamentlichen Exegese gelangte, ist sie eine teleologisch bestimmte. Die

Kräfte, die die Geschichte bewegen, sind die Ideen, die die Momente der Selbstentfaltung des absoluten Geistes darstellen, die ihre Wirklichkeit aber nur in dem konkreten, durch die individuellen Erscheinungen hindurchgehenden Prozeß haben, in dem der absolute Geist zu sich selbst kommt.

Mehr und mehr tritt an die Stelle oder neben die dieser Geschichtsauffassung zugrunde liegende idealistische Auffassung vom Menschen eine andere naturalistische, nach der der Mensch das Produkt der Verhältnisse ist, und demgemäß wird die *Gesetzlichkeit der Geschichte als kausal bestimmte* gedacht. Die Gedanken, Ideale, Institutionen einer Epoche oder eines Individuums werden möglichst weitgehend als Resultat einer Entwicklung erklärt. Und wird dabei die Persönlichkeit (ihr Irrationales!) als Faktor mitgerechnet, so ist doch die dabei zugrunde liegende Auffassung der Persönlichkeit die gleiche naturalistische. Das Irrationale, womit hier gerechnet wird, ist kein anderes als das, womit etwa die geologische Erdgeschichte auch rechnet; denn warum die Gegebenheit der Gesteinsarten gerade so und nicht anders ist, kann sie natürlich auch nicht ableiten. Und das Irrationale, das X, ist ja im Grunde das Eingeständnis dafür, daß das Sein der Personen gerade nicht in dem gesehen wird, was das Wesen der Geschichte ausmacht.

Im einzelnen können die kausalen Kräfte, die die Geschichte bewegen, verschieden gedacht sein. *Der Mensch kann biologisch gesehen sein*, ausgestattet mit verschiedenen Anlagen des Denkens und Empfindens, des sittlichen Wollens usw., und die Geschichte besteht in der Entwicklung dieser Anlagen. Da man von hier aus nicht zu einer Zeitgeschichte kommen würde, sondern nur zu einer Naturgeschichte des Menschen, so werden für das Zustandekommen der geschichtlichen Bewegung die Antriebe, die in den *wirtschaftlichen, gesellschaftlichen, politischen Notwendigkeiten* liegen, in Anspruch genommen. Ja, diese können allein das Bild beherrschen, und die Geschichte des Christentums kann zur Soziologie werden. Andrerseits kann die biologische Auffassung des Menschen auch vom Individuum auf die Menschheit als Gattung übertragen werden, sodaß die ganze geschichtliche Bewegung als biologisch gesehene Morphologie dargestellt werden kann.

Wie hier überall der Mensch mehr oder weniger psychologisch gesehen ist, so kann *der psychologische Gesichtspunkt* auch zum herrschenden gemacht werden, auf die Gefahr hin, daß damit wieder die

Erfassung der geschichtlichen Bewegung verloren geht und die Interpretation zu einer psychologischen Analyse der Individuen und Gruppen wird. Die Gefahr wird in der Regel nicht gesehen, weil ohne grundsätzliche Klarheit alle anderen Deutungen von Mensch und Geschichte mit in Anspruch genommen werden. Im wesentlichen aber herrscht der psychologische Gesichtspunkt in der sog. *religionsgeschichtlichen Exegese*, wie sich gleich darin verrät, daß sie die „Lehren" der Schrift hinter den Erlebnissen und Stimmungen zurücktreten läßt und auf sie reduziert, daß sie die „Frömmigkeit" zum Thema der Geschichtsdarstellung macht. Kultus und Mystik gewinnen das besondere Interesse; Institutionen werden möglichst aus ihrer Genesis aus (psychologisch zu verstehenden) primitiven Zuständen erklärt. Die Konsequenz wird gelegentlich in einer m. E. zu Unrecht als phänomenologisch bezeichneten Betrachtungsweise gezogen, die den Gesichtspunkt der geschichtlichen Kausalität bewußt zurückdrängt und als Phänomenologie eine verbesserte Psychologie vorträgt.

Als Reaktion gegen die kausalgesetzliche und psychologistische Auffassung des Menschen und der Geschichte wird gegenwärtig eine auf anderm Gebiet durch Männer wie Gundolf, Bertram und Reinhardt vertretene Betrachtungsart auch auf das Neue Testament übertragen, in der *der Mensch als „Gestalt"* gesehen ist, d. h. von ästhetischen Gesichtspunkten aus. Ein schöpferischer Fond, ein Kraftzentrum wird angenommen, aus dem in einem Urerlebnis und in weiteren Erlebnissen die Gestalt erwächst, geformt durch die Kräfte, die vom Zentrum der Persönlichkeit strahlen. Zu einer geschichtlichen Bewegung im Sinne der Entwicklungsgeschichte kann es hier kaum kommen, wenn nicht wieder die Völker und Kulturen auch als Gestalten gesehen werden, womit dann der biologische Gesichtspunkt, der in der Nachfolge Goethes von vornherein in dieser romantischen Betrachtung wirksam ist, wieder zur Herrschaft kommen würde.

II.

In all diesen Fällen ist die ursprüngliche Haltung aufgegeben, wonach der Text auf den Leser seinen *Anspruch* erhebt, d. h. nicht sich betrachten lassen, sondern den Leser in seiner Existenz bestimmen will. In all diesen Fällen ist der Text vielmehr *aus der Distanz gesehen*; man will sehen, „was da steht", von der Voraussetzung aus, daß das wahrnehmbar, ja *nur* wahrnehmbar sei unter Absehen von der eigenen Stellungnahme; unter der Voraussetzung also, als könne man die Texte interpretieren, ohne zugleich die Sachen zu interpretieren, von denen sie reden. Auf Grund der so interpretierten Texte will man die Geschichte verstehen, ohne sich zu fragen, ob es nicht vielleicht in der Geschichte wesentliche Realitäten gibt, die man nur in den Blick bekommt, wenn man die Distanzbetrachtung aufgibt, wenn man zur Stellungnahme bereit ist. Freilich sagt die neutestamentliche Exegese nicht, daß einen das, was da steht, schließlich nichts angeht. Aber die Exegese selbst wird nicht durch dies „tua res agitur" bestimmt, sondern geht aus von der abwartenden, neutralen Haltung des Exegeten. Die zeitgeschichtliche und psychologische Exegese vor allem stellt fest, daß dies und jenes damals unter solchen geschichtlichen Umständen und psychologischen Bedingungen gedacht, gesagt, getan worden ist, ohne über Sinn und Anspruch des Gesagten zu reflektieren. Sofern das Einzelne eine über den Moment hinausgehende Bedeutung hat, hat es sie insoweit, als es unter dem Gesichtspunkt der Gesetzlichkeit (meist der kausalen) gesehen wird, und damit wird die Geschichte zu einem großen Relationszusammenhang, in dem jede einzelne Erscheinung etwas Relatives ist. Und es kann hier das Unternehmen entstehen, verlorene Geschichte zu rekonstruieren. Ist sie richtig konstruiert, so steht sie für den Betrachter auf gleicher Stufe mit der auf Grund der gegebenen Quellen gesehenen.

Nun hilft es nichts, wollte man hier wie anderwärts etwa Rückkehr zur idealistischen Geschichtsschreibung fordern. Denn nur scheinbar liegt es bei ihr anders, daß sie nämlich den Text lese unter dem Gesichtspunkt des „tua res agitur". Dieser Eindruck entsteht dadurch, daß hier die einzelnen geschichtlichen Erscheinungen als Objektivierungen des Geistes in seiner geschichtlichen Bewegung verstanden werden, an der auch das interpretierende Subjekt teilnimmt, das so in der Interpretation Klarheit gewinnt über das Wesen des Geistes und damit über sich selbst. Hier findet zwar die Zuordnung des interpretierenden Subjekts zur Geschichte statt, während es in den andern Fällen gleichsam daneben steht. Aber doch ist auch hier die Distanz des Betrachters zur Geschichte nicht überwunden, denn der Exeget sieht in diesem Falle sich selbst aus der gleichen Distanz wie die Geschichte, weil er sich dabei ja nur als Spezialfall *des* Menschen ansieht und alles Individuelle als Ausdruck der Gesetzmäßigkeit der Entwicklung auffaßt. Das bedeutet: die Zuordnung des *existentiellen* Subjekts zur Geschichte findet gar nicht statt, – wenigstens wenn die Existenz des Menschen nicht in dem Allgemeinen, in der Vernunft, sondern im Individuellen, in den konkreten Momenten des Hier und Jetzt liegt. Eben deshalb sieht der idealistische Betrachter in der Geschichte nichts, was in *dem* Sinne Anspruch auf ihn macht, daß ihm hier Neues gesagt würde, das er nicht schon potentiell hat, über das er nicht, vermöge seines Anteils an der allgemeinen Vernunft, schon verfügt. Er findet nichts, was ihm als Autorität begegne, er findet in der Geschichte immer nur sich selbst, indem der Gehalt der Geschichte auf die Bewegung der Ideen reduziert wird, die in der Vernunft des Menschen angelegt sind. Er verfügt also von vornherein über alle Möglichkeiten des geschichtlichen Geschehens. Auch hier kann deshalb das Unternehmen als sinnvoll erscheinen, verlorene Geschichte zu rekonstruieren.

Gerade dies aber ist die entscheidende Frage: ob wir der Geschichte so gegenübertreten, daß wir ihren *Anspruch auf uns* anerkennen, daß sie uns *Neues* zu sagen hat. Geben wir die Neutralität dem Texte gegenüber auf, so bedeutet das, daß die *Wahrheitsfrage* die Exegese beherrscht. Der Exeget ist also letzlich nicht an der Frage interessiert: was bedeutet das Gesagte (als bloßes Gesagtes) an seiner zeitgeschichtlichen Stelle, in seinem zeitgeschichtlichen Zusammenhang? Sondern er fragt letzlich: von was für *Sachen* ist die Rede, zu welchen Realitäten führt das Gesagte? Das heißt aber doch, da es sich nicht um die Erklärung von Natur, sondern um das Verständnis der Geschichte handelt, zu der wir selbst gehören: was bedeutet es für mich und wie ist es in seiner sachlichen Begründung zu verstehen? Dabei bleibt es vorläufig ein offenes Problem, in welchem Zusammenhang beide Fragen in der konkreten Arbeit des Exegeten stehen, ob und inwiefern, die eine nicht ohne die andere beantwortet werden kann. Wie es denn überhaupt nicht der Sinn tiefer Selbstbesinnung ist, auf Grund einer neuen Methode sämtliche alten Methoden abzutun, sondern nur zu fragen, wie weit sie führen, wenn uns daran liegt, an die Wirklichkeit der Geschichte heranzukommen.

Es sei vorläufig so formuliert: die zeitgeschichtliche Exegese fragt: *was ist gesagt?* und wir fragen statt dessen: *Was ist gemeint?* Natürlich fragt in gewissen Sinn auch die zeitgeschichtliche Exegese: was ist gemeint? Aber sie stellt diese Frage so, daß die ganze Geschichte gleichsam auf eine Fläche, eine Karte, aufgezeichnet ist und nun aus möglichst umfassender Kenntnis des umliegenden Gebietes ein Feld oder ein Punkt auf dieser Karte erkannt werden soll. Alles Licht, das die Kenntnis der Zeitgeschichte verleiht, wird gleichsam auf einen Punkt konzentriert, den es zu erkennen gilt. Die Sachexegese sieht dagegen diese Karte der Zeitgeschichte gleichsam transparent und möchte das hindurchleuchtende Licht erfassen, das jenseits der Fläche der Zeitgeschichte steht, und glaubt, erst so erfassen zu können, was gemeint ist. Das Bild ist natürlich unvollkommen; denn so könnte etwa die Psychologie ihre Arbeit an der Geschichte auch beschreiben. Indessen würde sie sich nur noch weiter von dem, was im Text gemeint ist, entfernen, weil sie von vornherein alle Aussagen nur als Äußerungen eines bestimmten, gesetzmäßig verlaufenden psychischen Lebens nimmt, während hier danach gefragt wird, welche *Sachen* mit den Aussagen gemeint sind. Der im Text redende Verfasser hat ja auf jeden Fall nicht eine Aussage machen wollen, die ihren Sinn in dem zeitgeschichtlich fixierbaren, relativen Moment erschöpft, sondern einen jenseits des Relationszusammenhangs liegenden Sachverhalt treffen wollen. Wer z.B. die Rechtfertigungslehre des Paulus dadurch interpretiert, daß er ihre Aussagen aus dem Bekehrungserlebnis des Paulus ableitet, bringt vielleicht heraus, was Paulus gesagt, aber sicher nicht, was er gemeint hat. Versteht man die Anschauung des Paulus, daß der Christ nicht mehr sündige, aus seinem Enthusiasmus, d.h. aus seiner psychischen Verfassung der Begeisterung, in der für ihn selbstverständlich sei, daß der Christ nur noch das Gute tun könne, und nimmt man etwa noch traditionelle Vorstellungen von der Entsündigung im messianischen Zeitalter zur Hilfe, – so erklärt man zur Not die Aussagen des Paulus als Vorgänge im Entwicklungsprozeß eines psychisch geeignet disponierten Juden; man erklärt aber nie und nimmer, was Paulus eigentlich gemeint hat, auf welchen Sachverhalt er hinweisen wollte. Wer das „religiöse Leben" oder das „Lebensgefühl" des Paulus zum Thema seiner Paulusinterpretation macht, interpretiert offenbar etwas, was den Paulus nicht im mindesten interessiert hat, sondern ein zeitgeschichtliches oder psychisches Phänomen. Dabei lasse ich die Frage offen, ob und wieweit solche Interpretationen Vorarbeit leisten können, um an die Sache selbst heranzukommen.

Es läßt sich also auch sagen: sowohl die zeitgeschichtliche (und psychologische) Exegese wie die Sachexegese wollen das *Wort* des Textes interpretieren. Jene aber steht unter der Gewohnheit, das Wort von vornherein als notwendigen Ausdruck eines redenden Individuums (das auch eine soziologische Bildung sein kann) zu verstehen, wobei es wenig ausmacht, ob das Individuum als Subjekt psychischer Komplexe und Funktionen gesehen ist, oder ästhetisch-idealistisch als Persönlichkeit, Charakter oder Gestalt, oder naturalistisch-evolutionistisch als Exponent einer bestimmten zeitgeschichtlichen Situation. In all diesen Fällen vermag das Wort des Textes nicht im eigentlichen Sinne zum Interpreten zu sprechen, da er von vornherein und grundsätzlich über alle Möglichkeiten dessen, was gesagt werden kann, verfügt, nämlich mittels des Prinzips seiner Betrachtungsweise. Nun ist aber zweifellos der ursprüngliche und echte Sinn des Wortes „Wort" der, daß es auf einen außerhalb des Redenden liegenden Sachverhalt hinweisen, diesen dem Hörer erschließen und damit dem Hörer zum *Ereignis* werden will. Der etwaige Einwand einer idealistischen Exegese, daß sie dieser Forderung genüge, beruht auf der Tatsache, daß sie das redende Individuum zwar nicht als psychisches oder zeitgeschichtlich bestimmtes Subjekt auffaßt, und also seine Aussagen als Hinweise auf transsubjektive Sachverhalte deuten kann. Aber diese Sachverhalte sind nicht die hier gemeinten, da sie ja dem Hörer gar nicht zum Ereignis werden können. Vielmehr, da ihr Inhalt das System der Vernunft, das Wesen des vernünftigen Geistes ist, enthalten sie nur das, worüber der Interpret als vernünftiges Subjekt von vornherein verfügt. Die Sachexegese will also mit dem ursprünglichen und echten Sinn des Wortes „Wort" Ernst machen, indem sie es verstehen will als Hinweis auf Sachverhalte.

Der Charakter dieser Sachexegese wird noch genauer dadurch bestimmt, daß sich für sie die Möglichkeit und Notwendigkeit einer *Sachkritik* herausstellt, einer Kritik nämlich, die zwischen Gesagtem und Gemeintem unterscheidet und das Gesagte am Gemeinten mißt. Sofern die zeitgeschichtliche Exegese von irgendwelchen Aussagen des Textes konstatiert, sie seien etwa primitiv oder unbeholfen, unklar oder widerspruchsvoll, scheint auch sie Sachkritik zu treiben. Aber hier ist der Maßstab die formale Logik oder der Gesichtspunkt der immanenten Entwicklung, nicht die Sache, über die geredet wird. Das ist nur scheinbar anders, wenn in der zeitgeschichtlichen Exegese der Text vom Standpunkt des modernen Bewußtseins aus kritisiert wird, worin z.B. Baumgartens Erklärung des ersten Johannesbriefs im Göttinger Bibelwerk groß ist. Da nach den eigenen Voraussetzungen die zeitgeschichtliche (wie die psychologische) Exegese für ihre Aussagen nur relative Geltung beanspruchen kann, ist diese Art von Kritik eine naive Inkonsequenz und besagt im Grunde gar nichts. Man ist ihr gegenüber nur voll Bewunderung, warum sie überhaupt einen Text für andere als antiquarisch interessierte Leser interpretiert, da sie alles besser weiß, als der Text; warum ruft sie überhaupt den Leser zum Neuen Testament? Die mit der Sachexegese geforderte Sachkritik kann ihren Maßstab nur aus der durch den Text erschaffenen Sache, über die sie nicht vorher verfügt, gewinnen. Die in solcher Sachkritik sich vollziehende „Stellungnahme" hat also nichts mit „Werturteilen" zu tun, die nachträglich über den geschichtlichen Befund gefällt würden. Die Sachexegese steht daher in einer eigentümlich zweideutigen oder widerspruchsvollen Situation, da sie zum Gemeinten nur durch das Gesagte kommt und doch das Gesagte am Gemeinten mißt. Das bedeutet aber, daß sie nie zu allgemeingültigen Sätzen als „Ergebnissen" kommt, sondern stets in lebendiger Bewegung ist[1].

III.

Die Differenzierung der beiden Fragen: was ist gesagt? und was ist gemeint? ist eine primitive, vorläufige Formulierung. Aber der Unterschied, auf den diese Differenzierung hinzielt, kann nun weiter deutlich werden, wenn gefragt wird, auf Grund welcher Voraussetzungen gefragt wird: was ist gemeint? bzw. wenn gefragt wird nach dem *Gebiet, auf dem das Gemeinte liegt* und nach seiner *Zugänglichkeit für den Exegeten.* Denn jene beiden Fragen fallen offenbar nicht auseinander, wenn das Gemeinte nichts anderes ist als ein zeitgeschichtliches Faktum. Insofern freilich zeitgeschichtliche Fakten (z. B. der Tod Jesu oder die Missionsreisen des Paulus) nicht als solche, sondern in einer bestimmten Absicht berichtet werden, erhebt sich natürlich auch die Frage: was ist gemeint? im differenzierten Sinn. Und zwar natürlich nicht in dem Sinne, als sei nach der subjektiven Absicht und Verfassung des Berichterstatters gefragt, womit statt des einen zeitgeschichtlichen Faktums nur ein anderes erfaßt wäre.

Die Differenzierung der beiden Fragen tritt ein, je nachdem die Möglichkeiten des Gemeinten über die bloße zeitgeschichtliche (oder psychische) Faktizität hinausgehen. Und allgemein ist zu

---

[1] Daß solche Exegese nichts mit „Intuition" zu tun hat, braucht wohl kaum ausdrücklich gesagt zu werden.

sagen, daß das Gebiet des Gemeinten so weit reicht, als die Möglichkeiten des Menschen reichen. Die Zugänglichkeit für den Interpreten hängt also davon ab, wieweit er für den Umfang des für den Menschen Möglichen aufgeschlossen ist. Letzlich hängt also die Frage nach der Verständnismöglichkeit eines Textes daran, welche Aufgeschlossenheit der Exeget für seine Existenzmöglichkeit als menschlicher Möglichkeit hat, welche Auslegung von sich als Menschen der Exeget hat.

Hat man aber die Frage so weit getrieben, so sieht man plötzlich, daß jene anfängliche Unterscheidung einer neutralen und einer Stellung nehmenden Exegese, einer betrachtenden und einer den Anspruch des Textes ergreifenden, – daß diese Unterscheidung auch nur primitiv und unzulänglich ist. Sie war veranlaßt durch die Auffassung der modernen Exegese von sich selbst, aber diese Auffassung ist eine Selbsttäuschung. In Wahrheit gibt es *keine neutrale Exegese*. Es gibt kein bloßes Auslegen dessen, „was da steht", sondern in irgendeiner (und zwar jeweils bestimmten) Weise geht die Auslegung des Textes immer Hand in Hand mit der Selbstauslegung des Exegeten. Da wir nämlich der Geschichte nicht so gegenüberstehen wie der Natur, über die wir uns im Distanz nehmenden Denken orientieren können, sondern da wir selbst in der Geschichte stehen und ein Teil der Geschichte sind, ist jedes Wort, das wir über die Geschichte sagen, notwendig auch ein Wort über uns selbst, d.h. es verrät, wie wir unsere eigene Existenz interpretieren; es zeigt, welche Aufgeschlossenheit wir für die Möglichkeiten unserer Existenz als menschlicher haben. Der *Idealist* befragt den Text danach, auf welcher Entwicklungsstufe im Gang der Selbstentfaltung des Geistes seine Aussagen stehen bzw. welcher Sinn ihnen zukommt, gemessen an dem ideellen Gehalt des Geistes; welchen Erkenntnischarakter etwa auf wissenschaftlichem oder ethischem Gebiet die Aussagen haben. Er offenbart damit, daß für ihn das eigentliche Sein des Menschen in der Vernunft, in den Ideen vorliegt. Der *Romantiker* kennt den Menschen nur als Gestalt, als Persönlichkeit, d.h. letztlich als Kunstwerk, als geformten Stoff. Für ihn ist die eigentliche menschliche Weise zu existieren das ästhetische Schauen und Gestalten. Für den *Psychologen* ist der Mensch das Subjekt psychischer Komplexe und Vorgänge; die eigentliche menschliche Weise zu existieren bedeutet für ihn, sich in psychischen Zuständen, in Stimmungen und Erlebnissen befinden.

Insofern also eine bestimmte Selbstauslegung jeder Exegese zugrunde liegt, ist keine Exegese neutral; und insofern läßt sich auch sagen, daß jede Exegese einen Anspruch des Textes anerkennt, weil nämlich jedesmal ein in den Möglichkeiten des Textes liegender Anspruch, sich zu erfassen, vernommen wird. Insofern erweist sich auch die Unterscheidung der beiden Fragen: was ist gesagt? und was ist gemeint? als unzulänglich, weil ja keine Exegese einfach den Wortlaut des Textes reproduzieren will und kann, sondern irgendwie sagen möchte, was gemeint ist. Indessen zielten doch jene Unterscheidungen auf einen tatsächlichen, grundsätzlichen Unterschied. Denn das bleibt bestehen: alle jene Möglichkeiten der Exegese gehen davon aus, daß der Exeget grundsätzlich über die Möglichkeiten des Gesagten bzw. Gemeinten verfügt; daß das Wort des Textes für ihn nicht Ereignis (*zeitliches* Ereignis) wird; daß der Text ihm nicht als Autorität gegenüber tritt, der ihm wesenhaft Neues zu sagen hat[2]. Das bedeutet aber, daß alle diese Möglichkeiten ausgehen von der *Auffassung der menschlichen Existenz* als einer verfügbaren, gesicherten. Ihnen steht gegenüber die Sachexegese als diejenige, die auf einer grundsätzlich anderen Auffassung der menschlichen Existenz beruht. Hier wird nämlich die menschliche Existenz nicht in dem Allgemeinen gesehen, das dem Menschen als Exemplar der Gattung Mensch zukommt, sondern in seinem individuellen Leben, das sich in der Zeitlichkeit bewegt mit ihren Momenten des Einmaligen und Unwiederholbaren, mit ihren Ereignissen und Entscheidungen. Das heißt, daß unsere Existenz für uns nicht verfügbar, gesichert ist, sondern ungesichert, problematisch, daß wir also bereit sind, Worte als Worte zu hören, Fragen zu hören, die Entscheidung für uns bedeuten, den Anspruch eines Textes zu hören als Autorität, an der es sich zu entscheiden gilt.

Dann ist vollends klar, daß der Forderung, die Existenz des Menschen nicht im Allgemeinen, sondern im Besonderen zu sehen, nicht durch die Auffassung des Menschen als „Gestalt" genügt wird. Denn eine Interpretation, die die innere Form einer Gestalt erschaut, sieht an der konkreten Existenz des Menschen vorbei; sie sieht das konkrete Hier und Jetzt auch als einen Teil des Allgemeinen; nur daß hier das Allgemeine nicht die für das Denken faßbare Gesetzlichkeit ist, sondern das individuelle Gesetz der betreffenden Gestalt. So

[2] Das wird sogar ausdrücklich zum Prinzip gemacht, wenn die Forderung der „Kongenialität" des Exegeten aufgestellt wird.

kann man seine Existenz nur interpretieren, wenn man sich ihr als zeitloser, oder besser: als vergangener gegenüberstellt, also gerade dann nicht, wenn man sein Hier und Jetzt als Momente der Entscheidung kennt, die in eine Zukunft führen als in ein ganz anderes. Die Deutung eines Menschen als Gestalt ist immer nur als nachträgliche möglich, wenn das ganze Leben abgeschlossen vorliegt. Das heißt: die Bedeutung der Zeitlichkeit für die Existenz des Menschen ist hier verkannt. Und das ist auch dann nicht anders, wenn das Werden der Gestalt unter dem Gesichtspunkt der Entwicklung gesehen wird. Denn die Bewegung, um die es sich hier handelt, enthält nicht das Moment der Zeitlichkeit; diese ist vielmehr als wirkliche eliminiert und dient nur noch als Ordnungsschema, d. h. im Werden der Entwicklung zerlegt sich das Sein in seine Momente, aber so, daß auf jeder Stufe ideell das Ganze da ist und die einzelnen Momente nichts Neues bringen, also keinen Entscheidungscharakter haben. Das kommt klassisch in Goethes Urworten (*Δαίμων*) zum Ausdruck:

> „Wie an dem Tag, der dich der Welt verliehen,
> die Sonne stand zum Gruße der Planeten,
> bist alsobald und fort und fort gediehen,
> nach dem Gesetz, wonach du angetreten.
> So mußt du sein, dir kannst du nicht entfliehen,
> so sagten schon Sibyllen und Propheten;
> und keine Zeit und keine Macht zerstückelt
> geprägte Form, die lebend sich entwickelt."

Nun ist auch die Möglichkeit gegeben, dem Vorwurf des *Subjektivismus* grundsätzlich zu entgehen. Natürlich ist jede Exegese als Unternehmen eines Subjekts subjektiv. Für die übliche moderne Exegese in ihren verschiedenen Spielarten bietet sich die Möglichkeit, über diesen primitiven Subjektivismus hinauszukommen, in ihrer *Methode*. Sie gerät freilich durch ihre Methode in einen neuen Subjektivismus hinein, da die Methode ja nur die aus der zugrunde liegenden Auslegung menschlicher Existenz folgende Betrachtungsweise ist. Wer mit andern gemeinsam im Bereich einer bestimmten Deutung menschlicher Existenz steht und damit über eine bestimmte Methode verfügt, der kann „objektiv" erklären – für diesen Bereich. Wer jedoch solche Bindung an eine vorgegebene Auslegung menschlicher Existenz als verfüg- und betrachtbarer abweist, gibt damit eine Methode auf und gibt den Anspruch auf objektive Ergebnisse der Interpretation auf. Aber er endet damit nicht im vollendeten Subjektivismus, und zwar deshalb nicht, weil er den Anspruch, die Autorität des

Textes anerkennt. Denn die einzige Garantie für die „*Objektivität*" *der Exegese*, bzw. dafür, daß in ihr die Wirklichkeit der Geschichte zu Worte kommt, ist eben die, daß der Text auf den Exegeten selbst als Wirklichkeit wirkt. Voraussetzung ist also, daß der Exeget in keinem Sinne vorher über die Möglichkeiten des Gesagten, bzw. Gemeinten verfügt, also daß er die Meinung preisgibt, mittels einer Methode feststellen zu können, was geschichtliche Wirklichkeit ist. Kurz gesagt: die Möglichkeit einer „objektiven" Exegese ist allein durch die Sachhaltigkeit der Geschichte selbst gewährleistet. Und diese kommt zu Worte nur, wo der Exeget bereit ist, den Text als Autorität reden zu lassen. Das bedeutet aber nicht, daß er als toter Spiegel die Geschichte aufspiegelt, oder daß er das Bild der Geschichte photographiere, sondern daß er in existentieller Lebendigkeit steht. Die Naivität, mit der z.B. die psychologische Exegese jeden fachlichen Anspruch des Textes abzulehnen pflegt, zeigt deutlich, daß der Exeget nicht innerlich lebendig ist, daß ihm seine Existenz nicht problematisch ist. Und deshalb kann er nie dazu kommen, zur Sachlichkeit der Geschichte vorzudringen. Wer dagegen das Wort des Textes als Wort hören will, bekennt damit, daß die Möglichkeiten für die menschliche Existenz nicht von vornherein abgesteckt und nicht in der konkreten Situation durch Vernunft, Charakter, psychische und zeitgeschichtliche Bedingungen determiniert sind, sondern daß sie offen stehen, daß sich jeder konkreten Situation neue Möglichkeiten öffnen, und daß das menschliche Leben dadurch charakterisiert ist, daß es durch Entscheidungen führt. Durch das Wort, das neu in seine Situation hineintritt, wird der Exeget in die Entscheidung gestellt, und dadurch wird das Wort für ihn Ereignis. Also Ereignis ist es nicht als objektiv zu betrachtendes Wort, sondern nur für den existentiell lebendigen Hörer. Je klarer es somit ist, daß Geschichtsauslegung zugleich Selbstauslegung ist, um so deutlicher ist es auch, daß die Exegese ausdrücklich von der Frage der Selbstauslegung geleitet sein muß, wenn sie nicht dem Subjektivismus verfallen will.

IV.

Ehe wir diesen Gedanken aber weiter verfolgen, soll das Gesagte an einigen Beispielen illustriert werden.

H. J. *Holtzmann* (Lehrbuch der Neutestamentl. Theologie [2]1911, I S. 224) interpretiert Jesu Gottesglauben als eine besonders hohe Entwicklungsstufe des Gottesglaubens der Menschheit. Für Jesus bedeute Gott die „Repräsentation des Seinsollenden als Liebesmacht". Während nämlich das primitive Gottesbild, das auf der Personifikation von Naturkräften beruhe, allmählich hinter der Unendlichkeit des Kausalzusammenhangs verschwinde, gewinne es an „Widerstandsfähigkeit und Konsistenz", je mehr es „eine feste Stellung im Zusammenhang der Ansprüche und Bedürfnisse des persönlichen Geistes einnimmt und zum unentratsamen Koeffizienten des Vollzuges sittlicher Vorgänge im Selbstbewußtsein wird." – Bedarf es eines Beweises, daß hier der Interpret in einem epigonenhaften Idealismus oder Rationalismus die eigentliche Existenz des Menschen im vernünftigen Selbstbewußtsein des Geistes sieht? ist diese Exegese neutral, oder beruht sie nicht vollständig auf einem vorgegebenen Prinzip, das über die Möglichkeiten des Textes verfügt?

Wenn *Holtzmann* (a.a.O. II S. 164) die paulinische Anschauung von der Sündlosigkeit der Christen als die Formel eines „himmelstürmenden Idealismus" deutet, so schiebt er ganz naiv dem Text seine eigene idealistische Auffassung vom Menschen unter, wie denn überhaupt Holtzmann wie andere Exegeten die Sündlosigkeit, von der Paulus redet, nur als die Verwirklichung eines Ideals (ein dem Paulus ganz fremder Begriff), bzw. als die Richtung auf dies Ideal hin deuten können.

Das Wesen der *καινὴ ἐντολή* 1. Joh. 2, 8 wird von *Holtzmann* naiv idealistisch interpretiert: es werden sich „stets neue Bedürfnisse und neue Aufgaben der Liebe einstellen". Daß der Text selbst die Weisung gibt, das „neu" im Sinne der Eschatologie zu verstehen, wird nicht gespürt, weil von jener Auffassung des Menschen aus die Einsicht in den Sinn der Eschatologie überhaupt verschlossen ist.

Ebenso idealistisch erklärt *Holtzmann* 1. Joh. 3, 14: „Wir wissen, daß wir aus dem Tode in das Leben hindurchgeschritten sind; denn wir lieben die Brüder": „Liebe ist der Tatbeweis dafür, daß man im Leben steht; tote Geister wissen nichts von Liebe, ihr Dasein ‚schleicht matt und schläfrig dahin' (Rothe), weil es die Höhe des wahrhaft persönlichen Lebens nicht erreicht. Wer nicht liebt ... bleibt wie einer vis inertiae folgend, im Tode, im Grabe des Naturlebens." Charakteristisch ist auch *Rothes* Wort, das Baumgarten zur betr. Stelle zitiert: „Nur im Heraustreten des Individuums aus seinen engen Grenzen, in diesem sich an die anderen mitteilen und eben hierdurch wieder die andern in sich aufnehmen und sein eigenes enges Sein bereichern und erweitern durch die sich ihm mitteilende Fülle des Seins der anderen – wird das menschliche Einzelwesen sich bewußt, daß es lebe." Im Text muß unter Liebe doch wohl etwas anderes verstanden sein als die Entfaltung des geistigen Lebens der Persönlichkeit, da die Möglichkeit der Liebe, die ja ein *neues* Gebot ist, als an die Wirklichkeit der Offenbarung geknüpft angesehen wird.

Baumgarten bezeichnet (im Göttinger Bibelwerk) den Inhalt von 1. Joh. 1, 1–4 als zunächst abstrakt, meint aber, er gewinne an Anschaulichkeit, wenn man beachte, daß er in volles, warmes Gefühl getaucht sei. Er rechnet also mit Lesern, die für das Gefühl, mit dem ein Text vorgetragen ist, zugänglich sind, ja für die dieses mit „warmem Gefühl" erfüllt zu werden, offenbar das Motiv ist, mit dem sie sich an die Geschichte wenden. Zu 1, 10 („Wenn wir sagen: wir haben nicht gesündigt, machen wir ihn zum Lügner und sein Wort ist nicht in uns") wird ausdrücklich abgewiesen, das Wort vom Gedanken der Offenbarung aus zu deuten; es sei viel mehr aus der *Empfindung* zu verstehen: „in der Empfindung herrscht das Bedürfnis vor, denen, die im geheimen Rat Gottes gesessen zu haben wähnen, den ärgsten Vorwurf zu machen, daß sie ihn zum Lügner machen ..."

Besonders charakteristisch aber ist *Baumgartens* Erklärung von 1. Joh. 2, 9: „Wer sagt, er sei im Licht, und haßt seinen Bruder, der ist in der Finsternis bis jetzt": Es sei nicht zuzugeben, daß jeder Mangel an Liebe wirklicher Haß sei; das meine der Verfasser auch wahrscheinlich gar nicht im Ernst. Es gäbe ja im „wirklichen Leben" so viele Übergänge und Mittelfarben! Entsprechend heißt es zu 3, 14: man könne sich doch dem Bruder gegenüber auch gleichgültig verhalten. Natürlich! Wenn der Mensch nur als psychisches Subjekt gesehen ist, wenn Liebe und Haß als psychische Erscheinungen genommen werden, so gibt es kein Entweder–Oder für die Haltung des Menschen, sondern nur Übergänge und Nuancen. Aber der Text redet vielleicht von einer anderen Wirklichkeit, als dem „wirklichen Leben", das der Exeget im Sinne hat, von einer Wirklichkeit, die Bengel kannte in seiner lakonischen Exegese: „ubi non est amor, odium est[3]. Cor non est vacuum". Er redet von Liebe und

[3] Das weiß aber z. B. auch Scheler: Über Ressentiment und moral. Werturteil 1912, S. 25.

Haß deshalb nicht als von den Zuständen eines psychischen Subjekts, die durch alle möglichen Zwischenstufen über das Stadium der Neutralität hinüber einander begegnen, sondern von Liebe und Haß als existentiellen Möglichkeiten, für die es nur ein Entweder–Oder gibt.

In der psychologischen Menschenauffassung steht auch *Windischs* Erklärung des 1. Joh.; so wird (zu 3, 9) erklärt, daß der „ideale Zustand" der Sündlosigkeit des Christen aus der Gotteszeugung als „einem einmaligen aber nachwirkenden Erlebnis" abgeleitet werde; so wird 3, 14 gedeutet: „durch eine Bekehrung sind wir zum Leben und zur Liebe geführt worden"; so wird 4, 20 als eine „psychologische Begründung" des Liebesgebots bezeichnet.

Für die romantische Exegese, die nach Gestalt und Persönlichkeit fragt, mag wieder *Baumgartens* Erklärung von 1. Joh. dienen; er interpretiert 1, 1–4 so, daß er die geschichtliche Realität des Erlösers (unter der er offenbar nur die zeitgeschichtliche Bestimmbarkeit verstehen kann) auf den „Charakter" Jesu reduziert; aber das ist ja nur ein verschwindender Fall unter all den Versuchen, Jesus als Persönlichkeit zu sehen. Man fragt dabei doch jedenfalls nach etwas, was für den existentiellen Menschen im allgemeinen gleichgültig ist (wenigstens für die Personen des Neuen Testaments); er ist nämlich nicht an seiner Persönlichkeit interessiert, sondern an der Sorge um seine Existenz, bzw. an der Frage um die Wahrheit seines Sorgens. Die Erinnerung, daß auch Sokrates und Caesar, Hildebrand und Dante, Goethe und Napoleon Gestalten, Charaktere oder Persönlichkeiten sind, sollte darauf aufmerksam machen, daß hier jedenfalls nicht nach dem gefragt wird, was im Neuen Testament gemeint ist. In der Tat erhebt sich ja die Frage nach Gestalt und Persönlichkeit aus der gleichen Distanz, von dem gleichen Zuschauerstandpunkt aus wie die Fragen der idealistischen oder psychologischen Exegese; der Mensch ist hier von außen, als Kunstwerk, gesehen, und seine Existenz ist nicht erfaßt als in den konkreten Momenten des Hier und Jetzt auf dem Spiele stehend, als der Zeitlichkeit mit ihren Entscheidungsmomenten ausgeliefert.

Warum aber stelle ich diesen Beispielen einer Exegese, die die Wirklichkeit der Geschichte nicht erfaßt, *keine Gegenbeispiele* gegenüber? Weil die von der Existenzfrage bewegte Exegese eben nur in der Lebendigkeit des Vollzuges existiert. Es läßt sich also nie ein Beispiel anführen, das zeigen könnte: so wird es gemacht, und es läßt sich auch nie behaupten: diese meine Exegese ist von der Existenzfrage bewegt. Denn die Einsicht in die Tatsache, daß es so sein müsse, gibt noch keine Gewähr dafür, daß es wirklich so ist. Und da die Gewähr dafür, daß in einer Exegese die Wirklichkeit der Geschichte zu Worte kommt, immer nur durch die Wirklichkeit der Geschichte selbst gegeben sein kann, steht uns kein Kriterium darüber zur Verfügung, wann das der Fall ist. In dieser Situation also stecken wir, und das Ziel unserer Besinnung kann nie sein, nun doch wieder ein Verfügungsrecht über die Geschichte zu gewinnen, sondern nur, uns unsere Situation ganz klar zu machen.

V.

Wenn wir also die Frage wieder aufnehmen nach dem Gebiet, auf dem das im Text Gemeinte liegt, und nach seiner Zugänglichkeit für den Exegeten, so ist klar geworden, daß wir damit nach den Möglichkeiten fragen, die aus unserer Begegnung mit der Geschichte für unsere Schriften erwachsen. Es ist aber auch klar geworden, daß wir eine Antwort auf diese Frage nicht erwarten dürfen als eine Voraussetzung, von der aus der Text zu befragen wäre. Denn dann würden wir ja gerade vorher über die Möglichkeiten unserer Existenz verfügen, über die uns der Text erst etwas sagen soll. Wir wiesen jede Exegese ab, die die Möglichkeiten menschlicher Existenz als abgeschlossen und übersehbar ansieht, und hielten das für die einzig mögliche Haltung, daß wir das Bewußtsein von der Problematik unserer Existenz haben. Konkret ließe sich die Frage, unter der ein Text interpretiert wird, dann vielleicht so formulieren: wir suchen zu verstehen, in welcher Hinsicht der Text die Auslegung seines Verfassers von dessen Auffassung seiner Existenz, als der eigentlichen Möglichkeit zu existieren, ist. Wir würden bei dieser Frage Aufschluß über unsere eigene existentielle Möglichkeit suchen; wir treten damit dem Text gegenüber ähnlich wie den Menschen, mit denen wir in den Beziehungen des Lebens stehen, in denen wir überhaupt erst eine Existenz gewinnen, nämlich in den Beziehungen von Ich und Du. Es ist dann klar, daß es eine Rekonstruktion der wirklichen Geschichte nicht geben kann, so wenig das Verhältnis vom Ich zum Du, von Freund zu Freund, von Gatte zu Gatte, von Vater zu Kind konstruierbar ist. Und doch spielt sich in diesen Beziehungen unsere eigentliche Existenz ab, in ihnen *sind* wir. Und wie diese Beziehungen für uns zeitliche Ereignisse sind und zwar solche, die den Charakter der Entscheidung tragen, so vollzöge sich die existentielle Begegnung der Geschichte in zeitlichen Momenten, die unsere Entscheidung fordern.

Das würde zunächst bedeuten, daß wir *den Entwicklungsgedanken preisgeben müssen*, wo es sich um die wirkliche Erfassung der Geschichte handelt. Denn er setzt voraus, daß die Möglichkeiten für den Menschen als übersehbar, verfügbar gelten. Denn von Entwicklung können wir nur reden, wo wir über das sich entwickelnde Subjekt mit unserer Einsicht verfügen, also *den* Menschen und seine Möglichkeiten kennen. „Kennen" natürlich nicht im quantitativen Sinn, sondern so, wie wir eine Linie kennen, wenn wir zwei ihrer Punkte kennen. Der Entwicklungsgedanke ist der Ausdruck des Verfügenkönnens über die Geschichte, und sein Symptom ist der Gedanke der Rekonstruierbarkeit. Wie die Betrachtung der Geschichte unter dem Entwicklungsgedanken unserer Exegese den Charakter des zeitlichen Ereignisse raubt, so ist es der Entwicklungsgedanke auch, der aus der Geschichte die Zeitlichkeit, d.h. aber die eigentlich menschliche Weise zu existieren, eliminiert. Natürlich nicht die meßbare, sog. objektive Zeit; aber eben diese ist nicht die wirkliche, sondern sie dient nur zur Chronologie als Ordnungsreihe für die Relationen, deren Zusammenhang der Entwicklungsgedanke klar machen will, während das wirklich zeitliche Geschehen gleichgültig geworden ist. Für die Zeit, mit der der Entwicklungshistoriker rechnet, wäre es z.B. einerlei, wie schnell oder wie langsam die Zeit läuft, und der ganze Relationszusammenhang könnte ebensogut in einen Moment zusammengepreßt, wie in die Unendlichkeit zerdehnt gedacht werden. Für einen Intellekt, der den ganzen Relationszusammenhang überschauen könnte, wäre die Zeit gar nicht da; er könnte das ganze Geschehen auch in ein anderes Ordnungssystem als das zeitliche eintragen. Entsprechend ist eben für solchen Betrachter der Geschichte die Betrachtung zeitlos, während die existentielle Begegnung mit ihr ein zeitliches Ereignis ist, in welchem das Wort des Textes seinen Charakter der Zeitlichkeit behält.

Und zwar wäre dies Ereignis, sofern unsere Existenz als unsere eigentliche Möglichkeit zu leben, sich in unserm Tun vollzieht, *freie Tat*. Natürlich nicht so, als fühlte man sich auf Grund eines verstandenen Textes zu einer Tat veranlaßt, sondern das Verstehen selbst ist die Tat. Als freie steht sie außerhalb meiner Verfügung und vollzieht sich nur in der Entscheidung, so daß ich nicht gleichsam daneben stehen und sie kontrollieren kann. Sie kann also nicht zum Prinzip einer Methode gemacht werden, sondern erwächst als Entscheidung aus der im Text gestellten Frage, und sofern sie solche durch die Geschichte herausgeforderte Entscheidung ist, ist sie Gehorsam gegenüber der Autorität der Geschichte.

Dies: das Wissen um die Unsicherheit unserer Existenz, das Wissen, daß unsere Existenz in unsere freie Tat der Entscheidung gelegt ist; dazu eine Haltung der Geschichte gegenüber, die sie als Autorität anerkennt und dadurch aus der Distanz des Betrachters in die Gegenwart der Entscheidung gerückt sieht, wäre die Voraussetzung jeder Exegese. Ehe aber gefragt wird, was dann das Eigentümliche der Exegese des Neuen Testaments oder einer theologischen Exegese ist, muß noch einmal betont werden: es handelt sich *nicht um die Proklamierung einer neuen Methode*. Die Frage, wieweit die Kompetenz der Methoden für die wirkliche Erfassung eines Textes reicht, wieweit jede konkrete Arbeit der Exegese immer methodisch sein muß, sei ausdrücklich zurückgestellt. Zunächst kommt es darauf an zu sehen, daß eine Methode die wirkliche Geschichte nicht erfaßt, weil sie immer nur erfaßt, worüber wir grundsätzlich verfügen. Das wird um so klarer, wenn man bedenkt, daß Interpretation ja in der Regel auch die Vermittlung des Textes an einen Dritten sein soll, über den (in seinem existentiellen Sein) ich ja auch nicht verfüge. Und deshalb lassen sich, wie schon gesagt, mit der geforderten Exegese nie definitive Ergebnisse erarbeiten, die ja nur dazu dienen könnten, die Geschichte tot zu machen, weil sie den Charakter der Zeitlichkeit verloren haben und dem Dritten den Weg zur existentiellen Begegnung mit der Geschichte versperren. Die Ergebnisse einer existentiell bewegten Exegese lassen sich also nicht im gleichen Sinn rechtfertigen und begründen wie die einer methodischen Exegese. Die Möglichkeiten des Textverständnisses lassen sich sowenig nachher wie vorher abgrenzen, sondern sind unerschöpflich wie die Möglichkeiten, die aus der Begegnung von Ich und Du erwachsen.

VI.

Nun geht die bisherige Besinnung davon aus, daß es unsere Sache ist, *von uns aus die Frage nach unserer Existenz zu stellen* und als so Fragende der Wirklichkeit der Geschichte zu begegnen. Das aber ist eine abstrakte Situation, die es in Wirklichkeit gar nicht gibt, da wir an keinem Punkte außerhalb der Geschichte stehen und gleichsam zum erstenmal in sie eintreten können. Und doch ist diese Situation der Ausgangspunkt aller profanen Exegese, sofern sie sich selbst versteht.

Inwieweit nun und in welcher Weise auf den verschiedenen Gebieten *profaner Geschichtswissenschaft*, also etwa der Geschichte des Staates, der Literatur, der Kunst, der Mathematik, die Bewegtheit durch die Existenzfrage vorhanden ist und wie sie in der konkreten Geschichtsschreibung wirkt, das zu untersuchen, kann ich mir nicht als Aufgabe stellen[4]. Im allgemeinen wird man sagen dürfen, daß das Interesse für ein bestimmtes Geschichtsgebiet, wenn die Arbeit auf ihm nicht eine bloße Beschäftigung ist, auf einer bewußten oder unbewußten Wahl unter den verschiedenen Möglichkeiten der Erschließung menschlicher Existenz beruht, und daß, sofern diese Wahl aus existentieller Lebendigkeit erwachsen ist, diese Lebendigkeit dauernd in der geschichtlichen Arbeit wirken wird. Und zwar insoweit, als die Erkenntnisse auf all diesen Gebieten nicht als von außen gesehener Stoff aufgefaßt und angehäuft werden, sondern als sie zur Erfassung unserer durch die Wahrheitsfrage bewegten Existenz führen

---

[4] Ich darf aber wohl auf *Diltheys* Bemühen um den Sinn geschichtlicher Interpretation hinweisen und zugleich darauf wie seine Gedanken besonders in der modernen Literaturwissenschaft fortwirken. Ein Beispiel ist R. *Ungers* Abhandlung „Literaturgeschichte als Problemgeschichte" (Schriften der Königsb. Gel. Ges. I geisteswiss. Kl. 1, 1924). Im Anschluß an Dilthey faßt er Dichtung als Lebensdeutung, so daß ihm die Literaturgeschichte zur Problemgeschichte wird, wobei dann „Problem" nicht als rationalistischer Begriff gemeint ist, sondern als Existenzbegriff, so daß die Problemgeschichte nicht zur dialektischen Bewegung formaler ästhetischer Begriffe wird, sondern zu einer „Phänomenologie der Lebensprobleme". Die „Rätsel- und Schicksalsfragen des Daseins" (wie Natur und Geist, Liebe und Tod) bilden den Gehalt der Dichtung, damit aber auch den Gegenstand der Literaturgeschichte. Diese ist also gar nicht möglich ohne bewußte Stellungnahme zu den Sachen selbst und hat deshalb im Gegensatz zur alten historisch-philologischen Methode den Zusammenhang mit der Philosophie zu suchen. Bei dieser Gelegenheit sei aber auch darauf hingewiesen, daß kein anderer als *Albert Eichhorn* es wußte, daß Geschichtsphilosophie ein notwendiger Bestandteil der Geschichtswissenschaft sei, daß Historiker nur sei, wer die Gegenwart verstehe (H. Greßmann, Albert Eichhorn und die Religionsgeschichtliche Schule 1924, S. 8); wie er denn auch eine Vorlesung über die theologischen Hauptbegriffe (Sünde, Glaube, Inkarnation) las (ebenda S. 13) und in seiner Abhandlung über die Rechtfertigungslehre der Apologie (1887) auf ein Verständnis der Vorgänge des Glaubenslebens selbst abzielte (S. 10).

sollen. Das Lernen auf diesen Gebieten steht unter der Wahrheitsfrage, und damit geschieht jeder Schritt oder Erkenntnis unter der Voraussetzung der Bereitschaft zur radikalen Preisgabe des bisher Erkannten, also auf Grund radikaler Voraussetzungslosigkeit.

Die philosophische Exegese endlich wird die Geschichte nicht um der Einzelkenntnisse auf irgendeinem Gebiet willen befragen, sondern wird von vornherein ausdrücklich von der Frage nach den Möglichkeiten menschlicher Existenz geleitet sein, und zwar eben von der Voraussetzung aus, daß der Mensch von sich aus die Existenzfrage stellen kann und die Möglichkeit der freien Tat hat, in der er seine Existenz gewinnt.

VII.

Nun ist das Eigentümliche für *die Exegese des Neuen Testaments* dies, daß sie zwar im Kreis der profanen Exegese bleiben kann, daß ihr aber die Behauptung des Neuen Testaments entgegentritt, der Mensch verfüge über seine Existenz nicht einmal insoweit, daß er von sich aus die Existenzfrage stellen könne und die Möglichkeit der freien Tat habe; all das gäbe es nur für den Glauben. Es wäre dann also die entscheidende Frage für das Verständnis des Neuen Testaments, ob die Forderung des Glaubens anerkannt wird oder nicht. Ja, aber damit wäre die Situation des Exegeten als eine ganz unmögliche charakterisiert. Denn nicht nur, daß ihm die Möglichkeit dieser Entscheidung abgesprochen wird, – das Neue Testament behauptet sogar, daß er von sich aus gar nicht wissen könne, was Glaube ist, da dies Wissen erst Ergebnis der glaubenden Exegese sein könnte. Und es muß doch das Fragen selbst, wenn es richtiges Fragen sein soll, glaubendes Fragen sein!

Die Bereitschaft zum glaubenden Fragen müßte also beim Exegeten vorausgesetzt sein? Das ist aber offenbar sinnlos und würde ein Über-den-eigenen-Schatten-springen fordern. Es zeigt sich, daß die ganze Reflexion nicht vollzogen werden kann, wenn sie prinzipiellen Charakter hat, d. h. wenn sie den Exegeten in jener unrealen, abstrakten Situation sieht, in der der profane Exeget stehen will; wenn sie absieht von seiner konkreten Situation. Diese ist aber die, daß die Exegese des Neuen Testaments zur Aufgabe wird für den, der in der Tradition der Kirche des Wortes steht. Nur wenn dies bedeutet, – nicht, daß ich von außen gesehen als zeitgeschichtliches Individuum, sondern daß ich mit meiner Existenz in der Tradition des Wortes stehe, gibt es solche Bereitschaft des glaubenden Fragens.

So wenig es deshalb eine besondere Methode theologischer Exegese gibt, so wenig gibt es eine Möglichkeit, eine theologische Exegese des Neuen Testaments „prinzipiell“ zu rechtfertigen. Die rechte Befragung des Textes kann nur eine glaubende sein, d. h. eine im Gehorsam gegen die Autorität der Schrift begründete. Wie Paulus den Glauben als ὑπακοή fordert, ohne daß ich die Autorität des Wortes zu legitimieren brauchte, wie bei Johannes die *μαρτυρία* eine neben dem Worte stehende Legitimation für dieses, sondern eben das Wort selbst ist, so gibt es offenbar nur eine sachgemäße Exegese des Neuen Testaments, die aus dem Gehorsam hervorgeht. *ἐάν τις θέλῃ τὸ θέλημα αὐτοῦ ποιεῖν, γνώσεται περὶ τῆς διδαχῆς, πότερον ἐκ τοῦ θεοῦ ἐστιν ἢ ἐγὼ ἀπ' ἐμαυτοῦ λαλῶ* (Joh. 7, 17). Die Tat dieses Gehorsams ist die Voraussetzung der Exegese, und über diese Tat verfüge ich nicht, da sie freie Tat ist, also nicht meiner abwartenden Stellungnahme überlassen, sondern nur im Getanwerden wirklich, und da ich – was auf das gleiche hinauskommt – nicht in einer abstrakten Situation vor die Entscheidung dieser Tat gestellt werde, sondern in der konkreten, in der das Ganze meiner Existenz zusammengefaßt ist und auf dem Spiele steht.

Eine theologische Exegese wäre also eine solche, *für die der Glaube Voraussetzung wäre*, aber dann kann sie eben auch nur getan, wissend gewagt, kann nicht begründet und gerechtfertigt werden, da wir über die Voraussetzung nicht verfügen. Damit ist die Frage erledigt, ob man etwa auch Augustin, Luther oder Schleiermacher oder gar die Bhagavadgita ebenso interpretieren müsse wie das Neue Testament. Sofern ich prinzipiell reflektiere, mich also in einer abstrakten traditionslosen Situation sehe, gibt es hier keine Verschiedenheit. Ob aber bei solcher Interpretation glaubendes Hören Ereignis wird, darüber läßt sich eben prinzipiell nichts ausmachen.

Damit ist aber *die Exegese in der gleichen Lage wie die Theologie überhaupt*, die auch nur sinnvoll ist unter der Voraussetzung des Glaubens, und die doch über diese Voraussetzung nicht verfügt, die aber doch getrieben werden muß. Denn ein Verzicht auf die Theologie würde auch den Verzicht auf den Glauben bedeuten und würde beweisen, daß der Sinn der Offenbarung als der Rechtfertigung des Sünders nicht verstanden ist. Denn Theologie bedeutet die begriffliche Darstellung der Existenz des Menschen als einer durch Gott bestimmten. Da sie aber weder über Gott noch über den existentiellen Menschen verfügt, kann sie nie ein Reden *aus* Gott, sondern nur ein Reden *über* Gott und *über* den Menschen sein. Und sie kann ihr Recht nur dadurch erweisen, daß sie sich stets daran erinnert, daß solches Reden ein Reden des *sündigen* Menschen ist, das gar nicht beansprucht, ein Reden *aus* Gott zu sein, und das gerade in der Erkenntnis dieser Schranken gerechtfertigt sein kann, da Gott den *Sünder* rechtfertigen will. Diese Erinnerung aber bedeutet nicht die Beziehung auf eine verfügbare Voraussetzung oder eine Hypothesis wissenschaftlichen Arbeitens, sondern sie bedeutet die Beziehung auf die Offenbarung, die nur im Akt wirklich sein kann. Ein Verzicht auf die Theologie aber wäre deshalb ein Verzicht auf den Glauben, weil sie die Bedeutung der Rechtfertigung für den konkreten Menschen mit seinen Unternehmungen – also in diesem Fall dem Unternehmen der Theologie – nicht erkennen und die Verheißung für ihn und seine Arbeit verschmähen würde. Pecca fortiter, heißt es hier[5].

Weil nun die Textauslegung nicht von der Selbstauslegung zu trennen ist und diese in der Exegese des Neuen Testaments gerade explizit wird, und weil andrerseits die Selbstauslegung des Menschen als geschichtlichen Individuums sich nur in der Auslegung der Geschichte vollziehen kann, so *fallen im Grunde Theologie und Exegese oder systematische und historische Theologie zusammen.* Jene kann also nicht die „kritische Besinnung auf den Glaubengrund" und die systematische Entwicklung ihrer Sätze aus einem verfügbaren Datum zu ihrer Aufgabe machen[6]. Eine biblische Theologie andrerseits wäre ja nach dem Gesagten nicht die Feststellung eines Komplexes zeitgeschichtlicher Aussagen bzw. Phänomene oder des Bewußtseins der neutestamentlichen Autoren. Sondern in ihr vollzöge sich die existentielle Begegnung mit der Wirklichkeit dieser Geschichte. Freilich ist in der konkreten Arbeit eine Trennung der systematischen und der historischen Aufgabe gerade deshalb notwendig, damit die Bezogenheit beider aufeinander immer wieder neu erfahren wird. Die systematische Theologie hätte dann die begriffliche Explikation der Existenz des Menschen als durch Gott bestimmter zu ihrem direkten Thema zu machen, während für die historische

---

[5] Dies habe ich eingehender ausgeführt in dem Aufsatz „Welchen Sinn hat es, von Gott zu reden?" Theol. Blätter IV (1925) Nr. 6 [s. o. S. 1–12].

[6] Vgl. *Gogarten*, Zwischen den Zeiten III (1925) Heft 1 S. 78.

Theologie dies nur indirekt das Thema sein könnte, und sie direkt nur darzustellen hat, welche Auslegung des Menschen in den Texten gegeben wird, und zwar so, daß sie diese Auslegung aus der Begrifflichkeit der Vergangenheit in die Begrifflichkeit der Gegenwart bringt.

Damit ist *Theologie in jedem Falle ein wissenschaftliches Unternehmen*, da sie die Aufgabe des begrifflichen Denkens ist. Und ihre Wissenschaftlichkeit erleidet dadurch keine Einbuße, daß sie sich darüber klar ist, daß die zur Begrifflichkeit erhobenen Inhalte nicht rationalen Ursprungs sind. Ihre zweideutige Situation ist für sie, angesichts ihres die Existenz des Menschen betreffenden Themas, nur deutlicher als für jede andere Geschichtswissenschaft die doch letzlich auch in einer zweideutigen Situation steckt, da sie nirgends das Unternehmen eines abstrakten Menschen ist.

Dagegen *kann die Theologie nicht den Anspruch erheben, direkt Wortverkündigung zu sein*. Denn als wissenschaftliche Arbeit kann sie es immer nur zu Sätzen von relativer Gültigkeit bringen, während die Wortverkündigung nur Sinn hat, wenn ihre Sätze den Anspruch des Definitiven für die konkrete Situation (und anders als für die konkrete Situation gibt es keine Wortverkündigung) erheben. Die Bewegtheit, die daraus erwächst, daß ein Glaubensatz keine allgemeine, zeitlose Wahrheit ist, sondern nur in dem Akte wirklich ist, in dem die Offenbarung Ereignis wird, ist beiden gemeinsam. Aber die begriffliche Arbeit der Theologie, auch der exegetischen, kann auch im konkreten Moment nie als abgeschlossen gelten, sondern hat den Charakter, daß sie immer besser werden muß, was in gleichem Sinne von der Wortverkündigung zu fordern, sinnlos wäre, wenn diese wirklich ist, was sie sein soll. Die Kirche muß eine immer bessere Theologie fordern, aber nicht eine immer bessere Wortverkündigung, sondern nur Wortverkündigung überhaupt.

Sofern nun für die exegetische Theologie als die Arbeit begrifflichen Denkens das Neue Testament nur indirekt, aber nicht direkt Wort Gottes ist, läßt sich ihr Hauptthema im Anschluß an die theologische Tradition völlig korrekt als „*Neutestamentliche Theologie*" formulieren. Sie macht dann nur Ernst damit, daß Gottes Wort ein zu den Menschen gesprochenes verhülltes Wort ist, daß die in der Schrift vorliegende Offenbarung verhüllte Offenbarung ist. Es begegnet uns also in der Schrift ein Reden, das sich zunächst darbietet als ein Reden *über* Gott und *über* den Menschen, denn es ist in der menschlichen Sphäre gesprochen. Wie es zwischen Ich und Du keine unmittelbare Begegnung gibt, sondern nur die im Wort mit seinem Charakter, Ausdruck zu sein *für* Etwas, verhüllte, so gibt es keine unmittelbare Offenbarung, sondern nur die im menschlichen Wort verhüllte. Wie eben gerade diese Tatsache die Notwendigkeit der exegetischen Theologie begründet, die Aussage des Textes in die Begrifflichkeit der Gegenwart zu erheben, so erwächst ihr damit die für alle Exegese bestehende *Notwendigkeit der Sachkritik.* Über ihre Begründung und ihre Zweideutigkeit sprachen wir schon (S. 340); sie wird hier von neuem deutlich, denn an der Erhebung der Aussagen des Textes in die Begrifflichkeit der Gegenwart muß es sich herausstellen, wieweit die Sache, um die es im Texte geht, im Gesagten äquivalenten Ausdruck gefunden hat. Barth[7] hat schon recht, daß die Kritik des Mißverständnis vermeiden muß, als meine sie, das *πνεῦμα χριστοῦ* stände im Text konkurrierend neben anderen Geistern. Aber es ist doch Ernst damit zu machen, daß im Texte, als den Aussagen von Menschen, das *πνεῦμα χριστοῦ* überhaupt nicht direkt zu sehen ist, und daß, sofern Paulus von der „Sache“ redet, er als menschlich Redender einen Standpunkt vertritt, den man nicht nur mit andern Standpunkten vergleichen kann, sondern von dem man auch fragen kann, ob er selbst ihn immer festgehalten hat. Wenn man überhaupt theologische Exegese als Wissenschaft treiben will, so darf man sich durch die Frage nicht schrecken lassen: „Auf welche Stelle könnte man etwa den Finger legen mit der Behauptung, daß *da* nun ausgerechnet das *πνεῦμα χριστοῦ* zu Worte komme?“ In der Tat, solche Unterscheidung hat man zu treffen; und jene Frage kann nur wieder an die eigentümliche Situation des Exegeten erinnern, der von der Existenzfrage bewegt ist und daher weiß, daß er über kein Kriterium verfügt, die Wirklichkeit der Geschichte abschließend zu erschaffen (S. 347 f. 350). Er kann jedoch um deswillen nicht auf bestimmte Aussagen verzichten; aber er kann erst recht nicht den Charakter des Textes als Wortes Gottes zur verfügbaren Voraussetzung der Exegese machen. Jene Verpflichtung zur Sachkritik ist ihm also wahrlich kein Anlaß zum Übermut, sondern die beständige Erinnerung an die Verpflichtung zur Selbstkritik und zwar im existentiellen Sinne.

Die Sachkritik hat sich auch nicht durch die Frage verwirren zu lassen, ob nicht eine Textstelle, die kritisch beanstandet wird, doch

---

[7] Vorwort zur dritten Aufl. des Römerbriefs 1923 S. XXI.

– weil innerhalb des neutestamentlichen *Kanons* stehend – ein Wort der Offenbarung werden könnte. Vorausgesetzt, die kritische Beanstandung wäre richtig, so könnte jenes ja etwa dann der Fall sein, wenn die betreffende Stelle von andern Stellen her interpretiert wird, also z.B. durch Allegorese (die zwar nie als Methode, aber durch ihren Inhalt gerechtfertigt sein könnte). Aber mit dieser Möglichkeit darf man offenbar nicht *rechnen*. Vielmehr: ebenso wie der Kanongedanke den Charakter der Kontingenz der Offenbarung sichern will und das Mißverständnis abwehrt, als handle es sich in der Offenbarung um allgemein einsichtige Wahrheiten oder um den Glauben besonders glaubenskräftiger Individuen, so muß durch die Kritik gesichert werden, daß der Offenbarungsgedanke nicht zur verfügbaren Voraussetzung für die Exegese wird, als sei je die Forderung der existentiellen Begegnung mit der Wirklichkeit, von der der Text redet, aufgehoben als die (nicht verfügbare) Voraussetzung für das Verständnis des Textes.

Weil es keine unmittelbare Begegnung mit Gott gibt, sondern weil seine Offenbarung im Wort verhüllt ist, kann es für die Exegese auch keine Berufung auf ein inneres Licht, kann es keine „pneumatische" Exegese geben, die mit dem Pneuma als vorausgegebenem Besitz des Exegeten rechnet. Ein Pneuma, das verfügbar wäre ohne Bindung an das Wort, gibt es für uns nicht. Die Exegese kann nur von der Interpretation des Wortes ausgehen. Da die Arbeit der Exegese begriffliche Arbeit ist, und da das Wort des Textes nie die Sache selbst, sondern Ausdruck *für* die Sache ist, wird dem Exegeten auch die Sache nur zugänglich, wenn er das Wort versteht. *Das Wortverständnis* ist freilich mit der ganzen Zweideutigkeit belastet, die dadurch entsteht, daß Worte nicht nur der einmalige Ausdruck für das Hier und Jetzt der konkreten Situation sind, sondern daß sie daneben auch Wörter sind, die ihre eigene Geschichte haben, und zwar daß sie jenes nur sein können, sofern sie dieses sind. Der Exeget muß also, ohne sich einzubilden, damit den Sinn eines Wortes im konkreten Hier und Jetzt schon erfaßt zu haben, grundsätzlich die ganze Geschichte der Wörter des Textes kennen. Damit ist die ganze historisch-philologische Arbeit am Neuen Testament legimitiert, ja gefordert, die ihren speziellen Charakter dadurch erhält, daß das Neue Testament griechisch geschrieben ist. Pointiert könnte man sich ausdrücken, daß diese Arbeit auf die Herstellung eines Lexikons hinausläuft. Da aber die Wörter der Sprache keinen fixierten Sinn haben wie Etiketten, sondern bestimmt sind ebenso durch die Eigentendenz eines Wortes vom seinem Ursprung her wie durch seine Geschichte und den weiteren und engeren Zusammenhang, in dem es auftritt, könnte dies Lexikon ja kein Nachschlagewörterbuch für Schüler sein, sondern die Aufgabe der Grammatik wie der ganzen begriffs- und religionsgeschichtlichen Forschung ist darin eingeschlossen.

Da die Worte eines Textes an ihrer Stelle aber erst verstanden werden können in wechselseitigem Verständnis der Sache, über die geredet wird, so kann die Arbeit offenbar nicht so angefaßt werden, daß die historisch-philologische Forschung zuerst als Vorbedingung eine zeitgeschichtliche Erklärung liefert, der dann die Sachexegese ihre Erklärung nachzuschicken hätte, so daß nun doch, um mit Barth zu reden, Niebergall im fünften Bande das Wort erhielte[8]. Dann ist es aber auch mißverständlich, zu sagen, daß die historische und die theologische Exegese in verschiedenen Räumen stattfänden[9], vielmehr ist zu betonen, daß das Auseinanderfallen der historischen und der theologischen Exegese für beide Seiten ein unhaltbarer Zustand ist und man von Rechts wegen den historisch-philologischen Kommentaren nicht einen theologischen hinterdreinsenden kann. Im tatsächlichen Vorgang der Exegese steht die historische und die theologische Exegese in einem nicht analysierbaren Zusammenhang, weil ja die echte historische Exegese auf der existentiellen Begegnung mit der Geschichte beruht, also mit der theologischen zusammenfällt, wenn anders das Recht dieser eben auf der gleichen Tatsache beruht. Und jene existentielle Begegnung ist ja nicht etwas, was als Unternehmen gemacht werden könnte und als solches seinen Platz in oder hinter der methodischen philologisch-historischen Erklärung erhielte.

8 Vorwort zur zweiten Auflage des Römerbriefs 1922, S. 11.

9 K. Barth, Die Auferstehung der Toten 1924, S. V.

Die Bedeutung der „dialektischen Theologie" für die neutestamentliche Wissenschaft *)

1928

(Den Ausführungen liegt der Vortrag beim Theologentag in Eisenach am 19. Oktober 1927 zugrunde.)

I.

Mit der Bezeichnung „*dialektische Theologie*" ist *nicht ein theologisches System* gemeint, das bestimmte dogmatische Sätze enthält, die für die neutestamentliche Wissenschaft relevant wären, etwa Sätze über Sünde und Gnade, über Offenbarung und Christus, die aus einem dogmatischen Prinzip abgeleitet wären. Solche Sätze würden die neutestamentliche Wissenschaft nichts angehen, sofern diese nichts weiter will, als verstehen, was das Neue Testament sagt [1]).

Wollte man z. B. sagen: die dialektische Theologie hat den radikalen Gegensatz von Gott und Mensch dogmatisch behauptet

*) Aus: „Theologische Blätter" VII, 1928, S. 57–67.

1) Den beim Theologentag am 18. Oktober vorausgehenden Vorträgen der Herren D. Dr. *Staerck* und D. Dr. *Hempel*, die über die Bedeutung der „dialektischen Theologie" für die alttestamentliche Wissenschaft handelten, lag das Mißverständnis zugrunde, als sei die dialektische Theologie ein dogmatisches System. Die beiden Vorträge sahen ihre Aufgabe darin, dessen Sätze am Alten Testament nachzuprüfen, von der Voraussetzung aus, daß sich das Alte Testament sachgemäß verstehen lasse ohne Rücksicht auf die dialektische Theologie. Damit verliert das Thema „dialektische Theologie und Bibelwissenschaft" seine eigentliche Bedeutung; es hat sie nur, wenn die Behauptung der dialektischen Theologie zu Recht besteht, daß die in ihr verfolgten Motive schon in der Interpretation der Schrift selbst zur Geltung kommen. — Über jene Vorträge wird referiert in der Veröffentlichung des Theologentages „Deutsche Theologie" (Vandenhoeck & Ruprecht, Göttingen) 1928. Der Vortrag Staercks ist vollständig erschienen in der Allg. Ev.-Luth. Kirchenzeitung 1927, Nr. 51.

und begründet, und dementsprechend müßten die Begriffe Gott und Mensch im Neuen Testament verstanden werden, so wäre zu erwidern, daß darüber einzig das Neue Testament selbst zu befragen ist. Vor allem aber ist zu sagen, daß der Satz: „Gott ist nicht Mensch, und der Mensch ist nicht Gott“, überhaupt gar kein theologischer Satz ist [1]). Denn dieser Satz redet nicht von Gott in seinem *jeweils bestimmten Verhältnis* zum *Einzelnen*, sondern von Gott *überhaupt im Unterschied* von Menschen *überhaupt;* er redet also gar nicht von Gott, sondern vom Gottesbegriff. Theologische Sätze sind doch wohl solche, die von Gott und seiner Offenbarung, aber nicht vom Gottes- und Offenbarungsbegriff reden; also etwa Sätze wie die, daß Gott in Jesus Christus Mensch ward, daß er uns in Jesus Christus die Sünde vergibt.

Unter der „dialektischen Theologie“ ist aber auch *nicht eine Methode der Forschung* gemeint, die etwa die historische Methode ersetzen sollte. Mag es in der philosophischen Arbeit so etwas wie eine „dialektische Methode“ geben, — für die neutestamentliche Wissenschaft kann es nur *eine* Methode geben, die *historische.* Wohl aber könnte die Einsicht in das, was mit dialektischer Theologie gemeint ist, zu einer tieferen Einsicht in das Wesen der Geschichte führen und damit auch die Methode historischer Arbeit modifizieren, bereichern oder klären.

Denn was ist mit *Dialektik* gemeint? Jedenfalls *eine bestimmte Weise des Redens;* allgemein eine solche, die sich bewußt ist, nicht in einem einzelnen Satze eine abschließende Erkenntnis zu haben und festzuhalten. Wie sich von da aus eine Methode *philosophischer Dialektik* ergeben kann, sei hier nur um der Abgrenzung willen angedeutet. Die dialektische Methode innerhalb der Philosophie beruht auf dem Gedanken, daß jede ausgesprochene Wahrheit eine Teilwahrheit ist, und daß man am sichersten die ihr zugrunde liegende ganze Wahrheit findet, wenn man ihr zunächst den entgegengesetzten Satz gegenüberstellt. Denn sofern sich für diesen doch auch etwas sagen läßt, muß auch er einen Teil der Wahrheit enthalten, und es mag gelingen, durch Gegeneinanderhalten und Zusammenschluß der beiden Teilwahrheiten das ihnen zugrunde

---

1) Das gleiche gilt natürlich von den andern Sätzen, die Staerck als angebliche Dogmen der dialektischen Theologie ausgab und am A. T. nachprüfte: „Ewigkeit ist nicht Zeit“; „Offenbarung und Erlösung sind nicht Geschichte“.

liegende Prinzip zu erfassen [1]). — Reden wir von *dialektischer Theologie*, so ist damit eine Dialektik gemeint, deren Wahrheitsgedanke nicht bestimmt ist durch den Begriff der Satzwahrheit, sondern durch den der Wirklichkeit; d. h. ein theologischer Satz ist nicht um deswillen wahr, weil er begründet wäre durch ein zeitloses Prinzip der Wahrheit, das in der Unendlichkeit liegt und jeweils die Wahrheit eines Einzelsatzes zu begründen hätte. Ein theologischer Satz ist also nicht um deswillen wahr, weil er einen zeitlos gültigen Gehalt ausspricht, sondern er ist dann wahr, wenn er die Antwort gibt auf die Frage der jeweiligen konkreten Situation, zu der er, der Satz selbst, als ausgesprochener, gehört. Seine Wahrheit ist nicht die eines zeitlos gültigen Satzes, sondern die Wahrheit des zeitlichen Redens; nicht das isolierte Gesagte, sondern das Sagen steht unter der Wahrheitsfrage [2]).

Es mag also der Satz, daß Gott dem Sünder gnädig ist, eine Wahrheit aussprechen, und er mag evident gemacht werden durch eine Analyse des Gottesgedankens, wie etwa in der Scholastik, daß nämlich ein Gott, der nicht gnädig sei, nicht Gott sei. Es könnte ihm auch, dialektischer *Methode* gemäß, der Gegensatz gegenübergestellt werden, daß Gott dem Sünder zürnt. Dieser Satz könnte ebenso evident gemacht, und aus beiden Sätzen wiederum könnte ein vertiefter Gottesbegriff gewonnen werden, indem verstanden wird, daß Zorn und Gnade für den Sünder bei Gott zu einer Einheit zusammengehören, wie das die Scholastik versuchte. Aber das wäre offenbar wieder keine dialektische *Theologie;* denn hier würde nur vom Gottes*begriff* geredet; und die Theologie soll doch von *Gott* reden, wenn sie auch in Begriffen redet und allen Anlaß hat, sich über ihre Begriffe klar zu sein. Der theologische Satz, daß Gott dem Sünder gnädig sei, sagt nicht im allgemeinen etwas über den Gottesgedanken aus, sondern sagt, daß der wirkliche Gott wirklichen Sündern, dir und mir, wirklich gnädig sei. Er enthält damit, wenn er wirklich verstanden ist, die doppelte Einsicht: 1. daß ich das nur

---

1) Vgl. auch: Zwischen den Zeiten IV (1926) S. 40 ff.

2) Ein primitives Beispiel für solche Dialektik außerhalb der Theologie. Der Satz, daß das Kind den Eltern zur Dankbarkeit verpflichtet ist, ist als zeitlos gültiger sinnlos. Sinnvoll, wahr, sprechen kann ihn nur das Kind, dagegen nicht die Eltern. Umgekehrt kann der Satz: die Eltern sind dem Kinde verpflichtet, nur von den Eltern, nicht vom Kinde gesprochen werden, das sonst ja gerade damit sein Kindschaftsverhältnis auflösen würde.

dann wissen, also auch sagen kann, wenn er *mir* wirklich gnädig *ist*, was ich ja nur wissen kann, wenn er es mir zeigt oder sagt, daß ich also von seiner Gnade nicht als von seinem ewigen Wesen, sondern nur als von seinem konkreten Tun oder Wort reden kann; 2. daß ich deshalb von dieser Gnade immer nur in der Beziehung auf dieses Tun oder Wort reden kann, d. h. daß dies Tun oder Wort nie etwa nur der Anlaß ist, an dem mir aufgegangen ist, daß Gott ewig gnädig ist, sodaß das Tun zu einem Faktum der Vergangenheit, das Wort zu einer zeitlosen Lehre würde, sondern daß das Tun immer aktuell, das Wort immer als Anrede wahr ist.

D.h.: *der Begriff der Gnade Gottes ist ein dialektischer*; besser gesagt: nicht eigentlich der Begriff der Gnade, sondern *der Satz, daß Gott mir gnädig ist*. Er ist ein dialektischer aber nicht in dem Sinne, daß er durch die Korrespondenz des Satzes vom Zorne Gottes über den Sünder ergänzt und bestimmt würde (obwohl auch das richtig ist), sondern mit *einem* Wort: als *geschichtlicher*. Das „Wissen" um Gottes Gnade ist nicht das Wissen um eine zeitlose Wahrheit oder um ein Faktum der Vergangenheit, sondern das Ergreifen der Gnadentat Gottes. Das Erkennen hat nicht den Charakter des *θεωρεῖν* sondern des jāda', d.h. es ist Anerkennung des Herrschaftsanspruchs Gottes. Das Wissen ist also nie ein, als lediglich gewußter, toter Besitz, sondern es ist wahr, wo es wirklich ist, wo Gott gnädig, d. h. *mir* gnädig *ist* und ich diese Gnade anerkenne. D. h. zugleich: die Gnade Gottes ist *nie etwas an mir Vorfindliches*, eine Eigenschaft, eine Qualität. Vielmehr: blicke ich auf mich, so sehe ich nie etwas anderes als Sünde; Gnade sehe ich nur, wenn ich auf Gott blicke, aber nicht wenn ich einen richtigen Gottesgedanken denke, sondern wenn ich mich vor und unter Gottes Gnadentat stelle.

II.

Warum meinen wir nun, daß das theologische Erkennen und Wissen solchen dialektischen Charakter haben müsse? Soll die Theologie nicht über Gott spekulieren, vom Gottes*begriff* reden, sondern vom wirklichen Gott, so muß sie, indem sie von Gott redet, zugleich vom Menschen reden [1]). Sie setzt also in ihren Aussagen ein bestimmtes Verständnis vom Menschen voraus. Welches ist das sachgemäße Verständnis? denn an sich ist die Erkenntnis ja nicht neu,

1) Vgl. oben S. 1–12.

daß die Theologie, wenn sie von Gott redet, zugleich vom Menschen redet.

Nach der Anschauung des Idealismus wird das Sein des Menschen konstituiert durch den Logos, die Vernunft, das Ewige und Absolute [1]). Eine *idealistische Theologie* meint deshalb von Gott und Mensch zugleich zu reden, weil sie sich in der Nachfolge der antiken und klassischen Tradition gewöhnt hat, Gott und das Absolute zusammen zu denken. In Wahrheit redet sie nur vom Menschen.

Nach *romantisch-naturalistischem* Verständnis wird das Sein des Menschen konstituiert durch die Seele als ein Lebenszentrum, das Kräfte ausstrahlt, Erlebnisse empfängt und gestaltet. Eine so orientierte Theologie, die das „schöpferische" Leben und Erleben mit Gott gleichsetzt, meint zwar, von Gott und Mensch zugleich zu reden; sie redet nur vom Menschen.

Wir meinen das Dasein des Menschen richtiger zu verstehen, wenn wir es als *geschichtlich* bezeichnen. Und wir verstehen unter der *Geschichtlichkeit* des menschlichen Seins dieses, daß sein Sein ein *Sein-Können* ist. D. h. daß das Sein des Menschen seiner Verfügung entnommen ist, jeweils in den konkreten Situationen des Lebens auf dem Spiele steht, durch Entscheidungen geht, in denen der Mensch nicht je *etwas für sich* wählt, sondern *sich selbst als seine Möglichkeit* wählt. Was das Schlagwort „dialektische Theologie" meint, ist also kurz gesagt dies: die Einsicht in die Geschichtlichkeit des menschlichen Seins, bzw. — sofern es sich in der Theologie um einen bestimmten Modus des menschlichen Seins, nämlich das Reden handelt — die Einsicht in die Geschichtlichkeit des Redens von Gott. Offenbar ist die dialektische Theologie dann nicht eine Methode, sofern Methode eine jeweils aus der Eigenart des Gegenstandes gewonnene Forschungsweise ist. Vielmehr ist mit ihr der jeder Forschung vorausgehende und sie erst ermöglichende Einblick in die Eigenart des Gegenstandes gegeben, d. h. in diesem Falle in die Geschichtlichkeit des Menschen und seines Redens von Gott.

1) Ich habe nicht, wie in der Eisenacher Diskussion D. *Rudolf Paulus* meinte, vom *toten* Idealismus gesprochen. Ich halte ihn im Gegenteil für höchst lebendig. Mit der Erkenntnis, daß das idealistische Daseinsverständnis für die Theologie nicht sachgemäß ist, verhält es sich nämlich nicht so, wie wenn man z. B. merkt, daß man in einen falschen Zug gestiegen ist. In diesem Falle steigt man eben aus und steigt in den richtigen. Das idealistische Daseinsverständnis aber wächst ständig aus dem Dasein selbst und ist deshalb ständig nach seinem Recht zu befragen. Eben deshalb ist die Erkenntnis des Glaubens eine dialektische.

Was folgt nun für die wissenschaftliche Erforschung des Neuen Testaments? Gar nichts anderes als was für die historische Wissenschaft überhaupt folgt aus der Einsicht in die Geschichtlichkeit des Menschen. Wir werden von dieser Einsicht aus jeweils die historische Quelle als echtes geschichtliches Phänomen interpretieren, d. h. von der Voraussetzung aus, daß in ihr jeweils eine Möglichkeit menschlicher Existenz ergriffen ist und sich ausspricht. Wir werden deshalb einen Text nur endgültig verstehen, wenn wir über die Möglichkeiten menschlicher Existenz endgültig klar sind. Da aber diese Möglichkeiten als menschliche immer zugleich Möglichkeiten unser selbst sind, also nicht in unserer Verfügung stehen, können sie nicht etwa typologisch rubriziert werden und dann die Quellenaussagen in ein Schema eingeordnet werden. Vielmehr werden sie nur in der Erfassung der eigenen Existenz verstanden. Deshalb muß die Exegese um sich selbst als um ein echtes geschichtliches Phänomen wissen, daß der Exeget jeweils selbst sein Seinkönnen realisiert, eine Möglichkeit seiner selbst in der Exegese ergreift. Wir werden also Aussagen, die jeweils ein Mensch über Gott und Mensch macht, nicht von der Voraussetzung aus interpretieren dürfen, daß wir über ein abgeschlossenes Verständnis des Menschen und seiner Möglichkeiten verfügen, sei es, daß wir dies Verständnis naiv als das dem Text eigene voraussetzen, sei es, daß wir es naiv als kritischen Maßstab an den Text anlegen.

Ein Satz z. B. wie der rabbinische, daß sich der unsichtbare Gott dem Menschen in der Stunde seines Todes zeige, ist offenbar nur dem verständlich, der weiß, was „Tod“ ist; und er setzt ein bestimmtes Verständnis des Todes voraus. Wir bringen faktisch für die Interpretation ein naives Verständnis dessen, was „Tod“ sei, mit; aber ist dies auch das gleiche wie in jenem Satze? Was verstehen wir unter „Tod“? das bloße Aufhören des Lebens? einen Naturvorgang? Vielleicht assoziieren sich Empfindungen, die jeweils ein Exeget durch Eindrücke des Sterbens gewonnen hat, in unkontrollierter Weise. Jedenfalls *weiß* doch offenbar, was Tod ist, nur, wer Tod erlitten hat; und der schweigt. Es mag es einer um so eher wissen, je mehr sich der Tod in seinem Leben bemerkbar gemacht hat. Je mehr er aber davon weiß, desto mehr wird er auch einen Satz verstehen wie jenen rabbinischen, welches Verständnis des Todes in ihm vorausgesetzt ist, und was dazu zu sagen ist.

Will eine so orientierte Exegese die Rede der Quellen in ihrer Geschichtlichkeit verstehen, so wird ihr zunächst der Unterschied deutlicher werden zwischen Aussagen des Textes, in denen etwa nur berichtet ist über Tatsachen der Natur oder innerzeitliche, räumliche Vorgänge, und solchen Aussagen, die über das Sein des Menschen handeln. Diese können offenbar nicht wie jene grundsätzlich allgemein nachgeprüft werden an vorliegenden oder allgemein sichtbar zu machenden Tatsachen. Da der Mensch kein vorhandenes Naturding ist, sondern seine Existenz eine gelebte, geschichtliche, im Verlauf befindliche ist, können die Aussagen über sie immer nur dem jeweiligen Maß ihrer Erschlossenheit für den Redenden entsprechen, und das Verständnis des Exegeten wiederum auch nur dem jeweiligen Maß seiner Erschlossenheit für seine Existenz. Da ferner diese Erschlossenheit je immer das Verstehen *meiner* Existenz ist, hat sie nie den Charakter eines Ergebnisses der Forschung, einer Wahrheit des Wissens, die eingesehen, besessen und weitergegeben werden kann, auf der man weiterbauen kann, um zu neuen Erkenntnissen zu kommen. Sie hat immer „dialektischen" Charakter — nicht, weil sie durch einen entgegengesetzten Satz limitiert und ergänzt würde, sondern weil sie immer aufs neue gewonnen werden muß. Ich kann z. B. nie sagen: jetzt *weiß* ich, was Paulus oder Johannes unter „Tod" versteht, weil ich nie sagen kann: jetzt *weiß* ich, was der Tod ist! Denn ein Satz, der einmal der adaequate Ausdruck eines existentiellen Wissens um den Tod war, kann, wenn er als gewußter und besessener verwahrt wird, mir gerade ein Verständnis des Todes, meines Todes, verdecken. Ich kann, wenn ich ihn „eingesehen" habe, meinen, ich wisse es nun, und merke, wenn der Tod drohend in mein Leben tritt, daß ich es noch lange nicht weiß.

III.

Es folgt daraus: 1. die Interpretation wird immer fragen müssen, aus welcher Auffassung von der Existenz des Menschen die jeweils zu interpretierenden Aussagen über die Existenz, über Leben und Tod, Liebe und Haß, Sünde und Gnade, Gut und Böse, Gott und Welt, entspringen; welche Auffassung von der Existenz der Begrifflichkeit solcher Aussagen zugrunde liegt. Und sie tut das auf Grund der Einsicht, daß die Existenz des Menschen eine unabgeschlossene, nie als eindeutiges Faktum vorliegende, sondern mancher Interpretation fähige ist. Sie wird angesichts eines zu verstehenden Textes die naive Auffassung, in der sie sich selbst bewegt, und deren Begrifflichkeit in Frage stellen, und sie weiß, daß sie nur Aussicht hat, zu verstehen, wenn sie sich in der Unabgeschlossenheit des Fragens hält.

2. Diese Exegese wird die Geschichte nicht mehr unter dem Gedanken der Entwicklung verstehen. Wohl entwickelt sich die Begrifflichkeit der Rede nach den Gesetzen der Logik; wohl gibt es eine Entwicklung der Institutionen. Was sich aber nie und nirgends entwickelt, ist die Erschlossenheit der Existenz. Wohl kann sie reicher und tiefer werden; aber nicht so, daß eine jeweilige Einsicht eine Stufe wäre, auf Grund deren sich eine höhere Einsicht „entwickelte“. Vielmehr wird jede Einsicht immer nur neu gewonnen (wie jeder Akt des gegenseitigen Verstehens von Mensch zu Mensch in Vertrauen und Liebe wesenhaft neu ist); und jede Einsicht wird nur gehalten, indem sie immer die Probe des Verlorengehens, des Verfallens, besteht. Man „besitzt“ nie die Erschlossenheit; man „weiß“ nie, was der Tod, was das Glück, was die Liebe und der Haß ist, wie man „wissen“ kann, daß $2 \times 2 = 4$ ist, oder daß das Konzil von Nicäa 325 stattfand.

Es kann z. B. die Einsicht in die Existenz des Menschen auf einer „primitiven“ Stufe der Kultur und Wissenschaft echter sein als auf einer hoch entwickelten. Der in den „primitiven“ Religionen begegnende Begriff der Macht, des Mana oder Orenda, pflegt in den wissenschaftlichen Darstellungen befragt zu werden auf Grund eines bestimmten wissenschaftlichen Naturverständnisses und demgemäß als Begriff einer primitiven Wissenschaft für überwunden erklärt zu werden. Danach pflegen dann z. B. auch Aussagen des Neuen Testaments, in denen dieser Machtbegriff eine Rolle spielt, beurteilt zu werden. Es wäre aber zu fragen, welche Auffassung von der menschlichen Existenz sich im Manabegriff ausspricht. Offenbar (mit dem Vorbehalt, daß auch wir aus einer bestimmten Existenzerfassung reden) das Verständnis des menschlichen Daseins als eines im Rätselhaften und Unheimlichen stehenden; als eines Ausgeliefertseins an die Natur und an andere Menschen. Und zugleich findet in diesem Begriff der versucherische Charakter des Daseins seinen Ausdruck, indem sich in ihm der Wille zeigt, dem zu entgehen, von dem man umfangen ist, sich zu sichern durch eine Überlistung der rätselhaften Gewalten, indem man gerade sie sich dienstbar machen will. — Vielleicht spricht sich im Managlauben eine viel richtigere

Einsicht in die Existenz des Menschen aus als etwa im Weltbild der Stoa oder der modernen Naturwissenschaft, mag dieses als wissenschaftliches höher entwickelt sein als das „primitive“ Weltbild.

Oder die Rede vom „Wort Gottes“ in den orientalischen Religionen als vom Schöpferwort, das Welt und Mensch ins Dasein ruft, und vom Orakel, das die Gegenwart und Zukunft erhellt und Weisungen für das Handeln gibt! Man versteht, was gemeint ist, offenbar nicht, wenn man von einem anthropomorphen Gottesbegriff redet, der hier vorliege, oder von einer primitiven Anschauung von der Magie des Wortes, so „richtig“ dies alles von einer bestimmten Fragestellung aus sein kann. Vielmehr kommt in jenem Begriff des „Wortes Gottes“ zum Vorschein, daß sich der Mensch von einer Macht begrenzt und abhängig weiß, die die Welt und ihn selbst seiner Verfügbarkeit entzieht, ihn in die Stelle des Geschöpfes weist, — eine Macht, die auch sein eigenes Handeln seiner Willkür entzieht und ihm vorschreibt, was er tun soll. D. h. der Mensch weiß sich von „Gott“ abhängig als von der merkwürdigen Macht, die ihn zugleich ins Dunkel und ins Licht stellt. Ins Dunkel: denn sie entzieht die Welt und ihn selbst seiner Verfügung; ins Licht: denn diese Macht ist in gewisser Weise verständlich, weil der Mensch sich selbst so verständlich ist und ihm Licht auf das fällt, was er tun soll. Deshalb nennt er diese Macht „Gottes Wort“; *Gottes* Wort, weil es das Wort der über ihm stehenden dunklen Macht ist, der er sich preisgegeben weiß; Gottes *Wort*, weil ihm diese Macht nicht schlechthin unverständlich ist, sondern ihm etwas „sagt“, — nämlich über sich selbst. — Eine „entwickeltere“ Vorstellung, etwa die der Stoa vom Logos, entspricht vielleicht einem wissenschaftlich fortgeschrittenen Weltbild; aber es ist die Frage, ob hier die Existenz des Menschen noch ebenso echt erfaßt ist, wenn er verstanden wird als Glied des gesetzmäßigen und in seiner Gesetzmäßigkeit rational verständlichen Kosmos.

3. Diese Interpretation wird auch nicht mehr von ihrer eigenen Entwicklung als einer wissenschaftlichen reden in dem Sinne, wie etwa von der Entwicklung der Naturwissenschaft geredet werden kann. Da die Interpretation selbst von der jeweiligen Erschlossenheit der eigenen Existenz abhängt, kann sich wohl jeweils ihre Begrifflichkeit entwickeln, aber nicht das Verstehen. Ein Satz wie der über den Manabegriff gesagte, daß sich in ihm das Verständnis des Daseins als vom Unheimlichen umfangen ausspreche, kann freilich

in der Wissenschaft weitergegeben werden. Er ist aber jeweils nur verstanden nach dem Maße, wie das Unheimliche des Daseins vom Interpreten selbst verstanden ist.

Eine wissenschaftliche Entwicklung ist unendlich, und deshalb kann nur für eine dem Leben völlig entfremdete Wissenschaft die Frage verstummen, welchen Sinn eine solche Wissenschaft habe, die erst in der Unendlichkeit zu definitiven Ergebnissen kommt. Zumal für Theologie und Kirche wäre eine solche Wissenschaft unbrauchbar, die es immer nur zu relativ sicheren Ergebnissen bringt, wo doch Theologie und Kirche absolut sichere Aussagen fordern müssen. Deshalb erscheint es auch dem Laien absurd, daß die wissenschaftliche Exegese des Neuen Testaments immer noch weiter gehen müsse; warum kann man sich z. B. nicht mit Luthers Übersetzung und Verständnis der Schrift begnügen? In der Tat wäre eine Exegese des Neuen Testaments, wie überhaupt eine Geschichtswissenschaft, sinnlos geworden, die nicht in sich die Möglichkeit zu einem wirklich abschließenden Verständnis des Textes hat. Bedeutet aber das Verstehen eines Textes das Verstehen seines Verständnisses der menschlichen Existenz aus der Aufgeschlossenheit des Exegeten für seine eigene Existenz und ihre Möglichkeiten, so ist ein abschließendes Verstehen eines Textes grundsätzlich jeweils möglich. Aber freilich ist ein solches Verständnis nie ein „Ergebnis der Wissenschaft“, das besessen und weitergegeben wird. Es hat stets „dialektischen“ Charakter, d. h. der Besitz der „richtigen“ Interpretation kann gerade das echte Verständnis des Textes verschließen, weil dies nur aus der Frage des Menschen entspringt, dem es um seine eigene Existenz geht.

Die wissenschaftliche Arbeit ist freilich unendlich, weil sich unsere Begrifflichkeit unendlich entwickelt und deshalb die Aufgabe der Interpretation in jeder Generation neu gestellt ist, d. h. in neuer Begrifflichkeit geschehen muß. Mag Luthers Paulus-Exegese auf echtem Verständnis des Paulus beruhen; wir können uns bei ihr aus dem einfachen Grunde nicht begnügen, weil wir erst wieder Luther interpretieren müssen.

4. Mit alledem ist schon gesagt, daß der Sinn der Geschichtswissenschaft bzw. der Exegese nicht darin liegt, daß sie ein Stück Vergangenheit rekonstruiert und in den großen Relationszusammenhang, Geschichte (= Weltgeschichte) genannt, einordnet. Für solche Betrachtung gelten die Dokumente als „Quellen“, aus denen in

wechselseitigem Verfahren einerseits ein hinter ihnen liegendes Zeitbild rekonstruiert wird, aus dem sie andrerseits selbst wiederum als zeitlich und lokal zu fixierende Phänomene zu verstehen sind. Solches Verfahren setzt ein abgeschlossenes und verfügbares Verständnis der menschlichen Existenz voraus, d.h. es setzt das jeweils naive Verständnis des Historikers ungeprüft voraus. Er *weiß* im Grunde, was all das für Sachverhalte sind, von denen die Texte reden: Gott und Welt, Leben und Tod, Sünde und Gnade usw. Er stellt nicht angesichts der Texte sein Daseinsverständnis in Frage, sondern hört die Texte gleichsam danach ab, was sie über jene Sachverhalte sagen, um sie so in die „Entwicklung“ einordnen zu können. Natürlich müssen dann alle Aussagen in einem großen Relationszusammenhang erscheinen, der zuläuft auf das dem Historiker selbstverständliche Verständnis. Die Konstatierung dieses Relationszusammenhangs (der seinerseits idealistisch, materialistisch oder sonstwie verstanden sein kann) ist aber gar nicht das Ergebnis der geschichtlichen Arbeit, sondern ihre Voraussetzung. Diese aber wird hinfällig, wenn eingesehen ist, daß mein Verständnis des Menschen immer ein vorläufiges, unabgeschlossenes, vielleicht ganz irregehendes ist. Dann gibt der Text jeweils die Möglichkeit, daß ich mir von ihm ein Verständnis meiner selbst neu erschließen lasse. Er ist nicht „Quelle“ für Gewesenes, sondern redet, indem er von meiner Existenz redet, von mir, und ich begegne ihm nicht betrachtend und konstatierend, sondern in echter Frage und Lernbereitschaft, und er kann mir zur Autorität werden [1]).

IV.

Alles Gesagte schwebt noch so lange in der Luft, als nicht geklärt ist, wie überhaupt die Rückwendung zur Geschichte uns die Möglichkeiten unserer Existenz erschließen kann, wie es überhaupt zum Verstehen eines fremden, in diesem Falle vergangenen, Daseinsverständnisses kommen kann.

1) Wieweit die konkrete Arbeit des Historikers auch jene Aufgabe der Rekonstruktion umfaßt, kann hier nur angedeutet werden, wo es nur darauf ankommt, zu zeigen, daß sie nicht das *Ziel* der Arbeit ist. Sie gehört allerdings in den Bereich der Arbeit, und ihr eigentlicher Sinn besteht in der Kritik der Tradition, in der der Historiker jeweils steht, und durch die hindurch er den Blick zum Text und seiner Begrifflichkeit freilegen muß.

Handelt es sich im Texte um Aussagen über Naturdinge oder innerzeitlich-räumliche Vorgänge innerhalb der Welt, so ist die Sache relativ einfach. Die Voraussetzung der Verstehensmöglichkeit ist die, daß der Verfasser des Textes und ich in der gleichen Welt leben, in der solche Dinge und Vorgänge vorkommen, von denen die Rede ist, und in der sie grundsätzlich allgemein zugänglich sind. Ich verstehe auch dann, wenn mir die Dinge oder Vorgänge bis dahin noch unbekannt waren. Ich kann eine Belehrung über vorsintflutliche oder exotische Tiere verstehen, weil ich die Welt soweit kenne, daß ich weiß, was ein Tier ist und welche Möglichkeiten für Aussehen und Lebensweise von Tieren es gibt. Führt mir jemand ein Wesen vor, das mir von daher nicht verständlich ist, so behaupte ich, daß das kein Tier ist. Belehrung über die Haar- und Barttracht der Ägypter kann ich verstehen, weil in der Welt, in der ich lebe, dergleichen auch eine Rolle spielt. Berichte über eine Schlacht, eine Reichsgründung kann ich verstehen, weil in der Welt, in der ich lebe, auch dergleichen vorkommt und ich daran beteiligt bin.

Anders ist es, wenn es sich nicht um Dinge und Vorkommnisse innerhalb der Welt handelt, sondern um die Welt selbst, die nicht irgendwo vorkommt, sondern die ich selbst mit bin; wenn es sich um meine Existenz handelt, um Leben und Tod; wenn es nicht geht um überall Vorhandenes oder Vorkommendes, sondern um die Existenz selbst, die nie den Charakter der indifferenten Vorhandenheit hat wie innerweltliche Dinge. Welchen Charakter hat hier die Belehrung durch einen Text, wenn sie nicht der Hinweis auf ein Vorhandenes ist?

Offenbar kann ich einen solchen Text nur dann verstehen, wenn ich schon ein *Vorverständnis* von den Sachverhalten mitbringe, von denen er redet. Ich muß also z. B., um zu verstehen, was in einem Texte Tod und Leben bedeutet, schon ein Vorwissen davon haben, was der Tod und das Leben ist. Oder ich muß, um zu fragen, was im Neuen Testament Offenbarung heißt, schon vorher ein Wissen um Offenbarung haben. Jedoch gibt es, wenn es sich um die Möglichkeiten meiner Existenz handelt, nie ein abgeschlossenes, besitzbares Wissen. Welchen Charakter also hat dies Vorwissen? Ein teilweises Wissen, wie etwa in den Naturwissenschaften, kann es ja nicht sein; denn dann hätte der Teil ja den Charakter eines abgeschlossenen, besessenen Wissens.

Der Idealismus versteht dieses Vorwissen so, daß ich grundsätzlich alles weiß, was zu meiner Existenz gehört, und daß es nur des Anlasses bedarf, um solches in der Vernunft potentiell gegebene Wissen aktuell zu machen. Das historische Lernen erhält den Charakter der *ἀνάμνησις*, wobei der Text eben die Rolle des Anlasses spielt, d. h. er sagt mir nichts mehr im eigentlichen Sinne, sondern bringt mir nur zum Bewußtsein, was ich schon weiß, sofern ich vernünftig bin. Wird der Mensch aber in seiner Geschichtlichkeit verstanden, so heißt das, daß er seine Möglichkeiten nicht a priori in der Verfügung hat, sondern sie jeweils in echter Entscheidung ergreift.

Daß jeweils ein Text eine Möglichkeit meines Existenzverständnisses erschließt, liegt darin begründet, daß ich ein Vorwissen um meine Möglichkeiten habe. Ich weiß nicht eigentlich, was Tod und Leben sind; denn eigentlich könnte es nur gewußt werden, wenn das Leben an seinem Ende ist, das eben auch zu ihm gehört, wenn der Tod da ist. Aber doch haben wir ein eigentümliches Vorwissen darum, daß der Tod nicht ein bloßer Naturvorgang ist, ein einfaches Aufhören, sondern daß er die Probe unseres Lebens ist, daß er ein Unheimliches, Rätselhaftes ist, gegen das wir uns sträuben, und in dessen Schatten unser ganzes Leben steht. Wir wissen darum, wie man von Liebe und Freundschaft wissen kann, auch wenn man nicht Liebe gefunden hat, keinem Freund begegnet ist; wir wissen darum, wie auch der Blinde vom Licht und der Taube vom Ton weiß. Wir wissen darum — und wir wissen es doch erst eigentlich, wenn die Liebe geschenkt wird, wenn der Freund begegnet. Aber um es eigentlich wissen zu können, ist vorausgesetzt, daß es von vornherein eine Möglichkeit des Lebens ist, die freilich nicht idealistisch interpretiert oder auf ein Was, ein „Vermögen“ zurückgeführt werden darf, sondern die immer eine reine Möglichkeit ist, weil unser Sein ein Seinkönnen ist. Wir wissen — offen oder verdeckt — um unsere Möglichkeiten, weil es zu unserem Leben gehört, um das zu wissen, was wir sind [1]).

Man kann nicht jemandem sagen, was Tod und Leben, was Sünde

---

1) Ich sehe hier davon ab, daß wir dies Verständnis immer schon in einer gewissen Ausgelegtheit haben, dadurch daß wir in einer Tradition stehen, die von diesen Sachverhalten spricht und Begriffe dafür ausgebildet hat. Der Vorbegriff, den ich jeweils von Tod und Leben habe, kann das echte Vorverständnis gerade verdecken.

und Gnade ist, wie man ihm mitteilen kann, daß es fleischfressende Pflanzen gibt oder Fischsorten, die lebendige Junge zur Welt bringen. Vielmehr: reden wir zu jemandem über Tod und Leben, Sünde und Gnade, so reden wir zu ihm von seinem eigenen Leben, zu dem dies alles gehört, so gut wie Licht und Dunkel, Liebe und Freundschaft zu ihm gehören. Nur unter dieser Voraussetzung kann er verstehen; nur unter dieser Voraussetzung können wir die Rede eines Textes verstehen. Im Text werden mir dann nicht merkwürdige vorfindliche und bis dahin unbekannte Dinge bekannt gemacht, ein Wissen über unbekannte Vorgänge vermittelt, sondern es werden mir Möglichkeiten meiner selbst erschlossen, die ich nur verstehen kann, soweit ich für meine Möglichkeiten erschlossen bin und mich erschließen lassen will. Ich kann das Gesagte nicht einfach als Mitteilung akzeptieren [1]), sondern ich verstehe nur bejahend oder verneinend. Nicht etwa, daß ich zuerst verstehe und dann Stellung nehme, sondern das Verstehen vollzieht sich nur im Bejahen oder Verneinen. Denn es handelt sich ja um die Erschließung meiner eigenen Möglichkeit, die ich als die meine nur ergreifend verstehe oder ablehnend als eine Verführung meiner selbst. Verstehen ist also immer zugleich Entschluß, Entscheidung.

Dies ist doch wohl gemeint, wenn von *„pneumatischer“ Exegese* die Rede ist. Dieser abscheuliche Ausdruck ist freilich nur geeignet, ein wirkliches Verständnis des Problems zu verderben. Denn es steht ja nicht so, als spiele da ein mysteriöses Etwas, das Pneuma, eine Rolle und suggeriere mir das Textverständnis. Auch nicht, als müsse ich eine pneumatische Persönlichkeit sein, in oder an der das Pneuma als eine „religiös-sittliche“ Qualität hafte [2]). Was gemeint ist und jedenfalls nur gemeint sein kann, ist dies, daß das historische Verstehen sich nicht als eine Wissensübernahme, ein Kennenlernen von unbekannten „Tatsachen“ vollzieht, sondern als ein Verstehen, das zugleich ein Sich-Entscheiden ist. Dabei ist weder etwas Irrationales noch etwas Unwissenschaftliches. Nur darf man den Begriff von Wissenschaft nicht von der Naturwissen-

---

1) Solcher Schein entsteht nur dann, wenn ich meine aus der Tradition stammenden Vorbegriffe nicht kritisch in Frage stelle, sondern nach ihnen den Text interpretiere.

2) Daß die Vorbedingung sachgemäßer Exegese das Gebet sei (H. Frick, Wissenschaftl. und pneumat. Verständnis der Bibel, 1927, S. 32 f.), ist so richtig und so falsch, wie daß es die Vorbedingung jeder anständigen Arbeit ist.

schaft für die Geschichte übernehmen; aber wer gebietet denn, daß das geschehen müsse? Die Art ihres Verstehens kann in einer Wissenschaft jeweils nur durch ihren Gegenstand bestimmt werden, in diesem Falle also durch die Geschichte. Es handelt sich also einfach um geschichtliches Verstehen, um Geschichtswissenschaft [1]).

Das gilt gegenüber dem Neuen Testament wie gegenüber geschichtlichen Dokumenten überhaupt. Jedes geschichtliche Verständnis beruht darauf, daß die Sachverhalte, die es zu interpretieren gilt, zu meinem Dasein gehören, daß mein Dasein den Charakter der Erschlossenheit hat, daß ich mehr oder weniger deutlich um meine Möglichkeiten weiß. Ich kann diesem Wissen ausweichen, kann es mir verhüllen, es vergessen; aber ich habe es. Es ist aber immer ein Vorverständnis, ein nichtwissendes Wissen. Denn das Dasein weiß nie abschließend um sich selbst, sondern immer neu und anders, weil es nie abgeschlossen ist. Wie mich jede neue Lebenssituation in Frage stellt und mir die Möglichkeit gibt, mich neu zu verstehen, so auch jeder Text. Er setzt ein nichtwissendes Wissen voraus, ein Wissen im Charakter der Frage. Ohne zu fragen, kann ich nicht hören; denn der Mensch ist nicht eine Tabula rasa, eine photographische Platte. Um aber fragen zu können, muß ich in gewisser Weise schon wissen.

Was bedeutet z. B. der johanneische Begriff *χαρά*? „Dies habe ich zu euch gesagt, damit meine Freude in euch sei und eure Freude vollendet werde“ (Joh 15, 11 vgl. 16, 22. 24; 17, 13). Verheißen ist „Freude“, aber eine Freude, die Jesu Freude ist, und die die „Welt“ nicht kennt. Was ist das für eine Freude? man kennt sie nicht, und doch hat man offenbar ein Vorverständnis von ihr, eine Frage nach ihr; sonst würde man den Satz überhaupt nicht verstehen. Ein Vergnügt- und Zufriedensein ist es offenbar nicht; denn das kennt die Welt auch. Und doch muß die Freude der Welt schon die Möglichkeit jener überweltlichen Freude in sich tragen.

1) Hoffentlich ist das Gerede von einer „pneumatischen Exegese“ bald verstummt. Entweder ist sie die sachgemäße, dann hat jeder Exeget die Pflicht, sich für einen Pneumatiker auszugeben oder die Exegese zu unterlassen. Oder sie ist ein Unsinn. Denn daß sich die Pfarrer von den „wissenschaftlichen“ Exegeten die pneumatische Exegese als ihre Domäne werden zuschieben lassen, kann ich mir auch nicht denken.

V.

Grundsätzlich ist also über die „dialektische" Interpretation des Neuen Testaments nichts Neues zu sagen; in ihr ist einfach das geschichtliche Verstehen durchzuführen.

Muß die Interpretation von der Frage geleitet sein, wie jeweils eine Aussage des Textes aus seinem Verständnis der menschlichen Existenz zu versehen ist, und muß diese Frage das naive Verständnis in der jeweils traditionellen Begrifflichkeit in Frage stellen, so folgt daraus die Forderung der Besinnung darauf, daß unser traditionelles Existenzverständnis durch das der neuzeitlichen Entwicklung bestimmt ist, nämlich durch Rationalismus, Klassik und Romantik, durch die moderne Naturwissenschaft und Psychologie und durch die in all diesen Mächten wirksamen Motive des griechischen Verständnis von Sein und Dasein. Es ist also die kritische Frage an unser Daseinsverständnis und seine Begrifflichkeit zu stellen, wieweit sie sachgemäß sind für die Exegese des Neuen Testaments. Daß dies in der Regel nicht geschieht, führt dazu, daß viele Aussagen des Neuen Testaments verschlossen bleiben, bzw. daß wir Aussagen, die in Wahrheit von der Existenz reden, verstehen als Aussagen, die über den Menschen als in der Welt vorkommendes Wesen, als Naturding reden. So werden mit wenigen Ausnahmen — etwa Albrecht Ritschl und Adolf Schlatter — die Begriffe der paulinischen Anthropologie aus einer ganz andern Daseinsauffassung heraus interpretiert, als aus der sie erwachsen sind.

Es wird z. B. *κόσμος* verstanden als die Welt, innerhalb deren sich der Mensch als vorkommendes Wesen befindet, als Natur-Welt, als ein W a s, während *κόσμος* für Paulus in existentieller Bedeutung als das Worin gemeint ist, in dem ein faktisches Dasein als dieses lebt [1]), *κόσμος* also letztlich nicht als ein *Was*, sondern als ein *Wie* des menschlichen Seins zu bezeichnen ist.

Entsprechend werden *σῶμα* und *σάρξ* als ein Was am Menschen verstanden [2]). Das zeigt sich besonders an der von Holsten und Lüdemann bis Holtzmann durchgehenden Art, eine „physische"

---

1) M. Heidegger, Sein und Zeit, I, 1927, S. 65.

2) Genau genommen wird *σῶμα* in der Regel als die „Form" der als „Stoff" verstandenen *σάρξ* (also ganz griechisch) interpretiert. Faktisch wird dann das *σῶμα τῆς σαρκός* als der geformte Stoff, als der „materielle Leib", verstanden, als ein Was, von dem der Mensch befreit werden muß, vgl. Röm. 7, 24.

und „ethische“ (oder profane und religiöse) Anthropologie des Paulus zu unterscheiden, als ob die Begriffe σῶμα und σάρξ zunächst den als Weltwesen vorfindlichen Menschen charakterisierten und in ihrer Bedeutung bei Paulus unabhängig von dem festzustellen wären, was sie (σῶμα und σάρξ) im Verhältnis zur Sünde, zum Tod, zum göttlichen Geist, zur Auferstehung bedeuten. Die Folge ist, daß man dann die von Paulus behauptete Beziehung zwischen σάρξ und ἁμαρτία überhaupt nicht mehr sehen kann, und die Sünde etwa in der Sinnlichkeit finden muß. Von vornherein dürfen σῶμα und σάρξ nur bestimmt werden als σῶμα und σάρξ *desjenigen* Menschen, von dem Paulus die übrigen Aussagen macht. Wer das σῶμα so verstehen will (wozu Paulus freilich 1. Kor. 15, 38 ff. selbst verführt), daß es ein Begriff ist, der für alle Wesen zutrifft, die ein σῶμα haben können, präjudiziert, daß Paulus den Menschen in der Reihe der Weltwesen gesehen habe. Σῶμα als „Form“ zu verstehen ist falsch, weil der Begriff „Form“ vom ἔργον der τέχνη genommen ist und, auf den Menschen angewandt, diesen in die Reihe der vorfindlichen Weltwesen stellt, ihn also sieht, wie der Grieche den Menschen gesehen hat, Paulus aber gerade nicht. Offenbar muß der Begriff des σῶμα allerdings auch die Möglichkeit des griechischen Verständnisses enthalten; sonst hätten Paulus und die Griechen sich nie durch das gleiche Wort verständigen können [1]). Umgekehrt muß in dem, was der griechische σῶμα-Begriff intendiert, die Möglichkeit des paulinischen Verständnisses liegen. Ein wirkliches Verständnis des paulinischen wie des griechischen Begriffs ist also nur möglich durch die Frage nach dem den Texten zugrundliegenden Daseinsverständnis, die geleitet ist durch die grundsätzliche Besinnung auf die mögliche ontologische Bedeutung von σῶμα überhaupt und ihre möglichen Abwandlungen. Erst dann werden auch die Aussagen von der Auferweckung des σῶμα und dem σῶμα Χριστοῦ verständlich. In Kürze läßt sich soviel sagen: σῶμα bezeichnet das Sein des Menschen, sofern es seiner Verfügung entnommen ist, das geschichtliche Sein, das nach der Meinung des Paulus die beiden Möglichkeiten hat, durch Gott oder durch die

1) Wie sich Paulus denn I. Kor. 15, 38 ff. durch das griechische Verständnis leiten läßt. Aber von daher den paulinischen σῶμα-Begriff zu interpretieren, ist methodisch falsch, weil Paulus hier apologetisch redet. Wo er σῶμα im eigenen Sinne gebraucht, ist deutlich, daß σῶμα nicht Form bedeutet; z. B. Röm. 12, 1; 8, 10. Der Sinn ist: „*ihr*, sofern ihr σῶμα *seid*“ (nicht: sofern ihr ein σῶμα *habt*).

Sünde bestimmt zu sein. Das Wie des durch die Sünde bestimmten *σῶμα* heißt *σάρξ*, das Wie des neuen Menschen ist das *πνεῦμα*. Ist auch die Vorstellung von *σάρξ* und von *πνεῦμα* bei Paulus durch das naive Denken bestimmt, das ein Wie zu einem Was hypostasiert, so werden doch die Aussagen des Paulus unverständlich, wenn man den Sinn von Stoff oder Stofflichkeit als den primären Sinn von *σάρξ* und *πνεῦμα* ansieht.

Wie ist Röm 7, 14—25 zu verstehen? Lüdemann, der noch mit scharfen Begriffen arbeitete, las hier die Anschauung eines anthropologischen Dualismus nach griechischer Anschauung heraus. Nicht der *ganze* Mensch sei *σάρξ*, da er sich ja im *νοῦς* von der *σάρξ* unterscheide. Er stehe freilich unter der Herrschaft der in der *σάρξ* begründeten *ἁμαρτία*, aber da er sich im *νοῦς* als Subjekt von der *σάρξ* unterscheiden könne, sei die Möglichkeit gegeben, daß durch das *πνεῦμα* das menschliche Vermögen des *νοῦς* gekräftigt werde, sodaß es sich von der *σάρξ* löst und sie überwindet. Denn wenn *σάρξ* und *ἁμαρτία* die *ganze* menschliche Natur wären, wo bliebe die Möglichkeit der Erlösung? — Das ist alles in griechischen Begriffen gedacht, für die als ein Was erscheint, was für Paulus ein Wie ist. Lüdemann kann daher ein kontinuierliches Subjekt des Menschen, das im heilsgeschichtlichen Prozeß beharren muß, damit die Erlösung als jeweils meine verständlich wird, nur als ein Etwas, als eine Substanz denken; er vermag das Sein des Menschen nicht als geschichtliches zu sehen.

Ähnlich Bousset. Er sieht, daß für Paulus der *ἄνθρωπος πνεματικός* „ein Wesen anderer und höherer Gattung als der gewöhnliche Mensch“ ist, was er aus dem Doppelbewußtsein des Pneumatikers, also psychologisch, erklärt. Der Supranaturalismus des Paulus sei so stark, „daß er die Einheit und Kontinuität des menschlichen Ichs ganz zu sprengen droht. Der paulinische Christ hat, wie der Ekstatiker, sein Ich verloren, nicht nur vorübergehend, sondern dauernd (!). Das Ich des Menschen ist Nichts, die Gewalten, die dieses Ich bestimmen, sei es Geist oder Fleisch, sind alles“. Demgegenüber sei nun Röm 7 eine Inkonsequenz, da hier der menschliche *νοῦς* in platonisierender Weise als ein besseres Ich des Menschen gedacht sei. Diese Betrachtungsweise aber sei eine Konzession an das natürliche Ich des Menschen bzw. an das Interesse einer zusammenhängenden Psychologie. Also auch Bousset kann den Menschen nur verstehen als eine substantielle Einheit, die bei ihm freilich gedacht ist als die psychologisch verstandene Einheit des seelischen Geschehens; auch er versteht das Sein des Menschen nicht als ein geschichtliches.

Und zwar mißversteht er Röm 7 deshalb, weil er den *νοῦς* bzw. den *ἔσω ἄνθρωπος* griechisch interpretiert als das bessere Ich des Menschen, so daß er damit dann die Aussagen über die *σάρξ* nicht mehr vereinen kann. Er sieht also nicht, daß der Mensch bei Paulus von vornherein als unter dem Anspruch Gottes stehend gedacht ist, und daß Paulus nur *deshalb* von seinem *νοῦς* reden kann, und daß eben wegen des *νοῦς* des Menschen seine *σάρξ* erst das ist, was sie ist. D. h. aber: Paulus sieht die „Einheit des Subjekts“ darin begründet, daß an den Menschen Gottes Anspruch ergeht. Das Ich ist von vornherein nicht als isoliertes oder isolierbares Etwas gesehen, das erst einmal vorhanden ist, und an das dann auch noch ein Anspruch Gottes kommt, sondern es ist, was es ist, ein Ich, nur, sofern Gottes Anspruch ihm gegenübertritt. Die Einheit des Menschen besteht also nicht in einer Substanz, nicht im Zusammenhang eines psychologisch verständlichen seelischen Geschehens oder in der Kontinuität einer rational verständlichen Entwicklung. Sie ist vielmehr als geschichtliche gesehen, d. h. als eine solche, die dadurch gegeben ist, daß der Mensch von einem Du beansprucht ist. Sein Sein ist nicht natur- oder substanzhaft gedacht, sondern vollzieht sich in seinem Verhalten zu Gottes Anspruch, also in seinem *Handeln*, sofern dies nicht als ein in der Zeit ablaufender Prozeß (wie der Gang einer Maschine) verstanden wird, sondern als entschlossenes und verantwortliches Handeln. Eben deshalb hat er sein Sein nicht in der Verfügung, da es in jedem Jetzt auf dem Spiele steht, nämlich für Paulus: unter der Möglichkeit, von Gott oder von der Sünde bestimmt zu sein.

VI.

Die Bedeutung der „dialektischen Theologie“ besteht also nicht darin, daß sie dem Forscher bestimmte theologische Sätze liefert, sei es zur Kritik, sei es als Basis der Exegese. Die Einsicht in die Dialektik der Existenz des Menschen, d. h. in seine und seiner Aussagen Geschichtlichkeit, eröffnet der Forschung einen neuen Weg, indem die alte historische Methode nicht ersetzt, sondern vertieft wird.

Es ist deshalb im Grunde falsch, von der Bedeutung der dialektischen *Theologie* zu reden; dadurch wird nur das Mißverständnis veranlaßt, als handle es sich um ein theologisches System. Es muß heißen: die Bedeutung der Einsicht in die Dialektik der Existenz, in die *Geschichtlichkeit des Daseins*. Theologisch ist dabei zunächst gar nichts. Theologisch wird die Arbeit des Exegeten nicht durch seine Voraussetzungen und seine Methode, sondern durch ihren Gegenstand, das Neue Testament. Sein Charakter als Theologe besteht darin, daß ihn die Kirche an das Neue Testament gewiesen hat, das er erklären soll. Nicht was *er* machen kann kraft seiner Voraussetzungen, seiner methodischen Arbeit, seines etwaigen Pneumatikertums macht seine Arbeit zu einer theologischen. Die arbeitende Erforschung des Neuen Testaments ist genau so profan wie die Erforschung irgendeiner historischen Quelle überhaupt. Die Verantwortung für den theologischen Charakter seiner Arbeit trägt das Neue Testament selbst, dem er nur dient. Sein Hören als Forscher ist profan, heilig ist nur das Wort, das geschrieben steht.

Die Geschichtlichkeit des Daseins und der Glaube.

Antwort an Gerhardt Kuhlmann.

1930

1. Zu meinem Bedauern fehlte mir bisher die Zeit, auf die sachgemäßen und scharfsinnigen Fragen, die G. Kuhlmann an mich gerichtet hat (ZThK 1929, 28–57: Zum theol. Problem der Existenz), einzugehen. Ich will versuchen, ihm jetzt eine Antwort zu geben.

Ist K. darin mit mir einig, daß der Begriff der Existenz der methodische Ausgangspunkt der Theologie sein muß, da ihr Thema die gläubige Existenz ist, so erwachsen seine Bedenken gegen meine Arbeit daraus, daß ich bei dem Bemühen, die gläubige Existenz theologisch-begrifflich zu explizieren, in Abhängigkeit von Heideggers existentialer Analyse des Daseins gerate. Mit Recht betont K., daß Heideggers Methode nicht als ein formal-technisches Verfahren verstanden werden darf, das sich nach Belieben auf einen anderen Gegenstand als das natürliche Dasein – also in diesem Fall auf das gläubige Dasein – übertragen ließe. Vielmehr ist die Methode durch ihren *Gegenstand* bestimmt; und wenn ich also die Begriffe der Heideggerschen Existentialanalyse übernehme, so übernehme ich faktisch auch den Gegenstand dieser Analyse, und so ist der Gegenstand meiner theologischen Forschung in Wahrheit gar nicht die *gläubige* Existenz, sondern das *natürliche* Dasein. Das zentrale Thema der theologischen Forschung, die Offenbarung, durch welche die gläubige Existenz ihre Bestimmtheit erhält, ist damit profaniert und verfälscht; ich „wiederhole" nur die philosophische Daseinsanalyse und autorisiere sie post festum, indem ich ihre Begriffe mythologisiere.

In der Tat ist eine Methode nicht ablösbar von ihrem Gegenstand. Der Gegenstand der existentialen Daseinsanalyse aber ist *das Dasein, der Mensch*; und eben das Dasein, der Mensch, ist auch der Gegenstand der Theologie. Deshalb ist das Verhältnis von Philosophie und Theologie nicht ohne weiteres durchsichtig. Zunächst läßt sich sagen:

Thema der Philosophie ist (sofern das Dasein in ihren Bereich fällt) das *natürliche* Dasein; Thema der Theologie ist das *gläubige* Dasein.

In diesem Falle hat aber *„natürlich"* nicht den theologischen Sinn von widergöttlich, sondern ist eine rein formal-ontologische Bezeichnung; d.h. der Philosoph sieht vollständig davon ab, ob im Dasein so etwas wie Glaube oder Unglaube vorkommen kann[1]. Würde er auf diese Phänomene reflektieren, so könnte er nur sagen, daß seine Analyse die Bedingung der Möglichkeit dafür aufweist, daß sich ein Mensch gläubig oder ungläubig verhalten kann[2]. Der „Atheismus" der Philosophie ist nicht mit dem theologischen Begriff des Unglaubens identisch. (Wie über jenen Atheismus vom Glauben aus zu urteilen wäre, ist hier nicht zu erörtern). Da Glaube und Unglaube die Antworten sind auf eine konkrete und kontingente Verkündigung, die sich je an ein konkretes Dasein adressiert, so wäre eine ausdrückliche Reflexion auf Glaube und Unglaube für die Philosophie ebenso absurd, wie die Reflexion darauf, ob in einem konkreten Fall ein Liebesantrag angenommen oder abgewiesen wird. Nichtsdestoweniger wird die philosophische Daseinsanalyse die Bedingungen der Möglichkeit dafür aufweisen müssen, daß im Dasein so etwas wie ein Liebesantrag und seine Annahme oder Abweisung vorkommen kann, – so wenig sie irgendeinen konkreten Liebesantrag in den Blick nimmt. So nimmt die Philosophie auch die christliche Verkündigung (das Positum, das die Theologie zur positiven Wissenschaft macht im Unterschied von der Philosophie, deren Gegenstand nicht ein Seiendes, sondern das Sein ist)[3]

---

[1] Ebensowenig ist die „Endlichkeit des Daseins", von der die Philosophie redet (M. Heidegger, Kant und das Problem der Metaphysik 1929, S. 219 usw.), die Endlichkeit, von der die Theologie handelt.

[2] Vgl. M. Heidegger, Vom Wesen des Grundes; Festschr. f. E. Husserl 1929, S. 97, wo für einen analogen Fall in dieser Weise geurteilt wird.

[3] In bezug hierauf liegt bei K. (S. 43) offenbar eine Konfusion vor. Sein Satz „Aber Heideggers Philosophie ist gar keine ‚Wissenschaft vom Sein', sondern untersucht den ‚*Sinn* vom Sein', d.h. sie ist von vornherein darauf angelegt, ein bestimmtes Sein als einzig mögliches Sein zu ‚entdecken', das *Dasein*" – enthält mehrere Fehler. Zunächst ist die Antithese falsch; denn was soll ‚Wissenschaft vom Sein' anders tun als den ‚*Sinn* von Sein' untersuchen? Eben das meine ich ja auch in meinem von K. kurz vorher zitierten Satz (Theol. Bl. 1927, Sp. 73), der die Philosophie bezeichnet „als kritische Wissenschaft vom *Sein*, d.h. als Wissenschaft, die alle positiven Wissenschaften, die vom *Seienden* handeln, auf ihre Begriffe vom Sein hin zu kontrollieren habe". K. meint offenbar: Heideggers Philosophie ist keine Wissenschaft von einem *Seienden*; – eben das, was ich ja auch sage. Falsch

nicht in den Blick, und doch gibt sie allein die Möglichkeit, begrifflich zu verstehen, was so etwas sei wie „Verkündigung", „Wort", „Anrede", „Hören", – ohne daß sie je eine konkrete Verkündigung verstehen lehrt.

Allgemein ausgedrückt läßt sich über den *Unterschied von Philosophie und Theologie* für unseren Zusammenhang folgendes sagen:

---

ist ferner die Fortsetzung; denn diese meint doch offenbar, Heideggers Philosophie wolle ein bestimmtes *Seiendes*, das Dasein, entdecken. In Wahrheit „entdeckt" Heideggers Philosophie (deren Absicht K. überhaupt falsch charakterisiert) das Dasein gar nicht, das ja höchstens selbst sich „entdecken" kann. Vielmehr ist für Heidegger das Dasein das primär zu befragende Seiende, wenn die ontologische Frage nach dem (Sinn von) Sein überhaupt methodisch in Angriff genommen werden soll (vgl. Sein und Zeit I, §§2–5).

Deshalb ist auch das weitere bei K. falsch: „Die positiven Wissenschaften sind je ‚Wissenschaft vom Sein' (Nein! vielmehr je einem Seienden bzw. einer Region des Seienden), d.h. ihr Gegenstand ist immer eine ‚Abkünftigkeit' des ursprünglichen Seins, für das allein und ausdrücklich die Philosophie zuständig ist." Was soll dieser Satz überhaupt besagen?`Verständlich ist er doch nur, wenn jedesmal statt „Sein" „Seiendes" gelesen wird. Dann aber gilt Heideggers Satz (Wesen des Grundes, S. 100, 1): „Ontologische Interpretation des Seins in und aus der Transzendenz des Daseins heißt aber doch nicht ontische Ableitung des Alls des nicht-daseinsmäßigen Seienden aus dem Seienden qua Dasein." Um die „Abkünftigkeit" eines Seienden geht es überhaupt nicht, sondern um die „Abkünftigkeit" des Sinnes von Sein in bezug auf eine bestimmte Region von Seiendem, der „abkünftig" ist von dem Sinne von Sein überhaupt. Wenn Theologie als positive Wissenschaft von einem bestimmten Seienden redet, so wird der Sinn von Sein, den sie dabei voraussetzt, ein bestimmter, d.h. also ein „abkünftiger" sein müssen, und die Philosophie wird die Instanz sein müssen, die über diese „Abkünftigkeit" befindet, ohne daß dadurch die Selbständigkeit der Theologie im mindesten beeinträchtigt wäre. Ebensowenig wäre ja etwa die Selbständigkeit der Kunstwissenschaft beeinträchtigt, oder wären die Kunstwerke als Gebilde der Philosophie bezeichnet, wenn die Philosophie untersucht, welches Seinsverständnis die Kunstwissenschaft leitet, und welches die Seinsart der Kunstwerke ist, und wie dieser bestimmte Seinssinn „abkünftig" ist im Verhältnis zum Sinn von Sein überhaupt. Sind alle positiven Wissenschaften, die je eine Region des Seienden zu ihrem Gegenstand haben, geleitet von einem bestimmten Seinsverständnis, wie das Dasein überhaupt von einem bestimmten vorontologischen Seinsverständnis geleitet ist, und ist eben darin die Möglichkeit einer philosophischen Ontologie begründet, – so machen doch die positiven Wissenschaften dieses Seinsverständnis gerade nicht zu ihrem Thema, sondern das eben tut die Philosophie. Sind die Grundbegriffe einer positiven Wissenschaft ins Wanken geraten und zur Diskussion gestellt, so vermag sie zu ihrer Klärung die Philosophie zu befragen; diese aber setzt für ihre Untersuchungen die Eigenständigkeit der positiven Wissenschaften und des in ihnen thematisierten Seienden voraus.

die Philosophie zeigt, daß Dasein je meines ist, aber sie redet nicht von je meiner konkreten Existenz; das aber tut die Theologie, die in eigentümlicher Weise am Anredecharakter der Predigt teilhat (indem sie nur für solche redet, die diese – freilich für Alle bestimmte, Alle anredende – Predigt hören, während die Philosophie für jedermann redet), – so gewiß die Philosophie andrerseits etwa zeigen kann, daß von oder aus meiner konkreten Existenz reden, nur heißen kann: anreden oder antworten. Setzt die Theologie den Vollzug einer bestimmten Anrede voraus, so kann die Philosophie nur sagen, was Anrede überhaupt bedeute. Die Philosophie sieht, *daß* Dasein nur je ein konkretes ist, das durch ein bestimmtes Wie charakterisiert ist; sie redet vom *Daß* dieses *Wie*, aber nicht von dem Wie selbst. Die Theologie aber redet von einem bestimmten Wie, – jedoch nicht, indem sie in eine von der Philosophie im Ganzen alles Wißbaren oder im System der Wissenschaften gelassene Lücke springt. Vielmehr kann sie nur ihr eigenes, ursprüngliches Motiv haben, darin nämlich, daß das durch jenes Wie bestimmte Dasein zu seinem eigenen Vollzuge der Theologie bedarf. Die Philosophie aber weist das Daß eines je konkreten Wie als wesenhaft eigentümlich für das Dasein auf, ohne je dahin zu gelangen, von einem konkreten Wie zu reden. Ihr Thema ist eigentlich nicht die Existenz, sondern die Existentialität, nicht das Faktische, sondern die Faktizität; sie untersucht die Existenz hinsichtlich der Existentialität, aber sie redet nicht in die konkrete Existenz[4].

Das bisher Gesagte sollte vorläufig deutlich machen, daß Philosophie und Theologie den gleichen Gegenstand haben, das Dasein, daß sie ihn aber in verschiedener Weise zum Thema machen: die Philosophie, indem sie das Sein des Daseins zum Thema macht, d.h. indem sie die formalen Strukturen des Daseins ontologisch untersucht; die Theologie, indem sie vom konkreten Dasein redet, sofern es glaubt (bzw. nicht glaubt, was für sie nicht ein Negativum, sondern ein Positivum ist), sofern sein Wie dadurch charakterisiert ist, daß es von einer bestimmten Verkündigung getroffen ist oder getroffen werden soll. Und es läßt sich deshalb schon hier sagen, daß Theologie (im Unterschied von der Philosophie) als positive Wis-

---

[4] Natürlich kann das Philosophieren existentiell ergriffen werden; dann redet der Philosoph existentiell, aber nicht „die Philosophie".

senschaft grundsätzlich historische Wissenschaft ist, indem sie von einem bestimmten Geschehen im Dasein redet.

Das Gesagte hat aber zugleich vorläufig etwas weiteres angedeutet, nämlich daß die Theologie als Wissenschaft die philosophische Daseinsanalyse fruchtbar machen kann. Denn das *gläubige* Dasein ist doch jedenfalls *Dasein*; auch der *Glaubende* existiert als *Mensch*, wie ihm die Verkündigung, aus der der Glaube kommt, als menschliches Wort begegnete. Seine Sünde und deren Vergebung, die ihm in der Verkündigung enthüllt werden, sind doch, wenn sie von ihm, dem Glaubenden ausgesagt werden, Phänomene innerhalb des Daseins; oder besser: sie sind es *auch*[5]. Sind sie das aber, so muß doch ihre *Möglichkeit* innerhalb des Daseins aufgewiesen werden können, ihre ontologisch-existentiale Möglichkeit, wohlverstanden! Denn über die ontische Möglichkeit ist damit gar nichts ausgesagt.

In der Tat: wenn z.B. der Glaube behauptet, es sei *unmöglich*, daß der Mensch vor Gott gerecht werde durch seine Werke, daß er also notwendig in der dem Dasein wesensmäßig zu eigenen Entscheidung die Möglichkeit, seine Eigentümlichkeit zu ergreifen, verfehlte, so ist hier die Unmöglichkeit *ontisch-existentiell* gemeint, und die Rede von solcher *Unmöglichkeit* ist nur möglich und sinnvoll, wenn *ontologisch-existential* von der *Möglichkeit* der „Gerechtigkeit" geredet werden kann[6]. Von einem Tier zu sagen, es könnte unmöglich durch des Gesetzes Werke gerechtfertigt werden, ist offenbar sinnlos, weil Gerechtigkeit keine ontologische Möglichkeit für das Tier bedeutet[7].

---

[5] Wenigstens nach protestanischer Auffassung, nach welcher der Mensch nicht durch die caritas infusa einen übernatürlichen Habitus erhalten hat. Doch ich will den Vorwurf des „Katholizismus", den der Kreis Grisebachs so freigebig austeilt, nicht zurückgeben. Ich will jedoch bemerken, daß die von diesem Kreise an Barth und Gogarten geübte Kritik mir trotz des Richtigen, das sie im einzelnen sagt, negativ und unfruchtbar erscheint, da sie nicht von den Intentionen der Kritisierten ausgeht.

[6] In der Tat: „Die doppelte Möglichkeit der Existenz, eigentlich oder uneigentlich zu sein, verlegt die ‚Wahl' in den Vollzug der profanen Existenz selbst" (S. 51 bei K.). Das ist ontologisch ganz korrekt; nur besagt die ontologische Analyse nichts über die faktische Wahl, über die der Glaube und ihm entsprechend die Theologie reden.

[7] Damit erledigen sich auch einige der S. 46 von K. gestellten Fragen. Gewiß: die Offenbarung macht – was ontologisch nicht einzusehen ist – die beiden Möglichkeiten, die das Weltsein immer hatte, aktuell. Ontologisch kann das insoweit *verstanden* werden, als ontologisch gezeigt werden kann, daß diese Möglichkeiten je

In gewissem Sinne „wiederholt" also die Theologie allerdings die philosophische Analyse, sofern sie nämlich ihre Grundbegriffe als Existenzbegriffe nur explizieren kann auf Grund eines Verständnisses des „Seins" des Daseins, und insofern sie für die Analyse des Seins-Sinnes auf die Philosophie angewiesen ist. Sie könnte das nicht, wenn es sich um eine *systematische* Philosophie handeln würde, die von einer vorausgesetzten Idee von Sein aus *deduzierend* verfährt. Sie kann es aber, wenn es sich um eine philosophische *Forschung* handelt, die als Phänomenologie *aufweist*, die die Phänomene selbst zum Sich-Zeigen bringen will. Die Theologie lernt in diesem Falle ja im Grunde nicht von „der" Philosophie, sie übernimmt nicht deren System oder Dogmen, sondern sie läßt sich von ihr an das Phänomen weisen; sie läßt sich von dem Phänomen belehren, vom Dasein, dessen Struktur die Philosophie aufdeckt.

Unbrauchbar wäre eine Philosophie, die es übernimmt, den „*Sinn*" des Daseins in *dem* Sinne nachzuweisen, daß sie zeigen wollte, daß das Dasein „sinnvoll" (oder auch umgekehrt – wie Nietzsche – „sinnlos") sei. Sie würde dann dem konkreten Dasein die je ihm gestellte und nur je von ihm zu beantwortende Frage nach seinem „Sinn" abnehmen wollen; sie würde auf die Frage des Daseins: „was ist Wahrheit?" die als die Frage des Daseins die Frage je des Augenblicks ist, eine allgemeine Antwort geben wollen. Statt dessen zeigt legitime philosophische Daseins-Analyse gerade, daß je das konkrete Dasein selbst einzig die Frage nach seinem „Sinn", die Frage „was ist Wahrheit?" stellen kann und zu beantworten hat. Und eben dies bedeutet für sie: den „Sinn" von Dasein aufweisen, d. h. zu zeigen, was Dasein bedeute, welchen „Sinn" *Sein* habe, wenn von Dasein die Rede ist.

Täuscht sich die Philosophie keineswegs darüber, daß ihre Arbeit als Forschung nicht zu absoluten Erkenntnissen führt (Heidegger, Kant.., S. 226 f.), so darf natürlich auch die Theologie nicht meinen, daß die Philosophie ihr eine abgeschlossene Normal-On-

---

durch ein *Ereignis* aktualisiert werden, und daß in bezug darauf von „vorher" und „seit" geredet werden kann. Spezifisch theologisch aber ist die (auf dem Grunde der Existentialanalyse wohl verständliche aber nicht zu begründende) Behauptung, daß „in einem neuen Sinn" und d. h. *faktisch* die Entscheidung sich nur aktualisiert, wenn dies Ereignis die christliche Verkündigung ist. Das in bezug auf dieses Ereignis behauptete „vorher" und „seit" darf und kann ontologisch gar nicht weiter geklärt werden.

tologie bietet, mit der sie dann nach Belieben arbeiten kann. Das wird sie auch gerade dann nicht meinen, wenn sie von der Philosophie lernen will, die Phänomene selbst zu sehen. Sie wird dann im Gegenteil erwarten, daß die philosophische Arbeit – sich radikalisierend und korrigierend – die Phänomene immer besser und deutlicher zu zeigen vermöge, womit freilich gegeben ist, daß auch sie, die Theologie selbst, weiterzulernen und umzulernen hat. Aber dieser Vorbehalt kann doch nur für eine solche Theologie ein Anstoß sein, die vergessen hat, daß auch sie selbst Forschung ist, und die meint, ihrerseits zu absoluten Erkenntnissen bringen zu können[8]. –

In dem angegebenen Sinn „wiederholt" also die Theologie, und sie muß es tun, wenn in dem christlichen Geschehen, das sich im Glauben vollzieht, in der „Wiedergeburt", nicht eine magische Verwandlung des Menschen vor sich geht, die den Glaubenden aus dem

---

[8] Im Hinblick auf den Aufsatz Löwiths (ZThK 1930, 365 ff.) darf ich hier folgendes sagen: Da der Fortschritt der philosophischen Arbeit keineswegs nur von der Energie und dem Scharfsinn des philosophischen Denkens abhängt, sondern – da ontologisches Verstehen sich nicht von ontischer Erfahrung abschnüren läßt – ebensosehr von dem bestimmten existentiellen Daseinsverständnis des Philosophen, so könnte es scheinen, daß die von der Philosophie lernende Theologie dem bestimmten „*Existenzideal*" des Philosophen ausgeliefert wird. Das hängt davon ab, welche Bedeutung das „Existenzideal" des Philosophen für seine Philosophie hat; ob er ein bestimmtes, inhaltliches „Existenzideal" vorträgt, oder ob er aus dem eigenen Wissen um ein „Existenzideal" annimmt, daß es zum Dasein als solchem gehöre, von einem „Existenzideal" bewegt zu sein. Unzulässig erscheint es mir nun, Heideggers Begriff der „*Eigentlichkeit*" des Daseins als Ausdruck eines Existenzideals zu fassen. Denn mit dem Begriff der „Eigentlichkeit" ist – der Absicht nach zum mindesten – die Geschichtlichkeit des Daseins charakterisiert, dessen Sein ein Sein-können ist, ein Sein, das eigentlich und uneigentlich sein kann, wobei die Eigentlichkeit wohl formal als in der Entschlossenheit sich vollziehend bestimmt werden kann, wobei es aber vollständig offenbleibt, wozu sich je Dasein entschließt. Die Geschichtlichkeit des Daseins ist also nicht ein aus der realen Faktizität menschlicher Lebenserfahrungen entspringendes Ideal, sondern da sie das Dasein als solches charakterisiert, ermöglicht sie überhaupt erst reale Lebenserfahrungen als menschliche und damit das Entspringen von „Existenzidealen". – Löwith hat gegen Marck darin ganz recht, daß Heideggers Analysen von vornherein und in allem einzelnen von der Erkenntnis der Geschichtlichkeit des Daseins getragen sind. Es fragt sich nur, ob diese „Voraussetzung" dem „Existenzideal" Heideggers entspringt, oder nicht vielmehr gerade die Sache selbst ist, die Geschichtlichkeit des Daseins, die sich in allen der Analyse unterworfenen Phänomenen meldet.

Dasein herausnähme[9]. Sie *muß* das tun, wenn in der gläubigen Existenz die vorgläubige aufgehoben ist. Ist im Glauben die vorgläubige Existenz existentiell-ontisch überwunden, so heißt das nicht, daß die existential-ontologischen Bedingungen von Existieren vernichtet sind. Theologisch ausgedrückt: der Glaube ist nicht eine inhärierende neue Qualität, sondern eine stets neu ergriffene Möglichkeit des Daseins, wenn Dasein im steten Ergreifen seiner Möglichkeiten existiert. Der Glaubende ist kein Engel geworden, sondern simul peccator, simul iustus. Deshalb haben alle christlichen Grundbegriffe einen ontologisch bestimmenden vorgläubigen und rein rational faßbaren Gehalt. Alle theologischen Begriffe enthalten das Seinsverständnis, das das menschliche Dasein als solches von sich hat, sofern es überhaupt existiert. Also soll die Theologie in der Tat von der Philosophie lernen, ja gerade von der „die als tiefste Bestimmung für sich bekennt ‚dem Werke Diltheys zu dienen', also dem Sich selbst verstehen des Menschen qua Menschen" (K. S. 49).

Fragt mich also K.: „Ist nun *Zukunft*, so wie der Theologe Bultmann sie versteht, identisch mit dem, was der Philosoph Heidegger als ‚eigentliches Seinkönnen' entdeckt?" (S. 44) so antworte ich: ja! in der Tat! – formal-ontologisch nämlich. Und wie ich eine *begriffliche* Klärung dessen, was christliche Eschatologie ist, nur geben kann, wenn ich *überhaupt* weiß, was Zukunft für das Dasein heißen kann, so kann ich auch z. B. den Begriff „*Sünde*" nur klären, wenn ich auf den Begriff der Schuld als einer ursprünglichen ontologischen Existenzbestimmung zurückgreife[10]. Damit ist keineswegs geleugnet, daß ich nur im Glauben wissen kann, was Sünde ist. Im Gegenteil! je sicherer der Schuldbegriff in seinem ontologischen Gehalt erfaßt ist, desto deutlicher kann theologisch gesagt werden, was

---

[9] In meinem Satze, daß für die Glaubenden die Welt „in gewissem Sinne" ein Ende habe, verlangt K. (S. 44 f.) eine genauere Bestimmung dieses „ in gewissem Sinne". Es bedeutet: ontisch-existentiell. Existentiell hat für den Glauben die „Welt" (und dieser theologische Begriff ist auch wieder nur auf dem Grunde des existential-ontologischen Weltbegriffs möglich) als ein bestimmtes Wie des Daseins ihr Ende (was übrigens auch in seiner Formalität ontologisch verstanden werden kann).

[10] Tue ich das nicht, so ist die Gefahr, daß ich entweder „Sünde" als eine Qualität des Vorhandenen, eine mysteriöse Befleckung in der Sphäre des „Magischen" verstehe, oder daß ich sie (was heute wohl die Regel ist, da man behauptet, daß im Christentum die „naturhaften" und „magischen" Begriffe vergeistigt und versittlicht seien) naiv mit Schuld gleichsetze.

Sünde ist. Ein Fehler würde nur dann gemacht werden, wenn ich mir einbildete, die Sünde rational aus der Schuld deduzieren zu können oder das Datum der Sünde rational erweisen zu können. – Ja, selbst K.s Vorwurf: „Die *Glaubensentscheidung* wird zum ‚Entwurf' auf das eigenste Schuldigsein, das ich je schon bin" (S. 47) akzeptiere ich in positivem Sinne: in der Tat, *so* allein würde der formal ontologische Sinn von Glaubensentscheidung bezeichnet werden können, und so *muß* er bezeichnet werden, wenn Glaubensentscheidung als Bewegung des Daseins wirklich sein soll. – Was *„Liebe"* im christlichen Sinne bedeutet, kann ich begrifflich klar nur auf dem Grunde der „Sorge"-Struktur des Daseins entwickeln[11].

Nun gebe ich K. zu, daß in meinen Arbeiten, auf die er sich bezieht, die Explikation der theologischen Begriffe unvollständig ist, und daß ich einseitig an derjenigen Aufgabe interessiert war, die den Zusammenhang der theologischen Arbeit mit der existentialen Analyse zum Gegenstand hat. Was ich aber *nicht* zugeben kann, ist dies, daß die theologische Explikation der gläubigen Existenz nicht auf die philosophische Daseinsanalyse zurückgreifen dürfe. Ich behaupte vielmehr: eben das *muß* die Theologie tun, wenn sie überhaupt die gläubige Existenz begrifflich klären will, d. h. aber wenn sie Wissenschaft und nicht bloß Predigt sein will. Daß es nun Theologie als Wissenschaft und nicht nur Predigt geben müsse, ist freilich weder aus einer Idee der Wissenschaft zu deduzieren, noch von der philosophischen Daseinsanalyse aus zu begründen. Für diese ist die Theologie allerdings „überflüssig". Die Theologie kann nur im gläubigen Dasein selbst ihren Grund haben. Nur der Glaube selbst kann das Ergreifen einer die Gläubigkeit begrifflich auslegenden Wissenschaft motivieren, und die Theologie kann nur eine Bewegung des Glaubens selbst sein.

---

[11] Dieser Satz richtet sich nicht gegen K., sondern gegen W. Koepp, Merimna und Agape (Seeberg-Festschr. 1929, S. 99–139), der, Heidegger grob mißverstehend, dessen „Sorge" statt als ontologische Struktur des Daseins als ein ontisches Phänomen nimmt und ihr im gleichen Sinne die christliche Liebe entgegenstellt. Er hätte Heidegger nur durch den Nachweis treffen können, daß die Liebe nicht als Phänomen des Daseins auf dem Grunde der Sorge-Struktur verstanden werden kann, ein Nachweis, der sich schwerlich führen läßt. Wollte er schon dem philosophischen Begriff der Sorge einen theologischen entgegenstellen, so hätte es der Begriff *χαρά* sein müssen, die sich als christliches Modifikat der Sorge, oder besser: der Angst, bezeichnen läßt. In der *χαρά* sind freilich Sorge und Angst „überwunden" d. h. „aufgehoben".

Was sollte sie anders sein? und worin kann sie ihren Grund sonst haben? Der Hauptmangel in K.s Ausführungen scheint mir der zu sein, daß aus ihnen überhaupt nicht zu ersehen ist, wie er sich das Motiv und den Gegenstand der Theologie als Wissenschaft denkt. Sofern er von ihrem Gegenstand zu reden meint, redet er m. E. nur vom Gegenstand der Predigt. Wie ich denn trotz aller Bemühungen auch immer noch nicht gesehen habe, welches Motiv Grisebach *als Philosoph* hat, beständig in unsere theologische Arbeit hineinzureden.

Worin die praktische Nötigung des Glaubens zu einer Theologie liegt oder liegen kann, das will ich hier nicht ausführen, sondern darf auf meinem Aufsatz „Kirche und Lehre im Neuen Testament" verweisen (Zw. d. Zeiten, 7, 1929, S, 9–43). Daß aber *jede* Theologie für die Explikation ihrer Begriffe auf ein vortheologisches, in der Regel durch eine philosophische Tradition bestimmtes Daseinsverständnis zurückgreift, davon kann sich K. an der Hand einer alten oder neuen Dogmatik leicht überzeugen. Ob z. B. Christus unter dem Begriff von (göttlicher) Natur oder religiös sittlicher Persönlichkeit, oder unter dem Begriff eines geschichtlichen Faktums verständlich gemacht werde, ob Erlösung als ein kosmischer Vorgang, als Verwandlung der Natur, als religiös-sittlicher Vorgang oder als Erlebnis gefaßt werde, ob Glaube als Fürwahrhalten oder als Vertrauen, als Gehorsam oder als numinoses Erleben verstanden werde, ob der Begriff der Sünde von der Natur oder von der Ethik her interpretiert werde, – immer müssen Begriffe, in denen das „natürliche" Dasein sich und seine Welt versteht, die Interpretation leiten, – und wie kann das anders sein, wenn überhaupt von etwas geredet werden soll, das den Menschen, das Dasein, betrifft, und wenn die Rede verstanden werden soll? Wenn all diese Größen nicht ein einfaches X bleiben sollen? Auch die Predigt ist ja von einem bestimmten Daseinsverständnis geleitet, so wenig sie es begrifflich explizit zu machen braucht. Die Theologie aber hat es explizit zu machen, da sie über die Reinheit und Verständlichkeit der Predigt zu wachen hat[12]. Sie kann ihre Aufgabe nur erfüllen, wenn sie nach den

[12] Auch die Predigt redet in Begriffen, und sie ist in der Regel von einer Theologie abhängig. Sie kann von einer sachgemäßen oder von einer nicht sachgemäßen Theologie abhängig sein. Sofern nun die Predigt selbst oder auch eine biblische Schrift (denn von ihr gilt das gleiche) wissenschaftlich-theologischer Interpretation unterworfen wird, hat diese kritisch zu verfahren und gegebenen Falls durch kritische Analyse zwischen sachgemäßen und nicht sachgemäßen Aus-

Begriffen fragt, die das Sein des Daseins möglichst sachgemäß und „neutral“ zum Ausdruck bringen. Wenn sie dabei die Philosophie *nicht* befragt, so ist das ein Scheinmanöver. Denn entweder ist sie dann von einer alten philosophischen Tradition unkritisch abhängig; oder sie treibt eben selbst Philosophie, und die ist dann gewöhnlich danach!

Ich meine durch diese Ausführungen keineswegs das Thema „Philosophie und Theologie“ erschöpfend behandelt zu haben, sondern ich versuchte nur, seine Behandlung in die rechte Richtung zu bringen. Gerade dann erwachsen neue Fragen, vor allem die der sog. *„natürlichen Theologie“*, nämlich die Frage, wie die philosophische ontologisch-existentiale Daseinsanalyse als ontisch-existentielles Unterfangen des Daseins vom Glauben aus negativ und positiv verstanden werden müsse, – was ja eine andere Frage ist als die nach dem Ertrag dieser Analyse an ontologisch-existentialem Verständnis[13]. Da „ontologisches Begreifen sich nicht von der ontischen Erfahrung abschnüren läßt“ (Heidegger, Sein und Zeit I 295), so muß doch jene Frage wohl akut werden, und es ist begreiflich, wenn der Polemik K.s gegen meine theologische Arbeit als eine pseudophilosophische eine Polemik von philosophischer Seite gegen Heideggers Arbeit korrespondiert, die ihm vorwirft, den Boden rein ontologischer Analysen verlassen zu haben und pseudotheologisch zu reden. Aber ich brauche Heidegger nicht gegen solchen Vorwurf zu verteidigen.

Das bisher Gesagte wende ich an, indem ich noch einmal auf K.s Vorwurf eingehe, und zwar auf seinen Vorwurf in der zentralsten Formulierung in bezug auf den *Begriff der Offenbarung*, wobei jene Frage nach der „natürlichen Theologie“ sich wieder melden wird.

---

sagen zu scheiden. Ob der Verf. von. 1. Joh. (vgl. S. 54, 1 bei K.) die christliche Existenz im Unterschied von der von ihm benutzten Quelle falsch erfaßt hat, ist eine diskutable Frage. Muß sie bejaht werden, so ist damit die „Heiligkeit“ des verkündigenden Wortes nicht angetastet. Der Forscher verteilt nicht die Prädikate „heilig“ und „profan“, sondern die Prädikate „sachgemäß“ oder „nicht sachgemäß“. Das „es steht geschrieben“, auf das sich der Glaube bezieht, bedeutet *nicht*: es liegt als christliches Dokument vor und steht der Forschung zur Verfügung.

[13] Mir scheint, kurz gesagt, eine „natürliche Theologie“, die, *nicht* vom Glauben aus entworfen, gleichwohl die Glaubenstheologie begründen (unterbauen) will, illegitim und unmöglich zu sein; legitim und notwendig dagegen eine „natürliche Theologie“, die vom Glauben aus das „natürliche“ (vorgläubige) Dasein verständlich macht, so wie Paulus es Röm. 1, 18–3, 20 unternimmt.

K. fürchtet, daß durch mein Verfahren die Offenbarung profaniert werde. Sie werde „zur, vielleicht endgültigen, Aufklärung über die eigene, doch wohl profane – oder etwa je immer schon begnadete? – Existenz". Denn: „wenn ich, um zu verstehen, was Offenbarung ist, immer schon ein ‚Vorverständnis' von Offenbarung haben muß, dann wird in der Tat das ‚Hören' auf die Offenbarung selbst ‚profan'; aber es gibt nun auch keine Möglichkeit mehr, ‚das Wort, das geschrieben steht', als ‚heilig' zu verstehen; denn dies ‚Wort' sagt ja nicht mehr, als was ich im profanen Selbst-Verständnis je schon wußte" (S. 52 f.).

Zunächst eine Analogie! Ein freundloses Leben, das sich, bewußt oder unbewußt, eingestanden oder uneingestanden, nach Freundschaft sehnt, weiß, was *Freundschaft* ist, – und weiß es doch nicht. Findet es den Freund, – was weiß es dann „mehr", als es im freundlosen Selbst-Verständnis je schon wußte? Wird es den Begriff von Freundschaft neu und besser bestimmen können? Nein! zum mindesten grundsätzlich nicht, wenn es auch jetzt *vielleicht* praktisch leichter und reicher von Freundschaft zu reden vermag. Aber schon darin, daß solches etwaige Reden von Freundschaft, das der Ertrag einer faktischen Freundschaft sein mag, von jedem freundlosen Leben *verstanden* werden kann, zeigt sich, daß das Wissen und Freundschaft auch dem freundlosen Leben je schon offen steht. Was weiß ich, wenn ich im faktischen Freundschafts-Verhältnis stehe, also „mehr"? Nichts! – nichts über die Freundschaft. Was ich „mehr" weiß, ist dies: ich kenne meinen Freund, und ich kenne mich neu, in der Weise, daß im Verstehen meines Freundes mein konkretes Leben in Arbeit und Freude, im Kampf und Schmerz neu qualifiziert ist; daß durch das *Ereignis* der Freundschaft die *Ereignisse* meines Lebens neu werden; „neu" in einem Sinne, der schlechterdings nur für mich gilt, nur für mich sichtbar ist, ja nur im Jetzt sichtbar *wird*, immer *neu* sichtbar wird. So gut ich vorher allgemein wissen kann, was ein Freund ist, und so gut ich auch weiß, *daß* Freundschaft mein Leben neu machen muß –, ich weiß nie vorher und im allgemeinen, was mein Freund mir ist.

In der Tat: das „Wort" der Verkündigung sagt mir „nicht mehr, als was ich im profanen Selbst-Verständnis je schon wußte", bzw. je schon wissen konnte. Von keinem Gläubigen kann, was *Offenbarung* überhaupt sei, genauer und vollständiger angegeben werden als von jedem Ungläubigen. Jeder Mensch kann, weil er um den Tod weiß, auch wissen, was Offenbarung und Leben, was Gnade und Vergebung ist. Was weiß der Glaubende „mehr"? Dies, daß Offenbarung ihn getroffen *hat*, daß er im Leben, daß er begnadet *ist*, daß ihm vergeben *ist* – und immer neu vergeben *wird*. Und er weiß das in der Weise, daß im Glauben an die Offenbarung sein konkretes Leben in Arbeit und Freude, in Kampf und Schmerz neu qualifiziert ist; daß durch das *Ereignis* der Offenbarung die *Ereignisse* seines Lebens neu werden; „neu" in einem Sinne, der schlechterdings nur für den Gläubigen gilt, nur für ihn sichtbar ist, ja nur je im Jetzt sichtbar *wird*, immer *neu* sichtbar wird. Was der Glaube neu und einzig von der Offenbarung zu sagen vermag, ist ihr Ereignis-geworden-sein und ihr Ereignis-werden. Und was die Theologie sagen kann, ist einerseits das Gleiche, andererseits aber die begriffliche Explikation dieses Redens vom Ereignis der Offenbarung zu dem Zwecke, daß der Glaubende kritisch um sich selbst wisse, und daß die Predigt wirklich von Offenbarung und Glaube rede.

Ist die Offenbarung, von der der Glaube und die Theologie reden, ein (und zwar ein bestimmtes) Ereignis, so ist *das „Hören"* auf die Offenbarung „profan", soweit es als Vorgang am Menschen wahrnehmbar ist, und soweit es als Bewegung des Daseins ontologisch verständlich gemacht werden kann[14]. Den Charakter „heilig" erhält das Hören nur durch seinen Gegenstand, die sich ereignende Offenbarung, zu deren Geschehen es als Hören selbst gehört.

Ist die Offenbarung, von der der Glaube und die Theologie reden, ein Ereignis, so ist sie kein „ursprünglicher Seinsmodus", keine „dem Dasein ‚von sich aus' offenstehende Existenzweise" (S. 45 bei K.); Gnade ist dann nicht eine „verfügbare Qualität des natürlichen Daseins" (S 47). Das Wissen um das, was Offenbarung überhaupt ist, das Wissen des Menschen um sein Angewiesensein auf Offenbarung (bzw. dessen Bestreitung) ist allerdings ein Wissen aus dem *„lumen naturale"*. Und zu diesem Wissen bedarf es der „Aufklärung" des Evangeliums nicht, so gewiß auch aus dem Hören des Evangeliums Aufklärung über das natürliche Dasein faktisch erwachsen kann, die von der Philosophie angeeignet werden kann, – ebenso wie die faktische Freundschaft ja auch das „Vorverständnis" von Freundschaft aktualisieren und seine begriffliche Explikation fördern kann. Was der Glaubende an solcher „Aufklärung" gewonnen hat, steht dann

[14] In diesem Fall hat es freilich keinen Sinn, von „profan" zu reden; denn die Charaktere „profan" und „heilig" haben keinen ontologischen Sinn.

auch dem Verständnis des Unglaubens offen. So liegt es deshalb, weil einerseits die ontologische Analyse um so sicherer und vollständiger sein wird, je reicher die ontische Erfahrung ist, und weil andererseits jede ontische Erfahrung (als Erfahrung des Menschen, des Daseins) die ontologischen Bedingungen ihrer Möglichkeit in der Struktur des Daseins hat und also von ihr aus in ihrer Möglichkeit verstanden werden kann. So ist es auch möglich, daß Heideggers ontologische Analyse durch das von Kierkegaard explizierte christliche Daseinsverständnis befruchtet wird, ohne daß damit Heidegger zum Theologen würde oder Kierkegaard als Philosoph erwiesen wäre.

Wie steht es z.B. mit dem Verständnis der Rechtfertigungslehre des Paulus, die doch wohl eine Explikation des Selbstverständnisses des gläubigen Daseins ist? Ist sie nur dem Glauben oder auch dem Unglauben verständlich? Muß ich, wenn ich sie interpretieren will, sicher sein, daß ich glaube oder glauben werde? Ist mir mein etwa erarbeitetes Verständnis die Garantie, daß ich glaube? Muß ich mich also meinen Hörern und Lesern zugleich als Glaubenden präsentieren? Und soll ich zu einem, der meine Interpretation verstanden hat, sagen: du glaubst? Oder darf man, weil das unsinnig ist, überhaupt nicht mehr die Schrift interpretieren? Mit einem Wort: die Exegese setzt jenes lumen naturale voraus; sonst ist sie sinnlos.

Endlich aber ist zu sagen, daß allerdings durch die Offenbarung, durch das Evangelium, dem Glauben auch eine endgültige „Aufklärung“ über die profane Existenz gegeben wird, die der Philosophie nicht sichtbar ist. Eine „Aufklärung“ nämlich, die in der Tat die „profane“ Existenz als „je immer schon begnadete“ erscheinen läßt. „Verstehen“ im formalen Sinn kann freilich die Philosophie auch dies, so gut sie verstehen kann, daß mir in einer faktischen Freundschaft die Augen über meine Vergangenheit geöffnet werden, so daß ich erkenne, was in ihr echt und was unecht war. Aber nur der Glaubende versteht (im ontisch-existentiellen Sinne) das profane Dasein als begnadet. Damit ist aber nicht „das humanum doch wieder zum Theos“ geworden (S.53), sondern das natürliche Dasein ist als *Schöpfung* wieder entdeckt.

2. Damit sich die Diskussion nicht in der Sphäre des Polemisch-Negativen bzw. des Programmatisch-Abstrakten halte, will ich versuchen, ein konkretes Problem aus dem Komplex „Philosophie und Theologie“ oder „ontologische Daseinsanalyse und theologisches Daseinsverständnis“ zu erörtern, das Problem „*Geschichtlichkeit*

des Daseins und Glaube". Und zwar werde ich mich dabei nicht mehr mit Kuhlmann, sondern mit *Gogarten* auseinandersetzen; denn solche Auseinandersetzung hat die Aussicht auf einen positiven Ertrag, weil Gogartens Ausführungen über dies Thema aus dem ursprünglichen Motiv theologischer Forschung erwachsen und nicht aus dem Interesse an einer formalen Frage des Wissenschaftbetriebs. Ich hoffe, daß es deutlich sein wird, daß meine Auseinandersetzung mit ihm nicht *gegen* ihn gerichtet ist, sondern mit ihm weiterfragen will in der Richtung seines eigenen Fragens. Daß ich mit ihm gemeinsam in dieser Richtung stehe, ist kein Zufall, sondern zu einem guten Teile verdanke ich es ihm selbst, so daß, was ich zu sagen vermag, zugleich ein Dank für das ist, was ich von ihm gelernt habe. Ich stelle Gogartens Interpretation von Geschichte dem Verständnis der Geschichtlichkeit gegenüber, das *Heidegger* erarbeitet hat (daß ich diesem zu nicht minderem Dank verpflichtet bin, brauche ich nicht erst zu sagen).

Dasein ist – wenn ich den Ertrag der Analysen Heideggers für unseren Zweck kurz zusammenfasse – *je meines*; und sein Sein ist ein *Seinkönnen*, d.h. das Dasein, dem es in der Sorge um es selbst geht, wählt je seine eigene Möglichkeit. Diese Wahl ist echter Entschluß nur, wenn sich in ihm die *Entschlossenheit* vollzieht, die daraus erwächst, daß das Dasein dem Tode als seiner eigensten Möglichkeit ins Auge sieht und sich von ihm auf das Jetzt zurückwerfen läßt, von ihm her das Jetzt versteht und sich so in die Situation entschließt.

„Die Entschlossenheit ist ihrem ontologischen Wesen nach je die eines jeweiligen faktischen Daseins. Das Wesen dieses Daseins ist seine Existenz. Entschlossenheit ‚existiert' nur als verstehend-sich-entwerfender Entschluß. ... Der Entschluß ist gerade erst das erschließende Entwerfen und Bestimmen der jeweiligen faktischen Möglichkeit" (Sein und Zeit S. 298). „Die Entschlossenheit bringt das Selbst gerade in das jeweilige besorgende Sein bei Zuhandenem und stößt es in das fürsorgende Mitsein mit den Anderen" (ebenda, kurz vorher). In der Entschlossenheit „versteht sich das Dasein hinsichtlich seines Seinkönnens dergestalt, daß es dem Tod unter die Augen geht, um das Seiende, das es selbst ist, in seiner Geworfenheit ganz zu übernehmen. Die entschlossene Übernahme des eigenen faktischen ‚Da' bedeutet zugleich den Entschluß in die Situation" (S. 382f.). Hat die existentiale Analyse nicht zu erörtern, wozu sich das Dasein je faktisch entschließt, so zeigt sie doch, woher *überhaupt* die Möglichkeiten geschöpft werden können, auf die sich das Dasein faktisch entwirft" (S. 383). Als geworfenes existiert das Dasein in einer Welt, es existiert mit Anderen, und es existiert aus einem Erbe, das es übernimmt (S. 383). Sein Entschluß ist also sowohl durch das Miteinandersein mit den Anderen wie durch die Wahl einer ererbten, aber gleichwohl freien Möglichkeit bestimmt. „Im Miteinandersein in derselben Welt und in der Entschlossenheit für bestimmte Möglichkeiten sind die Schicksale im vorhinein schon geleitet. In der Mitteilung und im Kampf wird die Macht des Geschickes erst frei. Das schicksalhafte Geschick des Daseins in und mit seiner ‚Generation' macht das volle eigentliche Geschehen des Daseins aus" (S. 384 f.). „Nur Seiendes, das wesenhaft in seinem Sein *zukünftig* ist, so daß es frei für seinen Tod an ihm zerschellend auf sein faktisches Da sich zurückwerfen lassen kann, d. h. nur Seiendes, das als zukünftiges gleichursprünglich *gewesend* ist, kann, sich selbst die ererbte Möglichkeit überliefernd, die eigene Geworfenheit übernehmen und *augenblicklich* sein für ‚seine Zeit'. Nur eigentliche Zeitlichkeit, die zugleich endlich ist, macht so etwas wie Schicksal d.h eigentliche Geschichtlichkeit möglich" (S. 385).

Wie Heidegger, so sucht auch *Gogarten* ein ursprüngliches Verständnis von Geschichte und Geschichtlichkeit zu gewinnen im Gegensatz zum vulgären Verständnis, speziell in der Auseinandersetzung mit Troeltsch. Aber nun scheint sich ein Gegensatz zwischen Heidegger und Gogarten aufzutun. Denn einerseits spielt für Gogarten das „Sein zum Tode", aus dem Heidegger die „Entschlossenheit" verständlich macht, in der das Dasein eigentlich geschichtlich ist, keine Rolle. Und andererseits findet sich bei Heidegger der Begriff des „Nächsten" nicht, während für Gogarten gerade die Begegnung mit dem Nächsten als „Du" die Geschichtlichkeit konstituiert. Für Heidegger ist das Dasein durch den Tod begrenzt, für Gogarten durch das Du. Wohl bestimmt ja nach Heidegger das Miteinandersein mit den Anderen je die faktischen Möglichkeiten des Entschlusses, nicht aber gründet die Entschlossenheit selbst im Miteinander; sie gründet vielmehr in der Zeitlichkeit des Daseins, als der Endlichkeit, als des Seins zum Tode.

Liegt also eine doppelte Möglichkeit vor, die Geschichtlichkeit des Daseins zu verstehen? und wie verhalten sich die beiden Interpretationen zueinander? Kann der eine Entwurf in den andern „eingebaut" werden? oder ist entweder der eine oder der andere als falsch zu bezeichnen? Das Verhältnis ist deshalb nicht leicht zu beurteilen, weil Gogarten seither keine klar durchgeführte Analyse gegeben hat. Halten wir uns an seine Ausführungen in dem Buche „Ich glaube an den dreieinigen Gott", so scheint es, daß er zunächst das Dasein ähnlich im Blick hat wie Heidegger; denn er konstatiert (S. 32), daß die Geschichte unter dem Gesetz der *Vergänglichkeit* steht, und stellt daneben den Satz, daß die Geschichte die Sphäre der *Entscheidung* ist. Die Entscheidung aber wird von ihm dann sofort als die Entscheidung gegenüber dem Du interpretiert, während sie bei Heidegger die Entscheidung für eine Möglichkeit meiner selbst ist.

Das brauchte freilich noch kein Gegensatz zu Heidegger zu sein; denn die konkrete Situation des Menschen ist ja auch bei Heidegger durch das Miteinandersein bestimmt, so daß jede faktische Entscheidung gegenüber dem Du ist. Und ferner läßt sich auch Gogartens „Entscheidung“ so interpretieren, daß der Mensch in der Entscheidung für das Du eine Möglichkeit seiner selbst ergreift. Aber offenbar ist bei Gogarten das „Du“ anders verstanden als der „Andere” bei Heidegger. Nach Gogarten nämlich deckt das Du erst die Vergänglichkeit meines Daseins auf und zwingt mich zur Entscheidung, während bei Heidegger der Andere eigentlich erst entdeckt, d. h. seines Charakters als eines Falles des „Man“ entkleidet wird, dadurch daß ich mich unter den Augen des Todes als in die Entscheidung gestellt weiß. Denn um sein Zum-Ende-Sein wissend, versteht das Dasein das Miteinander erst echt, indem es, um seine eigene Einsamkeit und Freiheit wissend, danach auch die Anderen versteht und für ihre Möglichkeiten freigibt. Auch wäre von Heideggers „Miteinander“ her nicht verständlich, warum die durch das Miteinander von Du und Ich konstituierte Wirklichkeit, wie Gogarten meint, von vornherein als widerspruchsvolle und gegensätzliche bezeichnet werden muß (S. 36).

Nun kommt aber hinzu, daß für Gogarten die Begegnung mit dem Du zwei Möglichkeiten, und nur diese, enthält, die bei Heidegger überhaupt keine Rolle spielen: *Haß und Liebe.* Das bedeutet: für Heidegger wird der Andere als Anderer in dem faktisch immer gegebenen Mitsein mit Anderen dadurch eigentlich sichtbar, daß ich selbst um mich in der Entschlossenheit weiß. Für Gogarten dagegen wird das Du, mit dem ich von vornherein verbunden bin, nur in der Liebe, d. h. in der Anerkennung seines Anspruches an mich, sichtbar; vorher ist es mir gar nicht als Du, als Nächster, sichtbar, da ich ihm gegenüber im Haß stehe. Dann müßte also, so scheint es, falls beiderwärts das gleiche Phänomen gesehen ist, die Heideggersche *Entschlossenheit* als die *Liebe* interpretiert werden. Ist das möglich?

Es wäre nicht dadurch verboten. daß die existentiale Analyse grundsätzlich nicht erörtern kann, wozu sich das Dasein je faktisch entschließt. Denn es wäre ein Mißverständnis, zu meinen, mit „Liebe“ sei ein konkretes Wozu des Entschlusses angegeben. Vielmehr ist mit „Liebe“ ein Wie des Daseins bezeichnet, eine Seinsweise, in der es eigentlich geschichtlich ist. Wie sich nach Heidegger das Dasein je in die Situation entschließt, so liebt nach Gogarten der liebende Mensch je das konkrete Du in einem konkreten Verhalten. Wie bei Heidegger die Entschlossenheit die Wahl vollzieht, so bei Gogarten die Liebe[15].

Aber wenn Liebe nicht das konkrete Wozu eines Entschlusses bezeichnet, da ja vielmehr *in* der Liebe je ein konkretes Wozu entdeckt wird, – gehört dann Liebe vielleicht zu jenen aus dem Erbe, das das Dasein übernimmt, sich eröffnenden Möglichkeiten? Denn mit diesen ist ja auch nicht ein konkretes Wozu gemeint, das vielmehr erst auf dem Grunde einer Entscheidung für eine überkommene Möglichkeit gefunden werden kann. Diese Möglichkeiten (etwa als Staatsmann, als Philosoph, als Wissenschaftler, als Bürger, als Einsiedler zu existieren) sind offenbar etwas „Allgemeineres" als das konkrete Wozu eines Entschlusses, und doch etwas „Konkreteres" als Entschlossenheit. Ist nun Liebe eine solche Möglichkeit eigentlichen Existierens?

Es scheint zunächst vielleicht so, als sei das der Fall, als ergreife das Dasein mit der Liebe aus der Fülle der Möglichkeiten eigentlichen Existierens *eine* bestimmte, eben die Liebe, und verwerfe die übrigen[16]. Aber nach Gogarten ist die Liebe nicht *eine* bestimmte vom Dasein ergriffene Möglichkeit eigentlichen Existierens, neben der es andere gibt, die nur faktisch verworfen werden sollen. Vielmehr ist sie *die* Möglichkeit eigentlichen Existierens. Nur in der Liebe ist das Dasein geschichtlich. Nur wo ein Du dem Ich begegnet und vom Ich in seinem Anspruch anerkannt wird, in Liebe, geschieht überhaupt etwas, wobei offen bleibt, was geschieht. Für Heidegger dagegen konstituiert die Entschlossenheit als solche die Geschichtlichkeit des Daseins, und es bleibt offen, welche Möglichkeiten seiner selbst das Dasein ergreift. Man müßte also, wenn eine Einheit zwischen Heidegger und Gogarten bestehen sollte, sagen dürfen: nur da, wo das Ich sich in Liebe für das Du, seinen Anspruch anerkennend, entscheidet, gibt es faktisch Entschlossenheit. Die Möglichkeit, so etwas zu sagen, fällt *in der existentialen Analyse* fort;

---

[15] Ganz abwegig ist es, wenn Koepp a. a. O. S. 112 die Liebe als die „Grundbefindlichkeit" bezeichnet, wenigstens wenn der formale Sinn von Heideggers Begriff der Grundbefindlichkeit festgehalten werden soll; aber nur dann ist ja eine Diskussion möglich.

denn das wäre kein ontologischer Satz mehr; er redet ja über Faktisches. Ist damit aber die Möglichkeit, so etwas *überhaupt* zu sagen, ausgeschlossen? Offenbar nicht! Von der existentialen Analyse aus ist jener Satz als ein Satz über Faktisches, über eine ontische Erfahrung, durchaus freigegeben.

In der Tat: *Heidegger* redet als Ontologe und hat deshalb weder Anlaß noch Recht, von Liebe zu reden. *Gogarten* redet als Theologe vom Ontischen, in dessen Sphäre allein Liebe in dem radikalen Sinn, in dem er sie versteht, aufgefunden wird.

Bei Gogarten *kreuzt sich das ontologische Anliegen, den Begriff der Geschichtlichkeit zu klären, mit dem theologischen Anliegen, zu zeigen, daß es Geschichte nur gibt, wo Glaube in der Liebe wirksam ist.* Gelangt er deshalb nicht zur vollen Klarheit, so ist gerade die Unklarheit seiner Ausführungen der Beweis dafür, daß die theologische Arbeit auf die existentiale Analyse angewiesen ist. Gogartens eigentliches Anliegen ist das theologische, nämlich zu zeigen, daß wirkliche Geschichte nur geschieht, wo das Ich den Anspruch des Du hört. Damit dieser Satz überhaupt begriffen werden kann, muß offenbar vorher geklärt sein, was Geschichte und Geschehen ihrem formal-ontologischen Sinne nach bedeuten, d. h. der Sinn von Geschichtlich*keit* als einem Charakter des Daseins muß geklärt sein. Damit wäre – sofern das Sein des Daseins als Seinkönnen bestimmt ist – zugleich geklärt, daß das Dasein *in eigentlicher und uneigentlicher Geschichtlichkeit* existieren kann, und dann wäre erst die theologische Behauptung deutlich, daß das Dasein echt geschichtlich nur im Glauben und in der Liebe ist. Denn diese Behauptung besagt, daß echte Geschichtlichkeit, die eine ontologische Möglichkeit des Daseins als solchen ist, sich ontisch nur ereignet unter einer bestimmten ontischen – ontologisch nicht mehr verständlich zu machenden – Bedingung.

Diese Bedingung ist von Gogarten damit genannt, daß er sagt: *Liebe ist nur möglich in Christus.* Was besagt das? Da Liebe nicht das konkrete Wozu eines Entschlusses bedeutet, zu dem sich das Dasein einfach entschließen kann, da Liebe vielmehr das Wie des Entschlusses ist, in dem das Wozu erst entdeckt wird, und da Liebe andrerseits nicht (wie Geschichtlichkeit) ein Charakter des Daseins als solchen (ein Existential) ist, sondern eine ontische Bestimmtheit des Entschlusses, heißt das, daß ich je nur als ein Geliebter, als ein schon in der Liebe Stehender das eigene faktische Da als Liebender übernehmen kann, und daß die Tatsache, daß ich je schon geliebt bin, mir in der Verkündigung von Christus zugesichert und daraufhin von mir im Glauben angeeignet wird.

Von der ontologischen Existentialanalyse her kann offenbar kein Einwand erhoben werden. Denn so wenig diese das Faktum Christus, das Faktum des verkündigenden Wortes in den Blick bekommen kann, so wenig hat sie Anlaß, das Faktum zu bestreiten. Sie müßte nur dann Einspruch erheben, wenn der theologische (d.h. pseudotheologische) Versuch gemacht werden sollte, der christlichen Verkündigung ihren Ort in der ontologischen Verfassung des Daseins anzuweisen, Christlichkeit also als ein Existential des Daseins zu interpretieren. Das kann sie gerade *dann* nicht, wenn sie die *ontologische Möglichkeit* von so etwas wie einem begegnenden Wort, das gehört werden will und Gehorsam verlangt, und das als gehörtes oder abgelehntes das Dasein ontisch qualifiziert, aufweist. Die Behauptung des Glaubens, daß faktisch nur *ein* Wort diese Macht habe, ist für sie nicht diskutabel, und die Behauptung, daß das das Wort Gottes sei, ist für sie absurd, denn sie kennt nur das Dasein und kein Jenseits seiner. Aber andererseits meint die Behauptung des Glaubens, daß das Wort der Verkündigung das Wort Gottes sei, also vom Jenseits in das Dasein gesprochen sei, ja gar nicht, daß dies Wort nicht zugleich als Phänomen des Daseins begegne. Daß es Gottes Wort sei, ist nicht zu sehen, sondern nur zu glauben; und was das bedeute, was also heiße *ὁ λόγος σὰρξ ἐγένετο*, das zeigen zu können, ist gerade ein indirektes Ergebnis der existentialen Analyse.

Die „Exklusivität", die die Theologie für das Wort der Verkündigung und damit für das christliche (glaubende und liebende) Dasein als das einzig echt geschichtliche in Anspruch nimmt, darf nicht falsch interpretiert werden, als sei christliches Dasein den ontologischen Bedingungen von Dasein überhaupt enthoben. Nach Heidegger wählt das Dasein frei seine Möglichkeit eigentlichen Existierens. Diese *Freiheit der Wahl ist dem Glaubenden nicht abgenommen*, dadurch daß für ihn die Liebe nun als die *eine* nur noch mögliche Möglichkeit übrig bleibt. Denn Liebe bedeutet ja nicht eine als ererbte frei gewählte Möglichkeit eigentlichen Existierens, in der entschlossenes Dasein notwendig existiert; vielmehr wird eine solche erst *in*

[16] Das wäre die Auffassung der Franziskaner oder des Pietismus, wo das Ergreifen der Liebe als imitatio gedacht ist.

der Liebe gewählt. Das glaubende Dasein steht in voller Verantwortlichkeit; es hat seine Geworfenheit (die es glaubend als Geschaffenheit versteht) zu übernehmen und sich in sein faktisches Da zu entschließen. Die Wahl ist ihm nicht abgenommen; es steht unter der Forderung in Liebe zu wählen[17].

Die Behauptung des gläubigen Daseins, *daß es allein frei sei*, konkurriert aber auch nicht mit dem ontologischen Aufweis der Freiheit des Daseins für seine Möglichkeit eigentlichen Existierens; denn die christliche Freiheit ist die Freiheit von der Sünde. Deshalb bedeutet jene ontologisch aufgewiesene Freiheit des Daseins, wo sie sich ontisch realisiert, ohne sich im Glauben und in der Liebe zu vollziehen, nach dem Urteil des Glaubens Unfreiheit; und jene Entschlossenheit, wo sie sich ontisch realisiert, indem sich das faktische Dasein, an seinem Tode zerschellend, auf sein Da zurückwerfen läßt und sich in die Situation und damit für sich entschließt – sie ist eine *Entschlossenheit der Verzweiflung*.

Denn jene Entschlossenheit ist ontologisch so verstanden, daß in ihr das Dasein, dessen Sein Seinkönnen ist, je im Entschluß eine Möglichkeit seiner selbst ergreift. Glaube und Theologie sagen und zeigen, daß in diesem Seinkönnen (das in seinem ontologischen Charakter nicht gemacht wird) faktisch immer ein Seinmüssen vorliegt, insofern das Dasein in jeder faktischen Wahl, in der es eine Möglichkeit eigentlichen Existierens wählt, faktisch immer wählt, was es schon ist, daß es nie von seiner Vergangenheit loskommt und deshalb nie frei ist. Deshalb aber ist es auch nie echt geschichtlich, sofern Geschichtlichkeit die Möglichkeit wirklichen d.h. neuen Geschehens bedeutet.

Ist für den Glauben alle ontische Entschlossenheit, Freiheit, Geschichtlichkeit des ungläubigen Daseins Schein, und gibt es das Alles nur im Glauben und in der Liebe, so erhebt sich notwendig die Frage, wie denn das ungläubige Dasein in der existentialen Analyse diese Charaktere des Daseins überhaupt sehen könne. Nun, zweifellos entschließt sich das Dasein, das dem Tod unter die Augen geht, je für seine Möglichkeit; aber der Entschluß ist ein verzweifelter und die Möglichkeit immer nur die eine: zu sein, was das Dasein je schon war. Aber gerade im verzweifelten Entschluß versteht das Dasein,

[17] So kann auch erst wirklich geklärt werden, was ein Leben in Sündenvergebung bedeutet.

was Entschlossenheit, Freiheit, Geschichtlichkeit ist. Gerade deshalb kann der Glaube vom vorgläubigen Dasein sagen, daß es im Haß, in der Sünde steht. Es steht nicht in einer neutralen Sphäre, so daß, wenn es zur Liebe bewegt wird, eine wunderbare Verwandlung mit ihm vorgehen müßte. Liebe ist nicht caritas infusa, sondern von vornherein eine ontologische Möglichkeit des Daseins, um die dieses dunkel weiß. Glaube ist von vornherein eine ontologische Möglichkeit des Daseins, die im Entschluß der Verzweiflung zum Vorschein kommt. Darin ist die Möglichkeit begründet, daß das Dasein *versteht*, wenn es vom Kerygma getroffen wird. Denn indem das Dasein sich entschließen will, will es glauben und lieben.

Besteht also soweit kein Konflikt zwischen Gogarten und Heidegger, zwischen ontologischer Analyse des Daseins und theologischer Interpretation des gläubigen Daseins, vermag vielmehr die Theologie auf dem Grunde der existentialen Analyse Glauben und Liebe in ihrem formal ontologischen Wesen als Entschlossenheit zu interpretieren, so scheint sich nun endlich doch noch ein Konflikt zu ergeben.

Nach der existentialen Analyse ist die Entschlossenheit des Daseins begründet in seiner *Begrenztheit durch den Tod*, in der Zeitlichkeit des Daseins als dem Sein zum Tode. Nach dem Glauben ist die als Liebe zu verstehende Entschlossenheit begründet in der *Begrenztheit durch das Du*, das für die existentiale Analyse nur als „der Andere" sichtbar ist, dem Glauben aber als „der Nächste" in der Liebe sichtbar wird.

Indem aber Glaube und Liebe sehen, daß das Dasein faktisch durch das Du begrenzt ist, machen sie sichtbar, daß *die Begrenzung durch den Tod nur für den eine solche ist, der nicht in der Liebe steht.* Deshalb nämlich, weil ich nicht sehe, daß der Nächste mich begrenzt, deshalb, weil ich – im Haß – mich selbst durchsetzen will, wird mir der Tod zur Grenze. Für den, der sich geliebt weiß, wird deutlich, daß die wirkliche Begrenzung des Ich durch das Du gegeben ist, und der Tod hat damit seinen Charakter als Grenze verloren. Die Frage nach dem Tode ist gegenstandslos geworden für den, der (existentiell) weiß, daß er zum Dienst am Nächsten da ist.

So wäre damit endlich doch eine theologische Korrektur an der ontologischen Daseinsanalyse vollzogen, und die Theologie würde selbst so etwas wie eine Ontologie in Konkurrenz zur Philosophischen entwerfen?

Nein! Denn der Tod hat in der existentialen Analyse die Bedeutung, als Grenze des Daseins die Frage nach der Daseinsganzheit zu beantworten (Sein und Zeit, §46). Das ontische Phänomen des Todes ist nur ein ausgezeichnetes Phänomen, an dem die Begrenztheit des Daseins sich deutlich erweist. Seine Bedeutung vermag auch von einem anderen ontischen Phänomen übernommen zu werden, das in der gleichen Weise die Begrenztheit des Daseins sichtbar werden läßt: von der Liebe. Denn „am Wort selbst liegt zwar gar nichts, wohl aber *alles* am Verständnis *dessen*, was die Analytik des Daseins mit dem so genannten herauszustellen versuchte“[18]. Eben das wäre die Frage: wenn „die existentiale Problematik einzig auf die Herausstellung der ontologischen Struktur des Seins *zum* Ende des Daseins“ (Sein und Zeit, S. 249) zielt, kann dann die Begegnung mit dem Du die ontologische Struktur nicht in gleicher Weise erhellen wie der Tod?

Daß die existentiale Analyse im Tode das Phänomen sieht, von dem aus sie das Dasein in seiner Ganzheit verstehen kann, beruht darauf, daß sie nach einem Phänomen suchen muß, das gleichsam von außen das Dasein begrenzt, das dieses sich nicht selbst geben kann. Denn dieses kann in seiner Sorge-Struktur, in seinem Sichvorwegsein, kein die Ganzheit konstituierendes Ende seiner selbst kennen. Die Analyse muß aber, will sie nicht ins Blaue über ein „Außen“ spekulieren, die Ganzheit gebende Grenze im Dasein, als ins Dasein begegnend aufweisen können. Das einzige Phänomen, das diesen Bedingungen genügt, ist der Tod.

Wenn die Theologie statt seiner die ins Dasein begegnende Verkündigung und in eins mit ihr die Begegnung des Du, die durch diese Verkündigung als solche verständlich wird, nennt, so sagt sie nicht, daß die existentiale Analyse des Todes „falsch“ ist, und daß das gläubige Dasein nicht mehr im Tode seine Begrenzung erführe. Auch dem gläubigen Dasein steht der Tod bevor. Hat er für dieses „seine Macht verloren“, so heißt das: der Glaube und ihm entsprechend die Theologie sieht, daß der Tod für das Dasein ein Entweder-Oder im Sinne von Gericht und Gnade bedeutet (also im Sinne einer Qualifikation der Daseins-Ganzheit, von der die existentiale Analyse nichts wissen kann), das im Glauben entschieden ist. Die

---

[18] *Heidegger*, Kant … S. 226, in bezug auf das Verhältnis des ontologischen Begriffs der „Sorge“ zum ontischen Phänomen der Sorge.

Theologie erkennt also die Zusammengehörigkeit von Tod und Offenbarung Gottes. Denn sie sieht einerseits, daß im Tode dem natürlichen Dasein Gott begegnet[19], und sie sieht nicht andrerseits, daß die Begegnung mit der Offenbarung nichts mehr und nichts weniger bedeutet, als Tod für den natürlichen Menschen, daß Liebe schlechthinnige Preisgabe des Ich ist und nur als solche den Tod „überwindet".

So ist die Bestimmtheit, die das Dasein als liebendes durch das Du gewinnt, genau analog der dreifachen Bestimmtheit des Daseins durch den Tod, die die existentiale Analyse sichtbar macht (Sein und Zeit, S. 242):

1. „Zum Dasein gehört, solange es ist, ein Nochnicht, das es sein wird, der ständige Ausstand." Ebenso aber versteht sich das glaubende und liebende Dasein; vgl. Phil. 3, 12–14; Röm. 13, 8.

2. „Das Zu-seinem-Ende-kommen des je Noch-nicht-zu-Ende-seienden (die seinsmäßige Behebung des Ausstandes) hat den Charakter des Nichtmehrdaseins." Entsprechend versteht das gläubige Dasein, daß es seine Existenz erst vom Du empfängt; wäre der mir je bevorstehende Anspruch des Du gänzlich behoben, so wäre ich nicht mehr Ich.

3. „Das Zu-Ende-kommen beschließt in sich einen für das jeweilige Dasein schlechthin unvertretbaren Seinsmodus". Entsprechend weiß das liebende Dasein: der Nächste ist je mein Nächster, mein Lieben kann nicht durch einen Anderen vertreten werden.

So steht sich denn das Dasein mit der dem Du zu erweisenden Liebe in gleicher Weise wie mit dem Tode „selbst in seinem *eigensten* Seinkönnen bevor", und „so sich bevorstehend sind in ihm alle Bezüge" zum Tode „gelöst" (Sein und Zeit, S. 250).

Die Begrenztheit durch den Tod hört aber für das gläubige Dasein so wenig einfach auf, daß sie vielmehr als ständig sich meldende im Glauben und in der Liebe ständig überwunden werden muß. Deshalb sind die Charaktere, die das gläubige Dasein bestimmen, alle nur auf dem Grunde der existentialen Analyse begrifflich verständlich zu machen. *Wie der Glaube* das Gott-unter-die-Augen-gehen ist, so ist *die Liebe* die Entschlossenheit, die die Situation ergreift, so ist die *Hoffnung* die sich vorweg seiende Sorge, in der es dem Dasein um sich selbst geht, die dies „um sich selbst" nicht ver-

---

[19] Das wäre als ein Satz einer „natürlichen Theologie" zu bezeichnen.

nichtet, sondern Gott anheim gestellt hat, so ist ***die Freude*** nichts anderes als die das Dasein bewegende Angst (wie diese sich vor „nichts" ängstet, so freut sich die Freude an „nichts") in einer bestimmten Modifikation, nämlich als „überwundene".

Zur Frage des Wunders*)

1933

Im Begriff des Wunders ist zweierlei gesagt: 1. das Wunder ist ein *Tun Gottes* (der Gottheit, der Götter) im Unterschied von einem Geschehen, das aus natürlichen Ursachen oder menschlichem Willen und Wirken entspringt. 2. Das Wunder ist ein *wunderbares Ereignis contra naturam*, wobei als Natur das in regelmäßiger Ordnung verlaufende Naturgeschehen gedacht ist.

Nach beiden Seiten kann der Wundergedanke einseitig entwickelt werden. Entweder so, daß von einem falsch verstandenen Allmachtsgedanken aus jedes Weltgeschehen als Tun Gottes gedeutet und so der Unterschied von Weltgeschehen und Tun Gottes preisgegeben wird. Oder so, daß unter dem Wunder nur noch ein über- oder gegennatürliches Ereignis verstanden wird, das man freilich auf Gott zurückführt, jedoch so, daß man Gott dabei nur als den übernatürlichen Verursacher denkt, ohne das Ereignis als solches als Gottes Tat zu verstehen; man behält dann nur den Gedanken des Mirakels. In der theologischen Diskussion ist oft der eine Wunderbegriff gegen den andern ausgespielt worden, während sie faktisch nur in strenger Beziehung aufeinander den Gedanken des Wunders konstituieren.

I. Die Destruktion des Mirakelgedankens.

Der Gedanke des Wunders als Mirakels ist für uns heute unmöglich geworden, weil wir das Naturgeschehen als gesetzmäßiges Geschehen verstehen, also das Wunder als eine Durchbrechung des gesetzmäßigen Zusammenhangs des Naturgeschehens; und dieser Gedanke ist uns heute nicht mehr vollziehbar. Und zwar nicht deshalb, weil ein solches Geschehen aller Erfahrung widerspräche,

*) Unveröffentlicht. [Erstmals in: Glauben und Verstehen I, 214–228].

sondern weil die Gesetzmäßigkeit, die für uns im Gedanken der Natur eingeschlossen ist, nicht eine konstatierte, sondern eine vorausgesetzte ist, und weil wir uns von dieser Voraussetzung nicht nach subjektivem Belieben freimachen können.

Der Gedanke der Gesetzmäßigkeit bzw. der „Natur" liegt explizit oder unexplizit all unserm auf die Welt gerichteten Denken und Handeln zugrunde. Er ist nicht eine „Weltdeutung", „Weltbeurteilung", „Weltanschauung", eine subjektive oder auf einer Entscheidung beruhende Ansicht von der Welt, sondern er ist *mit unserem Dasein in der Welt gegeben* [1]. Wir handeln stets so, daß wir uns auf die gesetzmäßige Verknüpfung des Weltgeschehens verlassen; und gerade wenn wir unter Verantwortung handeln, rechnen wir nicht damit, daß Gott etwa die Gesetze der Schwerkraft aufheben kann und dgl. „Der einfache Entschluß zur Arbeit schließt den Gedanken ein, daß die Dinge, an denen wir arbeiten wollen, in ihrem Entstehen und Wirken einer Gesetzmäßigkeit gehorchen, deren unser Denken sich bemächtigen kann" [2]. Unser Verkehr mit den anderen, wenn wir ihnen etwas zeigen, sie zu einem Tun auffordern, usw., setzt diesen Gedanken des gesetzmäßig verlaufenden Geschehens voraus. Wir erkennen nur als wirklich in der Welt an, was sich in diesem gesetzmäßigen Zusammenhang nachweisen läßt, und halten Behauptungen, die sich nicht durch diesen Gedanken kontrollieren lassen, für Phantasien [3].

Der Gedanke der Gesetzmäßigkeit, des gesetzmäßigen Zusammenhangs der Natur, ist nicht etwa erst ein Gedanke moderner Wissenschaft, sondern er ist, da er zum Dasein selbst gehört, ein ganz primitiver Gedanke, der in der Wissenschaft nur ausgebildet und radikal gedacht ist. Das zeigt sich daran, daß auf primitiver Stufe der Gedanke der Kausalität auch auf den Gedanken des Wunders angewendet wird. Das Wunder wird auf eine andere Kausalität

---

1) *W. Herrmann*, Offenbarung und Wunder, 1908, S. 39 f.

2) *W. Herrmann*, a. a. O. S. 36 f.

3) Wider Willen liefern die Verteidiger des Mirakels dafür den Beweis, wenn sie ein Wunder als geschehen nachweisen wollen. Denn sie können das nur, wenn sie es als notwendig (wenn auch als notwendiges X) in einem bestimmten Zusammenhang nachweisen. Sie verknüpfen das „Wunder" direkt mit den Weltereignissen, wenn sie behaupten, daß dies oder jenes Geschehen nicht ohne ein Wunder verständlich sei, daß die Beobachtung des betreffenden Geschehens auf jenes X, Wunder genannt, hinführe. Sie unterstellen also das „Wunder" dem Gedanken der Gesetzmäßigkeit und lösen damit den Begriff des Wunders auf.

zurückgeführt als die des alltäglichen Geschehens, über die der Mensch verfügt und die er als Mittel für sein Leben in seinen Dienst stellt. Das Wunder beruht auf einer Kausalität, die er — wenigstens zunächst — nicht kennt. Der Gedanke von zwei miteinander konkurrierenden Kausalitäten ist nicht wirklich denkbar und wird auch gar nicht gedacht. Vielmehr wird, wenn das göttliche Handeln als sich in einer höheren Kausalität vollziehend vorgestellt wird, einfach Gott als ein Mensch gedacht, der mehr weiß und kann als andere Menschen; wenn die anderen nur dahinter kommen (z. B. Zauberer), so können sie es auch.

Auch verläuft die Entwicklung ja so, daß immer mehr Ereignisse, die zunächst als übernatürlich erschienen, unter dem Gedanken der Natur verstanden werden. Der Gedanke der Gesetzlichkeit des Geschehens, der implizit stets im Gedanken der alltäglichen Regelmäßigkeit vorhanden war, wird radikaler entwickelt. Damit wird freilich auch der Gedanke des Mirakels als eines Geschehens contra naturam radikaler gedacht. Aber zugleich wird die Unmöglichkeit, ein solches Geschehen contra naturam als wirklich zu denken, immer deutlicher.

Der Gedanke des Mirakels ist also unvollziehbar geworden und *muß preisgegeben werden.* Er muß das aber auch deshalb, weil er als solcher gar kein Glaubensgedanke, sondern ein rein formaler Gedanke ist. Bekanntlich können Mirakel nützen oder schaden, erwünscht oder gefürchtet sein. Wie es schwarze und weiße Magie gibt, so können Wunder vom Satan wie von Gott, von Zauberern wie von Propheten getan werden. Die „höhere" Kausalität kann göttlich oder dämonisch sein, und dem einzelnen Mirakel kann man es nicht ansehen, ob es von Gott oder vom Teufel stammt. Man muß schon vorher Gott kennen, um sicher zu gehen; man muß ein Kriterium haben, um zu wissen, ob ein Wunder von Gott stammt oder nicht. Damit aber ist eingestanden, daß man, wenn man unter dem Wunder ein Mirakel versteht, den Gedanken des Tuns Gottes, der zum Wunder gehört, preisgegeben hat.

Der christliche Glaube scheint also am Mirakel nicht interessiert zu sein; er scheint vielmehr Anlaß zu haben, den Gedanken des Mirakels auszuscheiden. Dagegen ist nicht anzuführen, daß *in der Bibel* zweifellos Ereignisse erzählt werden, die als *Mirakel* bezeichnet werden müssen. Denn steht es so, so gilt es Kritik zu üben, etwa auch zu zeigen, daß von den biblischen Schriftstellern, den Voraussetzungen ihres Denkens entsprechend, der Gedanke des Mirakels in seiner Konsequenz nicht durchschaut worden ist, daß aber die Autorität der Schrift nicht preisgegeben wird, wenn der Mirakelgedanke preisgegeben wird. Wie es damit steht, kann freilich erst durchschaut werden, wenn der Gedanke des Wunders als des Tuns Gottes geklärt worden ist.

II. Die Destruktion des entleerten Wundergedankens.

Es erhebt sich nämlich eine andere Schwierigkeit. Zweifellos ist der Glaube interessiert am Wunder, sofern ,,Wunder" *Tun Gottes* bedeutet im Gegensatz zum Weltgeschehen, und es erhebt sich die Frage, *ob nicht dieser Begriff des Wunders den des Mirakels impliziert*, und ob nicht, wenn der Begriff des Mirakels preisgegeben wird, auch der Begriff des Wunders als Tun Gottes mit preisgegeben ist. Dies zu verhüten, ist jedenfalls das Motiv des Festhaltens am Mirakel. Eines leistet ja der Mirakelbegriff: er redet von einem Geschehen, das kein natürliches Weltgeschehen ist, und damit scheint er die Forderung des Wunderbegriffs zu erfüllen. Läßt sich der Wunderbegriff noch festhalten, wenn der Mirakelgedanke preisgegeben ist?

Beliebt ist es, mit der Preisgabe des Mirakelgedankens auch die Bestimmung des Wunders als eines im Gegensatz zum Weltgeschehen sich vollziehenden göttlichen Tuns preiszugeben und mit dem Hinweis auf den Schöpfungsglauben zu behaupten, *alles Weltgeschehen sei Wunder*. „Wunder" wird dann „der religiöse Ausdruck für Begebenheit" (Schleiermacher). „Dieser religiöse Begriff des Wunders hat nichts mit dem Widerspruch gegen die Naturgesetze zu tun. Diese Naturgesetze sind ihm die Formen und Mittel, in denen Gottes Wirken sich vollzieht" [1]). Dieser Gedanke nähert sich bedenklich dem katholischen, wonach Gott als die prima causa die causae secundae nach Belieben benutzen kann. Aber dieser Gedanke ist für niemanden mehr vollziehbar, der den Gedanken der Natur und ihrer Gesetzlichkeit radikal gedacht hat. Ist das Eigentümliche des Wundergedankens dieses, daß er Gottes Tun im Unterschied von Weltgeschehen bedeutet, und ist für uns das Weltgeschehen nur vorstellbar als gesetzmäßiges, so *widerspricht der Gedanke des Wunders dem der Natur schlechterdings*, und ich hebe den Gedanken der Natur auf, wenn ich von Wunder rede.

1) *Herm. Schuster*, Lebenskunde ^{2}, 1927, S. 8.

Der Schöpfungsgedanke hilft dabei gar nichts; denn auch er hebt den Gedanken der gesetzmäßigen Natur einfach auf. In diesem nämlich ist das Weltgeschehen als ein in Raum und Zeit unendliches verstanden; jener kennt seinen Anfang und sein Ende. Will man also auf dieses unendliche gesetzmäßige Geschehen, das wir Natur nennen, die Gedanken der Schöpfung und des Wunders anwenden, so hebt man sie in Wahrheit auf. Wenn alles Geschehen wunderbar ist, so ist es in Wahrheit keines mehr, und Gott und Welt sind gleichgesetzt. Gott, Schöpfung und Wunder sind dann nur noch erbauliche Namen für Sachverhalte, die mir in meinem faktischen Leben ganz anders begegnen, nämlich als der wissenschaftlich erforschbare, unendliche Zusammenhang alles Geschehens, als Natur und Naturereignis.

Bei solcher pantheistischen Auflösung des Wundergedankens ist ein doppeltes verkannt: 1. *Der Schöpfungs- und Allmachtsgedanke ist kein wissenschaftliches Axiom*, unter dem alles Weltgeschehen betrachtet werden könnte. Er ist kein einsichtiger, allgemeingültiger Satz, der erkannt oder auch geglaubt und dann besessen wird. Er unterscheidet sich von einem wissenschaftlichen Gedanken als Glaubensgedanke nicht etwa dadurch, daß man auf eine merkwürdige, unrationale Weise zu ihm kommt, also durch seinen Ursprung (sofern Ursprung als causa verstanden und also zu einem Faktum der Vergangenheit wird), sondern dadurch, daß er nicht wie ein wissenschaftlicher Gedanke besessen und angewendet werden kann. Er kann immer nur neu gewonnen werden, kann nie von seinem Ursprung abgelöst werden, sondern hat diesen immer präsent in sich, ist immer nur als entspringender wahr. D. h. aber, ich kann in seinem Vollzuge nicht von meiner eigenen Existenz absehen und etwas außerhalb meiner als Schöpfung oder Gottestat verstehen, „deuten“, sondern ich sage in ihm primär etwas über mich selbst aus. Aber nicht über mich, sofern ich mich von außen als in der Welt vorkommendes Wesen ansehe, sondern sofern ich über meine konkrete Existenz hier und jetzt rede. Ich kann von Gottes Schöpfertat nur reden, wenn ich mich jetzt als Geschöpf Gottes weiß, und d. h. z. B., da Gottes Schöpfung doch gut ist, als gut, als ohne Sünde. Das kann ich aber offenbar von vornherein gar nicht, und so pflege ich auch gar nicht zu handeln. Ich handle vielmehr durchweg so, als wäre ich selbst Schöpfer. In der Alltäglichkeit meiner Arbeit, in der Disposition meiner Zeit usw. sehe ich die Welt an als mir zur Verfügung stehend. Die Welt und mein Tun in ihr ist von vornherein gottlos. Ich kann vielleicht sagen, daß ich die ganze Welt als Schöpfung Gottes sehen *sollte*, daß jedes Geschehen oder Tun ein Wunder sein *sollte*. Aber ich befinde mich faktisch gar nicht in der Lage, daß ich das konstatieren könnte.

Daraus wird aber 2. klar, daß in jener Anschauung *der Gedanke der Welt* verkannt ist. Denn wenn „Wunder" Gottes Tun im Gegensatz zum Weltgeschehen einschließlich meines eigenen Handelns bedeutet, so ist damit ein bestimmtes Verständnis von Welt ausgesprochen. Hier bedeutet Welt nicht primär die Natur, als gesetzmäßigen Zusammenhang alles Geschehens, sondern die Wirklichkeit, in der ich lebe, *meine* Welt. Der Gedanke Gottes und seines Tuns ist primär orientiert an meinem Leben, an meiner Existenz, an der Erkenntnis, daß diese eine gottlose ist, in der ich Gott nicht finde und nicht sehen kann. Er besagt, daß ich ihn nur sehen kann, wenn er sich mir zeigt durch seine Tat und daß ich nicht das Recht habe, beliebig von ihm zu reden und Beliebiges für sein Tun zu erklären.

III. *Das Wunder als Tun Gottes.*

a) Seine Verborgenheit.

Zunächst ist also klar, daß der Glaube auf das Wunder als vom Weltgeschehen unterschiedenes Tun Gottes angewiesen ist, daß er nur durch das Wunder begründet werden kann, ja, daß *der Glaube an Gott und an das Wunder überhaupt das Gleiche bedeuten.*

Wie damit ein pantheistischer Wunderbegriff abgeschnitten ist so natürlich auch ein dogmatistischer, also Erwägungen wie die: aus dem Glauben an Gottes Allmacht folgt, daß er Wunder tun kann. Denn den Glauben an Gottes Allmacht habe ich ja nur im Glauben an das Wunder, kann ihn also nicht apologetisch zur Rechtfertigung des Wunderglaubens benutzen. Den *Gedanken* von Gottes Allmacht kann ich wohl haben, d. h. ich kann mir Gott als ein allmächtiges Wesen vorstellen (das kann auch der Gottlose); aber damit habe ich *Gott*, den Allmächtigen, noch nicht, den ich nie und nirgends habe als im Wunder.

Damit ist für den Wunderbegriff zunächst dies gewonnen, daß Wunder in keinem Sinne ein irgendwo und irgendwie konstatierbares Ereignis in der Welt bedeutet. Ich hätte es sonst von Gott abgetrennt und als Welt verstanden; denn Gott ist nicht konstatierbar. *Das Wunder ist als Wunder verborgen*, verborgen für den, der nicht in ihm Gott sieht. Es ist also klar: 1. daß das Wunder, von dem der Glaube redet, in der Tat kein Mirakel ist; denn dies ist eben ein konstatierbares Ereignis; 2. daß das Wunder nicht in *dem* Sinne den Glauben begründet, daß es als konstatierbares Ereignis den Schluß zuläßt auf die Existenz des unsichtbaren Gottes. Denn dann wäre Gottes Verborgenheit wie die Unsichtbarkeit einer Naturkraft (etwa der Elektrizität) gedacht; Gott wäre also als Welt gedacht. Der Glaube kann nur auf das verwiesen werden, an was er glaubt, nicht auf etwas anderes, mittels dessen er glaube.

Ist aber die Frage, ob ich ein Wunder sehe, die gleiche wie die, ob ich glaube, d. h. aber die Frage, ob ich glauben bzw. ein Wunder sehen will, d. h. eine Frage der jeweiligen Entscheidung, so ist auch klar, daß *der Verborgenheit des Wunders als eines Wunders seine Sichtbarkeit als eines Weltereignisses korrespondiert.* D. h. die Behauptung, daß ein Ereignis ein Wunder sei, setzt sich in ausdrücklichen Widerspruch zu seiner Konstatierung als eines Weltereignisses [1]). Da Glaube eben Glaube ist im Gegensatz zum Schauen, Glaube in ausdrücklichem Widerspruch zu allem, was ich sehe, muß auch Wunderglaube den Widerspruch zu allem, was ich in der Welt sehe, bedeuten. Da Glaube diesen Charakter deshalb hat, weil ich von Natur gottlos bin, muß offenbar auch das Unvermögen, die Weltereignisse als Wunder zu sehen, in meiner Gottlosigkeit seinen Grund haben. Da endlich mein Unvermögen, die Weltereignisse als Wunder zu sehen, sich in der Form des *Gedankens der Natur* als seines gesetzmäßigen Zusammenhangs herausgebildet hat, muß offenbar dieser Gedanke *als ein gottloser* gelten. Das kann aber nicht bedeuten, daß ich ihn einfach preisgebe; denn das kann ich gar nicht. Mir wird daran vielmehr nur klar, daß Gottlosigkeit nicht so etwas ist, was man mit kräftigem Entschluß abstreifen kann, sondern daß Gottlosigkeit ein Wie meines Seins ist, daß mein Sein durch die Sünde bestimmt ist.

Ich verstehe also wohl, was Wunder bedeutet: Gottes Tun. Ich ver-

---

1) Luther zu Röm. 8, 26; Ficker S. 204, 11 ff.: necesse est enim opus Dei abscondi et non intelligi, tunc quando fit. Non autem absconditur aliter quam sub contraria specie nostri conceptus seu cogitationis.

stehe auch, daß mir im Weltgeschehen Gottes Wunder sichtbar sein sollten. Ich weiß aber, daß ich sie nicht sehe; denn die Welt erscheint mir als Natur, und ich kann mich davon nicht freimachen durch den Entschluß, daß es anders sein soll, und ich werde mich hüten, mich in eine Stimmung hineinzusteigern, als könnte ich es doch.

b) Die Wirklichkeit des Wunders.

Gottes Verborgenheit bedeutet nicht seine Unsichtbarkeit im allgemeinen; sie bedeutet nicht primär, daß er den Sinnen, dem Experiment unzugänglich ist, sondern daß er *mir* verborgen ist. Nicht von der Gottheit im allgemeinen ist die Rede, vom Wesen der Gottheit, von dem ich reden kann, ohne von mir zu reden. Deshalb heißt vom Wunder reden auch, nicht von Wundern im allgemeinen reden und über ihre Möglichkeit diskutieren [1]). Vom Wunder reden heißt, von der eigenen Existenz reden, d. h. davon, daß in meinem Leben Gott sichtbar geworden ist, also reden nicht von einer allgemeinen Sichtbarkeit Gottes, sondern von seiner Offenbarung. Sehe ich, daß Gottes Verborgenheit bedeutet: er ist *mir* verborgen, so sehe ich auch, daß seine Verborgenheit meine Gottlosigkeit, mein Sündersein bedeutet. Denn er *sollte* mir nicht verborgen sein.

Es gibt also nur *ein* Wunder: das der *Offenbarung*. Das aber bedeutet: Offenbarung der Gnade Gottes für den Gottlosen, Vergebung. Aber streng verstanden als *Ereignis*, nicht als eine *Idee* von Vergebung, ein *Gedanke* von der Gnade Gottes als zum Wesen Gottes gehörig, sondern als Gottes *Tat* [2]). Aber dieser Sinn muß noch deutlicher entwickelt werden, damit klar wird, 1. daß Vergebung ein Wunder ist im Gegensatz zum Weltgeschehen und 2. worin die Möglichkeit begründet ist, Wunder und Mirakel zu verwirren.

Warum ist für den Juden die Frage nach dem σημεῖον charakteristisch (1. Kor. 1, 22)? Weil in ihrer Haltung das charakteristische Wesen ihrer Gottlosigkeit so rein hervortritt: das Streben nach der ἰδία δικαιοσύνη. Sie verstehen sich aus dem, was sie leisten, und verstehen den Anderen aus dem, was er leistet. Wie sie sich durch ihre Leistung vor Gott ausweisen wollen, so muß Gott sich vor ihnen durch seine Leistung ausweisen.

1) *W. Herrmann*, a. a. O. S. 33 f., 38.

2) Vgl. *R. Bultmann*, Der Begriff der Offenbarung im N. T. 1929.

Aber das ist im Grunde die Sünde der Welt überhaupt: *sich und Gott aus Leistung und Werk zu verstehen.* Deshalb ist für sie, sofern sie nach Gott fragt, das Mirakel ein Gegenstand der Sehnsucht, *das* Wunder aber, das nicht den Charakter der sich ausweisenden Leistung hat, ein Anstoß. Wir sahen: der primitive Mirakelgedanke korrespondiert dem Verständnis unserer Welt als der Arbeitswelt, in der wir die Regelmäßigkeit und Gesetzmäßigkeit des Geschehens voraussetzen. Das Mirakel ist ein Verstoß gegen das Gesetz dieser Welt, aber es ist doch völlig im Sinn dieser Welt gedacht, weil es eine innerhalb ihrer ausweisbare Leistung Gottes ist. Der Wundergedanke aber hebt den Charakter der Welt als der verfügbaren Arbeitswelt radikal auf. Denn das Wunder ist gerade nicht eine ausweisbare Leistung Gottes, sondern es steht Jedem frei, das Ereignis, das ein Wunder zu sein behauptet, als gesetzmäßigen Vorgang innerhalb der Welt zu verstehen. Aber das Wunder richtet an den Menschen die kritische Frage, wie weit er die Welt richtig versteht, wenn er sie als die ihm verfügbare Arbeitswelt versteht; wie weit er sich selbst richtig versteht, wenn er sich aus seinem Werk versteht und durch sein Werk sichern will. Der Wundergedanke hebt den Charakter der Welt als der verfügbaren Arbeitswelt deshalb radikal auf, weil er das Verständnis des Menschen seiner selbst als durch sein Werk gesichert aufhebt.

Unser Tun hat von vornherein zwei Möglichkeiten, verstanden zu werden, nämlich als das Herstellen von etwas, also vom Getanen her, oder als vollziehendes Tun. Damit sind auch für das Verständnis unser selbst zwei Möglichkeiten gegeben: *aus dem Getanen oder aus dem Tun.*

Unser Tun nämlich geschieht entweder als die Erfüllung des an uns ergehenden Anspruchs, unter dem unser Jetzt jeweils steht. Dann ist es nichts als Gehorsam. Oder es geschieht, damit etwas hergestellt oder erreicht wird, in dem der Sinn des Tuns sich erschöpft. Geschieht es im Gehorsam und als Gehorsam, so wird freilich durch unser Tun auch etwas hergestellt oder erreicht, aber nicht im Werke liegt der Sinn des Tuns, sondern im gehorsamen Vollzug der Tat. Wie der Sinn des Schenkens nicht im Geschenk, sondern in der Tat des Schenkens liegt.

Ist das ernst genommen, so ist damit gesagt, daß der Mensch nicht jeweils nach der Tat bei dem Getanen bleiben, in dem Erreichten sich halten und sich aus ihm verstehen kann. Vielmehr kann der

Mensch nur sagen, daß er als *δοῦλος* getan hat, was er zu tun schuldig war (Luk. 17, 10). Er hat nicht nach rückwärts zu sehen auf das, was er getan hat, sondern nach vorwärts auf das, was er weiter zu tun schuldig ist, aber nicht, sofern er noch dies oder das hinter sich zu bringen hat, also in Hast und Angst, vielmehr einfach im Gehorsam.

Ist unser Tun ein Tun unter dem Anspruch Gottes, so ist es nie vollendet, und es ist uns also nicht möglich innezuhalten und uns neben uns selbst zu stellen als solche, die in irgendeinem Sinne fertig sind, sondern wir haben in der Unruhe zu bleiben, in die uns der Anspruch Gottes versetzt. Diese Unruhe aber ist die des Lebens. Denn so wenig wie zum Rückblick haben wir zum betrachtenden Vorblick innezuhalten, also ein Programm von alledem zu entwerfen, was noch getan werden muß. Denn dann würden wir uns ja eben wieder aus dem Getanen, Fertigen verstehen — als noch nicht Fertige gewiß — aber d. h. hier eben: wir sehen uns unter der Frage des Fertigseins, verstehen uns aus dem Getanen. Der Anspruch Gottes aber versetzt nicht in die Unruhe der Angst und Sorge, wie etwas vor uns Liegendes fertig gebracht werden soll, sondern in die Unruhe des Lebens. Denn er reißt uns von uns selbst los, so wie wir sind, d. h. er reißt uns los von unserer Vergangenheit und weist uns in die Zukunft.

Aber da unser Tun auch immer etwas fertig bringt, birgt es in sich die Versuchung, daß wir uns aus dem Getanen verstehen und uns am Getanen festhalten. Faktisch verfallen wir immer dieser Versuchung und verfallen damit der Vergangenheit, denn das Getane ist immer vergangen. Auch unser künftiges Tun ist, sofern wir uns überhaupt aus dem Getanen — und sei es ein künftiges — verstehen, immer schon ein vergangenes, von Vergangenheit und Tod gestempelt. Es steht ja vor uns als Werk, als hergestellter, erreichter Zustand [1]). Daß wir alle in solchem Verständnis unser selbst stecken, wird uns daran deutlich, daß wir alle Todesfurcht haben, denn diese entspringt aus dem Wunsche, uns so zu halten, wie wir sind, und aus dem geheimen Wissen darum, daß wir das nicht können.

Wir stecken alle in solchem Verständnis unser selbst und können uns aus diesem Verfallensein an die Vergangenheit, an den Tod,

---

1) Luther zu Röm. 8, 26. S. 205, 5 f. Ficker: semper ita fit, ut opus nostrum intelligamus, antequam fiat, Dei autem opus non intelligimus, donec factum fuerit.

nicht durch eine Anstrengung von uns aus befreien. Denn die erstrebte Freiheit wäre dann ja wieder als unser Werk gedacht, das wir uns als letztes und höchstes abringen wollen. Ein solches Tun wäre auch schon, ehe es getan wäre, vergangen. Wir wären nur frei, wenn wir unser Werk vergessen könnten, wenn wir rein aus Gehorsam handelten. Und es ist die Frage, wie wir zu solchem Gehorsam kommen können, zu solchem reinen Hören auf Gottes Anspruch im Jetzt. Es ist die Frage, ob wir so hören *können*. Wir können offenbar nicht einfach bei uns beschließen, daß wir hören wollen, und können nicht warten, ob wir hören, denn wir sind immer schon mitten drin in einem Tun, durch das wir etwas erreichen wollen. Jedes Jetzt, in das wir kommen, ist immer schon verfälscht durch unser hergebrachtes Verständnis unser selbst; unsere Vergangenheit, aus der wir herkommen, hängt an uns.

Es gibt nur eine Möglichkeit, *von der Vergangenheit* frei zu werden zu einem reinen Hören des Anspruchs, der im Jetzt an uns ergeht: daß uns Freiheit geschenkt wird *durch Vergebung*. Denn *so* können wir als zeitliche Wesen ja nicht von ihr loskommen, daß die Vergangenheit einfach durchgestrichen und ignoriert wird, daß wir so etwas wie eine neue Natur erhielten, in der wir uns ja auch gar nicht würden halten können. Wir kommen immer in unser Jetzt aus unserer Vergangenheit und mit unserer Vergangenheit. Denn da wir nicht Pflanzen, Tiere oder Maschinen sind, ist unser Jetzt jeweils durch unsere Vergangenheit qualifiziert. Aber die Frage ist, ob unsere Vergangenheit in uns gegenwärtig ist als sündige oder als vergebene. Ist uns die Sünde vergeben, so bedeutet das, daß wir Freiheit haben für die Zukunft, daß wir Gottes Anspruch wirklich hören und uns ihm zur Verfügung stellen können (Röm. 6, 12 ff.).

Nun aber wird vollends klar, warum *die Vergebung als Wunder*, d. h. als Tun Gottes im Gegensatz zum Weltgeschehen verstanden werden muß. Die Welt, zu der es in Gegensatz tritt, ist ja unsere uns zur Verfügung stehende Arbeitswelt, in der von vornherein alles Tun als Bewirken von Getanem, als Leistung verstanden ist; in der alles Geschehen, auch das zukünftige von vornherein als vergangenes gedacht ist. Ist Gottes Wunder die Vergebung, d. h. hebt Gott im Wunder unser Verständnis unser selbst als der Leistenden und so immer der Vergangenheit Verfallenen auf, so hebt er damit auch den Charakter der Welt als der uns verfügbaren Arbeitswelt auf.

Da im Tun immer etwas getan wird, besteht immer die Möglichkeit, alles Tun als Getanes zu verstehen und alles Geschehen als Geschehenes. *Für das Auge des Unglaubens ist auch Gottes Tun ein geschehenes Weltereignis*, und sofern auch der Glaubende weiß, daß es so gesehen werden kann, und daß auch er selbst immer in der Möglichkeit steht, alles Geschehen so zu sehen, muß er, wenn er von Gottes Tun redet, von ihm als Wunder reden, das contra naturam geschieht; er muß sagen, daß er, indem er von einem Wunder redet, den Gedanken der gesetzmäßigen Natur aufhebt. Auf die natürlich verstandene Welt aber den Wunder- und Schöpfungsgedanken anzuwenden, ist sinnlos, denn die als vergangen gesehene Welt ist eben nicht als Schöpfung gesehen. Sie erhält ihren Schöpfungscharakter nur, wenn wir als solche, denen vergeben ist, für die Zukunft offenstehen und die Welt für uns offen sehen als das Feld, in dem wir Gottes Anspruch zu hören und zu verwirklichen haben.

Solcher Blick in die Welt ist *keine Weltanschauung*, d. h. keine Theorie über die Welt im allgemeinen, sondern er wird immer nur je im Hören des Anspruchs auf Grund der Vergebung gewonnen. Deshalb hat er sich stets durchzusetzen gegen die Verführung, uns und die Welt als vergangene zu verstehen. Das bedeutet, daß unsere „Arbeitsgedanken“, in denen wir mit der Verfügbarkeit und d. h. mit der Gesetzmäßigkeit der Welt rechnen, immer begrenzt sein müssen durch unsere „Glaubensgedanken“, und d. h. weiter, daß in unserem faktischen Leben Arbeits- und Glaubensgedanken miteinander abwechseln in der Weise, daß jene durch diese determiniert sind [1]). Für seine Arbeitsgedanken braucht der Mensch die Vorstellung der Natur. Wie weit er sie braucht, läßt sich nicht allgemein sagen, er braucht sie so weit, wie er in eine konkrete Arbeit gewiesen ist. Läßt er sie zum Herrn werden, so wird sie Sünde.

Nun ist auch *der Mirakelgedanke* endgültig verständlich und seine Verschlungenheit mit dem Wundergedanken. Er ist entweder ein verzweifelter Ausdruck für das geheime Wissen um das Verfallensein an die Vergangenheit: es ist dem Menschen unmöglich geworden, die Welt als Schöpfung zu verstehen und Gottes Tun in ihr zu sehen; redet er von Gottes Tun, so kann er es nur nach

1) Vgl. W. Herrmann, a. a. O. S. 37. Luther, a. a. O. S. 265, 4 ff.

Analogie des weltlichen Tuns vorstellen als eine besondere Leistung, und bleibt dabei doch ganz gefangen in seinem alten Weltverständnis. Oder der Mirakelgedanke ist ein primitiver, unklarer Ausdruck dafür, daß Gottes Tun verstanden ist in seinem Gegensatz gegen alles Weltgeschehen und weltliche Tun.

Verständlich ist auch jener *entleerte pantheistische Wunderbegriff*. Denn in ihm wirkt das richtige Motiv, daß der Glaube die Welt als Schöpfung zu sehen vermag, daß er von immer neuen Wundern reden kann, weil er Gottes Tun im Weltgeschehen sieht. Aber das Mißverständnis muß abgewehrt werden, als hätte der Glaubende gleichsam einen Wechsel zu beliebiger Einlösung, als hätte er eine christliche Weltanschauung, kraft deren er nun alles Tun und Geschehen als Wunder deuten könnte. Denn einmal muß der Glaube ja immer im Kampf mit den Arbeitsgedanken, die ihn verführen wollen, neu gewonnen werden, sodann ist jedes Wunder ja immer nur sichtbar auf Grund des einen Wunders der Vergebung. Diese aber ist nicht ein Faktum der Vergangenheit, sondern ich habe sie als Vergebung immer nur als neu ergriffene. Semper credendum; immer ist der Christ in der gratia.

Steht es aber so, dann hat der Christ wirklich die Möglichkeit, *immer neue Wunder zu sehen*. Dies Weltgeschehen, das dem ungläubigen Auge als gesetzmäßiger Ablauf von Ereignissen erscheinen muß, gewinnt für ihn den Charakter einer Welt, in der Gott handelt. Und sofern er selbst Gottes Anspruch hört und im Gehorsam handelt, ist auch sein eigenes Tun nicht mehr ein weltliches Wirken, sondern ein Wundertun.

Alles also ist nur in der Beziehung des Glaubens zu dem *einen* Wunder der Vergebung in Christus wirklich. Es ist also falsch, abgesehen hiervon einen Unterschied zwischen dem *christlichen und dem heidnischen Wundergedanken zu* konstatieren. Beide können primitiv und beide können radikal gedacht sein; beide können am Mirakel haften, und in beiden kann der Gedanke des Tuns Gottes rein entwickelt sein. Der Unterschied von Christentum und Heidentum liegt nicht im verschiedenen Wundergedanken, so wenig wie im verschiedenen Gottesgedanken überhaupt, sondern nur darin, daß das Christentum vom wirklichen Gott redet, weil es vom wirklichen Wunder reden kann.

IV. Die Wunder des Neuen Testaments.

Im Neuen Testament werden Wunder berichtet, die den Charakter von Mirakeln haben, zumal Wunder Jesu. Sofern es sich dabei um Taten Jesu (Krankenheilungen usw.) handelt, sind es Taten, die für die damals Betroffenen Ereignisse waren. Wären sie alle historisch gesichert (bzw. soweit sie es etwa sind), so gilt doch, daß sie als Werke eines Menschen der Vergangenheit uns unmittelbar nichts angehen. So gesehen, sind sie keine Werke Christi, sofern wir unter dem Werk Christi das Werk der Erlösung verstehen[1]). Deshalb sind in der Diskussion die „Wunder Jesu", sofern sie Ereignisse der Vergangenheit sind, restlos der Kritik preiszugeben, und es ist mit aller Schärfe zu betonen, daß schlechterdings kein Interesse für den christlichen Glauben besteht, die Möglichkeit oder Wirklichkeit der Wunder Jesu als Ereignisse der Vergangenheit nachzuweisen, daß im Gegenteil dies nur eine Verirrung wäre. Wird Christus uns zur Gegenwart als der gepredigte Christus, so können auch die Wunder Jesu nur in Frage kommen, sofern sie zur Predigt von Christus gehören, also als Zeugnisse. Und zwar insofern, als sie die ganze *Zweideutigkeit der christlichen Predigt* verdeutlichen. Sie zeigen, daß gerade das Wunder als konstatierbares Ereignis nicht geeignet ist, den Glauben zu begründen; denn sie stellen jedem frei, sie auf eine ihm verständliche Kausalität zurückzuführen. Sie sind nicht dagegen geschützt, als teuflische Handlungen erklärt zu werden (Mark. 3, 22), oder als Leistungen, durch die Jesus sich ausweist (Mark. 8, 11 f.) und auf Grund derer man ihn zum König machen will (Joh. 6, 14 ff.), oder als Mittel, die man in den Dienst des eigenen Lebens stellen will (Joh. 6, 26). Sie sind also mit derselben Zweideutigkeit behaftet wie das Wunder des Christus selbst. Denn Jesus Christus ist für den Unglauben ein konstatierbares Faktum der Vergangenheit, an einer bestimmten Stelle der Vergangenheit historisch einzugliedern und historisch

1) Luther zu Gal. 4 f. W. A. XL, I, S. 568, 9 ff.: daß Christus auch praecepta gibt, das ist nicht sein officium proprium, sondern accidentale; ebenso wie seine beneficia: docere, consolari, benefacere. Das sind nicht „proprie Christi opera". „Nam prophetae etiam docuerunt et fecerunt mirabilia. Sed Christus est Deus et homo, qui patitur legem Mosis, et tyrannidem externam, Mosen et hanc tyrannidem vincit, pugnat cum lege et patitur et postea resurgens damnavit, sustulit nostrum hostem." Jenes andere sind „opera vulgaria".

verständlich. Die Frage ist eben, ob wir ihn so als Faktum der Vergangenheit, als historische Gestalt, als Persönlichkeit oder dgl. sehen wollen oder als Gottes Wunder, d. h. als den, der für uns da ist, als das von Gott gesprochene Wort der Vergebung. Immer besteht die Verführung, aus seinem Da-sein in der Gegenwart ein Vorhandensein in der Vergangenheit zu machen. Immer ist der Anstoß des Fleischgewordenen zu überwinden. Wer in der geschichtlichen Persönlichkeit Jesu Gottes Offenbarung konstatieren will, verfällt dem Spott Kierkegaards, daß er klüger ist als Gott selbst, der doch seinen Sohn in der Verborgenheit des Fleisches gesandt hat. Auf die historisch konstatierbare Persönlichkeit den Offenbarungsgedanken anzuwenden, ist ebenso sinnlos wie auf die als Natur gesehene Welt den Schöpfungs- oder Wundergedanken anzuwenden.

Zeugnisse sind Jesu Wunder aber auch als *Hinweise darauf, daß der christliche Gottesglaube kein Pantheismus und Monismus ist*; daß er nicht in der Lage ist, nach Belieben von Gottes Taten zu reden, sondern nur dann, wenn er Gottes Tun im einzelnen konkreten Fall wahrnimmt. Der christliche Gottesglaube ist keine Weltanschauung, sondern wird immer im Augenblick gewonnen, und er spricht: „Herr, ich glaube; hilf meinem Unglauben" (Mark. 9, 24). Er ist also der Glaube, der nicht in einer seelischen Haltung des Menschen besteht, sondern immer nur als Glaube an den Gott, der nicht wie ein Weltding der beliebigen Betrachtung des Menschen zur Verfügung steht, sondern nur dann gesehen wird, wenn er sich zeigen will. Deshalb ist der Zweifel an Gott, der nach einem Kriterium fragt, mittels dessen er Gott konstatieren kann, verwerflich, und der Mensch muß in *den* Zweifel hineingebracht werden, in dem er an sich selbst zweifelt, d. h. irre wird daran, daß er über sich selbst und die Welt verfügen kann; er muß verzweifeln.

Die Christologie des Neuen Testaments *).

1933

Die Frage nach der Christologie des Neuen Testaments fragt nach der Lehre des Neuen Testaments von Christus. Nun ist aber Lehre kein eindeutiger Begriff, und die wissenschaftlichen Diskussionen der neutestamentlichen Christologie leiden in der Regel daran, daß *der Begriff der Lehre* nicht diskutiert wird. Das leitende Verständnis von Lehre ist nämlich meist durch dasjenige Verständnis von Wissenschaft bestimmt, das in der alten Dogmatik herrschte. Dieser Wissenschaftsbegriff aber ist der der griechischen Tradition. Hier ist Gegenstand des Wissens die Welt des vorhandenen Seienden, das im *Sehen* wahrgenommen wird, und das verstanden wird, wenn es in seinem gesetzmäßigen Zusammenhang gesehen ist, als *σύστημα*, *κόσμος* bzw. als Glied desselben [1]). Dabei macht es grundsätzlich nichts aus, wenn der mit den Sinnen wahrnehmbaren und mit dem rationalen Denken beherrschbaren Welt ein oberes transzendentes Stockwerk konzediert wird, die göttliche Welt, und wenn der Ursprung des Wissens um diese Welt als übernatürliche Offenbarung gilt. Es macht solange nichts aus, als die Seinsweise der höheren Welt und ihrer Phänomene ebenso als ein Vorhandensein wie das der Weltphänomene und die Art, es zu betrachten als ein Sehen verstanden wird [2]).

---

*) Unveröffentlicht. [Erstmals in: Glauben und Verstehen I, 245–267].

1) Dieser entwickelte Begriff von Wissenschaft beruht natürlich auf einer naiven Weise, die Welt zu verstehen und alles Seiende als vorhandenes zu nehmen. Und dieses naive Seinsverständnis kann sich natürlich auch außerhalb der griechischen Tradition überall geltend machen, wo es noch zu keiner kritischen ontologischen Reflexion gekommen ist, auch da, wo es der eigentlichen Intention des Seinsverständnisses unangemessen ist, wie im Neuen Testament.

2) Vgl. für den Begriff des Vorhandenseins *M. Heidegger*, Sein und Zeit I, 1927, S. 44 f., 72 ff., 356 ff.

I. Die Persönlichkeit Jesu.

Wenn die historische Forschung die Lehre des Neuen Testaments von Christus untersuchte, setzte sie unwillkürlich diesen Begriff von Lehre als den des Neuen Testaments voraus, d. h. sie verstand *die Aussagen des Neuen Testaments über Christus als Aussagen über ein Weltphänomen*, als ein Wesen, dessen „Natur“ es zu beschreiben und dessen Verhältnis zu anderen Weltwesen es positiv und negativ zu bestimmen gilt [1]). Mit den Worten Melanchthons: „Christum cognoscere“ war verstanden als „eius naturas, modos incarnationis contueri“. Da nun die Forschung naiv die Lehre des Neuen Testaments an der modernen Wissenschaft von der Welt mißt, erscheint sie ihr als Mythologie. Deshalb bedeutet die historische Erforschung der neutestamentlichen Christologie zugleich ihre Destruktion, sodaß die Forschung am Neuen Testament die gleiche Destruktionsarbeit vollzog, wie an der altkirchlichen Dogmengeschichte, als deren Vorstufe die neutestamentliche Christologie ja auch gilt.

Die Forschung konstatierte nun *eine Entwicklung der Christologie im Urchristentum*, deren Spuren im Neuen Testament deutlich vorliegen, eine Entwicklung, deren Ergebnis dieses ist, daß aus dem Menschen Jesus, der sich als den von Gott erwählten König der Endzeit wußte oder doch dafür gehalten wurde, ein himmlisches göttliches Wesen wurde, dem man Präexistenz zuschrieb, das als kosmische Potenz schon bei der Weltschöpfung beteiligt war, das Mensch wurde, starb und auferstand, gen Himmel fuhr und dort als göttliches Wesen neben Gott thront, von der Gemeinde als Gottheit verehrt wird, Gebete erhört, wunderbare Kräfte spendet und wiederkommen wird, um Gericht zu halten und die widergöttlichen kosmischen Mächte, Tod und Teufel, zu besiegen. Eine Entwicklung, die dadurch so schnell zustande gekommen ist, daß längst im Judentum und Heidentum vorhandene mythologische Gedanken über ein Gottwesen, das der Erlöser der Menschen ist, auf Jesus übertragen wurden.

1) Vgl. z. B. *J. Weiß*, Christus, die Anfänge des Dogmas, 1909, S. 29: „Welcher Klasse von Wesen hat sie (die älteste christliche Theologie) ihn (den erhöhten Christus) eingereiht?“ S. 37: „Zu welcher Klasse von Wesen rechnet Paulus diesen himmlischen Sohn Gottes?“ — Daß ich die Ausführungen besonders durch Sätze meines verehrten Lehrers J. Weiß illustriere, hat seinen Grund darin, daß er, von jedem Versuch zur Verschleierung frei, die Sachlage so offen und mit einem deutlichen Empfinden für die Aporie sah.

Der Gang dieser Entwicklung, der durch die Begriffe Messias und Davidssohn, Gottessohn und Menschensohn, Kyrios und Logos, durch die Geschichten von der wunderbaren Geburt, der Verklärung, Auferstehung und Himmelfahrt usw. charakterisiert ist, braucht hier nicht geschildert zu werden. Genug, das Ende war: *οὕτως δεῖ ἡμᾶς φρονεῖν περὶ Ἰησοῦ Χριστοῦ ὡς περὶ θεοῦ* (2. Klem. 1, 1).

Neu waren alle diese Vorstellungen nicht, sondern sie stammten *aus alten Mythologien*, aus alten Hoffnungen und Träumen. *Neu* war nur die Tatsache, daß dies alles von diesem bestimmten geschichtlichen Menschen, von Jesus von Nazareth, ausgesagt wurde. Aber damit, daß das geschah, waren sie doch nicht entscheidend modifiziert. Vielmehr lag es so, daß diese geschichtliche Gestalt vermöge ihres starken Eindrucks der Anlaß geworden war, alte Wunschbilder und phantastische Träume für Wirklichkeit zu halten. Meinte man zunächst, in *einer* Hinsicht seien diese Bilder doch modifiziert, bereichert und vertieft worden, darin nämlich, daß auf Grund der geschichtlichen Ereignisse, des irdischen Wirkens und der Passion, des Kreuzes Jesu, in den alten Mythos der tiefe Gedanke von der Selbsterniedrigung der Gottheit vom leidenden Erlöser und seiner Selbstopferung für die sündige Menschheit aufgenommen sei, so hat sich das als Täuschung erwiesen. Nicht nur kennen heidnische Mysterien die Gestalt des sterbenden Erlösergottes, sondern vor allem kennt die heidnisch-gnostische Mythologie jene Gestalt des präexistenten Gottwesens, das sich, dem Willen des Vaters gehorsam, in das Gewand dieser Welt kleidet und Elend und Not, Haß und Verfolgung auf sich nimmt, um den Seinen den Weg in die himmlische Welt zu bahnen, — so wie es im Johannesevangelium von Jesus erzählt wird: die Gestalt des erlösten Erlösers.

Nach diesem Verständnis enthält also die Christologie des Neuen Testaments *nichts spezifisch Christliches*, sondern sie zeigt nur den Prozeß, in dem alte Mythologie auf eine konkrete menschliche Gestalt übertragen wurde, um ihre individuellen Züge so gut wie ganz zu überdecken.

Ein gewisses Erschrecken mußte die Folge sein; war nicht die Christologie in Mythologie aufgelöst? Aber gerade diese Forschung schien den Weg von der *Lehre* über Christus zum *Glauben* an Christus wieder freigelegt zu haben. Mit ihrer Destruktion schien der Zugang geöffnet zu sein *zu der geschichtlichen Gestalt Jesu von*

Nazareth, auf den der Glaube blicken müsse. Ja, der eigentliche Sinn der Lehre über Jesus schien jetzt erst deutlich zu werden. Er liegt gar nicht in ihrem mythologischen Vorstellungsgehalt; vielmehr sind solche Lehren nur ein für jene Zeit zwar naheliegender und notwendiger, aber für uns ganz unverbindlicher Ausdruck für die religiöse Bedeutung der Person Jesu. „Wir dürfen nicht vergessen, daß all diese Aussagen im Grunde nur ein vielgestaltiger Ausdruck sind für die Eine Überzeugung, daß in der Person Jesu das Höchste gegeben war, was denkbar ist, die endgültige Erfüllung aller Weissagung und Hoffnung, die abschließende unüberbietbare Selbstmitteilung Gottes an die Welt, die ‚*Offenbarung*' schlechthin" [1]. „Das Urchristentum hat bereitliegende Formen und Begriffe benutzt, um den überwältigenden Eindruck der Person Jesu in gemeinverständlicher, aber zugleich absoluter, unüberbietbarer Weise zum Ausdruck zu bringen" [2]. „Wir können aus all jenen stammelnden Versuchen, das Wesen Christi in Formeln auszudrücken, nur lernen, wie gewaltig die Persönlichkeit gewesen sein muß, daß sie die Menschen zu solchem Glauben begeistert, ihre Phantasie derart angeregt und ihr Denken auf Jahrtausende angeregt hat. Je weniger wir die Christologie verstehen und uns aneignen können, um so stärker werden wir auf die Person Jesu zurückgewiesen. Ihn zu verstehen, von ihm einen Eindruck zu gewinnen, uns von ihm in sein Leben mit dem Vater hineinziehen zu lassen, — das ist für uns wichtiger als eine Bekenntnisformel zu finden, mit der wir dogmatisch korrekt und geschichtstreu zugleich sein könnten [3]).

Es ergab sich also aus dieser Sachlage die Rückführung der Frage nach der Christologie des Neuen Testaments auf *die Frage nach der Religion, nach der Frömmigkeit des Neuen Testaments.* So ist es begreiflich, wenn J. Weiß seinem „Christus" (1909) eine Schrift folgen ließ: „Jesus im Glauben des Urchristentums" (1910), in der er zeigen will, „welche Stellung Jesus in der *Religion* der ältesten Christen eingenommen hat, wie ihr inneres Leben sich zu ihm verhalten und was sie an dem Glauben an ihn für ihre praktische Lebensaufgabe gehabt haben" (S. 1). Die „Lehren" sind nur „die Exponenten dieser ihrer praktischen Herzensstellung zu ihm", statt über sie zu streiten, sollen wir lieber „die *Religion* studieren, aus

1) *J. Weiß* a. a. O. S. 6. 2) Ebenda S. 87. 3) Ebenda S. 88.

der sie hervorgewachsen sind als ein vielfach nur sehr unvollkommener Ausdruck für das, was die Herzen bewegte" (S. 1).

Hierbei ist Religion als Gottesglaube verstanden, und zwar als ein atheoretisches Verhalten, als das Gefühl, von Gott abhängig zu sein, dem man sich als Kind in Liebe und Vertrauen hingeben kann [1]). Was Jesus betrifft, so ist zunächst nicht von einem Glauben an ihn als einem Bekenntnis zu ihm die Rede, aber freilich von einem „persönlichen Verhältnis zu ihm", „das man wohl Glauben an ihn nennen kann" [2]). Der Eindruck seiner Leidenschaft und Originalität, seiner Sicherheit, seiner Wärme, Innigkeit und Menschenliebe gewinnt die Herzen, rührt die Gewissen und gibt jenes Gefühl der Nähe Gottes [3]). Also vom Glauben an ihn ist in der Urgemeinde nicht die Rede, sondern vom Gottesglauben unter dem Eindruck seiner Persönlichkeit, der dazu führt, ihn als den Messias zu bekennen. Der Glaube, daß er der Messias ist, daß im Welthaushalt eine Neue Zeit begonnen hat, ist der Ausdruck ihrer Gegenwartsseligkeit. Sofern sie noch auf eine Zukunft hoffen, ist das ein Rest jüdischer Denkweise [4]). Sie hoffen auf seine Wiederkunft, aber wichtiger ist, daß sie „seine Nähe unmittelbar in der himmlischen Kraft fühlen, die sie durchdringt" und in der sie den Heiligen Geist erkennen [5]). „Wie Kinder von ihren Eltern unbewußt in ihre Art des Empfindens und Handelns kraft einer geheimnisvollen ‚Ansteckung' hineingezogen werden, so hat Jesus sein Leben in der Gotteskindschaft, seine Art zu fühlen und zu denken, und bis zu einem gewissen Grade auch seine Weise des Handelns auf die Seinen — ich möchte sagen — überpflanzt. Es läßt sich doch nicht leugnen, daß seit den Tagen Jesu zum Segen der Menschheit unter uns ein Typus der Gotteskinder lebt, der in der Hauptsache die Kraft seines Lebens aus dem Urbild der Persönlichkeit Jesu zieht" [6]). „Dies ist nun die eigentlich entscheidende Wirkung Jesu auf die Seelen der Seinen: er hat ihnen den *Mut zum Glauben an ihr Heil* gegeben — und zwar durch nichts anderes als dadurch, daß er nicht nur redete von dem liebevollen Vater im Himmel, sondern an seiner Person darstellte, wie sicher und freudig es sich in seiner Liebe ruht" [7]).

In diesem Sinne ist die *Nachfolge Jesu* das eigentlich legitime Verhältnis zu ihm, während das Gebetsverhältnis zum Erhöhten

1) *J. Weiß*, Jesus im Glauben des Urchristentums, S. 3.
2) Ebenda S. 2. 3) Ebenda S. 3. 4) Ebenda S. 8.
5) Ebenda S. 10. 6) Ebenda S. 14. 7) Ebenda S. 16.

im Grunde schon ein Mißverständnis ist, weil es auf einer Vorstellung von seiner himmlischen Wesenheit beruht, die ihrerseits nur eine Projektion des Erlebnisses in die metaphysische Welt ist [1]).

Es ist schon sehr fraglich, ob damit das Neue Testament auch nur nach einer Seite richtig interpretiert ist. Denn von solcher Nachfolge redet das Neue Testament nicht. Es kennt wohl eine Nachfolge ins Kreuz; sie wird gefordert, aber sie wird nicht motiviert durch den Eindruck seiner Persönlichkeit. Eine Nachfolge, die so etwas wäre, wie ein Sich-Ansteckenlassen von seinem Glauben, kommt nicht in Frage, wie denn auch nirgends in den Evangelien von Jesu Glauben die Rede ist.

Jesus bedeutet für solche Nachfolge, wie J. Weiß sie beschreibt, *die Garantie für den Gottesglauben*, d. h. für den Glauben an Gott den Vater, an die Sicherheit des Heils, an die Macht der Liebe und die Verpflichtung zu ihr. Und er bedeutet das kraft des Eindrucks seiner Persönlichkeit, in der solcher Glaube und solche Liebe lebendig waren. Gibt man das zu, so konnte Jesus diese Bedeutung doch nur für diejenigen haben, die persönlich mit ihm verkehrt hatten, für Spätergeborene nicht mehr. Denn vorausgesetzt, daß in der Gemeinde ein Bild seiner Persönlichkeit erhalten geblieben wäre: ein solches Bild kann höchstens dazu führen, daß Gottesglaube und Nächstenliebe mir als schön und wünschenswert erscheinen, kann sie mir aber, was nur Pietismus und Romantik verkennen können, nie geben. Gerade wenn sie mir zweifelhaft geworden sind, hilft mir die Anschauung, daß ein Anderer sie gehabt hat, und wäre es Jesus, kein Stück weiter; mir hilft höchstens der Glaube und die Liebe des mit mir gegenwärtig Verbundenen. Freilich auch an ihm kann ich irre werden, wie auch an mir, und er kann für mich nur Anlaß bedeuten. Ich kann aber nie meinen Glauben an Gott auf den Glauben, den ein anderer hat, gründen. Wäre der Glaube der Gemeinde in diesem Sinne Glaube an Gott gewesen, so wäre er Illusion gewesen; Jesus wäre als die Garantie verstanden, die den Einzelnen des eigenen Glaubens enthebt. Und faktisch ist Jesus im Neuen Testament auch nie so verstanden worden, daß er mich von der Glaubensentscheidung dispensiert; aber freilich wird ein Glaube *an ihn* gefordert, in welchem Sinne, wird noch zu fragen sein.

Aber zunächst ist zu sagen: jene Voraussetzung ist falsch; die Gemeinde hat gar kein Bild der Persönlichkeit Jesu bewahrt. Aus

1) Vgl. besonders ebenda S. 31 f.

seiner in den Evangelien enthaltenen Verkündigung läßt sich ein solches Bild nur mit Phantasie rekonstruieren; es bleibt höchst subjektiv und verfällt immer der kritischen Skepsis. Wenn die Bedeutung Jesu in seiner Persönlichkeit läge, so wäre sie mit der ersten Generation erschöpft.

Vergebens bemüht man sich links und rechts um den Nachweis, daß in den christologischen Aussagen des Paulus und Johannes der Eindruck der geschichtlichen Persönlichkeit Jesu bestimmend sei. Was Paulus betrifft, so sieht z. B. J. Weiß natürlich, daß sein Verhältnis zu Christus ein Verhältnis zum Erhöhten ist. Dadurch nun, daß das Bild des himmlischen Christus durch das Bild des Gekreuzigten bereichert sei, gewinne das Verhältnis zum Erhöhten den Charakter hingebender Dankbarkeit. Aber ist es nicht eine phantastische Dankbarkeit, wenn doch das Bild des durch Erniedrigung zur Erhöhung Gelangten das Bild des Mythos ist? Jedenfalls: von einem Eindruck der Person Jesu auf Paulus, die seinen Glauben begründe, kann nicht die Rede sein. Weiß bemüht sich freilich, einen solchen Eindruck doch wahrscheinlich zu machen; Paulus müsse doch als Verfolger schon einen Eindruck von der Persönlichkeit Jesu gehabt haben. „Er müßte nicht der innerliche, nach Wahrheit ringende Mensch gewesen sein, als den wir ihn kennen, wenn nicht der Geist der ersten Zeugen und der in ihm nachwirkende Geist Jesu auf ihn einen tiefen Eindruck gemacht hätten. Und es heißt von der Person Jesu selber gering denken, wenn man ihr nicht zutraut, daß sie auch durch das Medium ihrer Anhänger wie ihrer Verleumder hindurchzuleuchten imstande gewesen wäre. Kurz — die einzig natürliche Annahme ist, daß Paulus schon vor Damaskus von der Persönlichkeit Jesu tiefer berührt worden ist, als er selbst es vielleicht gewußt oder sich eingestanden hat“ [1]). Das ist keineswegs die einzig natürliche Annahme, sondern angesichts des Charakters der evangelischen Überlieferung wie angesichts der eigenen Aussagen des Paulus eine Phantasie. Und erst recht ist es eine Phantasie, wenn aus 2. Kor. 5, 16 geschlossen wird, daß Paulus dem irdischen Jesus einmal begegnet sei: „Eine Persönlichkeit, die soviel Begeisterung und soviel Haß entfesselt hat, *muß* auch rein menschlich in der äußeren Erscheinung und Haltung, in Blick und Miene, in Wort und Gestus die Aufmerksamkeit eines ernsten, bedeutenden Mannes wie Paulus gefesselt haben“ [2]). Viel-

1) Ebenda S. 23. 2) Ebenda S. 23.

leicht hat Paulus Jesus im Leiden gesehen? „Ein Blick in Jesu Antlitz wiegt die Kenntnis vieler Worte und Lehren auf, der Anblick seiner Kreuzigung wäre wichtiger als die Kenntnis vieler Heilungs- und Wundergeschichten ... Auch das Erlebnis des Paulus ist nicht denkbar ohne eine solche direkte oder indirekte Berührung mit Jesus ... Er *muß* gehabt haben und hat wirklich gehabt ein leuchtendes, lebendiges Bild von der ethischen und religiösen Persönlichkeit Jesu“ [1]).

So bringt J. Weiß auch für Paulus jenen Gedanken der Nachfolge heraus und meint den Gedanken vom Erhöhten dadurch seiner Mythologie zu entkleiden, daß das Bild des Erhöhten für Paulus „nicht nur die persönlichen, sondern auch die geistigen Züge Jesu“ trage [2]). So werden denn auch für Paulus die eigentlich christologischen Lehren als „theoretische Hilfskonstruktion“ [3]) erklärt.

Solche Interpretation behauptet also, daß die paulinische Theologie ein ungeheures Mißverständnis ihrer selbst sei. Dasjenige, was Paulus selbst mit größtem Nachdruck betont, wird eliminiert bzw. in einem ganz anderen Sinne verstanden, als Paulus es gemeint hat. An Stelle des Glaubens an Jesus Christus, den Menschgewordenen, Gekreuzigten und Auferstandenen setzt sie eine Religion des Paulus, die in einem allgemeinen Gottvaterglauben besteht, von dessen Recht Paulus durch den Eindruck der hinreißenden Persönlichkeit Jesu überzeugt worden ist [4]).

II. Der Christuskult.

Die Erkenntnis, daß solche Interpretation die Christologie des Paulus und Johannes und überhaupt des Neuen Testaments, mindestens außerhalb der Synoptiker, vergewaltigt, führte zu einem ganz anderen Versuch, die neutestamentliche Christologie zu verstehen, — ebenfalls freilich unter der Voraussetzung, daß die Christologie als Lehre nur der sekundäre Ausdruck der eigentlichen Religion sei. Großartig ist dieser Versuch in *W. Boussets Kyrios*

1) Ebenda S. 24. 2) Ebenda S. 25. 3) Ebenda S. 26.

4) Der gleichen Interpretation unterwirft J. Weiß die johanneische Christologie (ebenda S. 27—31). Das Jesusbild des Johannes beruhe auf dem „Ineinsschauen der geschichtlichen Person mit dem übergeschichtlichen göttlichen Wesen“, und so findet J. Weiß im johanneischen Jesusbilde auch wieder die geschichtliche Gestalt Jesu mit ihren „menschlichen, warmen und herzgewinnenden Zügen“.

Christos durchgeführt. Und zwar wird hier nun viel klarer gezeigt, worin denn diese Religion eigentlich bestehe. War das vorher ein allgemeiner Gottvaterglaube, der im Grunde so etwas wie optimistische, altruistische Weltanschauung ist, so wird von Bousset die Religion deutlich als ein bestimmtes und begrenztes Phänomen des psychischen Lebens aufgefaßt. Da die eigentliche Christologie eine Schöpfung des hellenistischen Christentums ist, gilt sein Hauptinteresse diesem, das er scharf vom palästinensischen Christentum unterscheidet. Seine Charakteristik des letzteren hat wesentlich die negative Bedeutung, zu zeigen, daß die palästinensische Gemeinde die für die hellenistische Christologie charakteristischen Vorstellungen, vor allem den Kyriostitel, nicht hat, und damit weder eine eigentliche Christologie, noch einen eigentlichen Glauben an Christus. Ihr gelte Jesus als der Messias im jüdischen Sinne, und sie übertrage auf ihn die jüdische Menschensohndogmatik, die im hellenistischen Christentum verschwindet. In der positiven Charakteristik des Glaubens der Urgemeinde unterscheidet sich Bousset nicht von der bisherigen Forschung [1]). Das Negative ist das Wesentliche und bereitet die Darstellung der ersten Geschichte der Christologie vor. Diese ist eine Geschichte des Kyrioskults und Kyriosglaubens.

Der Kyrioskult erscheint als das eigentliche Rückgrat der christlichen Religion und als der treibende Faktor der Entwicklung. Auf die Entwicklung der Lehre gesehen, ist das Bild im Grunde kein anderes als früher: aus dem Menschen Jesus wird das Gottwesen Jesus Christus, der präexistente Gottessohn, eine kosmische Gestalt, der Mensch wird, Offenbarung bringt, gekreuzigt wird, aufersteht und als Erhöhter zur Rechten Gottes regiert. Aber das Wesentliche ist, daß all diese Aussagen von dem gelten, der für die Gemeinde gegenwärtig ist, der in ihr wirkt in Wundern und Zeichen, in Enthusiasmus und Heroismus, der seine Kraft in den Sakramenten spendet und göttliche Natur den Gläubigen einpflanzt. Eine Kultusreligion ist das hellenistische Christentum; es ist im Grunde eine ganz neue Religion gegenüber dem palästinensischen Urchristentum. Die Lehre dieser Religion ist nicht (Harnack) aus einer Hellenisierung des Christentums entstanden, d. h. aus dem spekulativen oder philosophischen Interesse der griechischen Christen unter dem Einfluß der griechischen Wissenschaft; vielmehr ist die

1) Vgl. *W. Bousset*, Kyrios Christos, 2. Aufl. 1921, bes. S. 17 f.

Theologie bzw. Christologie nur der Exponent der Kultusfrömmigkeit. Der Notwendigkeit, die Christologie als Ausdruck einer persönlichen Verbundenheit mit dem geschichtlichen Jesus zu verstehen und so eine gewaltsame Umdeutung der Quellen vorzunehmen, ist Bousset enthoben. Ein wirkliches Phänomen, die kultische Frömmigkeit, ist sichtbar gemacht, als deren Ausdruck die Christologie verstanden werden kann [1]).

Zu einer kultischen Religion ist das Urchristentum geworden auf dem Boden des hellenistischen Synkretismus, auf dem es unter den Einfluß der *Mysterienreligionen* geriet, ihrer Sakramentsfrömmigkeit und ihres Spiritualismus, ihrer dualistischen Weltanschauung, ihrer Spekulation und Mythologie. Im einzelnen differenziert sich das Bild, je nachdem, wie weit die Sakraments- und Kultusfrömmigkeit beherrschend ist, wie weit gnostisches Pneumatikertum und gnostische Mythologie Einfluß gewinnen, wie weit die Traditionen des hellenistischen Judentums einwirken, und wie weit endlich die Gedanken der rationalistischen, hellenistischen Aufklärungsphilosophie aufgenommen werden. Aber auch wo Jesus Christus in den Gemeinden zum Lehrer des wahren Gottesglaubens und der reinen Sittlichkeit wird (und wo also die synoptische Tradition ihre Rolle spielen kann), geschieht das doch unter der Voraussetzung, daß sich die Gemeinden um den Kult des gegenwärtigen Kyrios Christos sammeln. Auch das „so einfache und rationale Christentum, diese Frömmigkeit des entschränkten Diasporajudentums, für welche Jesus der Gesetzgeber, der Lehrer und Richter ist", „erhebt sich auf dem Boden einer Gemeindepraxis und eines gottesdienstlichen Lebens, deren treibende und bestimmende Faktoren mehr und mehr Kyrioskult und Sakrament werden" [2]). Und wenn bei den Apologeten der stoische Logosbegriff für die Christologie verwertet wird, geschieht das im Dienste des Christuskultes, nämlich um „die Tatsache zu verteidigen und zu rechtfertigen, daß die Christen dem hier unten auf Erden erschienenen und gekreuzigten Jesus von Nazareth göttliche Ehre erwiesen. Die Apologeten stehen durchaus auf dem Boden des Gemeindeglaubens und des Gemeindekultus in bezug auf diese Verehrung Jesu [3]).

1) Dem entspricht in der systematischen Theologie der Versuch von *E. Troeltsch*, die Bedeutung Jesu für die christliche Gemeinde in seiner kultischen Stellung zu bestimmen.

2) *W. Bousset* a. a. O. S. 302 f. 3) Ebenda S. 317.

Wichtiger ist eine andere Differenzierung, die nicht in den von außen wirkenden Faktoren ihren Grund hat, sondern aus der Sache selbst entspringt, sofern sich die Kultusfrömmigkeit in verschiedenen Individuen mit verschiedener religiöser Eigenart selbst differenziert. So steht neben naivem Sakramentsglauben feiner Spiritualismus, neben pneumatischem Enthusiasmus religiöse Spekulation; vom Untergrund der Gemeindefrömmigkeit hebt sich das einzelne religiöse Individuum ab. Alle sehen in Jesus Christus ihren Herrn, für alle verkörpert er die gegenwärtige Gottheit, sei es in den religiösen Erlebnissen der versammelten Kultusgemeinde, sei es in den pneumatischen Erfahrungen des Einzelnen, wiederum in dessen Lebensereignissen oder in seinen Seelenerlebnissen.

So setzt *die Frömmigkeit des Paulus* die Kultusfrömmigkeit der Gemeinde voraus und hebt sich aus dieser empor als eine spiritualistische, individualistische Mystik. Seine Christologie besteht in der Hauptsache aus dem Satz: *ὁ κύριος τὸ πνεῦμα.* Jesus Christus ist die göttliche Kraft, die in der Gemeinde waltet, und die ihn durchflutet und trägt, ihn verwandelt von *δόξα* zu *δόξα*, ihn zum Pneumatiker macht, der Wunder tut, der spekulierend in die Geheimnisse des göttlichen Heilsplans schaut, der den Gemeinden autoritativ gebietet, und die ihn über alle historischen Zusammenhänge hinaushebt: er ist schon jetzt ein wunderbares Wesen. Die Theologie des Paulus ist, sofern sie Anthropologie und Soteriologie ist, einfach die Explikation dieser pneumatischen Frömmigkeit, von der aus das ganze Leben vom Gesichtspunkt des Ekstatikers aus interpretiert wird; sofern sie Rechtfertigungslehre ist, ist sie eine apologetische Theorie, deren er für seine Missionspraxis bedurfte [1]).

So wenig wie für Paulus der historische Jesus bedeutet, so wenig für *Johannes*. Die Christusmystik ist auch für seine Frömmigkeit bestimmend. Am Bilde Jesu, in welchem Geschichte und Mythos vereinigt sind, am Bilde des Gottmenschen, entzündet sich die Schau, die den Frommen selbst vergottet und ihm ewiges Leben gibt. Das Wort, das der Gottmensch spricht, ist wunderbar wirkendes Mysterienwort; Ihm glauben bedeutet schauen und das ewige Leben haben.

Die Unterschiede des Paulus und Johannes können hier auf sich beruhen. Jedenfalls tritt in ihnen als in Höhepunkten der Charakter

---

1) Diese Anschauung ist bekanntlich schon eine These von *W. Wrede.*

der urchristlichen Religion, wie Bousset sie versteht, deutlich heraus. Sie ist ein Phänomen des psychischen Lebens, sie ist Frömmigkeit, genauer Erlösungsfrömmigkeit auf dem Hintergrund einer dualistischen Weltanschauung; sie ist eine Mysterienreligion, die als solche in dem Bewußtsein lebt, aus der Finsternis und dem Elend, aus der Schlechtigkeit und dem Tode, wie sie mit der leiblich-materiellen Existenz gegeben sind, befreit zu sein und diese Befreiung zu erleben in psychischen Erlebnissen, im Kult, in der Vereinigung mit der Kultgottheit, die die Kräfte der Lichtwelt in sich enthält und im Kult an die Mysten spendet; diese Befreiung aber auch zu erleben in individuellen Erlebnissen der Ekstase und mystischer Vereinigung. Die Christologie ist nichts anderes als die Explikation dieser Frömmigkeit unter dem Einfluß von Mysterienmythologie und anderen Traditionen. Glaube ist nicht eigentlich Glaube *an* Christus, sondern die Seelenhaltung (*διάθεσις*) solcher Frömmigkeit, wie denn Bousset den paulinischen Glaubensbegriff bei Philo vorgebildet findet. Wird ein spezielles Objekt des Glaubens genannt, so kann das eigentlich nur Gott sein, der dann nichts anderes als das Göttliche im allgemeinen bedeutet. Wie denn bei Johannes Glauben mit dem Schauen des Göttlichen identisch ist. Wird Christus als Gegenstand des Glaubens genannt, so ist diese eigentümliche Verdoppelung des Glaubensobjekts [1]) eigentlich illegitim, da doch Christus nichts anderes ist als die Verkörperung der göttlichen Kraft, als das Symbol des Einbruchs der göttlichen Lichtwelt in die Finsternis.

III. Der Glaube an Jesus Christus.

Es ist begreiflich, daß Bousset, so fein er diese Kult- und Erlösungsfrömmigkeit nachempfindet, sie doch als fremd empfindet und ihrem Supranaturalismus, das schlichte ethische Evangelium Jesu, so wie er es versteht, gegenüberstellt. Aber hier handelt es sich zunächst nicht um solche Urteile, sondern einfach um die Besinnung, ob die Christologie des Neuen Testaments, d. h. in erster Linie die des Paulus und Johannes, von Bousset richtig charakterisiert ist. Daß seine Darstellung der älteren liberalen Auffassung überlegen ist, daran ist kein Zweifel. Richtig ist sicher auch, daß, religionsgeschichtlich gesehen, das hellenistische Christentum etwas

1) *W. Bousset* a. a. O. S. 149.

Neues ist, gegenüber dem palästinensischen, und daß es in den Kreis der Mysterienreligionen und der Gnosis hineingehört. Es hat seinen Mittelpunkt im Kyrioskult, den das palästinensische Urchristentum noch nicht kannte. Aber wie steht es mit dem kultischen Charakter zunächst der *paulinischen Frömmigkeit*?

Für Paulus ist *die ἐκκλησία* nicht in erster Linie die kultische Versammlung, sondern eine geschichtlich-eschatologische Größe, das wahre Israel, zu dem alle Einzelgemeinden verbunden sind. Sie ist durch die alttestamentlichen Heilstatsachen vorbereitet, und durch die letzte Heilstatsache, die Sendung Christi und sein Geschick, begründet und wartet ihrer Vollendung. Zu ihr gehören die durch die Predigt Berufenen (2. Kor. 5, 19). Die Sakramente konstituieren diese Gemeinschaft, nicht weil in ihnen die Berührung und Begabung mit himmlischer Kraft erlebt würde — die psychologische Betrachtung scheidet für Paulus ganz aus —, sondern weil sie Ereignisse sind, in denen das Heilsereignis, Tod und Auferstehung Christi, vergegenwärtigt wird als etwas, was objektiv an den Gläubigen geschieht. In den Sakramenten wird auch kein *φάρμακον ἀθανασίας* übermittelt, das die Unsterblichkeit garantiert; denn man kann trotz des Sakraments verlorengehen (1. Kor. 10, 1—13), ja, man kann es sich auch zum Gericht genießen (1. Kor. 11, 27—29). Wer es genießt, hat Teil am Heilsereignis, wenn er sich im Gehorsam Gott zur Verfügung stellt (Röm. 6, 3 ff. 13 ff.). Das Leben, das im Sakrament gespendet wird, steht gleichermaßen unter dem Imperativ wie unter dem Indikativ (Röm. 6, 13; Gal. 5, 25).

Die Christusgemeinschaft, von der Paulus redet, ist nicht eine mystische Lebensgemeinschaft, die den Mysten aus dem menschlichen Leben herausnimmt, sondern sie macht ihn *in* diesem Leben zum Leiden und Wirken fähig. Nicht *neben* seinem Leiden und Wirken in *besonderen* Erlebnissen der Versenkung oder Ekstase ist das „Leben Jesu" für Paulus greifbar, sondern *in* diesem Leiden und Wirken, das er als Glaubender neu versteht, vollzieht sich die Lebensgemeinschaft mit Christus (2. Kor. 4, 7—18). Das *ἐν Χριστῷ* ist nicht die Formel der mystischen Gemeinschaft, sondern bedeutet, daß der Glaubende Christus gehört [1]). Es wird 2. Kor. 5, 17 interpretiert: *εἴ τις ἐν Χριστῷ, καινὴ κτίσις*, d. h. nicht eine mystische, sondern eine eschatologische Tatsache wird durch das *ἐν Χριστῷ*

1) *Ἐν Χριστῷ εἶναι = Χριστοῦ εἶναι*, Gal. 3, 28 ff.; 5, 24; 2. Kor. 10, 7; Röm. 8, 9; 14, 8; vgl. 1. Kor. 6, 19; Röm. 14, 7 f.

bezeichnet: in Christus hat man die Gerechtigkeit (2. Kor. 5, 21; Gal. 2, 17), die Freiheit (Gal. 2, 4), gehört man zu dem neuen Äon, zur neuen Menschheit, die mit dem Heilsereignis ihren Anfang genommen hat. Ist Christus das *πνεῦμα*, so nicht als eine magische oder mystische Kraft, die die Gemeinde und den Einzelnen durchströmt, sondern als der, der die Gemeinde und damit den Einzelnen vom Gesetz und damit von der Sünde befreit. Wie die *σάρξ* das alte Wesen des Menschen, die Gottlosigkeit, charakterisierte, so das *πνεῦμα* die neue Möglichkeit des Lebens in der Freiheit: *εἰ ζῶμεν πνεύματι, πνεύματι καὶ στοιχῶμεν* (Gal. 5, 25). Unser neues Leben im Geist ist ein *περιπατεῖν κατὰ πνεῦμα* (Röm. 8, 4—11; 12 f.) [1]). Ist *σάρξ* die Sphäre des weltlich Vorhandenen, und bedeutet ein Verhalten *κατὰ σάρκα*, das sich aus dem Vorhandenen Verstehen und Sichern, so bezeichnet *πνεῦμα* das nicht Vorhandene, und ein Verhalten *κατὰ πνεῦμα* das Leben, das sich preisgibt — weltlich verstanden an das Nichts —, um aus der Zukunft zu leben.

Was man als die Religion des Paulus bezeichnen könnte, ist also ein neues Sich-Verstehen und ein damit gegebenes neues Leben; es ist das Bewußtsein, in einer neuen Welt zu stehen, in der er sich frei von Gesetz und Sünde im Gehorsam unter Gott und in Liebe zum Nächsten bewegt; frei von der Vergangenheit, dem Tode, frei von sich selbst als einem, der gefangen war in einem durch das Vorhandene, durch Gesetz und Leistung, bestimmten Selbstverständnis. Dieses neue Leben wird nicht in besonderen Momenten, wie Kultus und Ekstase, ergriffen, sondern es ist die Bestimmtheit des ganzen geschichtlichen Lebens des Gläubigen.

Welchen Sinn aber Christus für dieses Leben hat, ist ganz deutlich. Es ist nämlich jetzt nicht mehr möglich, Frömmigkeit und Lehre zu trennen und die Lehre als Exponent der Frömmigkeit zu verstehen; vielmehr gründet das Leben im Glauben an Christus und das heißt zugleich an das, was in der Gemeinde von Christus gelehrt wird. Denn das neue Leben ist als Bestimmtheit des geschichtlichen Lebens weder ein mystischer Zustand besonderer

---

1) Wie für Paulus das Sein in Christus zugleich eschatologische Tatsache und konkrete Lebenshaltung ist, zeigt das Nebeneinander folgender drei Stellen:

1. Kor. 7, 19: *ἡ περιτομὴ οὐδέν ἐστιν καὶ ἡ ἀκροβυστία οὐδέν ἐστιν, ἀλλὰ τήρησις ἐντολῶν θεοῦ*. Gal. 5, 6: *ἐν γὰρ Χριστῷ Ἰησοῦ οὔτε περιτομή τι ἰσχύει οὔτε ἀκροβυστία, ἀλλὰ πίστις δι' ἀγάπης ἐνεργουμένη*. Gal. 6, 15: *οὔτε γὰρ περιτομή τί ἐστιν οὔτε ἀκροβυστία, ἀλλὰ καινὴ κτίσις*.

Momente, noch eine geheimnisvoll eingeflößte Kraft, die die Unsterblichkeit garantiert; es ist aber auch keine Idee, die entdeckt ist, in der nun das bisher verkannte Wesen Gottes rein erkannt wäre, sodaß damit der menschliche Geist aufgeklärt und vom Wahne befreit wäre. Das neue Leben ist *eine durch das Heilsereignis geschaffene geschichtliche Möglichkeit und ist Wirklichkeit, wo es im Entschluß ergriffen wird.* Eben dieser Entschluß ist *der Glaube*, der an Gottes in Christus geschehene und in der kirchlichen Verkündigung gelehrte Heilstat glaubt und ihr gehorcht. Durch diese Heilstat ist das neue Leben als Möglichkeit angeboten für die Menschen. Sie haben nicht von sich aus diese Möglichkeit, sodaß sie nur in aufklärender Belehrung darauf hingewiesen zu werden brauchten. Denn sie sind vor Gott Sünder, sind von ihrer Vergangenheit Gefangene, von dem, was sie geleistet haben, so gut wie von dem, was sie verfehlt haben, und sie gewinnen das neue Leben nur durch die in Christus erfolgte Vergebung. Sie gewinnen es also nicht durch eine Idee von der Gnade Gottes. Vergebung kann nur Ereignis sein, und sie ist Ereignis geworden — wie die Verkündigung sagt — in Christus, in dem Gott die Welt mit sich versöhnte (2. Kor. 5, 18 f.). Glaube bedeutet, die Vergebung annehmen, d. h. aber gehorchen, d. h. das Urteil über sich sprechen lassen, das Kreuz Christi übernehmen, nicht mehr sich selbst leben, sondern ihm und damit den Nächsten (Gal. 2, 19 f.; 6, 14; 2. Kor. 5, 14 f.).

An Christus glauben heißt also nicht, besondere Vorstellungen über sein Wesen haben, so gewiß man solche etwa auch haben kann. Es bedeutet auch nicht Nachfolge als ein Sichhineinziehenlassen in seinen Gottesglauben und seine Lebensführung. Der glaubende Jesus kommt für Paulus gar nicht in Frage; was er Glauben nennt, gibt es erst seit Tod und Auferstehung Christi, nicht vorher. Es ist aber wohl Nachfolge als Übernahme seines Kreuzes, freilich nicht im Sinne einer Imitatio, sondern als das Ergreifen der durch sein Kreuz beschafften Vergebung und Lebensmöglichkeit. Weder als menschliche Persönlichkeit kommt Jesus in Frage — das wäre der *Χριστὸς κατὰ σάρκα*, der vergangen ist (2. Kor. 5, 16) —, noch als himmlisches Gottwesen. Wohl hängt alles an der Person Jesu, aber so, daß Person und Schicksal in eins geschaut werden, m. a. W. Christus kommt in Frage *als geschichtliches Ereignis*, als das Ereignis, das geschah, als die Zeit erfüllt war (Gal. 4, 4), das den neuen Äon einleitet, das die Möglichkeit des neuen Lebens gibt, die in der ὑπακοὴ πίστεως ergriffen wird. Dann ist klar, inwiefern Paulus vom Glauben an Christus reden kann, daß damit keine Verdoppelung des Glaubensobjekts gegeben ist, daß der Glaube an Christus weder der illegitime mythologische Ausdruck eines durch den Eindruck der Persönlichkeit Jesu geweckten oder gefestigten Gottesglaubens ist, noch daß damit ein mystisches Verhältnis zu einer kultischen Gestalt gemeint ist, in der die Gottheit symbolhaft repräsentiert ist, sondern daß er die Unterwerfung unter das ist, was Gott in Christus getan hat. In diesem Sinne und nicht im kultischen ist Christus für Paulus der Herr und Paulus ist sein Sklave.

Was heißt dann *Christologie*? Sie ist nicht der theoretische Exponent der praktischen Frömmigkeit, ist nicht Spekulation und Lehre über das göttliche Wesen Christi, sondern sie ist *Verkündigung*, *Anrede*. Sie ist die „Lehre", daß durch Christus unsere Gerechtigkeit geschafft ist, daß er um unseretwillen gekreuzigt und auferstanden ist (Röm. 3, 24 f.; 4, 25; 10, 9; 2. Kor. 5, 18 f.).

Eben indem dies verkündigt wird, wird der Hörer angeredet und gefragt, ob er dies glauben, d. h. unter dieser Tatsache sich verstehen will: als Sünder vor Gott, der sich mit allem, was er von sich aus ist und hat, preisgibt und das Kreuz Christi übernimmt, und zugleich als den Gerechtfertigten, der am neuen Leben, an der Auferstehung Christi teilhat. Solche Verkündigung ist für den natürlichen Menschen zunächst der Ruf zur Buße, zur Einsicht, daß er unter der ὀργή Gottes steht. Sie richtet sich an das Gewissen des Hörers (2. Kor. 4, 1—6) und hat deshalb mit der Möglichkeit, das Leben zu verbreiten zugleich die Möglichkeit, den Tod zu verbreiten (2. Kor. 2, 14—16). In ihr wird für den Hörer das Heilsereignis Gegenwart, in der die von Gott durch Christus gestiftete Versöhnung jetzt für ihn aktuell wird: δεόμεθα ὑπὲρ Χριστοῦ · καταλλάγητε τῷ θεῷ ... ἰδοὺ νῦν καιρὸς εὐπρόσδεκτος, ἰδοῦ νῦν ἡμέρα σωτηρίας (2. Kor. 5, 20; 6, 2). Sofern die Lehre Verkündigung, Anrede, ist, steht sie nicht *neben* dem Heilsereignis, weder als dessen theoretische Explikation, noch auch als einfache historische Mitteilung, sondern sie gehört *zum Ereignis selbst*; Christus ist im Wort gegenwärtig. Mit dem Kreuz Christi hat Gott zugleich die διακονία τῆς καταλλαγῆς, d. h. den λόγος τῆς καταλλαγῆς eingesetzt (2. Kor. 5, 18 ff.). Wie Christus als die δύναμις Gottes bezeichnet werden kann (1. Kor. 1, 24), so ist auch die Predigt selbst, das εὐαγγέλιον, eine δύναμις θεοῦ εἰς σωτηρίαν παντὶ τῷ πιστεύοντι (Röm. 1, 16). Denn aus der Predigt kommt der Glaube (ἡ πίστις ἐξ ἀκοῆς) (Röm. 10, 13—17).

Also nichts Anderes ist die paulinische Christologie als *die Verkündigung der in Christus geschehenen Heilstat Gottes.* Die Christologie ist *das Wort Gottes.* Dem Wort korrespondiert *der Glaube*, der Verkündigung das neue Sich-Verstehen des Gläubigen. Sofern nun auch dieses, der Glaube, das neue Verstehen, die *Antwort* also auf die Anrede, sich ausspricht, ist auch solche Antwort Christologie. Die Antwort kann in mannigfacher Weise gegeben werden, als das bloße Bekenntnis, daß Jesus der Kyrios ist (Röm. 10, 9; Phil. 2, 11), oder auch in ausführlichen Gedanken, in denen sich das neue Verstehen seiner selbst und der Welt ausspricht. Solche ausführlichen Gedanken sind, sofern sie nicht müßige Spekulationen sind, sondern aus der geschichtlichen Situation hervorwachsen, aus den Notwendigkeiten der Gemeindeerbauung, des Kampfes, der Verteidigung, gleichfalls Christologie im Sinne der Anrede, aber freilich der indirekten Anrede. Paulus hatte zu solcher Gedankenbildung Anlaß sowohl im Kampfe gegen das Judentum wie gegen die Gnosis. In solchem Kampfe entwickelt er explizit seine christologischen Gedanken. Die Wrede-Boussetsche Theorie von der Rechtfertigungslehre des Paulus ist insofern ganz richtig, als sie *die Rechtfertigungslehre* als Kampfeslehre auffaßt, wie denn Theologie überhaupt nur als kritisch-polemische ihren Sinn hat. Aber sie hat darin völlig Unrecht, daß um deswillen diese Lehre etwas Nebensächliches sei und nicht die für Paulus zentralen christologischen und theologischen Gedanken enthalte. Sie expliziert vielmehr gerade, wie das menschliche Sein durch das Heilsereignis getroffen ist, und welches neue Verständnis der menschlichen Existenz mit ihm gegeben ist. Wie sehr die Gedanken der Rechtfertigungslehre die zentralen Gedanken sind, in denen Paulus seine neue Existenz versteht, zeigt die Tatsache, daß er mit den gleichen Grundgedanken das gnostische Pneumatikertum in Korinth bekämpft. Die Grundgedanken seiner Polemik gegen Judentum und Gnosis sind diese: das Kreuz ist *σκάνδαλον* und *μωρία*, weil in ihm das Urteil über alles menschliche Rühmen gegeben ist, mag es sich auf die *ἔργα νόμου* oder auf menschliche *σοφία* gründen. Und gerade im Kreuz mußte sich Gottes Gnade offenbaren, weil die Ursünde der Juden und Heiden die ist, daß sie Gott nicht die Ehre geben, sondern ihr eigenes *καύχημα* aufrichten. Durch das Gericht geht die Gnade; ist aller menschliche

Stolz zerbrochen — und er ist zerbrochen im Kreuz, durch das alle menschlichen Ideale in den Tod gegeben sind —, so steht der Mensch rein als Empfangender vor Gott und wird durch Gottes *χάρις* gerechtfertigt. Durch die Hingabe ins Kreuz kommt der Mensch von sich selbst los, und eben das ist sein Heil; dann ist er mit Christus gekreuzigt, ist *ἐν Χριστῷ*, ist neue Kreatur.

Die Rechtfertigungslehre des Paulus ist, so könnte man sagen, seine eigentliche Christologie, denn „hoc est Christum cognoscere, beneficia eius cognoscere". In der Rechtfertigungslehre kommt zum deutlichen Ausdruck, daß die Christologie nicht in Wesensspekulationen, sondern in der Verkündigung des Christusereignisses besteht, und daß die verstehende Betrachtung dieses Ereignisses nicht Spekulation, sondern Selbstbesinnung, Durchdenkung der eigenen neuen Existenz ist.

Und wie verhalten sich dazu jene *mythologischen Vorstellungen*, die die Forschung bei Paulus festgestellt hat? Jede theologische Explikation des Heilsereignisses und der christlichen Existenz vollzieht sich in der Begrifflichkeit der betreffenden Zeit. Da sie immer auch Rede über den Menschen und seine Welt ist, bewegt sie sich in traditionellen anthropologischen und kosmologischen Begriffen. Da sich solche Begriffe im Laufe der Zeit wandeln, ist ohne Kritik weder Paulus noch irgendeine Theologie oder Christologie zu verstehen. Paulus übernimmt z. B. aus dem Sprachgebrauch die Begriffe *σάρξ* und *πνεῦμα* zunächst in ihrer traditionellen Ausgelegtheit. Beide Größen bedeuten hier eine Stofflichkeit, die zugleich eine Macht ist. Wie weit sind sie dem, was Paulus sagen will, wirklich angemessen? Offenbar eben nicht, sofern sie eine Stofflichkeit bedeuten, denn Paulus will, wenn er von *σάρξ* und *πνεῦμα* redet, vom Wie des alten und des neuen Lebens reden. Also kritisch ist Paulus jedenfalls zu lesen, und der Fehler der früheren Forschung ist nicht der, daß sie überhaupt Kritik übte, sondern der, daß sie es tat auf dem Grunde einer modernen Weltanschauung, die sich selbst nicht vorher in Frage stellt, sondern sich zum Maßstab der Kritik macht statt der zentralen Intentionen des Textes selbst. Natürlich gibt es kein Kriterium dafür, daß man die Intentionen des Textes richtig getroffen hat, und jede Interpretation ist ein Wagnis. Aber sie kann gewagt werden, wenn man sich klar darüber ist, was man tut, und nicht mit einer festen Weltanschauung, sondern mit Fragen an den Text geht. Haben wir die Grundabsicht des Paulus richtig verstanden, so ist der Maßstab der Kritik seiner anthropologischen, kosmologischen und christologischen Aussagen darin gegeben, daß die Lehre Verkündigung des Christusereignisses als Anrede ist und als ihre Explikation die Entfaltung des christlichen Seinsverständnisses. Begriffe und Vorstellungen, die nicht darin ihre Wurzel haben, verfallen der Kritik, auch wenn sie einst für Paulus echter Ausdruck seiner Absicht sein konnten. Die mythologische Vorstellung von Christus als einem präexistenten Himmelswesen brachte für Paulus zum Ausdruck, daß es sich im Christusereignis nicht um eine innerweltliche Person und ein innerweltliches Schicksal handelt, sondern daß uns hier Gottes Handeln begegnet. Wir bedürfen jener Vorstellung nicht mehr und meinen doch, die christologische Intention des Paulus festzuhalten.

Wir haben unterschieden zwischen der Christologie, sofern sie Kerygma, direkte Anrede ist, und der Christologie, sofern sie indirekte Anrede ist als theologische Explikation des neuen Selbstverständnisses der Gläubigen, so wie sie als kritisch-polemische in der geschichtlichen Situation des Paulus begründet war und mit den Mitteln der zeitgeschichtlichen Begrifflichkeit vollzogen wurde. Das ist freilich nicht so gemeint, als ob sich die Aussagen des Paulus glatt auf beide Gruppen verteilen ließen. Vielmehr liegen sie miteinander verschlungen vor; ja, das Kerygma wird durch Vermittlung des glaubenden Verstehens und aus seinem Verständnis heraus vorgetragen. Darin liegt die Hauptschwierigkeit der Interpretation, die es fest ins Auge zu fassen gilt, darin das eigentliche Wagnis, dem sich die Forschung nicht entziehen darf. Diese Aufgabe ist nie eindeutig und ein für alle Mal zu erledigen, so wenig wie die Aufgabe der dogmatischen Theologie, die sich dem kirchlichen Kerygma gegenüber in der gleichen Situation befindet. Entscheidend ist aber, daß diese Fragestellung als der allein sachgemäße Zugang zur Interpretation der neutestamentlichen Christologie verstanden wird.

Was für Paulus ausgeführt wurde, gilt auch für die Interpretation der *johanneischen Christologie*. Der Unterschied von Paulus in einzelnen mythologischen Vorstellungen ist nebensächlich. Das gilt auch für den Hauptunterschied, daß nämlich Paulus sich den irdischen Jesus als seiner göttlichen *δόξα* entäußert vorstellt, während nach Johannes gerade am Fleischgewordenen die *δόξα* zu schauen ist. Denn freilich, sofern *δόξα* als himmlischer Stoff und Glanz angesehen wird, hat der irdische Christus nach Paulus keine *δόξα*, — der johanneische aber auch nicht. Die Schau der *δόξα* Jesu ist nach Johannes nur dem Auge des Glaubens möglich: Die *δόξα* ist eine paradoxe, gerade nicht himmlischer Glanz, sondern die Passion, das Wirken im Dienste des Vaters, nicht eine „Eigenschaft", ein zuständliches „Wesen", sondern das Wirken in Tat und Wort als der entscheidenden Anrede an den Hörer. Insofern läßt sich sagen, daß auch für Paulus der irdische Jesus und sein Kreuz die göttliche *δόξα* offenbaren, und Johannes hat, indem er das Wirken des irdischen Jesus als des Gottessohnes zeichnet, nur eine Möglichkeit ergriffen, die von vornherein in der Christologie des Paulus angelegt ist.

Daß aber für Johannes die Christologie Verkündigung, Anrede, ist, zeigt sich schon darin, daß Johannes — einen mythologischen Ausdruck aufgreifend — Jesus als den *Logos*, als das *Wort Gottes*, bezeichnet. Er ist und bedeutet nicht etwas *neben* dem Wort, sondern er *ist* das Wort: ... *ἐγὼ οὐ κρίνω αὐτόν* ... *ὁ λόγος ὃν ἐλάλησα, ἐκεῖνος κρινεῖ αὐτόν* ... (12, 47 f.). Das kommt in ganz paradoxer Weise darin zum Ausdruck, wie Johannes die Verkündigung Jesu darstellt. Was Jesus als Offenbarung Gottes verkündigt, ist er selbst, ist Christologie. Und der Inhalt der Christologie ist nicht ein besonderer Gedanken- oder Ideengehalt, sondern ist die Botschaft seines Gesendetseins, die Botschaft, daß dieses Gesendetsein die für die Welt entscheidende Tatsache ist, die *κρίσις* zum Gericht und zum Heil. Also auch hier ist das Christusereignis als die Tat des göttlichen Gerichts und der göttlichen Liebe zugleich der Inhalt der Christologie. Und gerade bei Johannes ist deutlich, daß diese Verkündigung und das in ihr gegebene Existenzverständnis ganz von selbst zu einer Kritik überkommener weltanschaulicher Vorstellungen führt, indem Johannes die eschatologische Mythologie, die Paulus noch festhält, preisgibt:

ἀμὴν ἀμὴν λέγω ὑμῖν ὅτι ὁ τὸν λόγον μου ἀκούων
καὶ πιστεύων τῷ πέμψαντί με
ἔχει ζωὴν αἰώνιον
καὶ εἰς κρίσιν οὐκ ἔρχεται,
ἀλλὰ μεταβέβηκεν ἐκ τοῦ θανάτου εἰς τὴν ζωήν.
ἀμὴν ἀμὴν λέγω ὑμῖν ὅτι ἔρχεται ὥρα καὶ νῦν ἐστιν
ὅτε οἱ νεκροὶ ἀκούσουσιν τῆς φωνῆς τοῦ υἱοῦ τοῦ θεοῦ
καὶ οἱ ἀκούσαντες ζήσουσιν (5, 24 f.).

Sachlich freilich sind Paulus und Johannes in diesem Punkte ganz einig; denn auch für Paulus ist die Zeit erfüllt und der Tag des Heils Gegenwart; für beide ist der neue Äon angebrochen im Ereignis Jesus Christus.

Noch stärker als Paulus bringt Johannes die Einheit Jesu mit Gott zum Ausdruck, und auch bei ihm dienen dazu mythologische Vorstellungsformen. Aber nicht darum handelt es sich, daß die Vorstellungen über Jesu göttliche Wesenheit weiterentwickelt und auf die Spitze getrieben sind, sondern darum, daß zum Ausdruck gebracht wird, daß in Jesus Gott handelt, daß in Jesus und nur in ihm Gott begegnet: *ὥσπερ γὰρ ὁ πατὴρ ἔχει ζωὴν ἐν ἑαυτῷ, οὕτως καὶ τῷ υἱῷ ἔδωκεν ζωὴν ἔχειν ἐν ἑαυτῷ* (5, 26). Man ehrt nicht den Vater neben dem Sohn, sondern wer den Sohn ehrt, der ehrt den Vater (5, 23), denn alles hat der Vater in seine Hand gegeben (3, 35; 13, 3). Wer den Sohn schaut, der schaut den Vater (14, 9), und mit dem Sohn zieht der Vater in die Herzen der Gläubigen ein (14, 23). Also nur in Jesus, d. h. nur in dem Ereignis der Offenbarung, nur in dem Wort, das Gott in Jesus spricht und das ihn verkündigt, ist Gott zugänglich für den Menschen.

Dann aber gewinnt jene ganze Entwicklung vom Menschen Jesus bis zum gottgleichen ewigen Sohn ein neues Licht, und auch der von Bousset ganz richtig erkannte Unterschied zwischen palästinensischem und hellenistischem Christentum erhält einen neuen Sinn.

Allerdings ist *Jesus* als reiner Mensch aufgetreten wie ein Prophet und Lehrer. Er trägt keine Lehre über seine Person vor, aber er sagt, daß das Faktum seines Wirkens das entscheidende sei. Seine Lehre ist nicht neu durch ihren Gehalt an Gedanken; denn in ihrem Gehalt ist sie nichts anderes als reines Judentum, reiner Prophetismus. Aber daß er es *jetzt* sagt, in letzter entscheidender Stunde, das ist das Unerhörte. Nicht das Was, sondern das Daß seiner Verkündigung ist das Entscheidende. *Jetzt* ist die Zeit, und

μακάριός ἐστιν ὃς ἐὰν μὴ σκανδαλισθῇ ἐν ἐμοί (Matth. 11, 6).
λέγω δὲ ὑμῖν· πᾶς ὃς ἂν ὁμολογήσῃ ἐν ἐμοὶ ἔμπροσθεν τῶν ἀνθρώπων
καὶ ὁ υἱὸς τοῦ ἀνθρώπου ὁμολογήσει ἐν αὐτῷ ἔμπροσθεν τῶν ἀγγέλων τοῦ θεοῦ.
ὁ δὲ ἀρνησάμενός με ἐνώπιον τῶν ἀνθρώπων
ἀπαρνηθήσεται ἐνώπιον τῶν ἀγγέλων τοῦ θεοῦ (Luk. 12, 8 f.; vgl. Mark. 8, 38).

Hat er sich als Messias gewußt oder nicht, das bleibt sich gleich. Es würde ja nur bedeuten, daß er den Entscheidungscharakter seines Wirkens durch eine zeitgeschichtliche jüdische Vorstellung zum Bewußtsein gebracht hat. Aber freilich impliziert sein Entscheidungsruf eine Christologie, freilich weder als metaphysische Spekulation über ein Himmelswesen, noch als ein Charakterbild seiner Persönlichkeit mit einem etwaigen Messiasbewußtsein, sondern eine Christologie, welche Verkündigung, Anrede ist.

Nennt ihn *die Urgemeinde* den Messias, so bringt sie in ihrer Weise zum Ausdruck, daß sie ihn verstanden hat. Das große Rätsel der neutestamentlichen Theologie, *wie aus dem Verkündiger der Verkündigte wurde*, warum die Gemeinde nicht nur die Gedanken seiner Predigt, sondern dazu und in erster Linie ihn selbst verkündigte, warum vollends Paulus und Johannes den Inhalt seiner Verkündigung so gut wie ganz ignorieren, löst sich eben in der Einsicht, daß das Daß seiner Verkündigung das Entscheidende ist. Das „Rätsel" entsteht ja nur dadurch, daß man den Blick auf „religiös-sittliche" und weltanschauliche Gedanken richtet, statt auf das Ereignis. Dann konstatiert man ein doppeltes Evangelium, zwei Verkündigungen mit verschiedenem Gedankengehalt, und man konstruiert eine ideengeschichtliche oder durch äußere kausale Verhältnisse bestimmte Entwicklung, — ganz richtig, sofern es sich um die Vorstellungen handelt, und doch am Entscheidenden vorbeisehend.

Der Verkündiger muß zum Verkündigten werden, weil das Daß seiner Verkündigung ja das Entscheidende ist, seine Person, aber nicht seine Persönlichkeit, ihr Hier und Jetzt, ihr Ereignis, ihr Auftrag, ihre Anrede. Indem die Urgemeinde ihn den Messias nennt, versteht sie ihn als das entscheidende Ereignis, als die Tat Gottes, die die neue Welt heraufführt. Denn am Messiasbegriff ist wieder nicht das das Entscheidende, was von Wesensvorstellungen an ihm haftete, sondern der Messias ist der, der in der letzten Stunde das Heil bringt, Gottes Heil, das eschatologische Heil, das allem menschlichen Wesen und Wünschen ein Ende macht und nur für den Gehorsamen Heil ist, für den anderen Gericht.

Die Zukunft konnte nur die Aufgabe haben, diesen Tatbestand zu explizieren, vor allem zu zeigen, wie die Entscheidung gegenüber seiner Person durch seinen Tod am Kreuz einen besonderen Charakter gewonnen hat, und so *das Kreuz in die Verkündigung einzubeziehen*. Treten in der hellenistischen Gemeinde an Stelle der Messiasvorstellung die mythologischen Vorstellungen und kultischen

Begriffe des hellenistischen Synkretismus, so sind auch das nur Mittel, um die Bedeutung der Person Jesu als der entscheidenden eschatologischen Heilstat Gottes zum Ausdruck zu bringen. Die Einheit der palästinensischen und der hellenistischen Christologie zeigt sich, sobald man im Auge behält, daß *die Titel Jesu* ihrem eigentlichen Sinne nach nicht konstatierend, beschreibend, sondern bekennend sind. Andererseits zeigt gerade die Differenz Recht und Pflicht der Kritik. Denn sie macht das Nebensächliche der weltanschaulichen Vorstellungen, die mit jenen Titeln verbunden sind, sichtbar, und zeigt zugleich, daß jede Zeit und Kultur notwendig in den ihr eigenen Vorstellungen das Entscheidende sagen muß.

So führt die Erforschung der neutestamentlichen Christologie zu dem positiven Ergebnis: diese Christologie ist Verkündigung, Anrede, als die Verkündigung der Heilstatsache, daß in Jesus Christus Gott die Welt mit sich versöhnt hat, daß er Gottes Wort ist, daß in der Predigt dieses Wortes die Stunde der Entscheidung da ist, daß, wer ihn hört, den Vater hört, wer ihn schaut, den Vater schaut, wer ihn ehrt, den Vater ehrt. Ebenso zeigt die Interpretation der neutestamentlichen Christologie, wie mit der Christologie des Kerygma eine Christologie gegeben ist, die nichts anderes ist als die Explikation des glaubenden Verständnisses des neuen Seins, wie also die ersten Verkündiger die Aufgabe gelöst haben, die für jede kirchliche Gegenwart neu gestellt ist, eine Christologie zu entwerfen, für welche es gilt: hoc est Christum cognoscere, beneficia eius cognoscere.

Der Begriff des Wortes Gottes im Neuen Testament*)

1933

Die im folgenden leitende Fragestellung ist nicht die, daß gefragt würde: wie versteht das Neue Testament das Phänomen, das wir als „Wort Gottes" bezeichnen? Vielmehr soll gefragt werden: was meint das Neue Testament, wenn es vom „Wort Gottes" (von Worten Gottes, von der Rede Gottes, vom Reden Gottes) redet? Bei dieser Fragestellung ist es notwendig, sich der für die neutestamentlichen Schriftsteller vorliegenden geschichtlichen Möglichkeiten zu versichern, also den Sprachgebrauch von „Wort" und „Wort Gottes", innerhalb dessen sich das neutestamentliche Reden vom Worte Gottes bewegt, zu überblicken [1]).

I. *Der alttestamentlich-jüdische Sprachgebrauch.*

Für den alttestamentlichen Sprachgebrauch von „Wort Gottes" ist zweierlei bezeichnend: 1. „Wort Gottes" kann gleichbedeutend

---

*) Unveröffentlicht. Vgl. Deutsche Theologie III. Vom Worte Gottes. 1931, S. 14–18. [Erstmals veröffentlicht in: Glauben und Verstehen I, 268–293].

1) Die Fragestellung ist hier also eine andere als in meiner Schrift: *Der Begriff der Offenbarung im Neuen Testament*, 1929. Dort ist gefragt, was das Neue Testament zu dem sagt, was wir als Offenbarung bezeichnen. Dort mußte der Untersuchung der neutestamentlichen Gedanken eine Besinnung darauf vorausgehen, von welchem Vorverständnis des Begriffs der Offenbarung die Frage geleitet sei. Hier dagegen muß eine historische Besinnung vorausgehen. Indessen dient indirekt solche historische Besinnung zugleich dazu, das uns geläufige Verständnis von „Wort" zu befragen und zu klären. Denn die Bezirke, deren Sprachgebrauch zu untersuchen ist, enthalten nicht nur die Bedingungen für den neutestamentlichen Sprachgebrauch, sondern weisen auch charakteristische Möglichkeiten des Verständnisses von „Wort" überhaupt auf.

sein mit dem Tun bzw. den Taten Gottes [1]); 2. „Wort Gottes“ kann die Weisung, die Forderung Gottes bedeuten.

Beide Bedeutungen lassen sich auf eine *primitive Anschauung vom „Wort“* zurückführen. *Das Wort enthält Macht*, und wie das Wort eines menschlichen Kraftträgers [2]) wirksam ist, so wirkt Gottes Wort durch sein bloßes Aussprechen. Durch den Hauch seines Mundes ruft Gott die Dinge ins Leben [3]), und von seinem Worte wird, wie im Babylonisch-Assyrischen gesagt, daß es unbeugsame Kraft und Dauer hat [4]). Es ist wohl kaum immer deutlich zu sehen, wieweit das „Wort Gottes“ noch als ein verlautbartes [5]), artikuliertes Sprechen Gottes gedacht ist, und wieweit nicht „Wort“ einfach die Machtäußerung Gottes bedeutet. Im Laufe der Zeit verschwindet natürlich die Vorstellung von einem eigentlichen Reden Gottes, wie schon die bildlichen Wendungen zeigen, daß Gott sein Wort „sendet“, daß es „fällt“ u. dgl. [6]).

Wie ist nun dieses Phänomen zu verstehen? Daß die *Machtäußerung* Gottes als sein *Wort* bezeichnet wird? Ich meine das nicht als psychologische oder ethnologische Frage, wie der Ursprung vom machthaltigen Wort, vom Zauberwort, zu erklären sei, sondern so: woraufhin ist das Phänomen des Wortes in dieser Anschauung primär angesehen? Bestimmend ist hier für den Begriff des Wortes, das *Gesprochenwerden*, nicht sein Sinngehalt; bestimmend ist, daß das Wort gesprochen wird, als zeitliches Ereignis geschieht, nicht als ewige Wahrheit besteht [7]). Und zwar ist das Wort gesprochen *zu . . .*; es ist *Anrede*, nicht Urteil im Sinne der Logik; und als Wort Gottes ist es Befehl:

„denn er sprach, da geschah's;
er befahl, da stand es da“ (Ps. 33, 9).

---

1) In synonymem Parallelismus stehen Gottes Wort und Tun z. B. Ps. 33, 4; 145, 13.

2) Z. B. des Königs, Jes. 11, 2—4 oder des Propheten, 2. Kön. 1, 10 ff. und Num. 22—24.

3) Ps. 33, 6; vgl. Jes. 40, 26.

4) Jes. 40, 8; 45, 23; 55, 10 f.

5) So z. B. der Donner als Stimme Jahves: Ps. 29, 3—9.

6) Jes. 9, 7; Ps. 107, 20.

7) Daß das Wort einen Sinngehalt hat, ist dabei freilich selbstverständlich. Gott sagt, *was* geschehen soll; und es geschieht, *was* er sagt. Dagegen ist die Vorstellung der Magie, wonach nur das Aussprechen des Wortlauts, der in seinem Sinn unverständlich sein kann, das „Wort“ konstituiert, schon eine verfallene Vorstellung.

Sofern nun das Natur- und Weltgeschehen auf Gottes Wort zurückgeführt wird, ist Gottes Wort sein kontingentes, willkürliches Walten und hat nichts mit dem *λόγος* im Sinne einer Gesetzlichkeit des Geschehens zu tun. Gottes Wort ist aber nicht etwa nur Anrede an die Dinge der Natur, die er durch das Wort ins Sein ruft und regiert, sondern dies in der Natur waltende Wort Gottes vernimmt auch der Mensch als ihn anredendes Wort. Gott spricht zu ihm in den Naturereignissen. Gottes Machterweis ist also auch und zwar vor allem deshalb Gottes Wort, weil die in der Natur dem Menschen begegnende Macht diesem „etwas sagt", weil der Mensch sich durch dasselbe etwas „gesagt sein läßt", nämlich, daß er als Geschöpf von einer die Welt durchwaltenden Macht, die ihm in gewaltigen Naturerscheinungen nachdrücklich vernehmbar ist, abhängig ist, sodaß er zu Gott flehen und ihn preisen muß [1]).

Gottes Wort ist aber auch „Wort" im eigentlichen Sinne als in menschlicher Sprache zu Menschen gesprochenes hör- und verstehbares Wort, nämlich das Wort, das für den Menschen „*Weisung*" ist als Wort des Propheten oder Priesters. Gottes Wort ist sein direkt an den Menschen gerichteter Befehl. Es ist dem Menschen „gesagt", was recht ist (Micha 6, 8); Gottes Gebote sind seine „Worte" (2. Chron. 29, 15), wie denn die zehn Gebote oft auch einfach die zehn Worte heißen [2]).

Der Zusammenhang beider Bedeutungen ist klar: in jedem Falle ist Gottes Wort sein wirkungskräftiger Befehl. Der innere Zusammenhang tritt z. B. Ps. 147, 15 ff. deutlich hervor:

„. . ., der sein Gebot zur Erde sendet,
eilends läuft sein Wort;
der Schnee wie Wolle spendet,
Reif wie Asche streut;
der sein Eis wie Bissen hinwirft,
vor seiner Kälte stehen die Wasser.
Er sendet sein Wort und läßt sie schmelzen,
läßt seinen Hauch wehen, die Wasser rinnen.
Er kündete Jakob sein Wort,
seine Satzungen und Rechte Israel."

Solcher Rede von Gottes Wort liegt eine bestimmte Erfassung des Daseins seiner selbst zugrunde. Geht man hinter die primitiven

1) Ps. 29 oder 145.

2) Ex. 34, 28; Deut. 4, 13 usw. Auch bei Philo und Josephus heißen die zehn Gebote *οἱ δέκα λόγοι*. Parallel stehen Jahwes דָּבָר und seine תּוֹרָה, seine מִשְׁפָּטִים und מִצְוֹת oder פִּקֻּדִים.

Vorstellungen vom Machtwort und inspirierten Propheten- oder Priesterspruch zurück und sucht zu erkennen, was in solchen Vorstellungen über das Verständnis des Menschen seiner selbst gesagt ist, und was von da aus der Gedanke Gottes und seines Wortes bedeutet, so ist deutlich: Gottes Wort bezeichnet Gott so, wie er für den Menschen da und vernehmbar ist. *Gottes Wort ist Gott*, sofern er den Menschen ins Sein ruft, ihn begrenzt und rätselhaft umfängt. Gottes Wort ist Gottes Wirken gerade nicht, sofern es einsichtig ist, sondern sofern es unverständlich ist. Gottes Wort ist aber ferner Gott, sofern er den Menschen in Anspruch nimmt, als verständliche Forderung, unter der der Mensch steht. Gottes Wort stellt den Menschen also ins Dunkel und stellt ihn zugleich in gewisser Weise ins Licht. Beide Bedeutungen hängen innerlich zusammen. Wie das Wort Gottes in der Natur Leben spendet und Leben vernichtet, so ist das Wort des Gesetzes kein „leeres Wort für euch, sondern euer Leben hängt daran, und durch dies Wort werdet ihr ein langes Leben haben" (Deut. 32, 47) [1]). Gottes unverständliches, erschreckendes und willkürlich begnadendes Walten in der Natur *sagt* dem Menschen etwas, weist ihn an seinen Platz; er *versteht* sich gerade angesichts des rätselhaften Gottes als abhängiges Geschöpf. Und Gottes Wort als Weisung für das Leben ist zwar verständlich in seinem Was, aber unergründbar in seinem Warum. Gottes Gebote sind so wenig aus einer ethischen Idee abzuleiten, wie sein Machtwalten aus einem Naturgesetz. In beidem weiß sich der Mensch abhängig vom Walten und Willen Gottes. Deshalb gewinnt das Wort Gottes auch nicht den Sinn des Inbegriffs einer Theologie als einer Lehre über Gott und Welt. Nicht in der *θεωρία*, sondern im Hören gewinnt der Mensch das Verständnis seiner selbst; Gottes Wort lehrt ihn je, sein Jetzt verstehen.

Im *späteren Judentum* ist der formale Sinn von „Wort Gottes" der gleiche. Gottes Wort ist sein Schöpferwort in den Apokryphen wie bei den Rabbinen [2]). Oft ist ausgesprochen, daß Gottes Wort

1) Vgl. Deut. 30, 19: Mit dem Wort des Gesetzes ist das Entweder-Oder von Tod und Leben dem Volk vor Augen gestellt. Vor dasselbe Entweder-Oder stellt nach Jer. 21, 8 das Wort des Propheten. Deshalb ist mit dem Befehl auch die Verheißung verbunden, vgl. Prov. 19, 16: „Wer das Gebot bewahrt, der bewahrt sein Leben; wer aber das Wort verachtet, wird sterben."

2) Im Targum ist nicht selten von der Schöpfung durch das Wort die Rede, wo im alttestamentlichen Text in allgemeinen Wendungen von Gottes Schöpfertat die Rede ist.

Macht hat [1]). Bekannt ist der Sprachgebrauch des Targum, in dem Gottes Memra (Wort) für die Bezeichnung Gottes selbst, die der hebräische Text des Alten Testaments bietet, eintritt [2]). Diese Vorstellung tritt im Judentum freilich zurück hinter der beherrschenden, daß das Gesetz Gottes Wort ist [3]). Daß auch dieses Wort als machthaltig gedacht ist, zeigt sich z. B. daran, daß geschriebene Worte des Gesetzes als Amulette verwendet werden [4]). Vor allem aber gelten die geschriebenen und überlieferten Worte der Thora als Gottes Wort im Sinne seines Befehls. Festgehalten ist, daß Gottes Wort seine Anrede und Forderung an den Menschen ist, unableitbar und nicht nach seinem Warum zu befragen. Auch wenn in der Gegenwart Gottes Wort nicht mehr erklingt und keine Propheten mehr aufstehen [5]), so hat doch das vorliegende „Wort“ nicht seinen Ereignischarakter verloren. Die Thora enthält ja nicht ewige Wahrheiten und ist nicht die Verkörperung eines zeitlosen Sittengesetzes, sondern sie ist von Gott zu Mose gesprochen und wird weiter gesprochen in der jüdischen Gemeinde und trifft den Einzelnen als Anrede Gottes, die Gehorsam fordert [6]). Auch im Judentum ist deshalb „Wort Gottes“ nicht zum Inbegriff einer Lehre, einer religiösen Weltanschauung geworden; Gottes Wort wendet sich nicht an den Intellekt, sondern an den Willen; es wird

---

1) Vgl. Sap. 12, 9; 16, 26; 18, 15 f.

2) Mit Recht bestreiten jüdische Gelehrte und Billerbeck, daß hier „Wort Gottes“ als Hypostase gedacht ist. Falsch ist es freilich, die Redeweise als bloßes Übersetzungsphänomen zu verstehen, d. h. als eine Abkürzung der Gottesbezeichnung „der da sprach, und es ward die Welt“. Vielmehr ist klar, daß für den Sinn von Memra die alte Bedeutung des „Machtwortes“ bestimmend ist. Wie schon im Alten Testament דָּבָר und רוּחַ nicht selten parallel stehen, so hat im Targum der מֵימְרָא die רוּחַ oft ersetzt, und so wird Memra parallel mit גְּבוּרָה, mit רְעוּתָא und besonders mit שְׁכִינָה gebraucht, d. h. Gottes Wort ist die Kraftmanifestation, die Manifestation Gottes überhaupt, es ist die Gegenwart Gottes, das praesens numen.

3) Vgl. Sir. 24, 23; 36, 2; Bar. 4, 1.

4) Am rechten Türpfosten werden die Mezuzen angebracht, Kästchen, die eine Pergamentrolle mit Deut. 6, 4—9; 11, 13—21 enthalten. Beim Morgengebet werden von den männlichen Israeliten am linken Oberarm und auf der Stirne die Tephillin getragen, Kapseln, die auf Pergamentrollen Exod. 13, 1—10. 11—16; Deut. 6, 4—9; 11, 13—21 enthalten. Vgl. W. Bousset, Die Religion des Judentums [3], S. 179.

5) Von der בַּת קוֹל kann in diesem Zusammenhang abgesehen werden.

6) Daher die unhistorische Exegese, die alles auf die Gegenwart bezieht.

nicht gesehen, sondern gehört; nicht wissenschaftliche Forschung, sondern Gehorsam vernimmt es.

In den Rahmen der alttestamentlich-jüdischen Auffassung gehört auch *Jesu Auffassung vom Wort Gottes.* Selbstverständlich ist für ihn, daß im Alten Testament Gottes gebietendes Wort dem Menschen begegnet [1]). Aber selbstverständlich ist für ihn als gottgesandten Propheten auch, daß Gott durch das Wort, das er, Jesus, spricht, in der Gegenwart wirkt. Als predigend und lehrend, das Wort redend, stellt die synoptische Tradition ihn dar; und die Gemeinde sammelt und überliefert seine Worte. Es ist kein Zweifel, daß er sich selbst als Verkündiger des Wortes gewußt hat. Mag die Charakteristik seiner Predigt als εὐαγγέλιον erst auf die hellenistische Gemeinde zurückgehen, sollte selbst das Verbum εὐαγγελίζεσθαι [2]) ihm erst von der Gemeinde in den Mund gelegt worden sein, wird auch die Szene Luk. 4, 16—30, in der er sich als den Jes. 61, 1 f. geweissagten Freudenboten vorstellt, eine Bildung der Gemeinde sein, — daß er die Botschaft im Auftrage Gottes bringt, Gottes Herrschaft stehe vor der Tür, ja sie breche an, daran ist kein Zweifel. Er kommt mit dem Wort, und das Wort, nichts anderes, ist sein „Arbeitsmittel" [3]). Er bringt nicht Riten und Praktiken, sondern das Wort. Das Wort aber nicht als eine Lehre über Gott, eine Weltanschauung, sondern als den Ruf zur Buße angesichts der kommenden Gottesherrschaft. Er verkündet den Willen Gottes; sein Wort ist Anrede, Ruf zur Entscheidung. Nichts, was er sagt, ist neu, entscheidend aber ist die Stunde, das Jetzt des Gesprochenwerdens, das Ereignis des Wortes.

Vom Hören hängt alles ab; wer Ohren hat zu hören, der höre! Seht zu, was ihr hört! Hört und erfaßt es! [4]). Das Hören ist also kein bloßes Anhören, sondern ein Gehorchen, mit dem das Tun verbunden ist. Wer hört und nicht tut, wer dem Manne gleicht, der auf den Sand baut, der hat im Grunde gar nicht gehört, obwohl er Ohren hatte [5]). Denn das Wort Gottes ist der Wille Gottes. Für Mark. 3, 35: „Wer den *Willen* Gottes tut", sagt Luk. 8, 21: „Die das *Wort* Gottes hören und tun" [6]). Das ist richtige Exegese: in

1) Vgl. Mark. 7, 13: ἀκυροῦντες τὸν λόγον τοῦ θεοῦ τῇ παραδόσει ὑμῶν.

2) In der Spruchquelle begegnet es nur einmal Matth. 11, 5; Luk. 7, 22. Im übrigen vgl. J. Schniewind, Euangelion, 1927, 1931.

3) Vgl. A. Schlatter, Die Geschichte des Christus, 1921, S. 135.

4) Mark. 4, 9 usw.; Luk. 4, 24; Mark. 7, 14.

5) Matth. 7, 24—27; Mark. 8, 18; 4, 12.

6) Vgl. Luk. 11, 28.

seinem Wort begegnet der Wille Gottes, und diesen Willen zu vernehmen, das allein heißt, *ihn* verstehen. Nichts anderes begründet ein Verhältnis zu ihm und nichts anderes legitimiert ihn als das jetzt gesprochene Wort. Die Forderung, sich durch ein Wunder zu beglaubigen, lehnt er ab (Mark. 8, 11 f.). Und auf seine persönlichen Qualitäten beruft er sich nicht. Nur das Wort stellt in die Entscheidung, das in seiner Anrede den Hörer trifft. Und dieses Wort hat die Macht, die dem Willen Gottes eigen ist. Denn in der Entscheidung des Hörens entscheidet sich das Schicksal des Hörers.

„Wer sich mein und meiner Worte schämt
in diesem ehebrecherischen und sündigen Zeitalter,
dessen wird sich auch der Menschensohn schämen,
wenn er kommt in der Herrlichkeit seines Vaters mit den heiligen Engeln
(Mark. 8, 38)."

Wenn es statt dessen bei Luk. 12, 8 heißt: „Wer mich bekennt vor den Menschen . . . und wer mich verleugnet vor den Menschen . . .", so zeigt sich, daß Jesu Person in seinem Worte aufgeht, d. h. aber auch, daß sein Wort Ereignis ist, Ereignis der Macht und des Willens Gottes wie das prophetische Wort in Israel.

II. Der griechisch-hellenistische Sprachgebrauch.

Natürlich kennt auch das Griechentum das magische Wort, die krafthaltige Formel und ebenso das Orakelwort, die inspirierte Gottesrede. Beherrschend für den griechischen Sprachgebrauch ist jedoch die Bedeutung von λόγος als dem *Sinngehalt des Gesprochenen.* Das Wort wird also primär nicht hinsichtlich des Ereignisses des Gesprochenwerdens, sondern hinsichtlich seines verständlichen Sinnes ins Auge gefaßt. Die ursprüngliche Bedeutung von λέγειν ist nicht anreden, sondern explizieren [1]). Der beherrschende Sinn von

1) Die ursprüngliche Bedeutung von λέγειν ist colligere = auflesen, aber im Sinne eines auswählenden Auflesens, vgl. Hom. Od. 24, 107 f.

οὐδέ κεν ἄλλως
κρινάμενος λέξαιτο κατὰ πτόλιν ἄνδρας ἀρίστους.

Die Entwicklung des Sprachgebrauchs verläuft so, daß das Moment des κρίνειν betont wird, so daß λέγειν den Sinn des Aufzählens, Rechnens, Zergliederns, Explizierens erhält, vgl. Er. Hofmann, Qua ratione ἔπος, μῦθος αἶνος, λόγος . . . adhibita sint (Diss. Gött. 1922). Vgl. noch [Epicharm] Fr. 56, Diels, Fragmente der Vorsokratiker, I⁴ S. 129, 8 f.:

ὁ βίος ἀνθρώποις λογισμοῦ κἀριθμοῦ δεῖται πάνυ·
ζῶμεν [δὲ] ἀριθμῷ καὶ λογισμῷ· ταῦτα γὰρ σῴζει βροτούς.

λόγος ist, daß er ἀπόφανσις ist, d. h. daß er einen Sachverhalt sehen läßt. Daß der Logos dieses in verlautbarten Worten, im Gesprochenwerden tut, ist dabei sekundär, und es kann ganz wegfallen; λόγος gewinnt den Sinn von Begründung, Grund. Sein Sinngehalt, nicht sein Gesprochenwerden, ist das, was ihn konstituiert. Der einzelne, gesprochene λόγος gewinnt seine Geltung als λόγος daraus, daß er an den κοινὸς λόγος gebunden ist, an den zeitlosen Sinn des Ganzen. Solange solche Bindung nicht ausdrücklich vollzogen ist αἰτίας λογισμῷ, hat auch eine ἀληθὴς δόξα, eine an sich richtige Meinung, nur relativen Wert [1]). Indem der λόγος seinen Sinn im Gesprochenen, im Sinngehalt, und nicht im Gesprochenwerden hat, kann vom λόγος schlechthin geredet werden ohne ergänzenden Genetiv, während das Wort im Alten Testament als das Wort je eines bestimmten Sprechers, eines Genetivs bedarf, einerlei, ob dieser ausgesprochen oder zu ergänzen ist.

Im Griechischen hat deshalb der λόγος nicht den Charakter der Anrede. Ja, vom Anredecharakter soll geradezu abgesehen werden: wer die Rede des Philosophen hört, soll nicht *ihm* beistimmen, sondern dem λόγος. Wer den λόγος hört, vernimmt also nicht einen je aus der Situation erwachsenden Anspruch, der ihm begegnet. Freilich wird er wohl eines Anspruchs inne, aber so, daß er ihn erst recht versteht, wenn er weiß, daß im Grunde er selbst es ist, der diesen Anspruch erheben muß, um über die ἰδία φρόνησις hinauszukommen. Er hört nicht ein Du, sondern sich selbst, dessen eigentliches Sein ein Sein im λόγος ist. Daher kann Sokrates die Weisung des delphischen Gottes: γνῶθι σαυτόν verstehen als die Weisung zu den λόγοι [2]). Deshalb wird nie wie im Alten Testament im einzelnen λόγος ein absoluter Anspruch laut; denn der einzelne λόγος bleibt immer in der Sphäre des διαλέγεσθαι, d. h. er muß immer wieder in Frage gestellt werden. Der Redende hat deshalb keine Autorität; man müßte selbst auf Bäume und Felsen hören, εἰ μόνον ἀληθῆ λέγοιεν.

Diese Auffassung vom λόγος beherrscht das griechische Denken bis zu seinem Ende. Der Mensch als ein ζῷον λόγον ἔχον hat sein eigentliches Sein in den λόγοι, im λόγος. Er versteht sein Sein nicht als geschichtliches, das durch das Miteinander von Ich und Du konstituiert wird, sondern er sucht vom denkenden Ich aus sein Sein in

1) Platon, Menon 97 C—98 A. 2) Platon, Phaidon 96 ff.

der Welt zu verstehen. Er braucht nicht zu „hören“; er will „sehen“; der λόγος ist nicht Anrede, sondern ἀπόφανσις. Die Voraussetzung ist diese, daß das Sein des κόσμος durch die gleichen λόγοι konstituiert wird wie das Sein des Menschen. Der denkende Mensch findet sich selbst im κόσμος wieder und findet darin die Sicherheit seines Daseins. Die Notwendigkeit, die in seinem Denken waltet, ist zugleich die Notwendigkeit des Bestandes und des Geschehens des All. Trennen und Verbinden, Messen und Begrenzen, Zusammenschauen zum einheitlichen Bilde ist das Tun des λόγος im Menschen wie im All, dessen Wesen eben κόσμος ist: ἡ ἰσότης ἡ γεωμετρικὴ καὶ ἐν θεοῖς καὶ ἐν ἀνθρώποις μέγα δύναται (Plat. Gorgias 507 E—508 A). Das „Worumwillen“ (οὗ ἕνεκα), das das menschlichen Denken leitet, scheint auch im κόσμος zu regieren und ihm seine τάξις zu geben. So ist der λόγος ebenso Begründung wie Grund, nicht nur der *Aufweis* der einheitlichen Struktur des Seienden, sondern zugleich diese Struktur selbst. So ist es verständlich, daß Heraklit das Gesetz in allem Werden den λόγος nennt, und daß für Parmenides Sein und Denken zusammenfallen.

Wie deshalb für Leukipp λόγος und ἀνάγκη zusammengehören, so fällt für die *Stoa* λόγος und φύσις zusammen. In dieser Kombination gewinnt nun freilich der Logosbegriff einen neuen Sinn, den er in seinem Ursprung — vielleicht bei Heraklit noch nachwirkend — einst hatte: der λόγος ist zugleich Machtträger. Das Problem des Dualismus von Form und Stoff, das — aus der Auffassung des κόσμος als eines Werkes der τέχνη herauswachsend — die griechische Philosophie seit ihrem Ursprung bewegt, wird in der Stoa in dem Sinne gelöst, daß der λόγος als πνεῦμα gedacht wird, als luftartiger Stoff, als πῦρ oder αἰθήρ, der das Weltganze durchströmt (πνεῦμα διῆκον) als τονικὴ δύναμις, als λόγος σπερματικός, so daß also die verständliche und berechenbare Form und die zeugende Naturkraft in eins gedacht werden. Dieser λόγος, der der κοινὸς νόμος φύσεως ist und den κόσμος zu einem ζῷον ἔμψυχον macht, ist zugleich für das Individuum als λόγος ὀρθός der νόμος, den es in der συγκατάθεσις ausdrücklich bejahen soll, um so seiner Identität mit dem Weltlogos innezuwerden.

In dieser Anschauung, daß der Logos sowohl das immanente Weltgesetz ist, wie daß er andererseits dem Individuum insofern als jenseitiger begegnet, als dieses die Identität mit ihm immer erst ausdrücklich vollziehen muß, liegt die Anknüpfung für *die folgende*

Entwicklung des Logosgedankens. Denn einerseits wird der Gedanke vom Logos als einer der Welt immanenten göttlichen Kraft festgehalten, andererseits wird seine Jenseitigkeit gegenüber allem Einzelnen, Empirischen betont, zumal gegenüber dem menschlichen Individuum, das seine Eigentlichkeit im Logos finden soll, aber auch verfehlen kann. Dazu kommt aber noch, daß unter der Nachwirkung der platonischen und aristotelischen Tradition die Gottheit immer mehr als jenseitig gegenüber der Welt gedacht wurde. Indem Gott und Welt auseinandergerissen werden, gewinnt der Logos eine eigentümliche Zwischenstellung, da er sowohl auf die Seite Gottes gehört, den er in der Welt repräsentiert oder vertritt, als auch zur Welt gehört, die durch ihn ihre Wirklichkeit und Ordnung hat.

Die einzelnen Stadien und die vielfachen Differenzierungen der Ausbildung des kosmologischen Dualismus und des Logosgedankens in diesem Zusammenhang können hier nicht dargestellt werden [1]). Sie werden bezeichnet durch die Namen des Autors *περὶ κόσμου*, Plutarch, Numenios, Plotin, das Corpus Hermeticum, aber auch Philon und die Gnosis. Das Wichtigste ist Folgendes: 1. Der griechische Gedanke, die Welt samt der Gottheit als Einheit unter dem Gesichtspunkt von Stoff und Form zu begreifen, wird preisgegeben, und dieser Dualismus von Form und Stoff wird abgelöst durch den *Dualismus von zwei Substanzen,* der göttlichen und der irdischen, aus denen dieser *κόσμος* gemischt ist. Das Verhältnis der göttlichen Kräfte oder der göttlichen Kraft in diesem Kosmos zur jenseitigen Gottheit kann nun nur unter dem Gedanken der Emanation gedacht werden. 2. Für die Verständlichmachung des Logos als eines Mittelwesens zwischen Gott und Welt bieten sich die *Mythologien* an, so daß er zu einem halb- und schließlich ganz-persönlichen Wesen wird. Und zwar wird der Logos mit solchen göttlichen Gestalten gleichgesetzt, die *kosmische und soteriologische* Funktionen haben. Denn der Logos ist ja immer noch der Inbegriff dessen, was man als die Welt konstituierend begreifen kann, der Kräfte und Gesetze, der Formen und Gestalten; und da man in diesen den sonst unsichtbaren und unerkennbaren Gott begreift, ist eben der Logos *der Offenbarer Gottes.*

Damit aber tritt eine Verschiebung im Logosgedanken ein, insofern das Gesprochenwerden des Wortes zur Geltung kommt. Der

1) Es bleibt sich dabei gleich, ob für den Terminus *Λόγος* der Terminus *Νοῦς* eintritt.

Logos ist Hermes, von den Göttern als *κῆρυξ* und *ἄγγελος* zu den Menschen gesandt, ihnen den Willen Gottes kundzutun (Cornutus).

Ja, uralter Wortglaube bricht wieder hervor, indem der Logos als das krafthaltige, wirkende Wort der Urgottheit verstanden wird: der Logos wird zum *Weltschöpfer*. Wird ferner der Logos immer mehr nach Analogie des heiligen Wortes in den Mysterien gedacht, das zugleich magische Formel wie tradierte Lehre ist, so verliert auch die Erkenntnis, die er als Offenbarer vermittelt, immer mehr den Charakter der Wissenschaft von der Welt und ihren Gesetzen und gewinnt immer mehr den Sinn einer mysteriösen Lehre, die aus einem Gemisch von wissenschaftlicher Tradition und mythologischer Spekulation besteht. Je radikaler die Erkenntnis, die man auf den Logos zurückführte, als übernatürliche gedacht wurde, desto mehr mußte er selbst als Person gedacht werden, als der „Sohn" und „Gesandte" des höchsten Gottes, der unerkennbar jenseits der Welt thront.

Ist es von hier zu einer Analogie zum „Wort Gottes" im Alten Testament gekommen? Von der mythologischen Hypostasierung des „Wortes" könnte man ja absehen; denn das Wesentliche ist, daß das Gesprochenwerden zum Worte gehört, und daß dies gesprochene Wort dem Menschen seine Stellung in der Welt und seinen Weg zum Heil anweist. Aber das Entscheidende fehlt: *das Wort ist nicht im echten Sinne Anrede, und es ist nicht zeitliches Ereignis in einer bestimmten Situation, in einer bestimmten Geschichte.* Faktisch liegt doch alles an seinem Inhalt, an der mysteriösen Weisheit [1]). Das Gesprochenwerden hat seine Bedeutung nicht als Anrede, sondern als mysteriöser Ursprung der Lehre, die ja angeblich nicht menschlicher Weisheit entsprungen sein kann. Symptomatisch dafür ist der Gedanke des *Schweigens* der Gottheit, der dem Gedanken des Wortes korrespondiert [2]). Die *σιγή* ist der dem Menschen unerfaßliche Hintergrund der Gottheit, der deus absconditus; der *λόγος* ist seine Offenbarung, der deus revelatus. Aber während für das Alte Testament Gott eben im Wort und nur im Wort für den Menschen da ist, ist in der Gnosis die Sehnsucht leben-

1) Daneben stehen freilich in den hermetischen Schriften einzelne Stücke, in denen das Offenbarungswort als Bußpredigt den Charakter der Anrede hat. Doch wird der Mensch nicht unter der Anrede festgehalten.

2) Vgl. Ign. Magn. 8, 2: *ὅτι εἷς θεός ἐστιν ὁ φανερώσας ἑαυτὸν διὰ Ἰησοῦ Χριστοῦ τοῦ υἱοῦ αὐτοῦ, ὅς ἐστιν αὐτοῦ λόγος ἀπὸ σιγῆς προελθών.*

dig, über den *λόγος* hinauszukommen in die *σιγή* Gottes, wie auch für Philon der *λόγος* nur bis zur Schwelle der Gottesschau Führer ist. Das Ziel ist die *σιγή*, und im kultischen oder ekstatischen Schweigen ist der Mensch eigentlich bei Gott, während im Alten Testament der Mensch gerade durch das Wort an den Platz gestellt wird, der ihm vor Gott gebührt und an dem er in seiner Eigentlichkeit ist, und während in der Predigt Jesu das Wort Gottes nicht von Gott getrennt ist, sondern Gott verstanden ist als mit seinem Wort „durch einen echten treuen Willen geeint", so daß sein Wort „die „höchste Macht und das vollkommene Gut ist" [1]).

III. Das Wort Gottes im Neuen Testament.

Für das Neue Testament ist der im Alten Testament, im Judentum und in der Predigt Jesu herrschende Gebrauch von „Wort" bestimmend. Der primitive Sinn, wonach ein ausgesprochenes Wort Macht enthält und als *Zauberwort* wirkt, findet sich teils in ursprünglicher Form, teils in übertragener Anwendung [2]). So gilt Gottes Wort als das kraftvolle *Schöpferwort* [3]) und damit auch als das vernichtende *Richterwort.* Gottes Wort ist aber ebenfalls sein *Befehl*, der im Alten Testament ausgesprochen ist, und in eins damit die *Verheißung* [4]). Daß die Worte Gottes im Alten Testament *Anrede* sind und nicht eine theologische Lehre, eine in Betrachtung und Einsicht zu übernehmende Weltanschauung, ist selbstverständlich; es wird aber auch direkt ausgesprochen [5]).

Ebenso ist nun im Neuen Testament der Begriff „Wort Gottes" verstanden, wenn er *die* Größe bezeichnet, für die er überwiegend

---

1) Ad. Schlatter, Die Geschichte des Christus, 1921, S. 136.

2) Die die Heilung bewirkenden Worte Jesu werden als *ῥήσεις βαρβαρικαί* beibehalten: Mark. 5, 41; 7, 34. Vgl. ferner Matth. 8, 8. 16; Luk. 4, 36; Act. 5, 5 für wunderwirkende Worte. Sakramentale Kraft hat das Wort Eph. 5, 26; 1. Tim. 4, 5; vgl. auch Apok. 6, 9; 12, 11. Übertragener Gebrauch Joh. 15, 3; 17, 17.

3) Schöpferwort: 2. Petr. 3, 5. 7; Hebr. 1, 3; 11, 3. Richterwort: Röm. 9, 28 (nach Jes. 10, 22 f.); Hebr. 4, 12; 2. Petr. 3, 7.

4) Gottes Befehlswort als im Alten Testament enthalten z. B.: Act. 7, 38; Hebr. 2, 2; 4, 2. Gottes Verheißungswort z. B. Röm. 3, 2; 9, 6. 9; 1. Kor. 15, 54.

5) Röm. 3, 19; 15, 4; 1. Kor. 10, 11. Die Schrift spendet den *λόγος παρακλήσεως* so gut wie der gegenwärtige Prediger (Act. 13, 15; Hebr. 13, 22). Daher auch die unhistorische und allegorische Exegese: das Wort Gottes im Alten Testament ist zur Gegenwart gesprochen.

gebraucht wird: *das christliche Kerygma* [1]). Es ist ein Wort, das Macht hat [2]), das wirksam ist [3]). Das Gesprochenwerden ist wesentlich für dieses Wort, es wird verkündigt und muß gehört werden [4]). Es ist Weisung, Befehl, und muß getan, gehalten werden [5]).

Neu ist also im Neuen Testament der Begriff des Wortes Gottes in seinem formalen Sinne zunächst nicht. Im Unterschied vom Alten Testament wird freilich nicht vom Worte Gottes als einem im Naturgeschehen waltenden Willen gesprochen, abgesehen davon, daß gelegentlich von der Schöpfung durch das Wort geredet wird [6]). Der Begriff des Wortes Gottes ist also so gut wie ausschließlich dadurch charakterisiert, daß es in menschlicher Rede an den Menschen ergeht.

Aus sonstiger Menschenrede hebt sich also solche Rede heraus, die Gottes Wort ist, die nicht in menschlichen Erwägungen und menschlichem Willen ihren Ursprung hat, sondern von Gott stammt. Sie gilt deshalb als von Gott eingegeben, als inspiriert, als vom Geist gewirkt. Dabei ist indessen auf das Ereignis des Gesprochenwerdens nicht als auf einen psychischen Vorgang reflektiert, und es ist deshalb damit nicht ein Kriterium angegeben, mittels dessen man Gottes Wort von anderen Worten unterscheiden kann. Vielmehr ist

---

1) Das Kerygma als *ὁ λόγος τοῦ θεοῦ*: 1. Kor. 14, 36; 2. Kor. 2, 17; 4, 2; Act. 4, 29. 31; Apok. 1, 9; 3, 8 usw. (*ὁ λόγος τοῦ Χριστοῦ* Kol. 3, 16; Hebr. 6, 1; *τοῦ κυρίου* 1. Thess. 1, 8; 1. Petr. 1, 25; Act. 8, 25 usw.). *Ὁ λόγος* absolut gebraucht für das christliche Kerygma: Gal. 6, 6; Kol. 4, 3; Jak. 1, 21 ff.; Luk. 1, 2 usw. Andere Bezeichnungen: *ὁ λόγος τῆς βασιλείας* Matth. 13, 19; *τοῦ σταυροῦ* 1. Kor. 1, 18; *τῆς ἀληθείας* Eph. 1, 13 (vgl. Kol. 1, 5); 2. Tim. 2, 15; Jak. 1, 18; *τῆς ζωῆς* Phil. 2, 16 (Act. 5, 20; Joh. 6, 68); *τῆς σωτηρίας* Act. 13, 16 (Eph. 1, 13); *τῆς καταλλαγῆς* 2. Kor. 5, 19; *τῆς χάριτος* (*αὐτοῦ*) Act. 14, 3; 20, 32; vgl. *τὸ ῥῆμα τῆς πίστεως* Röm. 10, 8 (Gal. 3, 2. 5) u. a.

2) Vom Worte wird ausgesagt: ein *ἐνεργεῖσθαι* 1. Thess. 2, 13; *τρέχειν* 2. Thess. 3, 1; *αὐξάνειν* Act. 6, 7; 12, 24 u. a. *καρποφορεῖσθαι* Kol. 1, 6. Es bleibt in Ewigkeit 1. Petr. 1, 25 (nach Jes. 40, 8). Vgl. ferner Aussagen wie Act. 20, 32; Jak. 1, 18. 21; 1. Petr. 1, 23.

3) Vgl. die Bezeichnungen als *λόγος τῆς ζωῆς* usw. Anm. 1.

4) *Κηρύττειν* Mark. 13, 10; 14, 9; Röm. 10, 8. 14 f. usw., *κήρυγμα* 1. Kor. 1, 21; 2, 4 usw., *κῆρυξ* 1. Tim. 2, 7; Tit. 1, 11, *καταγγέλλειν* Act. 13, 5 usw., *εὐαγγελίζεσθαι* und *εὐαγγέλιον* oft; *λαλεῖν* Act. 4, 29. 31 usw., *ἀποφθέγγεσθαι* Act. 2, 4. 14; 26, 25 u. a. — *Ἀκούειν* Röm. 10, 14. 18; Gal. 4, 21 usw., *ἀκοή* (= die Predigt) Röm. 10, 16 f.; Gal. 3, 2. 5 usw.

5) *Ποιεῖν* Luk. 8, 21 (Jak. 1, 22 f.); *τηρεῖν* Joh. 8, 51 f. 55 usw., *φυλάττειν* Luk. 11, 28; Joh. 12, 47; *προσέχειν τοῖς ἀκουσθεῖσιν* Hebr. 2, 1.

6) S. o. S. 279 Anm. 3.

der etwaige psychische Vorgang nur ein Hinweis auf die göttliche Determination und Autorität des Wortes. Das Wort ist nicht als Ausdruck einer Seelenverfassung oder eines persönlichen Charakters gedacht. Daß es vom Geist gewirkt ist, charakterisiert es nicht für den Beschauer, sondern für den Hörer, begründet seine Verbindlichkeit. Allerdings führt die primitive Anschauung der neutestamentlichen Zeit und Sphäre alle un- oder übernormal erscheinenden Phänomene direkt auf übermenschliche Kausalität zurück, und so erscheint auch ekstatisches Reden als geistgewirkt. Aber indem sich die Frage erhebt, ob Gottes Geist oder ein dämonischer solches Reden wirke, zeigt sich schon, daß die psychische Form als solche ein Reden noch nicht als Gottes Rede ausweist. Die Frage muß nach dem Inhalt des Gesagten bzw. nach seiner Bedeutung für die Gemeinde entschieden werden (1. Kor. 12). So sehr also Gottes Wort in ekstatischer Menschenrede laut werden und damit seinen übernatürlichen Ursprung dokumentieren kann, so wenig garantiert diese Form ihren göttlichen Ursprung. Genau wie im Alten Testament einerseits die Ekstase des Propheten nicht seine göttliche Autorisierung verbürgt, und andererseits das Wort Gottes keineswegs nur in der ekstatischen Rede des Propheten, sondern auch in seiner „vernünftigen", nüchternen Rede und im trockenen Wort des Gesetzes laut wird, so auch im Neuen Testament. Der Versuchung, Gottes Wort in ausgezeichneter Weise in der ekstatischen Rede zu finden, tritt Paulus dadurch entgegen, daß er das glossolalische Reden einschränkt und zurückstellt hinter dem Reden *ἐν νοΐ* [1]). Wie durch das dem Menschen geschenkte *πνεῦμα* nicht primär eine psychische Verfassung des Menschen bezeichnet wird, sondern eine Weise des *περιπατεῖν*, eine Bestimmtheit der ganzen Lebenshaltung, wie jeder brüderliche Dienst und jede Leistung in der Gemeinde auf das *πνεῦμα* zurückgeführt wird, so ist nicht allein

1) Wenn Paulus meint, als einer, der das *πνεῦμα θεοῦ* hat, der Gemeinde Weisungen geben zu können (1. Kor. 7, 40), so denkt er keineswegs an das ekstatische Reden. Ebensowenig wenn er 1. Kor. 2, 13 sagt: *ἃ καὶ λαλοῦμεν οὐκ ἐν διδακτοῖς ἀνθρωπίνης σοφίας λόγοις, ἀλλ' ἐν διδακτοῖς πνεύματος*. Vor allem ist die Missionspredigt, die sich *ἐν πνεύματι* vollzieht (1. Thess. 1, 5; 1. Kor. 2, 4 f.), keine ekstatische Rede. Ebensowenig ist an ekstatische Rede gedacht, wenn Act. 6, 10 erzählt wird, daß niemand widerstehen konnte *τῇ σοφίᾳ καὶ τῷ πνεύματι*, in dem Stephanus redete. Auch wenn nach Mark. 13, 11; Matth. 10, 19 f. das *πνεῦμα* in den vor Gericht gestellten Bekennern redet, wird nicht an ekstatische Rede gedacht sein.

das ekstatische Reden, sondern jedes Beten und Singen, jede prophetische und erbauliche Lehre eine Gabe des πνεῦμα [1]).

Was Gottes Wort in Menschenrede ist, kann überhaupt nicht von außen her konstatierend wahrgenommen werden. Denn *Gottes Wort ist immer Anrede* und wird als solches nur verstanden, wenn die Anrede verstanden, im eigentlichen Sinne *gehört* wird. Eben deshalb hat Gottes Wort keine Legitimation, sondern fordert Anerkennung. Aus der Neutralität heraus kann es nicht als Gottes Wort verstanden werden: *ψυχικὸς δὲ ἄνθρωπος οὐ δέχεται τὰ τοῦ πνεύματος τοῦ θεοῦ, μωρία γὰρ αὐτῷ ἐστιν, καὶ οὐ δύναται γνῶναι, ὅτι πνευματικῶς ἀνακρίνεται* (1. Kor. 2, 14).

Dies *πνευματικῶς ἀνακρίνειν* ist aber nur dort möglich, wo der Mensch über *seine* Weisheit das Urteil *μωρία* fällen läßt, wo er auf alle Kriterien, Gottes Verkündigung als Gottes Weisheit begreifen und erweisen zu können, verzichtet. Denn das würde ja immer heißen: selbst reden und auf sich selbst hören. Es würde bedeuten: fordern, daß Gott sich vor dem Menschen legitimiert. Gottes Wort zu hören, ist also nur möglich, wo der Mensch auf alles *καυχᾶσθαι* verzichtet und die *μωρία* des *λόγος τοῦ σταυροῦ* als Gottes Wort gelten läßt, wo er Gottes Wort also schlechterdings nur als Anrede, als an *ihn* gerichtete Frage gelten läßt, vor der alles eigene Fragen verstummt. Das Gleiche ist gesagt 2. Kor. 4, 3 f.: *εἰ δὲ καὶ ἔστιν κεκαλυμμένον τὸ εὐαγγέλιον ἡμῶν, ἐν τοῖς ἀπολλυμένοις ἐστὶν κεκαλυμμένον, ἐν οἷς ὁ θεὸς τοῦ αἰῶνος τούτου ἐτύφλωσεν τὰ νοήματα τῶν ἀπίστων εἰς τὸ μὴ αὐγάσαι τὸν φωτισμὸν τοῦ εὐαγγελίου τῆς δόξης τοῦ Χριστοῦ*. Und zwar gilt das deshalb, weil sich die Predigt an das Gewissen der Hörer wendet [2]).

Damit ist aber zugleich gesagt, daß das Wort Gottes, so wenig es menschlichen Kriterien unterliegt, und so sehr es autoritatives Wort ist, ja gerade deshalb, *verständliches* Wort ist, daß es also weder durch seine Magie wirkt, noch als Dogma die blinde Unterwerfung, die Annahme von Absurditäten fordert. Ohne seine Verständ-

1) Daß 1. Kor. 14, 14—16 *τῷ πνεύματι* „in Ekstase" bedeutet, ist nur aus dem Gegensatz zu *τῷ νοΐ* zu verstehen; denn faktisch führt Paulus in K. 12 und 14 jedes christliche Reden auf das *πνεῦμα* zurück, und gerade gegenüber dem verständlichen Reden, seinem *ἀνακρίνειν* und *ἐλέγχειν*, muß der *ἰδιώτης* und *ἄπιστος* bekennen, *ὅτι ὄντως ὁ θεὸς ἐν ὑμῖν ἐστιν* (14, 25).

2) 2. Kor. 4, 2: *συνιστάνοντες ἑαυτοὺς πρὸς πᾶσαν συνείδησιν ἀνθρώπων*, 5, 11: *ἐλπίζω δὲ καὶ ἐν ταῖς συνειδήσεσιν ὑμῶν πεφανερῶσθαι.*

lichkeit wäre es nicht im echten Sinne Anrede [1]). Echte Anrede ist nur ein Wort, das dem Menschen ihn selber zeigt, ihn sich selbst verstehen lehrt, und zwar nicht als theoretische Belehrung über ihn, sondern so, daß das Ereignis der Anrede ihm eine Situation des existentiellen Sich-Verstehens eröffnet, ihm eine Möglichkeit des Sich-Verstehens eröffnet, die in der Tat ergriffen werden muß. Anrede stellt nicht dies oder das für mich zur beliebigen Wahl, sondern sie stellt in die Entscheidung, sie stellt gleichsam mir mich selbst zur Wahl, als ein welcher ich durch die Anrede und meine Antwort auf sie sein will.

Solchen Charakter hat also das Wort Gottes im Neuen Testament wie im Alten. Es ist nicht Orakelwort, das für die selbsterwogenen Möglichkeiten meines innerweltlichen Tuns Licht und Weisung gäbe; vielmehr handelt es sich um meine *σωτηρία* oder *ἀπώλεια*, um *ζωή* oder *θάνατος*, um *δικαιοσύνη* oder *κατάκριμα*. Und zwar wiederum nicht so, als würde im Wort Belehrung über diese Möglichkeiten als im allgemeinen offenstehende vorgetragen, sei es eine Sittenlehre, als *ὁδὸς τῆς ζωῆς* und *ὁδὸς τοῦ θανάτου*, sei es eine wissenschaftliche oder mysteriöse Weltanschauung, sondern so, daß im Augenblick der Verkündigung und des Hörens der Weg zum Leben und der Weg zum Tode offen daliegt. Das ist damit gesagt, daß die Predigt den *Glauben* fordert, daß dieser Glaube aber nicht bedeutet, daß der Mensch das Wort akzeptiert und hinterher danach sein Leben so einrichtet, daß es zum „Leben" führt, sondern so, daß dieser Glaube selbst das Leben gibt und vor dem Tode rettet. Als die, die durch nichts anderes als durch das Wort die Möglichkeit des Lebens erhalten haben, heißen die Christen die *κλητοί* und als die, die durch nichts anderes als durch die Annahme des Wortes das Leben empfangen, heißen sie die *πιστεύσαντες* oder *πιστεύοντες*.

Um so klarer muß gemacht werden, *daß dieser Glaube wirklich ein Verstehen ist.* Denn wenn auch das Thema oder die Absicht des Wortes für jeden Menschen verständlich ist, sofern dieses Wort Leben, Heil, Gerechtigkeit bringt, so muß doch auch verstanden werden, wieso sich diese Möglichkeit gerade in diesem Worte eröffnet. Die Antwort ist die: das Wort ist deshalb das Wort des Lebens,

1) Dem Grundsatz der Verständlichkeit ordnet Paulus selbst die unverständlichen *γλῶσσαι* ein, nicht nur, sofern sie in der Gemeinde in verständliche Rede übertragen werden sollen, sondern auch sofern er sie als *σημεῖον* für die *ἄπιστοι* auffaßt, d. h. also als Phänomene, die diesen etwas „sagen" (1. Kor. 14, 22).

weil es als das Leben *die Vergebung, die Rechtfertigung* verkündigt. Und das wird im Neuen Testament allerdings vorausgesetzt, daß jeder Hörer verstehen kann, was Vergebung ist, und daß er die Vergebung als das Leben verstehen kann. Und zwar deshalb, weil jedem Menschen zugemutet wird, daß er, wenn er nach seinem *Heil* fragt, nach *Gott* fragen müsse, und daß er, wenn er nach Gott fragt, nach seinem *Herrn* fragt, dem er *verantwortlich* ist, und daß er sich als *Sünder* vor Gott erkennen müsse. Daß das Wort Gottes dieses vermag: dem Menschen seine Sünde zugleich aufdecken und vergeben, das macht seinen Charakter als Wort Gottes aus. Aber dies vermag es als echte Anrede nur so, daß es den Hörer fragt, ob er sich so verstehen will, ob er seine Situation vor Gott so sehen will, ob er das hier und jetzt ihm begegnende Wort deshalb als Gottes Wort verstehen will. Da dies Wort reine Anrede ist und keine Legitimation bringt, da es nichts beweist, und nicht als *Theorie* von der Gnade Gottes, sondern als Gottes eben jetzt sich ereignender *Akt* der Gnade verstanden werden will, bringt es Leben oder Tod, ist es das Wort des Lebens wie des Gerichts. Die Möglichkeit des Wortes, verstanden zu werden, fällt zusammen mit der Möglichkeit für den Menschen, sich selbst zu verstehen. Ob er sich so verstehen *will*, wie ihm im Worte gesagt ist, danach ist er gefragt. Daß er sich so verstehen *kann*, darin liegt das einzige Kriterium für die Wahrheit des Wortes; oder besser gesagt: darauf ist der Mensch, der nach einem Kriterium fragt, allein hinzuweisen, und die Aufgabe der Predigt ist deshalb, das Wort so darzubieten, daß die Möglichkeit des Verstehens nicht zu einer Frage der Theorie, der Weltanschauung wird, sondern deutlich wird als eine jetzt durch das Wort eröffnete und vom Willen zu ergreifende Möglichkeit.

Im Neuen Testament ist dieser Charakter des Wortes auf die verschiedenste Weise deutlich gemacht. Schematisch z. B. Act. 2, 37 f.: „Wie sie aber das hörten, ging es ihnen durchs Herz und sie sagten zu Petrus und den übrigen Aposteln: was sollen wir tun, ihr Männer und Brüder? Petrus aber sprach zu ihnen: Tut Buße, und lasse sich ein jeder von euch taufen in dem Namen Jesu Christi zur Vergebung eurer Sünden." Wo in der korinthischen Gemeinde das Wort in Prophetenrede erklingt, da ergeht es dem ἰδιώτης oder ἄπιστος: „Er wird von allen überführt, von allen beurteilt; was in seinem Herzen verborgen ist, wird offenbar; er aber fällt auf sein Antlitz, betet Gott an und bekennt, daß in Wahrheit Gott unter euch ist“ (1. Kor. 14, 24 f.). Zusammenfassend heißt es Hebr. 4, 12 f.: „Denn lebendig ist Gottes Wort und wirksam und schneidender als ein zweischneidiges Schwert, und es dringt ein bis in die Fuge von Seele und Geist, Gelenk und Mark, und es vermag zu richten Gesinnungen und Gedanken des Herzens; und es gibt kein Geschöpf, das ihm verborgen wäre, sondern alles ist bloß und offengelegt vor den Augen dessen, mit dem wir es zu tun haben.“

Wie sich der Mensch, der vom Wort getroffen ist, verstehen kann und soll, macht vor allem die Theologie des Paulus klar; zunächst *den Juden gegenüber*, indem *das Gesetz als παιδαγωγὸς εἰς Χριστόν* aufgewiesen wird: „Die Schrift hat alles unter die Sünde eingeschlossen, damit die Verheißung auf Grund des Glaubens an Jesus Christus den Glaubenden geschenkt würde“ (Gal. 3, 22). „Das Gesetz aber ist daneben hineingekommen, damit die Übertretung voll werde; wo aber die Sünde voll ward, da ward die Gnade übervoll“ (Röm. 5, 20). In gleichem Sinne wird Röm. 7, 7 ff. gezeigt, wie sich unter der Gnade die Situation des Menschen unter dem Gesetz erhellt, und wie das Wort von der Gnade eben dem verständlich ist, der unter dem Gesetz steht. *Den Heiden gegenüber* steht es nicht anders. Die Missionspredigt des Paulus, von der wir uns nach Röm. 1, 18 ff. ein Bild machen können, setzt voraus, daß die Heiden die Möglichkeit haben, den über ihnen sich vollziehenden Zorn Gottes zu verstehen; haben sie doch eine Erkenntnis der Rechtsforderung Gottes (1, 32), und ist doch das vom Gesetz verlangte Werk in ihr Herz geschrieben, haben sie doch ein Gewissen (2, 14 f.); und als solche können sie auch das Wort von der Vergebung verstehen. Wie dies die entscheidende Frage ist: die Preisgabe des alten Selbstverständnisses, in dem der Mensch seiner eigenen Weisheit vertraut und seinen eigenen Ruhm sucht, zeigt deutlich *der Kampf des Paulus gegen die Gnosis in Korinth*, in welchem die Torheit des Wortes vom Kreuz der menschlichen Weisheit, der paradoxe Ruhm der Schwachheit dem menschlichen Stolz gegenübergestellt wird und die Kraft Gottes und das Leben Jesu als in unserem Dahingegebenwerden in den Tod sich vollziehend beschrieben wird.

In gleicher Schärfe wird bei *Johannes* der Charakter des Wortes herausgestellt, das in fremder Sprache (8, 43) in diese Welt hineinredet, insofern es ihr Selbstverständnis, ihr Verfügen über ihre Möglichkeiten in Frage stellt, das Urteil des „gesunden Menschenverstandes" verwirft und die Beugung unter das Urteil, in Finsternis und Sünde zu sein, fordert. Jede Legitimation des Wortes wird verweigert: „Zeugnis" ist es selbst, und es gibt kein „Zeugnis" neben dem Wort, das der über sich selbst verfügende Mensch zunächst prüfen und für recht befinden könnte, um sich dann zum Glauben zu entschließen. Dazu läßt das Wort keine Zeit; es ist selbst *κρίσις*, und wenn das Wort einmal nicht mehr gesprochen wird — und diese Zeit kommt —, so ist es zu spät.

Soweit ist zwischen dem Alten und Neuen Testament kein Unterschied im Begriffe des „Wortes Gottes", sofern es sich um das Wort Gottes handelt, das in Menschenrede begegnet. Denn alle genannten Charaktere des neutestamentlichen Wortes treffen grundsätzlich auch für die prophetische Predigt des Alten Testaments zu. Blickt man aber auf den Inhalt des Wortes, so scheint sich ein Unterschied herauszustellen. Er scheint darin zu liegen, daß *im Neuen Testament das Wort Gottes im Grunde ein einziges* ist, nicht ein vielfaches wie im Alten Testament, daß es immer nur *das Wort von Christus* ist. Damit eröffnet sich zugleich ein Problem, von dem bisher noch abgesehen war: der Inhalt des Wortes als Anrede ist Vergebung, Rechtfertigung, Leben. Aber ist das neutestamentliche Wort nicht außer der *Anrede* auch *Mitteilung*, und zwar eben nicht nur Mitteilung der jetzt angebotenen Gnade Gottes, sondern Mitteilung *von einem geschichtlichen Faktum:* dem Ereignis Jesus Christus? Es entsteht also die Frage, *wie sich Anrede und Mitteilung verhalten*, oder wie sich das Ereignis Jesus Christus, das in der Vergangenheit liegt, zum Ereignis der Anrede, die je im Jetzt erfolgt, verhält. Die Frage nach dem Verhältnis zum Worte des Alten Testaments und das Problem des Verhältnisses von Anrede und Mitteilung ist gleichsam programmatisch formuliert Hebr. 1, 1 f.: „Nachdem Gott vormals vielfach und vielartig zu den Vätern geredet hatte durch die Propheten, hat er jetzt am Ende der Tage zu uns geredet durch den Sohn."

Der Unterschied vom Alten Testament besteht aber nicht in der Weise, in der er zunächst erscheint. Auch im Alten Testament ist Gottes Wort im Grunde *eines*, weil es *Gottes* Wort ist. Es ist *eines, sofern es fordert*: es sagt dem Menschen das, „was gut ist, und was Gott von ihm fordert, nämlich Recht tun, Güte lieben, demütig wandeln vor Gott" (Micha 6, 8; vgl. Amos 5, 14 f.; Hos. 6, 6; Jes. 1, 16 f.). Ebenso ist es *eines, sofern es verheißt*, daß der, der danach tut, leben wird (Deut. 32, 47; Prov. 19, 16; s. o. S. 271). In allen Formen und für alle Situationen ist doch dieses Eine gefordert, daß sich der Mensch in schlechthinigem Gehorsam ohne Selbstherrlichkeit von Gott seinen Weg weisen läßt, und zwar den Weg des Rechtes, der Gerechtigkeit, der Güte. Und zwar so, daß dieses Wort zugleich Gericht und Heil für den Menschen bedeutet.

Wichtiger aber ist, daß dieser Befehl, diese Drohung und Verheißung, ob ausgesprochen oder nicht, *zugleich Mitteilung* ist, und zwar Mitteilung *von geschichtlichen Ereignissen*, von dem, was Gott am Volke getan hat. Angeredet ist das Volk, das Gott berufen und zu einem Volk gemacht hat durch den Ruf aus Ägypten, den Zug durch das Schilfmeer, die Gesetzgebung und den Zug durch die Wüste in das Land Kanaan. Dieses Volk, das „erwählte Volk", das diese Geschichte hat, ist im Worte angeredet, und die Anrede gründet sich, ob ausgesprochen oder nicht, auf das, was Gott in der Geschichte getan hat. Darin gründen Befehl und Verheißung:

> „Ich aber vertrieb die Amoriter vor euch ...
> ich wars, der euch führte aus Ägyptenland,
> ich leitete euch vierzig Jahre in der Wüste,
> der Amoriter Land zu erobern.
> Ich erweckte aus euren Söhnen Propheten,
> Nasiräer aus euren Jünglingen.
> Ist dem nicht so, ihr Kinder Israels, spricht Jahve?
> Und ihr ..." (Am. 2, 9–13.)
> „So spricht Jahve, dein Schöpfer, Jakob, dein Bildner, Israel;
> fürchte dich nicht, denn ich habe dich erlöst,
> ich rief dich bei deinem Namen, du bist mein." (Jes. 43, 1.)

Als der, der das Volk durch die Geschichte geführt hat, wird Gott in den Psalmen gepriesen (Ps. 105. 135. 136).

Die Beziehung auf die Geschichte ist also ein konstitutiver Charakter des Wortes Gottes im Alten Testament. Und welche geschichtlichen Ereignisse genannt sein mögen, ob die Phantasie über die Befreiung aus Ägypten hinaus in die Patriarchenzeit zurückgeht, oder ob Gottes Taten in der jüngsten Vergangenheit genannt werden: die Geschichte ist als Einheit, als einheitliches Handeln Gottes gedacht, aus der heraus je das Jetzt erwächst, und die je dem Jetzt und damit auch dem in das Jetzt gesprochenen Wort Gottes seinen Charakter gibt. In diesem Sinne ist *das Wort als Anrede zugleich Mitteilung*, und beides bildet eine Einheit, weil das Mitgeteilte, weil *die Geschichte im Jetzt mitanredet.* Deshalb ist die gehorsame Beugung unter das jetzt begegnende Wort zugleich Treue gegen das, was Gott am Volke und damit am Einzelnen getan hat. *Glaube ist Gehorsam, der zugleich Treue und Vertrauen ist.* Die Mitteilung von Vergangenem hat also nicht den Sinn eines historischen Berichtes, sondern ist Anrede, in der das Vergangene vergegenwärtigt wird. Die Vergegenwärtigung der Geschichte erfolgt weder in poetischer Erinnerung [1]), noch in forschender Rekonstruktion, sondern in anredender Tradition, in der die Geschichte selbst „zu Worte kommt", gleichsam zum Worte wird. Damit ist aber gesagt, daß trotz des *πολυμερῶς* und *πολυτρόπως* das Wort Gottes im Alten Testament eines und das gleiche ist, und zwar eben deshalb, weil es in Einheit steht mit einer bestimmten Geschichte. Was als Gottes Willen, als Gericht und als Gnade im Worte verkündigt wird, sind nicht allgemeine ewige Wahrheiten, kein Sittengesetz und keine Weltanschauung, sondern es ist je die Forderung Gottes an den Augenblick, der aus einer bestimmten Geschichte erwächst.

Wenn nun *im Neuen Testament* der einzige Inhalt des Wortes Gottes, *Christus*, sein Kreuz und seine Auferstehung ist, so ist zunächst weder darin ein Unterschied vom Alten Testament zu sehen, daß ein einziges Thema der Inhalt des Wortes ist, noch auch darin, daß in diesem Worte Anrede und Mitteilung verbunden sind; denn auch im neutestamentlichen Worte bilden sie eine Einheit.

Deutlich ist das zunächst wieder *bei Paulus*: *Kreuz und Auferstehung* sind nicht zu verstehen als bloße Fakten der Vergangenheit, sondern wie sie für den Einzelnen vergegenwärtigt werden in der Taufe, die ein Mitsterben und Mitauferstehen mit Christus ist, so ist das ganze Leben der Glaubenden eine Teilnahme am Gekreuzigtwerden und ein Umhertragen des Sterbens Jesu am eigenen Leibe; und sofern es ein Leben des Glaubens ist, ist es zugleich die Teilnahme an seiner Auferstehung, die ja nicht ein Einzelfaktum in der Vergangenheit, sondern den Anfang einer neuen Menschheit bedeutet. Möchte man das zunächst so verstehen, daß das Christusereignis ein kosmisches Faktum ist analog den Schicksalen der Gottheit in den Mysterien und in der Gnosis, ein kosmisches Faktum, das für den Einzelnen in mysteriöser Weise wirksam wird durch die Sakramente, so ist doch deutlich, daß für Paulus diese

1) Natürlich kann die *Form* der Vergegenwärtigung sehr wohl eine poetische sein.

Möglichkeit der Teilnahme am Heilsereignis durch die Predigt und den ihr gehorchenden Glauben gegeben wird. In der Predigt wird Christus vergegenwärtigt. Die Versöhnungstat Gottes im Kreuze Christi ist zugleich die Einsetzung der *διακονία τῆς καταλλαγῆς*, des *λόγος τῆς καταλλαγῆς*, so daß im predigenden Apostel Christus selbst, ja Gott selbst, anredet: „Für Christus also werben wir, indem Gott gleichsam durch unsern Mund predigt: wir bitten euch für Christus, laßt euch mit Gott versöhnen" (2. Kor. 5, 20). Wie das Christusereignis das eschatologische Geschehen ist, das den alten Äon endet und den neuen heraufführt, so ist es die Predigt des Apostels: „Siehe jetzt ist die willkommene Zeit, siehe jetzt ist der Tag des Heils" (2. Kor. 6, 2). So wird im Evangelium als im gepredigten Wort, Gottes Kraft zum Heil für jeden Glaubenden offenbart (Röm. 1, 16). So ist der predigende Apostel, den Gott herumführt, um den Duft seiner Erkenntnis durch ihn zu offenbaren, der „Wohlgeruch Christi für Gott unter den Geretteten und unter den Verlorenen; den einen ein Duft vom Tode zum Tode, den andern ein Duft vom Leben zum Leben" (2. Kor. 2, 15 f.). Indem Paulus das Wort verbreitet, verbreitet er das Leben [1]).

In dieser Auffassung, daß im gepredigten Wort das Christusgeschehen sich weiter vollzieht, ist die Auffassung von der Tradition und von der *Kirche* begründet. Weil der Inhalt des Wortes nicht allgemeine Wahrheiten sind, sondern eine bestimmte Botschaft, so gehört zum gottgewirkten Heilsgeschehen die Tradition des Wortes. Nur in ihr ist es da, und um dieser Tradition willen hat Gott in der *ἐκκλησία* die Verkündiger des Wortes eingesetzt (1. Kor. 12, 28; Eph. 4, 11). Auf dem Grunde der Apostel und Propheten ist die Gemeinde erbaut (Eph. 2, 20). Die Mauern der himmlischen Stadt haben zwölf Grundsteine, die die Namen der Apostel tragen (Apok. 21, 14). Die in solcher Tradition begründete Kirche ist der „Leib Christi" [2]).

Setzt sich so das Christusgeschehen in der Verkündigung des Wortes fort, ist Christus im Wort der Kirche gegenwärtig, so drängt

1) Dies ist im Grunde das Thema von 2. Kor. 2, 14—6, 10. Die gleiche Anschauung herrscht in der deuteropaulinischen Literatur. Nach der unechten Doxologie Röm. 16, 25 f. wird im christlichen Kerygma das Geheimnis Gottes offenbar. Ebenso ist nach Kol. 1, 25 ff. die christliche Predigt das nunmehr offenbar gewordene *μυστήριον*. Nach 2. Tim. 1, 9 ff.; Tit. 1, 2 f. ist das Leben, das Gott der Welt geschenkt hat, durch die Predigt offenbart worden.

2) Vgl. 1. Kor. 12, 12 ff.; Kol. 1, 18. 24; Eph. 1, 23; 2, 16; 4, 4; 5, 23. 30.

gleichsam Alles zu der Aussage, *daß er selbst das Wort ist*, und so ist es ja schon Hebr. 1, 1 f. gemeint: Gott hat in Christus geredet. Ausdrücklich vollzogen ist die Gleichsetzung bei Johannes, wo *Jesus als der Logos* eingeführt wird. Es ist kein Zweifel, daß, wenn Jesus den Namen Logos erhält, dafür alte Mythologie als Vorbild gedient hat. Die Logosgestalt des Prologs ist jene Gestalt des Gottessohnes und Gottgesandten, der als Schöpfer und Offenbarer zwischen Gott und der Welt vermittelt. Jene Gestalt, die den Namen Logos = Wort trägt. In ihr hat der Evangelist den Ausdruck gefunden für das, was Jesus der christlichen Gemeinde bedeutet: er ist Gottes Wort, Gottes Offenbarung. Zwar hat er den Gebrauch des Logostitels auf den Prolog beschränkt. Aber um deswillen steht der Prolog nicht in einem unorganischen Verhältnis zum Evangelium, oder ist gar als sekundär zu beurteilen [1]); vielmehr ist das Evangelium gerade die Ausführung des Themas: Jesus ist das Wort.

Sein ganzes Wirken löst sich auf in das Wort; seine Werke sind seine Worte, seine Worte seine Werke. Wenn er den Willen seines Vaters tut und sein Werk vollendet [2]), so besteht das eben darin, daß er das Wort spricht, daß er bezeugt, was er beim Vater gehört und gesehen hat:

> „Mein Vater wirkt bis jetzt, und so wirke auch ich" (5, 17).
> „Denn der Vater liebt den Sohn
> und zeigt ihm alles, was er selbst tut.
> Und noch größere Werke als diese wird er ihm zeigen,
> daß ihr euch wundern sollt" (5, 20) [3]).

Was aber sind das für Werke? Zu „richten" und „lebendig zu machen" hat der Vater in seine Hand gegeben. Und wie vollzieht sich das?

> „Wer mein Wort hört und glaubt dem, der mich gesandt hat,
> der hat ewiges Leben und kommt nicht ins Gericht,
> sondern er ist vom Tode ins Leben hinübergegangen.
> Wahrlich, wahrlich ich sage euch: die Stunde kommt, und jetzt ist sie da,
> da die Toten die Stimme des Sohnes Gottes hören,
> und die auf sie hören, leben werden" [4]).

---

1) Das ist schon deshalb verfehlt, weil die Mythologie des Prologs das ganze Evangelium durchzieht.

2) Joh. 4, 34; 5, 36; 10, 25. 32 f. 37 f.

3) 3, 11. 32; 8, 26. 38. 40; 12, 49 f.; 15, 15 usw.

4) Wie Jesu Wort und Werk im Parallelismus nebeneinander genannt werden: 8, 28 (vgl. V. 38); 14, 10; 15, 22. 24; 17, 4. 6. 8. 14.

Wie man an *ihn* glaubt [1]), so glaubt man seinen *Worten*, hört auf sein Wort [2]), wie man *ihn* „annimmt“ [3]), so nimmt man sein *Wort* oder sein „Zeugnis“ an [4]); wie man in *ihm* „bleibt“ [5]), so bleibt man in seinem *Wort* [6]). Wie er *Worte* des ewigen Lebens hat und sein *Wort* Leben gibt [7]), ja wie seine *Worte* Leben *sind* [8]), und wie sein *Wort* Wahrheit *ist*, so *ist er selbst* die Wahrheit und das Leben [9]). Und wie sein *Wort* richtet [10]), so hat *ihm* der Vater die Vollmacht gegeben, Gericht zu halten [11]). Und *er* ist und wird alles dieses nicht, sofern er für *sich* etwas ist, sofern es sich um *seine* Ehre handelt. Wäre das der Fall, so würde sein Zeugnis nicht gelten [12]), so würde er nicht der Richter sein [13]); er ist es nur, insofern er das *Wort* spricht, insofern er das Wort *ist*. So kann die Person des *λόγος* von Joh. 1, 1 dem *λόγος τῆς ζωῆς* in 1. Joh. 1, 1 entsprechen. Wie es von Jesus heißt, „er ward offenbar“, (1. Joh. 3, 5. 8) ebenso von der *ζωή* (1. Joh. 1, 2).

In solcher Identifikation ist aber gesagt, daß das „Wort“ nicht in einem Komplex von Gedanken besteht, nicht kraft seines Sinngehalts Gottes Wort ist; denn Jesus bringt nicht eine Lehre, die man von ihm übernimmt, um sie dann zu wissen, und *ihn* entbehren zu können. Man geht ihn nicht wie einen Hierophanten um mysteriöses Wissen an, sondern man kommt zu *ihm*: er *ist* die Wahrheit; er *ist* das Wort. Das Verstehen ist daher nicht die Einsicht in einen Sinngehalt, sondern es ist Glauben; daß es wirklich wird, kann nicht menschlich begriffen werden, sondern nur als Gottes Wirkung bezeichnet werden. Es kann also der Inhalt seines Wortes nicht von seinem Ereignis- und Anredecharakter losgerissen werden. Ja, Johannes bringt das so stark zum Ausdruck, daß er seinen Jesusworten überhaupt kaum etwas vom Inhalt der Tradition gibt, daß vielmehr fast alles, was er Jesus sagen läßt, eben dieses ist, *daß* er das Wort Gottes sagt.

Was also Gottes Wort ist, läßt sich nicht beantworten durch den Aufweis bestimmter Gedanken. Es besteht nicht in zeitlosen Ideen,

1) *Πιστεύειν εἰς αὐτόν* 2, 11; 3, 16. 36; 4, 39; *πιστεύειν αὐτῷ* 5, 38. 46; 8, 31. 45f.; 10, 37f.; 14, 11.

2) 5, 47 bzw. 5, 24; 6, 60; 8, 43.

3) 1, 12; 5, 43.

4) 12, 48; 17, 8 bzw. 3, 11. 32f.

5) 6, 56; 15, 4-7.

6) 8, 31; 15, 7.

7) 6, 68 bzw. 5, 25f.; 8, 51f.

8) 6, 63.

9) 14, 6.

10) 12, 48.

11) 5, 22. 57.

12) 5, 31.

13) 8, 15; 12, 47.

sei es auch die Idee des Zorns und der Gnade Gottes, des Gerichtes und der Vergebung. Sondern Gottes Wort ereignet sich da, wo Zorn und Gnade, wo Gericht und Vergebung Ereignis werden. Aber Johannes — und mit ihm das Neue Testament — behauptet, daß dies Ereignis sich nur vollziehe im Menschenwort und eben in dem Menschenwort, das Gericht und Vergebung verkündigt. Ist solches Wort nur das Wort Jesu, das Wort, das er selbst *ist*, so heißt das nicht, daß die konservierten Worte des historischen Jesus weitergegeben werden, so daß alles an der Frage nach deren Geschichtlichkeit und Echtheit läge. Es heißt auch nicht, daß sich neben dem Worte Jesu hier und dort ein Wort *wie* das Wort Jesu erheben könnte, — so wie im Alten Testament ein Prophet neben dem anderen steht. Dann wäre Jesus aufgefaßt als der „historische Jesus", als ein Prophet und nicht als das „Wort". Eben deshalb läßt Johannes Jesus fast immer nur sagen, daß er das Wort Gottes rede. Sein Jesus will von vornherein nicht der „historische Jesus" sein, sondern er ist das „Wort", das Wort der christlichen Verkündigung. Jesus spricht und ist dieses Wort der christlichen Verkündigung, aber deshalb, weil dieses Wort, in dem Gericht und Vergebung, Tod und Leben Ereignis werden, durch das Ereignis Jesus eingesetzt, autorisiert, legitimiert ist. Es braucht also inhaltlich von Jesus nichts gelehrt zu werden als dieses Daß, das in seinem historischen Leben seinen Anfang nahm und in der Predigt der Gemeinde weiter Ereignis wird.

Damit ist aber erst der Unterschied vom Worte Gottes im Alten Testament erreicht. Denn im Alten Testament fallen Wort und Geschichte zunächst auseinander. Die Geschichte ist die, die das Volk erlebt hat, aus der es je in sein Jetzt kommt, und das prophetische oder gesetzliche Wort[1]) redet in dieses Jetzt hinein. Die Einheit mit der vergangenen Geschichte wird dadurch hergestellt, daß das jetzt begegnende Wort an die vergangene Geschichte erinnert und sie dadurch vergegenwärtigt und fortsetzt. Das Wort der christlichen Verkündigung und die Geschichte, die es mitteilt, fallen zusammen, sind eins. Die Geschichte Christi ist keine schon vergangene, sondern vollzieht sich im verkündigenden Wort. Denn die Erinnerung an Jesus geschieht ja nicht so, daß an ihn erinnert wird wie an Moses, an das, was er gebracht hat, an das, was das Volk mit ihm

1) Damit verliert das Wort natürlich nicht seinen oben aufgewiesenen Charakter als eines geschichtlichen Ereignisses.

erlebt hat, und dem es Treue halten soll, sondern im gegenwärtigen Wort begegnet er selbst, beginnt je jetzt für den Hörer die Geschichte. Die Erinnerung an das, was damals geschah, ist nur die Berufung auf die Einsetzung des Wortes, nicht die Erinnerung an das, was an mir damals geschah, sofern ich zu jener Volksgemeinschaft gehöre, in deren Geschichte es sich ereignete. Die Predigt der Propheten hat ihren Sitz in der Geschichte des *Volkes*. Die Predigt von Jesus hat ihren Sitz in der *ἐκκλησία*, in der *Kirche*, die keine Geschichte im Sinne einer Volksgeschichte hat, da sie die eschatologische Gemeinde ist, die am Ende aller Weltgeschichte steht. Deshalb wird der Einzelne nicht an das erinnert, was Gott einst an seinem Volke und damit an ihm getan hat.

Das aber bedeutet: das Ereignis Jesus Christus ist *das Ende des alten Äon*; er ist das letzte Wort, das Gott gesprochen hat und spricht [1]). Die Geschichte der Wortverkündigung ist nicht ein Glied der Weltgeschichte, sondern vollzieht sich gleichsam außerhalb oder oberhalb ihrer. Deshalb ist für Johannes Jesus nicht ein Prophet, sondern *der* Prophet, oder besser: der Sohn; er ist der offenbare Gott selbst (1, 1); nicht anders als in ihm ist Gott zugänglich (1, 18). Wer ihn sieht, der sieht den Vater (14, 9; 10, 44 f.); am Verhältnis zu ihm kommt das Verhältnis zu Gott zutage; denn wer ihn nicht kennt, kennt Gott nicht (5, 37 f.; 8, 19. 42. 47. 54).

Deshalb kann Johannes auch von der Präexistenz Jesu reden und den Mythos vom „Wort" nicht nur darin akzeptieren, daß das Wort der Offenbarer, sondern auch darin, daß es der Schöpfer ist. Denn Gott ist Wort, d. h. er ist offenbar in der Schöpfung wie in der christlichen Verkündigung, und die Offenbarung ist *eine*. Der in der Schöpfung Offenbare ist derselbe, der in der Predigt als Licht und Leben offenbar wird.

1) Deshalb findet sich im Neuen Testament in bezug auf die christliche Verkündigung nicht mehr die alttestamentliche Wendung: „Das Wort Gottes geschah zu . . ."

Die Bedeutung des Alten Testaments für den christlichen Glauben*)

1933

I.

Die Frage nach dem Verhältnis des Neuen zum Alten Testament kann so gestellt werden, daß das Alte und das Neue Testament als *Quellen* aufgefaßt werden, aus denen *die Religion Israels und die Religion des Urchristentums* rekonstruiert werden und nach dem Verhältnis der beiden Religionen gefragt wird. Der Oberbegriff der *Religion* als eines historischen Phänomens bestimmt dann die Frage und den Vergleich der beiden Religionen, und ihr Verhältnis wird dann unter dem Gedanken einer geschichtlichen *Entwicklung* verstanden [1]). Dabei braucht der Entwicklungsgedanke nicht notwendig mit dem Fortschrittsgedanken kombiniert zu werden. Man kann das Entwicklungsprodukt etwa mehr oder minder als Verfallserscheinung bezeichnen; man kann — etwa vom jüdischen Standpunkt aus — das Urchristentum und vor allem die paulinische Religion mit ihrer Christologie und ihrem Sakramentsglauben als eine Korruption des alttestamentlichen Monotheismus auffassen oder man kann etwa den Paulinismus mit seiner Rechtfertigungslehre und ihren juristischen Begriffen als einen Rückschritt hinter das Evangelium Jesu auffassen, weil in ihm jüdische Gedanken wieder lebendig werden, die im Evangelium Jesu überwunden waren.

---

*) Unveröffentlicht. [Erstmals in: Glauben und Verstehen I, 313–336].

1) Um eine einfache Entwicklung handelt es sich, soweit beide Religionen in historischer Kontinuität stehen. Soweit sie es nicht tun, soweit das Phänomen des Urchristentums also nicht als eine Stufe der in der alttestamentlichen Religion sich vollziehenden Entwicklung verständlich ist, werden zu seinem Verständnis noch fremde Einflüsse aus dem Orient und aus griechischer Tradition zu Hilfe genommen. Das Urchristentum als komplexes Phänomen erscheint dann als das Ergebnis der ganzen antiken Religionsgeschichte, in der das Alte Testament nur ein, wenngleich wesentlicher Faktor ist.

Mit solcher Rekonstruktion unter dem Entwicklungsgedanken kann sich eine jeweils sehr verschiedene Auffassung vom Phänomen der *Religion* verbinden. Sie kann als eine illusionäre Ideologie aufgefaßt werden, die mit der Entwicklung der wirtschaftlichen und gesellschaftlichen Zustände und der Wissenschaft verschwinden wird, oder als ein interessantes und zum Wesen menschlichen Seelenlebens notwendig gehörendes psychisches Phänomen. Sie kann als das höchste Phänomen menschlichen Geisteslebens überhaupt verstanden werden, als das Innewerden des Sinnes von Welt und Leben und der Einheit menschlichen Geistes mit dem göttlichen Geist, der alles Seiende wirkt und trägt, und damit als das Innewerden des Gesetzes, dem sich das Individuum in sittlichem Wollen zu beugen hat. Für jede solcher Betrachtungen kann das Urchristentum ein wichtiger Entwicklungspunkt sein, aber keine von ihnen hat Relevanz für die christliche Theologie.

Man meint das freilich vielfach, indem man *die im Urchristentum erreichte Stufe der Religionsentwicklung als den Höhepunkt des zum vollen Menschentum gehörigen religiösen Lebens*, der „Frömmigkeit", versteht, als einen Höhepunkt, der für alle Folgezeit den kritischen Maßstab bietet und ein unverlierbares Erbe bedeutet. Hier ist der Gedanke des Einen Gottes klar erfaßt als der Gedanke des Gottes, der Geist ist und auf rein geistige Weise verehrt wird, des Gottes, der heiliger Liebeswille ist, und dem man dient, indem man das Gebot der Liebe in den eigenen Willen aufnimmt, des Gottes, der Gnade ist, und der den Sünder, der reuig an seine Brust schlägt, väterlich aufnimmt. Ein universaler ethischer Gott-Vater-Glaube — das ist die christliche Religion, und sie hat ihre höchste Darstellung in der Person Jesu gefunden, der von solchem Gottesglauben getragen war und dessen Verkündigung ihn predigt.

Das Verhältnis zum Alten Testament stellt sich dann so dar: in der alttestamentlichen Religion ringt dieser Monotheismus um seine Durchsetzung gegen Kultusfrömmigkeit und Nationalismus und kommt zur Entfaltung in der prophetischen Predigt. Denn hier wird ja gegen den Kultus und gegen den nationalistischen Dünkel gekämpft, hier ringt sich die Einsicht zur Klarheit durch, daß Gott der Gott aller Welt und aller Nationen ist, hier wird Gottes Heiligkeit als die seines sittlichen Willens gesehen und vom Menschen verlangt, daß er ihm sich beuge, hier wird Gottes vergebende Gnade für die, die zerbrochenen Herzens sind, verkündigt. Diesen ethischen Monotheismus, der durch die jüdische Gesetzlichkeit verschüttet war, hat Jesus wieder zur vollen Klarheit gebracht, indem er ihn von der Gesetzlichkeit befreite, wie einst die Propheten von der kultischen Frömmigkeit. Ein Neues liegt in Jesu Religion nicht vor, sondern das Gleiche, wie bei den alttestamentlichen Propheten. So ist er der Abschluß, die Krönung vielleicht, einer Entwicklung, die im Alten Testament anhebt. Was im Neuen Testament darüber hinausgeht, die Eschatologie und Christologie der Gemeinde, die Rechtfertigungslehre des Paulus usw., ist eine gefährliche Verschleierung des Wesentlichen; es ist im besten Falle eine mythologisierende Verkleidung des reinen Gottesglaubens Jesu, so wie sie für die damalige Zeit vielleicht notwendig war, damit in dieser Hülle wenigstens die Grundgedanken erhalten blieben. Reifere Einsicht muß diese Verkleidung wieder abstreifen, damit das Wesentliche rein heraustritt.

In eine eigentümliche Schwierigkeit gerät diese Anschauung angesichts der Aussagen des Neuen Testaments. Sie muß die Aussagen über die Gottheit Christi, die paulinische Lehre von der Rechtfertigung durch das Kreuz Christi, von dem Anbruch des neuen Äon und dgl. als Mythologie interpretieren, die in Wahrheit den ethischen Monotheismus verschleiert. Sie muß alle neutestamentlichen Lehren kritisch auf die Verkündigung Jesu reduzieren, wobei dann das meiste, was Paulus und Johannes sagen, eliminiert wird und das merkwürdige Faktum befremdlich ist, daß Paulus und Johannes die Verkündigung Jesu so gut wie gar nicht wiederholen [1]).

Nun muß freilich jede Interpretation kritisch sein, da sich die Aussagen des Neuen Testaments ja nicht in einfacher Reproduktion wiederholen lassen. Sollen sie sinnvoll nachvollzogen werden, so müssen sie in der Tat von der mythologischen Begrifflichkeit befreit werden, in die sie, der damaligen Zeit entsprechend, gefaßt sind, gerade damit ihre eigentliche Intention zu ihrem Recht gebracht wird [2]). Aber es fragt sich, welches der Maßstab und die dadurch gegebene Grenze der Kritik ist; der Maßstab kann nur die eigene Intention des Neuen Testaments selbst sein, sowenig der Ausleger je versichert sein kann, sie endgültig erfaßt zu haben [3]).

Als charakteristischer Gedanke des Neuen Testaments gegenüber dem Alten ist doch jedenfalls der zu bezeichnen, *daß das Gottesver-*

1) Vgl. Die Bedeutung des geschichtl. Jesus für die Theologie des Paulus, in: Glauben und Verstehen I, S. 190 f.

2) Vgl. S. 262 (= oben S. 116).

3) Vgl. S. 262 f. (= oben S. 116 f.).

hältnis des Menschen an die Person Jesu gebunden ist. Ist dieser Gedanke Mythologie? Gewiß mögen Vorstellungen von der Gottessohnschaft im metaphysischen Sinne und von der Jungfrauengeburt, von der Präexistenz und der Wiederkunft auf den Wolken des Himmels beim Schall der letzten Posaune Mythologie sein. Aber darf auch der Gedanke, daß Gott durch das Kreuz Christi der Welt Vergebung gewirkt hat, als Mythologie eliminiert werden? Darf der Gedanke eliminiert werden, daß Gott nur in Jesus Christus zugänglich ist? Oder steht und fällt damit der christliche Glaube? Und weiter: indem das Neue Testament dies behauptet, behauptet es zugleich, daß mit Jesus Christus der neue Äon angebrochen sei, d. h. es teilt die ganze Geschichte in zwei Hälften, die grundsätzlich verschiedener Art sind: Weissagung und Erfüllung. Wie weit ist das zu eliminierende Mythologie? Wieweit ist es wesentlich für den christlichen Glauben?

Aber *Jesu Verkündigung selbst* behauptet doch Derartiges nicht? Seine Predigt des Vatergottes und seine Forderung der neuen Gesinnung, der Liebe, ist doch davon unabhängig? Und ist nicht damit der kritische Maßstab für die Eliminierung der Mythologie gegeben? — Aber einmal ist Jesu Predigt ja zugleich eschatologische Predigt, d. h. sie weist auf den Anbruch des neuen Äon hin, und unter der Gewißheit, daß Gott alsbald diesen Äon heraufführen wird, verkündigt Jesus Gottes Vatergesinnung und seine Forderung. Man würde also nach jenem kritischen Maßstab auch ein Stück der Predigt Jesu beseitigen müssen. Und sodann müssen wir ja Jesu Predigt aus den Synoptikern erst rekonstruieren; d. h. das Neue Testament selbst gibt *diese Predigt nur in der Einheit mit der Christus-Verkündigung.* Es kann kein Zweifel sein: das Neue Testament wiederholt nicht einfach die Verkündigung Jesu, sondern mit ihr, und zwar in erster Linie, verkündigt es *ihn*, d. h. es bindet das Gottesverhältnis an seine Person. Und es kann kein Zweifel sein: dies ist das spezifisch Christliche des Neuen Testaments und hat in den Jahrhunderten der Kirche dafür gegolten. So hat schon Luther richtig gesehen, daß Jesus, sofern er gelehrt hat, nicht von den alttestamentlichen Propheten unterschieden ist, sondern wie sie das Gesetz verkündigt hat und also in das Alte Testament hineingehört [1]).

---

2) Vgl. Glauben und Verstehen I, S. 201. 227 (= oben S. 97).

Ist also jene kritische Reduktion notwendig, so ist damit das spezifisch Christliche eliminiert. Über das sachliche Recht dieser Reduktion ist damit freilich nichts entschieden, aber darüber muß man sich klar sein, daß in solchem Falle dasjenige, was für das Neue Testament und die christliche Kirche als das spezifisch Christliche gilt, preisgegeben ist. Die Religion, die dann bleibt, ist ein geläutertes Judentum oder ein Humanismus. Das Verhältnis zum Alten Testament ist dann natürlich kein Problem mehr, sowenig wie übrigens das Verhältnis zum Heidentum. Denn in der Anerkennung dieses ethischen Monotheismus können sich fast alle Religionen zusammenfinden.

Über Recht oder Unrecht dieser Betrachtungsweise soll hier gar nicht geredet werden. Vielmehr soll das theologische Problem des Verhältnisses des Neuen Testaments zum Alten, so wie es nur innerhalb des spezifisch christlichen Glaubens erwächst, behandelt werden, also die Frage, ob für den Glauben, der in Jesus Christus die Offenbarung Gottes sieht, das Alte Testament noch eine Glaubensbedeutung hat.

Ist aber dies die spezifisch theologische Fragestellung, so ist *jene Betrachtungsweise, die nach dem Verhältnis der neutestamentlichen zur alttestamentlichen Religion fragt, überhaupt nicht theologisch relevant.* Sie fragt von außen her, indem sie Beides, die alt- und neutestamentliche Religion, als historische Phänomene in den Blick nimmt und von höherer Warte aus ihr Verhältnis bestimmt. Sie fragt nicht vom Glauben aus: was bedeutet für mich, für die Kirche das Alte Testament? Sie fragt nicht, ob das Wort des Alten Testaments von der Kirche verkündigt und von mir als an mich gerichtetes gläubig gehört werden muß, so daß es meinen Glauben mitkonstituiert. Sie sucht hinter dem Alten Testament eine vergangene Epoche der Geschichte der Religion, die sie rekonstruiert. Sie nimmt das Alte Testament nicht als ein gegenwärtig redendes Wort, das die Auseinandersetzung mit ihm fordert. Und sie macht deshalb auch die eigene Religion zu einem von außen betrachtbaren Phänomen, das man in eine historische Entwicklungsreihe einordnen kann, und sie endigt, ob sie sich darüber klar ist oder nicht, in einem Relativismus. Es ist, wie wenn ein Mensch, der über seine Entwicklung reflektiert, Worte seines verstorbenen Vaters, die aus der Erinnerung auftauchen oder in alten Briefen vorliegen, danach befragt, welche Bedeutung sie dafür hatten, daß er sich zu der gegenwärtigen geistigen

Verfassung entwickelt hat, statt daß er sie als ihn direkt anredende, fordernde oder beglückende Worte hört.

II.

Völlig anders stellt sich das Problem für eine andere, *echt geschichtliche Fragestellung* dar, die im Alten Testament nicht das Dokument einer vergangenen und aus ihm selbst zu rekonstruierenden Zeit sieht, sondern die es unter der Frage interpretiert, *welche Grundmöglichkeit menschlichen Daseinsverständnisses in ihm ihren Ausdruck finde*. Als echt geschichtlich bezeichne ich eine solche Interpretation des Alten Testaments, weil sie auf dem ursprünglichen und naiven Motiv, sich fragend zur Geschichte zurückzuwenden, beruht. Nämlich nicht um vergangene Phänomene an ihrem Orte innerhalb des großen weltgeschichtlichen Relationszusammenhangs einzureihen, sondern um unmittelbar aus der Vergangenheit über die Sachverhalte zu lernen, die auch uns angehen, die uns fraglich sind und uns bedrängen [1]). Echt geschichtlich ist die Befragung der Vergangenheit, die unter der Frage nach dem Wohin? nach dem Woher? fragt. Echt geschichtlich ist z. B. die Befragung Platons, die nicht Platon im Zusammenhang einer Problemgeschichte verstehen, sondern in der Auseinandersetzung mit ihm lernen will, was der Mensch ist und wie er zu existieren hat. Echt geschichtlich ist eine Befragung des Alten Testaments, die, geleitet von der eigenen Frage der Existenz, das im Alten Testament sich aussprechende Verständnis menschlichen Daseins vergegenwärtigen will, um dadurch ein Verständnis des eigenen Daseins zu gewinnen. In solchen Dialog mit dem Alten Testament einzutreten, ist um so mehr notwendig, als das christliche Daseinsverständnis auf Grund des Glaubens behauptet, die einzige, durch Gottes Offenbarung geschenkte Möglichkeit echten Daseinsverständnisses zu sein, und als solches stets nur in der ständigen Auseinandersetzung

1) Die Erforschung und Reproduktion des weltgeschichtlichen Relationszusammenhangs hat nur soviel — damit freilich aber auch eine eminente — Bedeutung, als sie der echt-geschichtlichen Interpretation dient. Sie tut das insofern, als sie im Dienst der Vergegenwärtigung steht, sofern sie nämlich die *Übersetzung* aus einer vergangenen in die gegenwärtige Begrifflichkeit ermöglicht. Ihre Bedeutung ist deshalb eine kritische, insofern sie die gegenwärtige Begrifflichkeit kritisch in Frage stellt, da wir mittels ihrer ein Dokument der Vergangenheit gar nicht oder falsch verstehen würden.

mit anderen Verstehensmöglichkeiten echt und lebendig bleiben kann.

Zeiten, die noch ein echt geschichtliches Verhältnis zum Alten Testament hatten, haben das in ihm zu Worte kommende Daseinsverständnis dem christlichen gegenübergestellt in der Antithese: *Gesetz und Evangelium.* So erscheint für Luther wie für Paulus das Alte Testament als ganzes unter dem Begriff des Gesetzes, d. h. als Ausdruck des fordernden Gotteswillens. Steht der Mensch des Alten Testaments unter der Forderung, so der des Neuen unter der Gnade Gottes, die ihn als Sünder annimmt.

Das Sein unter dem Gesetz, unter der Forderung, ist dabei als *die Voraussetzung für das Sein unter der Gnade* verstanden. Nur wer sich durch Gottes Forderung begrenzt weiß, wer sich die Augen dafür öffnen läßt, daß er dieser Forderung nie genügt und nie genügen kann, nur der kann die Predigt des Evangeliums verstehen. Sofern das Alte Testament das Gesetz ist und die Forderung Gottes verkörpert, zwingt es den sündigen Menschen in ein Sein, von dem aus ihm das Wort von der Gnade Gottes verständlich wird. Deshalb steht auch die im Alten Testament verkörperte Forderung Gottes beständig über dem Menschen, um das Verständnis des Evangeliums zu sichern, und ist nicht, seit es das Evangelium gibt, erledigt.

Das Alte Testament ist also die Voraussetzung des Neuen, nicht in dem Sinne *historischer* Betrachtung, als sei das historische Phänomen der christlichen Religion nur möglich geworden auf Grund der durch das Alte Testament bezeugten religionsgeschichtlichen Entwicklung. Sondern in dem *sachlichen* Sinn, daß der Mensch unter dem Alten Testament stehen muß, wenn er das Neue verstehen will. *Der sachliche Zusammenhang zwischen Gesetz und Evangelium* bedeutet, daß das Evangelium nur gepredigt werden kann, wenn der Mensch unter dem Gesetz steht. Gewiß ist Christus des Gesetzes Ende; aber gerade deshalb, damit er als des Gesetzes Ende verstanden werden kann — sonst wird er ja überhaupt nicht verstanden —, muß auch jeder, der von Christus hört, vom Gesetz gehört haben. Ja, noch mehr: er muß es immer wieder hören. Denn wohl ist der Glaubende ein für allemal frei vom Gesetz und steht unter dem Geist. Aber der Glaube als stets neuergriffene Möglichkeit christlichen Seins ist stets nur in der Überwindung des alten Seins unter dem Gesetz wirklich. Ja, noch mehr: die Freiheit vom Gesetz bedeutet nicht, daß der Mensch aus der göttlichen Forderung entlassen wäre, daß er nicht mehr unter dem „Du sollst“ stünde, sondern daß dieses „Du sollst“ begründet ist durch ein „Du kannst“, „Du bist“. Vom Gesetz ist der Mensch befreit als einem Gesetz, dessen Erfüllung ihn erst der Gnade versichern soll, aber nicht, sofern es gerade durch die Gnade neu begründet wird.

Dann aber entsteht die Frage, wenn das Alte Testament als stets gültige Voraussetzung des Neuen, nämlich als die stets den Menschen umfangende Forderung Gottes bleibt, — *bleibt es dann in seinem spezifisch alttestamentlichen Charakter*? Diese Frage ist offenbar zu verneinen.

Die konkreten Forderungen des Alten Testaments, soweit sie kultische und rituelle Forderungen sind, sind entweder an eine primitive Stufe menschlichen Zusammenlebens, der Wirtschaft, des Staates usw. oder an eine spezielle Volksgeschichte gebunden, und sie sind schon zur Zeit Jesu, ja der Propheten, in Konflikt mit anderen Forderungen geraten, unter denen der Mensch als Mensch unentrinnbar steht. Sie sind vergangen. Sie haben ihre Analogie stets in den Forderungen, die aus den konkreten Bedingungen einer Zeit, ihrer Kultur, ihres staatlichen und gesellschaftlichen Lebens erwachsen und den Einzelnen bald mehr bald weniger peinlich binden als Recht, Sitte und Konvention. Wir brauchen uns nicht erst im Alten Testament nach solchen Forderungen umzusehen, um unserem Leben Grenzen und Zäune zu geben. Und die eigentlich sittlichen Forderungen des Alten Testaments? Sie sind keineswegs hingefallen. Die sittlichen Forderungen der Propheten wie diejenigen Jesu, die aus dem Miteinander der Menschen überhaupt und nicht erst aus einer konkreten historischen Form dieses Miteinander erwachsen, sind gültig, solange es ein solches Miteinander auf Erden gibt. Aber eben deshalb sind sie auch keine spezifisch alttestamentlichen Forderungen. Selbst dann, wenn sie in Israel zuerst in Klarheit erfaßt worden wären, würden sie für uns nicht erst durch das Alte Testament begründet. Begründet sind sie im Miteinander der Menschen selbst und werden von der ernsten Besinnung auf dieses alle Zeit gefunden; nicht erst der zufällige historische Ursprung ihrer Formulierung kann ihr Recht begründen. Und faktisch sind sie auch nicht erst und nicht allein im Alten Testament erfaßt worden.

Das kommt auch bei *Paulus* zur Geltung. Denn so gewiß er, um den Heiden Christus zu verkündigen, sie als Sünder anreden muß, also als solche, die verstehen können, daß sie Gottes Gebot übertreten und seinem Zorn verfallen sind, so gewiß er also voraussetzt, daß sie unter dem Gesetze stehen im grundsätzlichen Sinn, sowenig kann er voraussetzen, daß sie unter dem Gesetz im konkreten Sinne des Alten Testaments stehen, und sowenig bemüht er sich, sie erst unter die konkreten Gebote des Alten Testaments zu stellen. Er weiß, daß auch die Heiden Gottes Rechtsforderung kennen (Röm. 1, 32). Er braucht sie nicht an das Alte Testament zu weisen, sondern sie nur zu erinnern an alles das, „was wahr, was sittlich, gerecht, gut, beliebt und anerkannt ist, was es an Tugenden gibt und was Lob verdient" (Phil. 4, 8). Er weiß, daß die Heiden, die das Gesetz nicht haben, doch von Natur wissen, was das Gesetz gebietet; ihr Gewissen bezeugt, daß ihnen das Wort des Gesetzes ins Herz geschrieben ist (Röm. 2, 14 f.).

Also: das Neue Testament setzt das Alte voraus, das Evangelium setzt das Gesetz voraus. Aber *dieses Gesetz, das sich im Alten Testament verkörpert, braucht keineswegs das konkrete Alte Testament zu sein.* Das Vorverständnis für das Evangelium, das unter dem Alten Testament erwächst, kann ebensogut unter anderen geschichtlichen Verkörperungen des göttlichen Gesetzes erwachsen, überall da, wo sich ein Mensch gebunden und begrenzt weiß durch die konkreten oder die allgemeinen sittlichen Forderungen, die aus seinem Miteinander erwachsen, und die er im Gewissen anerkennen muß. Überall ist die Möglichkeit gegeben, daß der Mensch seines Nichts inne werde und in Demut oder Verzweiflung gerate, überall auch die Versuchung, daß er gerade die Forderung zum Mittel der eigenen Gerechtigkeit mache und meine, als durch Kampf und Leistung, durch Selbsterziehung und sittliche Bildung gewachsene sittliche Persönlichkeit seine Eigentlichkeit zu erreichen oder doch erreichen zu sollen und zu können. Überall ist der Eifer um Gott, den Paulus einen Eifer im Unverstand nennt (Röm. 10, 2), und der gerade vom Wort vom Kreuz getroffen wird, möglich.

Es kann also nur *pädagogische Gründe* haben, wenn in der christlichen Kirche gerade das Alte Testament benutzt wird, um dem Menschen zum Bewußtsein zu bringen, daß er unter Gottes Forderung steht; wenn also der Dekalog als klassische Formulierung dieser Forderungen weiterlebt, die den Menschen in seine Gebundenheit und Verantwortlichkeit innerhalb der Gemeinde wie innerhalb seines weltlichen Miteinander hineinweisen; und wenn die Forderungen der

Propheten in der christlichen Verkündigung weiterleben, weil in ihnen, wie nur noch in Jesu Predigt, der Imperativ des göttlichen Gebotes in unvergleichlicher Wucht und Klarheit erklingt.

Aber es kommt doch noch eines hinzu. Gewiß, das Alte Testament *braucht* uns, sofern es Gesetz ist, gar nicht als direktes Wort Gottes anzureden, und faktisch *tut* es das auch gar nicht. Es redet *zu einem bestimmten Volke, das in einer bestimmten Volksgeschichte steht, die nicht die unsere ist* [1]). Sofern wir es als Gesetz verstehen, tun wir das eben in jener Betrachtungsweise, die wir als die echt geschichtliche bezeichneten; d. h. im Alten Testament begegnet uns der starke und konsequente Ausdruck einer bestimmten Auffassung des menschlichen Daseins als eines unter dem unbedingten „Du sollst" stehenden Seins. Erklingt dieses „Du sollst" auch nicht erst aus dem Alten Testament, sondern ist uns vielmehr umgekehrt die Möglichkeit, das Alte Testament zu verstehen, dadurch gegeben, daß das Hören dieses Du sollst und ein von ihm bestimmtes Daseinsverständnis von vornherein eine Möglichkeit unseres eigenen Daseins ist, so erhält doch faktisch dies Verständnis seine Klarheit in der Auseinandersetzung mit der Geschichte, aus der wir kommen, und in ihrer bewußten Aneignung. Als ein Stück dieser Geschichte aber ist uns auch das Alte Testament gegeben, und die geschichtliche Auseinandersetzung mit ihm macht uns die Möglichkeit jenes bestimmten Daseinsverständnisses in seinen Konsequenzen erst deutlich.

Denn im Alten Testament ist dieses Wissen, daß der Mensch unter dem „Du sollst" steht, in einer Radikalität durchgeführt, daß es das ganze Daseinsverständnis durchherrscht. Wir unsererseits stehen zufolge der in unserer Geschichte wirksamen Traditionen unter den verschiedensten Einflüssen, und nicht nur in der modernen Menschheit als ganzer, sondern auch im Einzelnen liegen verschiedene Möglichkeiten des Selbstverständnisses verschlungen vor. Wer die Pflicht zur Klarheit empfindet, ist damit eben auf den Weg der geschichtlichen Besinnung gewiesen. Und gerade *die geschichtliche Befragung des Alten Testaments* läßt das in ihm verkörperte Verständnis menschlichen Daseins in einer Weise deutlich werden, daß auch für uns *die Frage nach dem Entweder-Oder unseres Selbstverständnisses* radikal deutlich wird. Wie das der Fall ist, kann hier natürlich nur skizzenhaft gezeigt werden.

Im Alten Testament ist jede idealistische oder utilitaristische

1) Vgl. S. 292 f. (= oben S. 146 f.).

Interpretation der sittlichen Forderung, wie sie sich uns immer anbietet, abgewiesen. Wer das Alte Testament liest, steht vor der Frage, ob er das Wissen um das „Du sollst“ verstehen muß als das Wissen um seine Würde oder um seine Geschöpflichkeit; ob er die Forderung, unter der er steht, verstehen soll als einen Rechtstitel, als den Weg, auf dem er seine Würde und die Vollendung seiner Persönlichkeit gewinnt, oder als die Forderung, die ihn im Gehorsam unter Gott in den Dienst des Nächsten stellt, und die ihn stets seiner Halbheit und Schuld überführt. Das alttestamentliche Verständnis des Menschen findet seinen Ausdruck zunächst im *Schöpfungsglauben.* Denn dieser besagt, daß der Mensch auch nicht im Denken über die Welt verfügen kann, sondern in seiner Geschöpflichkeit ganz dem Herrn der Welt ausgeliefert ist. Und da der Mensch sein Schicksal vorzüglich in der *Geschichte* hat, versteht das Alte Testament die Geschichte nicht als die gesetzmäßige Bewegung menschlichen Leistens und Denkens, als die Bewegung, der Menschheit, der Kultur, des Geistes, sondern als Gottes Wirken, das dem Menschen sein Schicksal gibt und ihm seine Aufgaben stellt. Und zwar erfaßt der Mensch in der Geschichte Gott nicht in der verstehenden Betrachtung ewiger Ordnungen, sondern in dem Anspruch, der aus den konkreten Ereignissen erwächst. Im Alten Testament hat sich — im Unterschied vom Griechentum — ein eigentümliches Geschichtsbewußtsein ausgebildet als das Bewußtsein, daß dem Menschen je aus seiner konkreten Geschichte seine konkrete Antwort auf die Frage der Zukunft erwächst. Gerade in der Zeit, im konkreten Augenblick gewinnt der Mensch seine Eigentlichkeit und nicht in der Flucht in die Zeitlosigkeit, für die die konkrete Geschichte zum Schein wird. Deshalb entsteht in Israel nicht das Idealbild der menschlichen Persönlichkeit, des καλὸς κἀγαθός, das als zeitlose Idee vor dem Einzelnen steht und nach dem er sich formen soll; es entsteht nicht der abstrakte Begriff der ἀρετή und δικαιοσύνη, sondern der Mensch ist in seiner konkreten Stellung vor Gott und dem Nächsten gesehen. Sowenig das Bild einer idealen Persönlichkeit entwickelt ist, sowenig kennt Israel Heroen und Heilige im griechischen Sinne. Die Propheten haben ihre Bedeutung nicht darin, daß sie eine Höhe edlen Menschentums verkörpern oder homines religiosi repräsentieren, sondern darin, daß sie das Volk ihrer Gegenwart anreden und zu einem konkreten von Gott geforderten Verhalten rufen, in dem sich die Treue zu seiner gottgeschenkten Geschichte bewährt.

Der Mensch ist also hier in seiner Zeitlichkeit und Geschichtlichkeit gesehen. Er wird, um sich zu verstehen, nicht auf das Allgemeine verwiesen, den Kosmos, um sich als dessen Glied zu erfassen, auf den Logos, um im Zeitlosen das eigentlich Seiende zu finden, sondern er wird in seine konkrete Geschichte gewiesen, in ihre Vergangenheit und Zukunft, in ihre Gegenwart, die in dem konkreten Miteinander der „Nächsten" ihm die Forderung des Augenblicks entgegenbringt. Er weiß sich also nicht in einen kosmischen Rhythmus eingegliedert, dessen Bewegung sich nach ewigen Gesetzen vollzieht und in dem alles Drängen, alles Ringen ewige Ruhe in Gott dem Herrn ist, so daß es die höchste Möglichkeit des Menschen wäre, in der *θεωρία* dieses Gottes inne zu werden, sondern er weiß sich durch den göttlichen Willen an eine bestimmte Stelle des zeitlichen Geschehens gestellt, das für ihn die Möglichkeiten des Gerichtes und der Gnade hat, je nachdem er in gehorsamem Tun das tut, was Gott von ihm fordert. So ist das Verhältnis zu Gott nicht ein Sehen, sondern ein Hören, ein Gott-Fürchten und ihm Gehorchen, ein Glauben, d. h. nicht eine optimistische Weltanschauung, sondern ein Auf-sich-nehmen der Vergangenheit in Treue, ein vertrauendes Warten auf Gott gegenüber der Zukunft, treuer Gehorsam in der Gegenwart.

Dieses Verständnis des Daseins ist aber das gleiche wie das des Neuen Testaments, das gleiche wie das christliche gegenüber dem griechischen, dem humanistischen oder idealistischen Daseinsverständnis. Unsere eigene geschichtliche Situation ist durch die Auseinandersetzung mit der doppelten Tradition, in der wir stehen, charakterisiert: mit der griechischen und der der Bibel. Deshalb gewinnt für uns das Alte Testament nicht nur den Charakter eines einzelnen historischen und zufälligen Falles, in dem ein bestimmtes Daseinsverständnis exemplarisch zum Ausdruck gebracht ist; sondern für uns bleibt das Alte Testament, als ein Stück unserer eigenen Vergangenheit, unserer Geschichte, aus der wir kommen — denn wir kommen ja aus der Geschichte des Mittelalters, in der antike und biblische Tradition zu einer eigentümlichen Einheit verbunden sind —, eine stets lebendige geschichtliche Macht. Und *nur in kritischer Auseinandersetzung mit dem Alten Testament*, falle sie positiv oder negativ aus, *läßt sich die Klarheit eines unser eigenes geschichtliches Wollen und Tun leitenden Daseinsverständnisses überhaupt gewinnen.* Und nur in solcher Auseinandersetzung läßt sich die in der

Gegenwart verschleierte Frage überhaupt klären, welche Bedeutung das Christentum für die Gegenwart, ja ob es solche überhaupt beanspruchen kann [1]). Für Jemanden, der überhaupt geschichtliche Besinnung für notwendig hält, um über sich und seine Gegenwart einen klaren Blick zu gewinnen, für Jemanden, der auch nur ein Minimum von geschichtlicher Besinnung vollzogen hat, ist es sinnlos, das Christentum festhalten zu wollen, und das Alte Testament zu verwerfen. Er kann sicher sein, daß das Christentum, das er festhalten will, kein Christentum mehr ist. Es gilt Entweder-Oder, Beides oder Keines von Beiden. Es ist dann also zu sagen, *daß unsere Geschichte einen Anspruch des Alten Testaments an uns begründet*; den Anspruch, es zu hören und in der Auseinandersetzung mit ihm die eigene geschichtliche Gegenwart zu erfassen.

III.

Dieser Anspruch ist jedoch ein völlig anderer als der, den das Neue Testament und die christliche Kirche dem Alten Testament zuschreiben, wenn sie es *als Offenbarung*, *als Wort Gottes* bezeichnen. Jene kritische geschichtliche Besinnung und jenes Vernehmen des Anspruchs unserer eigenen Geschichte ist nicht Hören auf das Wort Gottes und nicht Glaube. Aber was damit gemeint ist, daß das Alte Testament Offenbarung sei, und ob und inwiefern sich wirklich die christliche Verkündigung auf das Alte Testament als auf Gottes Offenbarung beziehen kann, das ist die weitere Frage. Und sie wird deutlich, wenn wir uns darauf besinnen, welch neues Problem aus dem Gesagten für die Frage nach dem Verhältnis des Neuen Testaments zum Alten erwächst. Denn wenn das Daseinsverständnis des Neuen Testaments das gleiche ist, wie das des Alten, wenn Glaube im Neuen Testament dasselbe bedeutet, wenn — so kann ich fortfahren — Gerechtigkeit und Gnade, Sünde und Vergebung im Neuen Testament dasselbe bedeuten wie im Alten, — wo bleibt dann überhaupt ein Unterschied? *Was ist dann überhaupt das Neue des*

1) Wer das Alte Testament daraufhin ansieht, inwiefern es Ausdruck eines bestimmten völkischen Geistes (des israelitisch-jüdischen) ist, der ist bei der Fragestellung einer romantischen Geschichtsbetrachtung stehen geblieben, die für die Gegenwart wertlos ist. Er hat noch nicht gesehen, daß im Alten Testament eine bestimmte Erfassung menschlichen Daseins überhaupt lebendig ist, die kraft unserer eigenen Geschichte stets eine aktuelle Frage an unser eigenes Selbstverständnis bedeutet.

Neuen Testaments gegenüber dem Alten? Ist das Problem des Verhältnisses dann nicht als ein Scheinproblem entlarvt?

Oder wird nicht der Unterschied doch an jenem Gegensatz von *Gesetz und Evangelium* deutlich? Steht nicht das Neue Testament dem Alten gegenüber als das Evangelium dem Gesetz? Wenn das so ist, dann ist doch aus dem bisher über Gesetz und Evangelium Gesagten der eigentliche Unterschied noch nicht deutlich geworden. Uns wurde die ständige sachliche Beziehung deutlich, die zwischen Gesetz und Evangelium besteht, derart, daß das Evangelium nicht ohne das Gesetz zu verstehen ist, daß das christliche Sein zwar ein Sein nicht unter Gesetz, sondern unter der Gnade ist, jedoch so, daß dieses Sein unter der Gnade nie als ein abgeschlossen verwirklichtes, sondern nur als ein stets neu ergriffenes, sich im echten Ergreifen der Gnade und im steten Gehorsam realisierendes lebendig ist. Aber wie das Sein unter der Gnade stets rückbezogen ist auf das Sein unter dem Gesetz, so gilt auch für das Alte Testament, daß es kein Sein unter dem Gesetz kennt, das nicht zugleich ein Sein unter der Gnade wäre.

Ist es also richtig, das Alte Testament ausschließlich unter den Begriff des Gesetzes zu stellen? Oder wieweit ist es richtig?

Zunächst ist *im Alten Testament das Sein unter dem Gesetz schon als ein Sein unter der Gnade verstanden*. Denn Gottes Gnade ist es, die das Volk berufen und ihm das Gesetz gegeben hat, durch das es am Leben bleibe. Das Gesetz als solches ist ein Erweis der Gnade Gottes, und deshalb besteht schon für das Alte Testament das Problem, daß das Sein unter dem Gesetz als unter der Gnade Gottes stets das Sein unter dem Gesetz als Gesetz, d. h. als unter der bloßen Forderung, zu überwinden hat. Indessen ist auch das noch nicht genug gesagt. Denn Gottes Gnade besteht im Alten Testament ja nicht einfach darin, daß er das Gesetz gegeben hat, daß er fordert, daß also das Sein unter dem Gesetz mit dem Sein unter der Gnade identisch wäre. Das Gesetz ist einem bestimmten Volk in einer bestimmten Geschichte gegeben worden. Und Gottes Gnade ist primär darin wirksam, daß er dieses Volk erwählt und einen Bund mit ihm geschlossen hat, daß er seine Väter berufen hat und weiterhin Führer des Volks und Propheten beruft, kurz: daß er diesem Volk seine Geschichte als eine Geschichte des Heils gegeben hat. *Das Gesetz ist Gnade nur in seinem Zusammenhang mit dieser Geschichte.* Nicht erst durch seinen Gesetzesgehorsam konstituiert sich das

Volk als Volk, sondern Gottes Gnade geht voraus, so daß der Gehorsam immer im Glauben an Gottes zuvorkommende und erwählende Gnade geschehen soll. Gottes Gnade konstituiert das Gottesverhältnis des Menschen und begründet seinen Gehorsam [1]). So ist das Sein unter der Forderung Gottes immer zugleich als ein Sein unter der Gnade Gottes verstanden.

Ja, noch mehr! Indem das Gesetz als die Forderung Gottes verstanden wird, der dem Volk seine Geschichte gibt, wird Gottes Gnade auch *als die Gnade der Vergebung* verstanden. Denn die Einheit der Geschichte wird darin gefunden, daß Gott nicht nur das Volk dauernd unter seiner Forderung festhält, sondern vor allem darin, daß trotz aller Untreue des Volks Gottes Treue nicht wankt. Gott ist in Einem der zornige Gott, der die Übertretungen bestraft, und der gnädige Gott, der reichlich vergibt, und zu dessen vergebender Gnade die Zuflucht stets offen steht. Nicht erst das Neue Testament kennt den Gott, der „barmherzig und gnädig, langmütig und reich an Treue ist, der nicht nach unseren Sünden mit uns handelt und uns nicht nach unserer Schuld vergilt“, der sich „über die, die ihn fürchten, erbarmt, wie sich ein Vater der Kinder erbarmt“ [2]).

Sofern Evangelium die Verkündigung der Gnade Gottes für den Sünder bedeutet, kann man nicht sagen, daß im Alten Testament das Evangelium fehlt, und daß dem Gesetz nicht Gottes Gnade korrespondiere. Man kann freilich darauf hinweisen, daß dieses Evangelium nicht überall rein und ungehemmt erklinge; man kann sagen, daß der Gedanke der Sünde und der Vergebung Gottes nicht immer radikal erfaßt sei. Das zeigt sich z. B. daran, daß die Bitte um Gottes Gnade gelegentlich durch die Berufung auf die Kreatürlichkeit des Menschen motiviert wird, z. B. Ps. 103, 14—16:

> „Denn er weiß, woraus wir bestehen,
> er bedenkt, daß wir nur Staub sind ....“

Denn solange der Mensch noch etwas an sich vorweisen will, auf das hin er Gottes Gnade erhofft, und wäre es auch eben seine Schwäche und Nichtigkeit, die Gottes Erbarmen verdient, solange

1) Vgl. meine Auseinandersetzung mit K. Holl, Theol. Rundsch. N. F. 4 (1932), S. 12 f.

2) Ps. 103, 8—13. Deshalb kann sich ja auch die christliche Kirche ohne weiteres die alttestamentlichen Worte, besonders der Psalmen und Propheten, die um Vergebung bitten und Gottes Gnade verheißen, aneignen. Sie findet hier ihren eigenen Gottesglauben ausgesprochen.

hat er sich nicht radikal als Sünder vor Gott gebeugt und Gottes Gnade nicht radikal verstanden.

Aber neben solchem Hinweis auf die Kreatürlichkeit des Menschen steht doch auch ein Wort, in dem gerade diese kreatürliche Nichtigkeit auf den Zorn Gottes zurückgeführt wird:

> „Das macht dein Zorn, daß wir so vergehen,
> und dein Grimm, daß wir so plötzlich dahin müssen;
> du hast unsere Sünden dir vor Augen gestellt,
> unsere geheimen Fehler vor deines Antlitzes Licht." (Ps. 90, 8 f.)

Gott ist der, „der die, die zerbrochenen Herzens sind, heilt und ihre Wunden verbindet" (Ps. 147, 3; vgl. Jes. 55, 15). Und in schlechthiniger Demut beugt sich der Beter vor ihm:

> „Erbarme dich, Jahve, mein nach deiner Gnade,
> nach deinem reichen Erbarmen tilge meine Frevel.
> Wasche mich rein von meiner Schuld,
> und entsündige mich von meiner Missetat!
> Denn ich selber bekenne meine Frevel,
> und meine Missetat tue ich allzeit kund:
> ‚An dir allein hab ich gesündigt
> und, was dir mißfällt, getan';
> Damit du recht behältst mit deinem Spruch,
> rein dastehst in all deinem Richten ....
> Schaffe mir, Jahve, ein reines Herz,
> gib einen neuen festen Geist in meine Brust!
> Verwirf mich nicht von deinem Angesicht,
> und deinen Heiligen Geist nimm nicht von mir ...
> Denn du hast nicht am Teilopfer Gefallen,
> und brächte ich ein Ganzopfer, du möchtest es nicht.
> Mein Teilopfer ist ein zerbrochener Geist,
> ein zerschlagenes Herz, verschmähst du, Jahve, nicht."
> (Ps. 51, 3–6. 12–13. 18–19.)

> „Aus der Tiefe schreie ich Jahve zu dir;
> höre meine Stimme!
> Laß deine Ohren lauschen
> auf mein lautes Flehen!
> Wenn du, Jahve, Sünde behieltest,
> wer bestünde!
> Doch dir gehört die Vergebung,
> daß man dich fürchte!
> Ich hoffe auf Jahve mit der Seele
> und harre auf sein Wort.
> Meine Seele hofft auf den Herrn
> mehr als der Wächter auf den Morgen;

Denn Jahve gehört die Gnade,
und viel Erlösung,
Und er wird Israel erlösen
von allen seinen Sünden." (Ps. 130.)

Diese Auffassung von der *Gnade* Gottes korrespondiert der Auffassung von der *Sünde* und der Forderung des *Glaubens* im Alten Testament. Denn die Sünde ist primär verstanden nicht als das moralische Vergehen des Menschen, sondern als die Verletzung der Ehre Gottes, als das Mißtrauen gegen Gottes Gnade, das Murren und Zweifeln, als die Empörung des selbstherrlichen Menschen, — kurz als der Unglaube. Denn gefordert ist vom Menschen der Verzicht auf die Eigenmacht und den Eigenruhm, das Stillesein und Warten auf Gott, kurz der Glaube:

„Nicht an der Stärke der Rosse hat er Lust,
nicht an den Schenkeln des Mannes Gefallen.
Jahve hat Gefallen an seinen Frommen,
die harren auf seine Gnade." (Ps. 147, 10 f.)

Ihm soll sich beugen jedes Knie, und jede Zunge soll schwören: „Nur in Jahve habe ich Erfolge und Macht" (Jes. 45, 23—25). Und wie Paulus verkündigt: „Wer sich rühmt, der rühme sich des Herrn" (1. Kor. 1, 31), so schon Jer. 9, 22 f.:

„So spricht Jahve: ein Weiser rühme sich nicht seiner Weisheit,
und ein Starker rühme sich nicht seiner Stärke,
noch rühme sich ein Reicher seines Reichtums.
Sondern dessen rühme sich, wer rühmen will:
daß er klug sei und mich erkenne,
daß ich, Jahve, es bin, der Gnade, Recht und Gerechtigkeit übt auf Erden".
„Durch Umkehr und Ruhe wird euch geholfen,
im Stillesein und Vertrauen liegt eure Kraft". (Jes. 30, 15.)
„Glaubt ihr nicht, so bleibt ihr nicht." (Jes 7, 9.)
„Wer glaubt, wird nicht zuschanden." (Jes. 28, 16).

In solchem Glauben unterwirft sich der Beter schlechthin der Gnade Gottes. Er hofft auf sie und erfährt sie darin, daß Gott ihn in Gnade annimmt und sein Leid wendet, daß Gott die feindlichen Heere vor Jerusalem vernichtet, daß er die zerbrochenen Mauern Zions wieder baut und das Volk in die Heimat wieder zurückführt. Und er erfährt in alledem die Vergebung Gottes. Aber wenn er sie in solchen Gnadenerweisungen Gottes in seinem persönlichen Leben und in der Geschichte seines Volkes erfährt, — erfährt er sie immer? Kann er der Vergebung Gottes glaubend gewiß sein? Wenn er sie nicht erfährt, so hofft er doch auf sie. Und diese Hoffnung wird zur eschatologischen Hoffnung.

Die eschatologische Hoffnung ist im Prophetismus erwachsen auf dem Grunde der radikalen Erkenntnis der Sünde des Volkes, das nichts als Gottes vernichtendes Gericht verdient hat, das nichts vor Gott vorweisen kann, auf Grund dessen es Anspruch auf Gottes Gnade hätte. Wenn sich hinter dem Gericht der Ausblick auf eine Zukunft des Heils öffnet, so ist diese Zukunft reine Vergebung und Gnade.

> „Um meinetwillen tat ich's!
> Denn wie könnte ich selbst mich entweihen lassen?
> Und meine Ehre gebe ich keinem Andern."
> (Jes. 48, 11; vgl. Ezech. 36, 22 f.)

Es gibt vom Menschen und vom Volk aus gesehen keine Kontinuität zwischen Jetzt und Einst; Israel ist tot; Gottes Gericht hat es vernichtet. Aber Gottes Geist kann die Totengebeine wieder lebendig machen und wird es tun (Ezech. 37, 1—14). Gottes Gnade wird das Volk erneuern:

> „Dann gebe ich euch ein neues Herz,
> lege euch in euer Inneres einen neuen Geist,
> schaffe fort aus eurer Brust das Herz von Stein
> und gebe euch ein Herz von Fleisch.
> Meinen Geist lege ich in euer Inneres.
> Ich wirke es, daß ihr in meinen Gesetzen wandelt
> und meine Gebote bewahrt und danach tut." (Ezech. 36, 26 f.)

Dann wird Gott einen neuen Bund mit dem Volk schließen:

> „Ich lege mein Gesetz in sie hinein,
> in ihr Herz schreibe ich es.
> Dann bin ich ihr Gott,
> und sie sind mein Volk!
> Dann brauchen sie nicht mehr zu lehren
> der Eine den Andern,
> zu sagen: ‚Erkennet Jahve.'
> Denn sie alle kennen mich dann,
> klein und groß unter ihnen,
> ist Jahves Raunen.
> Ja, ich vergebe ihnen ihre Schuld und an ihre Sünde
> denke ich nicht mehr!" (Jer. 31, 33 f.)

Dann gilt:

> „Nichts Böses und nichts Verderbliches tut man
> überall in meinen heiligen Bergen;
> das Land ist voll der Erkenntnis Jahves,
> wie die Wellen das Meer bedecken!" (Jes. 11, 9.)

Sofern in Israel der Gedanke Gottes radikal gedacht ist, indem die Gedanken der Sünde und der Gnade radikal erfaßt sind, ist der Glaube des Alten Testaments Hoffnung und ihm steht *der Glaube des Neuen Testaments* gegenüber *als der Glaube, der die Erfüllung hat*. Denn dies ist das Entscheidende des Neuen Testaments und des christlichen Glaubens, daß Gott in Jesus Christus jene eschatologische Tat getan hat, daß er in ihm die Sünde vergeben, das neue Israel berufen, seinen Geist gegeben hat. Das bedeutet es, wenn im Christentum das Gottesverhältnis an die Person Jesu gebunden ist: der christliche Glaube glaubt daraufhin an Gott, daß Gott durch Christus die Welt mit sich versöhnt hat (2. Kor. 5, 19). Es ist nicht neben Gott noch eine andere göttliche Person da, so daß der jüdische Glaube an den Einen Gott vervollständigt würde durch den Glauben an eine zweite göttliche Person; und der Glaube ist nicht die Bejahung von metaphysischen Spekulationen über die Gottheit Christi und seine Naturen. Sondern der Glaube an Christus ist nichts anderes als der Glaube an Gottes Tat in Christus [1]).

Was bedeutet das aber für das Problem des Verhältnisses des Neuen Testaments zum Alten? Ist Christus als die Tat der Vergebung Gottes verstanden, und ist dies eben die eschatologische Tat Gottes, so ist damit *der Begriff der Gnade Gottes radikal erfaßt*, d. h. die Vergebung wird dem Menschen nicht erst zuteil in der Wendung des Schicksals im Leben des Einzelnen oder des Volkes. Gottes Gnade ist rein nichts als Vergebung, und diese macht den Menschen neu und stark. „Meine Gnade ist dir genug, denn die Kraft kommt zur Vollendung in der Schwachheit“ (2. Kor. 12, 9). Das Gericht ist geschehen, der neue Äon ist angebrochen, und eine mythologische Spekulation über künftige Endereignisse ist grundsätzlich abgeschnitten [2]). In nichts anderem ist Gottes Vergebung und Gnade da als in dem *Wort der Verkündigung*, das Gott durch Jesus Christus in der Welt eingesetzt hat (2. Kor. 5, 18 f.). Das Wort ist das Licht, das in die Welt gekommen ist, und ihr einen neuen Schein gegeben hat; Jesus ist das „Wort“ [3]).

1) Vgl. S. 259 ff. (= oben S. 113 ff.).

2) Hier, im Grundgedanken des neutestamentlichen Glaubens ist *der Maßstab der kritischen Eliminierung* der urchristlichen Mythologie gegeben, und sie muß vollzogen werden, wie ja schon Johannes sie vollzieht, und wie sie indirekt selbst K. Barth vollzieht, wenn er die mythologische Eschatologie von 1. Kor. 15 gewaltsam uminterpretiert (s. Glauben und Verstehen I, S. 57).

3) Vgl. S. 283 ff. (= oben S. 143 ff.).

Ist Jesus so verstanden, *so ist er Gottes Gnadenerweis in grundsätzlich anderer Weise als die Gnadenerweise Gottes, von denen das Alte Testament redet.* Denn in ihnen ist die Vergebung und das Schicksal des Volkes (in dem auch der Einzelne sein Schicksal hat) unauflöslich verknüpft; d. h. Gottes Offenbarung ist für das Alte Testament an eine bestimmte Volksgeschichte gebunden. Sofern der Mensch zu diesem Volke gehört, kann er sich der Gnade Gottes getrösten. Was Gott in dieser Geschichte getan hat, hat er je am Einzelnen getan, sofern dieser mit seinem Volk und seiner Geschichte zu einer Einheit zusammengehört. Was Gott an den Vätern getan hat, was er an dem Volk tat, als er den Moses erweckte, das Volk aus Ägypten führte, durch die Wüste leitete, und in das heilige Land brachte, das hat er je jetzt an Jedem getan, da diese Geschichte keine vergangene, sondern Gegenwart ist, je im gegenwärtigen Bestande des Volkes [1]).

Die Tat Gottes in Jesus Christus wird im Neuen Testament nicht in analoger Weise verstanden als ein für die Geschichte Israels entscheidendes geschichtliches Ereignis, sodaß vermöge der geschichtlichen Verbundenheit jeder späteren Generation dasjenige zugute kommt, was Jesus für seine Generation bedeutet hat. An Jesus kann nicht erinnert werden wie an Abraham oder Mose, an sein Kreuz nicht wie an den Durchzug durch das Rote Meer oder an die Gesetzgebung am Sinai. Denn *er ist die eschatologische Tat Gottes,* die aller Volksgeschichte als der Sphäre des Handelns Gottes mit den Menschen ein Ende macht. Die Gegenwärtigkeit des in ihm vollzogenen Heilsgeschehens ist nicht durch die kontinuierliche Volksgeschichte und durch die sie begleitende und sie mitkonstituierende Tradition vermittelt. Die Botschaft von der vergebenden Gnade Gottes in Jesus Christus ist kein geschichtlicher Bericht über ein vergangenes Ereignis, sondern sie ist *das verkündigende Wort der Kirche,* das jetzt jeden unmittelbar als Gottes Wort anredet, und in dem Jesus Christus als das „Wort“ gegenwärtig ist [2]). Denn unmittelbar in diesem Wort begegnet dem Einzelnen Gott, Gottes vergebende Gnade. Er soll nicht Gnadenerweise Gottes, die in geschichtlichen Ereignissen der Vergangenheit vorliegen, anschauen, und daraus den Schluß ziehen, daß Gott gnädig ist und also auch

1) Das kommt z. B. in der jüdischen Pascha-Liturgie deutlich zum Ausdruck; vgl. Strack-Billerbeck IV, S. 68.

2) Vgl. S. 289 ff. (= oben S. 143 ff.).

wohl für ihn gnädig sein wird, sondern Gottes Gnade begegnet ihm direkt im verkündigten Wort.

Die Gemeinde, *die Kirche*, ist nicht eine soziologische Größe, eine durch die Kontinuität der Geschichte verbundene Volks- oder Kulturgemeinschaft, sondern sie wird durch das verkündigte Wort von Gottes Vergebung in Christus konstituiert und ist die Gemeinschaft dieser Verkündigung, des Redens und des Glaubens. Sie hat keine Geschichte wie völkische, staatliche und kulturelle Gemeinschaften ihre Geschichte haben. Es ist nicht möglich in der Kirche von den Vätern, etwa Augustin oder Luther, so zu reden wie von Christus, da er die eschatologische Tat Gottes ist. Es ist also nicht möglich, von den Vätern der Kirche so zu reden, wie Israel von seinen Vätern redete. In Israel setzte sich Gottes Gnadenwirken in den einzelnen Führern und Propheten fort, die Gott jeweils erweckte. Diese Geschichte hat aufgehört. Das Alte ist vergangen; es ist neu geworden [1]).

Das heißt aber auch: *für den christlichen Glauben ist das Alte Testament nicht mehr Offenbarung*, wie es das für die Juden war und ist. Wer in der Kirche steht, für den ist die Geschichte Israels vergangen und abgetan. Die christliche Verkündigung kann und darf die Hörer nicht daran erinnern, daß Gott ihre Väter aus Ägyptenland geführt hat, daß er das Volk einst in die Gefangenschaft führte und wieder zurückbrachte in das Land der Verheißung, daß er Jerusalem und den Tempel neu erbaute usw. Israels Geschichte ist nicht unsere Geschichte, und sofern Gott in jener Geschichte gnädig gewaltet hat, gilt diese Gnade nicht uns. Gerade deshalb ist es ja auch möglich, das Alte Testament vom christlichen Blickpunkt aus als Gesetz zu bezeichnen; von seinem eigenen Blickpunkt aus ist es ebensogut Gesetz und Evangelium.

Das heißt aber, daß *die Geschichte Israels für uns nicht Offenbarungsgeschichte* ist. Die Ereignisse, die für Israel etwas sagten, Gottes Wort waren, sagen uns für uns nichts mehr. Selbstverständlich kann man sagen, daß für eine geschichtliche Besinnung, für eine kritische Auseinandersetzung mit der geschichtlichen Vergangenheit, aus der wir kommen, auch die Geschichte Israels etwas Wesentliches sagt. Insofern ist auch uns der Auszug aus Ägypten, die Gesetzgebung am Sinai, der Tempelbau des Salomo, die Wirksamkeit der

1) Vgl. S. 292 f. (= oben S. 146 f.).

Propheten zugute gekommen, sofern das alles geschichtliche Momente sind, die unsere abendländische Geschichte mitkonstituieren. Aber im gleichen Sinne kann man auch sagen, daß jene Spartaner in den Thermopylen für uns gefallen sind und Sokrates den Giftbecher für uns getrunken hat. Und in diesem Sinne ist Jerusalem für uns nicht eine heiligere Stadt als Athen oder Rom. Aber das ist etwas grundsätzlich Anderes als von Gottes Offenbarung in Christus als dem Wort der Vergebung reden. Daß die Auseinandersetzung mit unserer Geschichte in kritischer Besinnung für uns fruchtbar ist, — diese Tatsache auf ein Wirken Gottes in der Geschichte zurückzuführen, dazu sind wir doch nur dann berechtigt, wenn wir schon glauben! Denn was wir in jener Auseinandersetzung mit der Geschichte sehen, sofern sie uns nämlich die Möglichkeiten menschlichen Selbstverständnisses zeigt und aktuell macht, das sieht auch der Unglaube. Der Glaube muß einen anderen Grund haben.

Israels Geschichte ist für den christlichen Glauben nicht Offenbarungsgeschichte. Davon ist freilich die Frage immer noch zu unterscheiden, *ob und inwiefern das Alte Testament für den christlichen Glauben Offenbarung heißen könne*, nämlich das Alte Testament selbst, gelöst von seiner Geschichte, als uns direkt anredendes Wort Gottes, also nicht so, wie es Israel und das Judentum anredete und von ihm verstanden werden mußte. Eines ist klar: von sich selbst aus kann sich das Alte Testament diese Legitimation nicht geben. Wenn sie ihm nicht dadurch gegeben wird, daß uns in ihm die Tradition unserer eigenen Geschichte anredet, so kann sie ihm *nur von Christus her* gegeben werden. Das bedeutet: der christliche Glaube reißt gleichsam das Alte Testament an sich und behauptet, daß das, was hier gesagt wird, einst nur in einem vorläufigen und beschränkten Sinne gesagt und verstanden werden konnte, daß es erst jetzt recht gesagt und gehört werden kann. Aber das heißt eben: Gottes Wort im eigentlichen Sinne ist das Alte Testament für den christlichen Glauben nicht. Sofern die Kirche es als Gottes Wort verkündigt, findet sie in ihm nur wieder was sie aus der Offenbarung in Jesus Christus schon weiß.

So verfährt jedenfalls das Neue Testament und das Urchristentum selbst. Es meint, daß das im Alten Testament Geschriebene um unsertwillen geschrieben sei, über die das Ende der Zeiten gekommen ist (1. Kor. 10, 11; vgl. Röm. 15, 4). *Es interpretiert also das Alte Testament von dem eschatologischen Bewußtsein aus*, daß alles

Frühere etwas Vorläufiges war, was erst jetzt seinen eigentlichen Sinn erhält.

Ist das sinnvoll und möglich, und inwiefern ist es das? Eine im Neuen Testament und sonst im Urchristentum selbstverständliche Weise, das Alte Testament zu benutzen, ist *der Schriftbeweis*. Die Wahrheit des christlichen Glaubens, die Notwendigkeit und die Heilsbedeutung des Schicksals Jesu wird dadurch begründet, daß dieser Glaube, daß diese Ereignisse schon im Alten Testament geweissagt seien. Ein solcher Schriftbeweis ist faktisch unmöglich. Die angeblichen Weissagungen des Alten Testaments sind in dessen eigenem Sinne zum Teil überhaupt keine Weissagungen, zum Teil gehen sie nicht auf Jesus und die christliche Gemeinde, sondern enthalten einfach das israelitisch-jüdische Bild der Zukunftshoffnung. Die meisten Stellen müssen — etwa mit Hilfe der allegorischen Methode — gegen ihren ursprünglichen Sinn verstanden werden, damit sie eine geeignete Weissagung hergeben. Das aber zeigt ja, daß der Glaube ohne den Weissagungsbeweis feststand; er entdeckt ihn erst nachträglich. Es steht also nicht nur so, daß faktisch der Schriftbeweis, zumal heute, keinen Menschen überzeugen kann; er *darf* auch keinen überzeugen. Der Glaube, der auf solche Beweise hin glauben würde, ist überhaupt kein echter Glaube, und die Schriftbeweise des Neuen Testaments müssen fallen, nicht erst auf Grund rationaler historischer Kritik, sondern schon, weil sie den Charakter des Glaubens nur verdunkeln können.

Kann aber in anderem Sinne das Alte Testament als Wort Gottes vom Glauben verstanden werden? Eines ist klar: das Alte Testament dürfte dabei *nicht gegen seinen ursprünglichen Sinn*, so wie ihn allein die geschichtliche Forschung feststellen kann, verstanden werden. Denn wenn dieser Sinn umgedeutet würde, so würde ja gar nicht mehr das Alte Testament reden; und das ist ja gerade unsere Frage, ob das Alte Testament noch zu denen als Gottes Wort redet, die das Wort des Neuen Testaments gehört haben und hören. Jede Allegorese ist Spielerei oder Unfug.

Wenn allein Jesus Christus, als Gottes eschatologische Tat der Vergebung, Gottes Wort an die Menschen ist, so kann man sagen, daß alle die Worte, die dazu dienen, dieses Wort verständlich zu machen, indem sie den Menschen in die Situation bringen, in der er es verstehen kann, und indem sie das darin gegebene Daseinsverständnis entfalten, *in vermittelter Weise Gottes Wort* sind. In diesem

Sinne kann das Alte Testament Gottes Wort sein. In ihm ist jenes Verständnis von Gesetz und Evangelium in ihrer Korrelation enthalten, so wie es für das christliche Seinsverständnis maßgebend ist. In ihm hat jenes Daseinsverständnis des Menschen als des Geschöpfes, das in seiner Geschichtlichkeit unter Gottes Anspruch steht, klaren Ausdruck gefunden. In ihm spricht sich das Bewußtsein der Sünde und die Hoffnung auf Gottes Gnade aus, die auf dem Grunde der christlichen Glaubensgewißheit als überwunden und erfüllt, als stets wieder zu überwinden und zu erfüllen, ruhen. Wir, als die zum Glauben Aufgerufenen, sind es gewissermaßen, die ihr Spiegelbild im Alten Testament sehen. So kann die christliche Verkündigung uns das Alte Testament als unser Spiegelbild vorhalten, so wie Paulus 1. Kor. 10 die Wüstengeneration seiner Gemeinde als Spiegelbild vorhält, nicht als Schriftbeweis, sondern *πρὸς νουθεσίαν* (10, 11). Der Glaube also ergreift das Alte Testament und wagt es in der Kraft und mit dem Recht des Glaubens, die Worte des Alten Testaments, die einst nicht für uns gesprochen waren, an uns zu richten, damit wir das Verständnis für unsere Situation gewinnen und für das Wort Christi, das in diese Situation hineingesprochen ist. In diesem Sinne kann man das Alte Testament *Weissagung*, das Neue Testament *Erfüllung* nennen.

So *kann* es sein, und so wird es vielleicht normaler Weise sein; so *muß* es freilich nicht sein. Auch im Neuen Testament selbst besteht in dieser Hinsicht ein großer Unterschied. Manche Schriften des Neuen Testaments, einige Paulusbriefe, das Johannesevangelium, der erste Johannesbrief, nehmen kaum oder gar nicht auf das Alte Testament Bezug. Das richtet sich je nach der Situation des Verkündigers und der Hörer. Wird aber das Alte Testament als Gottes Wort in die kirchliche Verkündigung aufgenommen, so ist unverbrüchliche Bedingung: 1. daß das Alte Testament in seinem ursprünglichen Sinne, wenngleich ohne seine ursprüngliche Beziehung auf das israelitische Volk und seine Geschichte, verwendet wird, daß also jede Allegorese unterbleibt. 2. Daß das Alte Testament nur soweit aufgenommen wird, als es wirklich Verheißung ist, d. h. als es wirklich das christliche Seinsverständnis vorbereitet. Soweit, mag man sagen, redet Christus schon im Alten Testament.

Die Aufgabe der Theologie in der gegenwärtigen Situation[1]

1933

Meine Damen und Herren! Ich habe in meinen Vorlesungen grundsätzlich nie über die Tagespolitik geredet und gedenke, es auch in Zukunft nicht zu tun. Aber es erscheint mir doch als unnatürlich, wenn ich heute ignorieren würde, in welcher politischen Situation wir dieses neue Semester beginnen. Denn die Bedeutsamkeit des politischen Geschehens für unsere ganze Existenz ist uns derart zum Bewußtsein gekommen, daß wir uns der Pflicht nicht entziehen können, uns auf den Sinn unserer theologischen Arbeit in dieser Situation zu besinnen.

Es handelt sich also hier nicht um eine *politische* Stellungnahme, und unsere Sache kann es hier weder sein, ein heute oft allzuschnell gesprochenes „freudiges Ja" zu den politischen Ereignissen zu wiederholen, noch auch – je nachdem wie wir zu den Ereignissen stehen – skeptischer oder grollender Kritik Ausdruck zu geben. Wir haben hier die Ereignisse einfach daraufhin anzusehen, daß in ihnen große *Möglichkeiten* für dic Zukunft gegeben sind, und uns zu fragen, welche Verantwortung wir gerade als *Theologen* angesichts dieser Möglichkeiten haben.

Da wir als Theologen im Dienste der Kirche den Grund und Sinn des christlichen Glaubens für unsere Generation zu entwickeln haben, muß das Erste die Besinnung auf das grundsätzliche Verhältnis des Glaubens zu Volk und Staat, auf das grundsätzliche Verhältnis zwischen glaubendem und politischem Leben sein. Dieses Verhältnis ist aber dadurch bestimmt, daß sich der Glaube auf den Gott rich-

[1] Die folgenden Ausführungen wurden zur Einleitung meiner Vorlesung am 2. Mai 1933 vorgetragen. Rudolf Bultmann

tet, der der Schöpfer und Richter der Welt und ihr Erlöser in Jesus Christus ist. Das bedeutet, daß das Verhältnis Gottes zur Welt und deshalb des Glaubens zum weltlichen und damit zum politischen Leben ein eigentümlich doppelseitiges ist.

Gott ist der *Schöpfer*, d.h. die Welt ist *sein*; *seine* Gabe begegnet uns in der Welt, in der wir stehen, in ihren Gütern und Aufgaben, in ihren beglückenden und erschreckenden Erscheinungen, in ihren reich und arm machenden Ereignissen. Gott ist der Schöpfer, d.h. nicht: Gott ist die Ursache (*αἰτία*), auf die das Denken die Welt zurückführt, oder der Ursprung (*ἀρχή*), von dem aus das Weltgeschehen in seiner Einheit und Gesetzlichkeit vom Verstande begriffen werden könnte. Gott ist der Schöpfer, d.h. vielmehr, daß er uns in unserer konkreten Welt, in der geschichtlich bestimmten Welt, in der Gegenwart unseres Lebens als der Herr begegnet. Der Schöpferglaube ist nicht eine philosophische oder weltanschauliche Theorie, die man im Hintergrund oder neben dem konkreten Erleben und Handeln hätte; sondern wir sollen ihn im konkreten Erleben und Handeln als den Gehorsam gegen unseren Herrn durchführen. Gott ist der Schöpfer, d.h. das Tun des Menschen ist nicht durch zeitlose Prinzipien bestimmt, sondern durch die konkrete Situation des Augenblicks.

Die Situation gewinnt ihre Konkretheit durch verschiedene Faktoren. Zu ihnen gehört das, was wir die *Schöpfungsordnungen* nennen. Denn durch solche Ordnungen sind wir nicht Menschen im allgemeinen, die ihr Menschentum auszubilden haben; sondern wir sind dieser und jener Mensch, der diesem oder jenem Volke angehört, wir sind Mann oder Frau, Vater oder Sohn, jung oder alt, stark oder schwach, klug oder dumm usw. Zu solchen Schöpfungsordnungen gehört auch unser *Volkstum* und gehört die politische Ordnung des Staates, in der allein das Volkstum zum Gegenstand unserer Sorge und unseres Handelns werden kann. Wir brauchen uns hier nicht darauf zu besinnen, welche Stelle in der Rangordnung der uns begegnenden Ansprüche Staat und Volkstum einnehmen, ob es überhaupt Sinn hat, hier von Rangordnung zu reden, oder ob die Rangordnung der Ansprüche gerade nur die jeweils zu entscheidende Frage des Augenblicks ist. Es genügt für jetzt zu erkennen, daß *Gottesglaube und Volkstum in einem positiven Verhältnis stehen*, sofern Gott uns in unser Volk und unseren Staat hineingestellt hat. Es genügt zu verstehen, daß – mit einem Wort von *Fr. K. Schumann* –

„Volk ursprüngliches Beanspruchtsein bedeutet, daß im Volk stehen, Glied des Volkes sein heißt: Gemeinschaft des Schicksals tragen, sich beanspruchendem Willen der Vergangenheit stellen, das eigene Sein vom Andern her bestimmt sein lassen, gemeinsamer Zukunft verantwortlich sein, sich selbst empfangen und so auch sich selbst wieder opfern können".[2] Es genügt zu wissen, daß der Glaube an Gott den Schöpfer dies von uns fordert.

Aber damit ist noch nicht Alles gesagt. Denn Gott ist der *Schöpfer*, d.h. er ist nicht den Ordnungen der Welt immanent, und nichts, was uns als Erscheinung dieser Welt begegnet, ist *direkt* göttlich. Gott steht jenseits der Welt. Deshalb gewinnt der Glaube, so sehr er die Welt als Schöpfung Gottes versteht, ja eben deshalb, weil er sie als *Schöpfung* versteht, – er gewinnt ein eigentümliches *Distanzverhältnis* zur Welt. Jenes Verhältnis, das Paulus mit dem eigentümlichen *ὡς μή* bezeichnet:

> „Das aber sage ich, meine Brüder: Die Zeit ist nur noch kurz.
> Hinfort gilt, daß die, die Weiber haben, seien, als hätten sie keine,
> Und die da weinen, als weinten sie nicht,
> Und die da sich freuen, als freuten sie sich nicht,
> Und die da kaufen, als behielten sie es nicht,
> Und die mit der Welt verkehren, als hätten sie nichts davon.
> Denn die Gestalt dieser Welt geht dahin."
> (I Kor 7, 29–31).

Das bedeutet nicht, daß der Glaube ein *negatives* Verhältnis zur Welt habe, sondern daß das *positive* Verhältnis, das er zu ihr und ihren Ordnungen hat, ein *kritisches* ist. Denn der Glaube weiß, daß Gott der Schöpfer auch der Richter der Welt ist. Er weiß, daß die Menschen es immer vergessen, daß die Güter und Ordnungen der Welt den Menschen in den *Dienst* stellen, ihm seine Aufgaben weisen und ihm nicht zu Besitz und Genuß gegeben sind. Er weiß, daß menschliches Streben, als individuelles wie als kollektives, immer dahin geht, über die Welt zu verfügen, sich zu sichern. Er weiß, daß der Mensch immer, seiner Geschöpflichkeit vergessend, sich als den Herrn seines Lebens verstehen will. Durch solche sündige Verkehrung des menschlichen Selbstverständnisses werden auch die Ordnungen der Schöpfung zu Ordnungen der Sünde, und zwar umsomehr, je mehr sich der Mensch die sündige Tendenz seines Wollens

---

[2] *Fr. K. Schumann*, Gegenwartsdämonie und Christusglaube, Nördlingen, Druck u. Verlag Georg Wagner, 1932, S. 26.

verschleiert und die Ordnungen, in die er gestellt ist, mit dem Charakter direkter Göttlichkeit bekleidet. Alles kann dem Menschen zur Sünde werden, d. h. zum Mittel, sich selbst durchsetzen zu wollen, über sein Dasein verfügen zu wollen, auch Besitz und Familie, Bildung und Recht, Volkstum und Staat.

Deshalb sind alle Ordnungen, in denen wir uns vorfinden, *zweideutig*. Sie sind *Gottes* Ordnungen, aber nur, sofern sie uns zu unserer konkreten Aufgabe im Dienst rufen. Sie sind Ordnungen der *Sünde* in ihrer bloßen Gegebenheit.

Um das klar zu machen, brauche ich nur daran zu erinnern, wie verschieden die Stellung der alttestamentlichen Propheten und Jesu zum Recht ist. Einer Zeit, die ihrer Pflicht gegen Gott durch prunkvollen Vollzug des Kultus zu genügen meint, und die im Volksleben ungebundene Eigensucht herrschen läßt, stellt *die prophetische Predigt* die Forderung von Recht und Gerechtigkeit als die Forderung Gottes entgegen. Das Recht bindet den Eigenwillen des Menschen. Denken Sie an einige Gesetze, auf die Jesu Bergpredigt Bezug nimmt. Das Gesetz der Ehescheidung sichert die Frau gegen die Willkür des Mannes, indem es ihm rechtliche Schranken setzt. Das Jus Talionis („Auge um Auge, Zahn um Zahn") schränkt die Vergeltung der Rachsucht auf ein für das politische Leben erträgliches Maß ein. Das „Du sollst deinen Nächsten lieben und deinen Feind hassen" bindet den blinden Haß, der in jedem Gegner den Feind sieht, und erhebt den Begriff des Nächsten zu rechtlicher Geltung. *Jesu* „Ich aber sage euch" öffnet die Augen dafür, wie sich die Sünde des Menschen das Recht dienstbar macht, wie die rechtlichen Bindungen als Konzessionen gedeutet werden: ich *darf* …, ich darf meine Ehe scheiden, ich darf vergelten, ich darf hassen, – kurz ich kann bei formaler Legalität meinem Eigenwillen seinen Spielraum lassen. So protestiert Jesus gegen eine Ordnung des Rechts, die zur Ordnung der Sünde geworden ist. Jeder, der sein Weib entläßt, bricht die Ehe! Wer dich auf die rechte Wange schlägt, dem biete die andere auch dar! Liebet eure Feinde!

Nicht daß Jesus einen Anarchismus gefordert habe; aber sein Kampf gilt der Ordnung des Rechts, sofern sie zur Ordnung der Sünde geworden ist. Ein Rechtsleben, das vom Gedanken des Dienstes bestimmt ist, das seinen ursprünglichen Sinn erfüllt, den Menschen an den Mitmenschen zu binden, wird von seinem Protest nicht getroffen. Gott fordert Recht und Gerechtigkeit.

Aber es liegt ja so, daß jede Rechtsordnung die doppelte Möglichkeit hat, in den Dienst der Sünde und in den Dienst Gottes gestellt zu werden. Alle Ordnungen sind zweideutig, und unser Verständnis der Ordnungen, in denen wir uns vorfinden, ist immer schon geleitet durch die *Geschichte*, aus der wir kommen. Und alle Geschichte der Menschen ist ebenfalls zweideutig. Sie bringt uns das große Erbe der Möglichkeiten zu einem adeligen und freien Tun, und sie bringt uns gleichzeitig die Versuchungen zu gemeinem, gebundenem Handeln. Alle Geschichte birgt gleichzeitig die Taten des Heldentums und Opfermuts, und den Kampf Aller gegen Alle. Alle Geschichte ist infiziert von der Sünde, alles menschliche Tun von vornherein geleitet von jenem sündigen Selbstverständnis, in dem der Mensch sich selbst durchsetzen und über sein Dasein verfügen will. Und zu jeder großen und guten Tat muß die Kraft erst durch Selbstüberwindung gewonnen werden. Kein Staat und kein Volkstum ist eine so eindeutige Größe, ist so rein von Sünde, daß aus seinem puren Bestande Gottes Willen eindeutig abzulesen wäre. Kein Volkstum ist so rein und lauter, daß man jede Regung des Volkswillens direkt als Forderung Gottes erklären dürfte. Wie die Natur uns unheimlich geworden ist durch die Sünde, so unser ganzes menschliches Miteinander, so auch das Volkstum. Aus ihm erwachsen Taten der Schönheit und des Adels; aus ihm brechen aber auch die Dämonien der Sünde hervor. Jeder Staat und jedes Volkstum enthält wie die Möglichkeiten und Aufgaben zum Guten und Schönen, so auch die Versuchungen zum Bösen und Gemeinen.

Der *christliche Glaube* hat seine *kritische Kraft* gerade darin zu bewähren, daß in einer Zeit, in der das Volkstum als Schöpfungsordnung wieder in das allgemeine Bewußtsein tritt, auch die Besinnung darauf lebendig bleibt daß das Volkstum zweideutig ist, und daß gerade um des Gehorsams unter das Volkstum als einer Schöpfungsordnung willen, die Frage lebendig bleiben muß, was echte Forderung des Volkstums ist, und was nicht. Wir empfinden es ja gerade in dieser Zeit der Krisis, daß wir erst wieder suchen und finden müssen, welches der echte Sinn von Besitz und Familie, die echte Ordnung von Geschlechtern und Altersstufen, der echte Sinn von Autorität und Erziehung ist. Und so gilt es auch, sich zu besinnen, welches der echte und geforderte Sinn von Volkstum ist. Wohl ist dem Menschen ein ursprüngliches Wissen darum gegeben, das, was wir den völkischen Instinkt nennen können.

Aber hier wie überall ist der ursprüngliche Instinkt verschüttet, verkümmert oder verbogen und entstellt durch die Geschichte der Sünde, aus der wir kommen.

Christlicher Glaube muß eine kritische Kraft in den Fragen der Gegenwart sein, und er muß seine *Positivität* gerade in seiner *kritischen* Haltung bewähren. Wie kann er das? Weil er nicht nur von Sünde, sondern auch von *Gnade* weiß. Weil er Gott nicht nur als den Richter kennt, sondern auch als den Erlöser, der durch Jesus Christus seine ursprüngliche Schöpfung wiederherstellt. Die Erlösung durch Jesus Christus bedeutet die Vergebung der Sünde durch die Offenbarung der Liebe Gottes, und sie bedeutet deshalb die Befreiung des Menschen zur Liebe.

Nur wer den jenseitigen Gott kennt, der in Christus sein Wort der Liebe in diese Welt hineinspricht, der vermag sich aus der Verstrickung dieser sündigen Welt zu befreien und einen Blick zu gewinnen, für den die Ordnungen der Welt wirklich als Schöpfungsordnungen erkennbar sind, deren er sich dankbar zu freuen hat, in denen er still zu leiden hat, in denen er als Liebender zu wirken hat. Er hat für solches Wirken den kritischen Blick gewonnen, den kritischen Blick gegenüber den lauten Forderungen des Tages, indem er das Gute und das Böse in ihnen mißt an der Frage, ob und wieweit in ihnen das Gebot der Liebe durchgeführt werde. Den kritischen Blick aber auch sich selbst gegenüber, ob sein Tun ein selbstloser Dienst sei.

Solcher kritische Blick wird das Werben und den Kampf für Staat und Volkstum nie zu einem Werben und einem Kampf für *Abstrakta* werden lassen. Denn wir dürfen uns nicht den Blick dafür verschleiern lassen, daß Staat und Volkstum aus konkreten Menschen bestehen, die unsere Nächsten sind. Volkstum birgt ebenso wie Menschentum die Gefahr, aus einem Konkretum zu einem Abstraktum zu werden! Ist unser Kampf für das Ideal des Volkstums der Kampf für ein Abstraktum oder für eine konkrete Realität? Das Kriterium für jeden unter uns ist doch dieses, ob er bei seinem Kampfe wirklich getragen ist von der Liebe, die nicht nur in eine Zukunft blickt, in der sie ihr Ideal verwirklichen will, sondern die auch den konkreten Nächsten sieht, der in der Alltäglichkeit des Lebens gegenwärtig mit uns verbunden ist. Wohl gibt es Härten in jedem Kampf, und es fallen Opfer. Das Recht, Opfer zu fordern und Härte zu üben, hat nur der, der in denen, die getroffen werden, die Nächsten sieht! Er wird die Art und Weise und die Grenze seines Handelns dann finden. Nur der kann seinem Volkstum echt dienen, der durch den Empfang der Liebe Gottes in Christus zur Liebe befreit ist.

M. D. u. H.! Daß dies der Sinn und die Forderung des christlichen Glaubens ist, und daß der Theologe diese Gedanken zu vertreten hat, daran kann gar kein Zweifel sein. Denn was ich gesagt habe, das ist einfach aus den Gedanken des Neuen Testaments und der Reformatoren geschöpft. Es mag also bequem oder unbequem sein, jedenfalls ist es so, und ich habe nicht vorzutragen, wie es nach unseren Wünschen vielleicht sein sollte, sondern wie es nach der Lehre der Kirche ist.

M. D. u. H.! Wir wollten uns angesichts der großen Möglichkeiten, die uns gerade jetzt erschlossen sind, unsere Verantwortung klar machen, so wie sie uns aus der kritischen Kraft des christlichen Glaubens deutlich wird. Wir verschließen unseren Blick nicht dagegen, daß mit den Möglichkeiten auch die Versuchungen gegeben sind; ja, es ist unsere Pflicht als Theologen, gerade darauf hinzuweisen, damit die Freude am Neuen rein und der Glaube an die neuen Möglichkeiten ehrlich sei.

Werden wir uns die Kraft des kritischen Blicks erhalten und den Versuchungen nicht erliegen? daß wir mit reinen Händen an Deutschlands Zukunft mitarbeiten und ehrlich an diese Zukunft glauben? Muß ich erst darauf hinweisen, daß in dieser entscheidungsvollen Zeit auch die Dämonie der Sünde auf der Lauer liegt? „Wir wollen die Lüge ausmerzen" lautet ein schöner und großer Satz in der Kundgebung der deutschen Studentenschaft. Zur Lüge gehört es auch, sich die Wahrheit zu verschleiern. Und ich will offen an drei Beispielen zeigen, welche Verantwortung wir als Kämpfer für das neue Deutschland diesen Versuchungen gegenüber haben; an den Beispielen der „Vorschußlorbeeren", des Denunziantentums und des Kampfesmittels der Diffamierung.

Das erste Beispiel ist verhältnismäßig harmlos. Wenn Ad. Hitler in einem sehr erfreulichen Erlaß mahnte, alte Namen von Straßen und Plätzen nicht zu ändern, so mußte sich die neue Marburger Stadtverordneten-Versammlung doch beschämen lassen, die in ihrer ersten Sitzung keine dringlichere Pflicht der neuen Zeit erkannte, als einigen Straßen und Plätzen neue Namen zu geben. Die Sache ist jedoch nicht so harmlos, wie sie auf den ersten Blick aussieht. Denn durch solches Verfahren, *Vorschußlorbeeren* zuverteilen, nährt man ein eigentümliches Gefühl der Sicherheit, das nicht mit dem *Glauben* an die Zukunft zu verwechseln ist. Denn der Glaube schließt

Ernst ein, und der Ernst weiß, was Ad. Hitler in seiner Rede gestern wieder betonte, daß wir erst am Anfang stehen, und daß noch unendlich viel von uns gefordert ist an geduldiger Arbeit und klarer Opferbereitschaft. Und ich brauche kaum darauf hinzuweisen, daß jene leichtsinnige Sicherheit am schnellsten umschlägt in Enttäuschung, wenn die Führung Opfer verlangt. Der Versuchung des Leichtsinns gegenüber haben wir den Ernst der Aufgabe einzuschärfen.

Das zweite Beispiel ist schlimmer, und die wiederholten Kundgebungen der Regierung gegen das *Denunziantentum* zeigen, welche Gefahr hier besteht. Ich weiß, daß z. B. der Kultusminister täglich Körbe voll Denunziationen erhält; ich weiß zum Glück auch, daß sie in die verdienten Papierkörbe wandern. Aber es liegt dabei nicht nur an dem etwaigen Erfolg der Denunziationen; sondern das Schlimmste ist dieses, daß solches Denunziantentum die Atmosphäre vergiftet, Mißtrauen zwischen den Volksgenossen stiftet und das freie und ehrliche Wort des Mannes unterdrückt. „Wir wollen die Lüge ausmerzen“, – dazu gehört auch, daß man das freie Wort ehrt, auch dann, wenn es anders lautet, als man zu hören wünscht. Denn sonst erzieht man zur Lüge.

Das führt uns schon auf das Dritte. Die Diffamierung anders Denkender ist kein edles Kampfmittel. Und wieder darf ich mich auf ein Wort Ad. Hitlers berufen, daß die anders Denkenden nicht unterdrückt, sondern gewonnen werden sollen. Durch Diffamierung überzeugt und gewinnt man nicht, sondern man stößt die besten der Gegner ab. Man gewinnt durch den Kampf des *Geistes*, in dem man den Gegner ehrt. Ich muß als Christ das Unrecht beklagen, das gerade auch den deutschen *Juden* durch solche Diffamierung angetan wird. Ich weiß wohl, wie kompliziert das Judenproblem gerade in Deutschland ist. Aber: „Wir wollen die Lüge ausmerzen“ – so muß ich denn ehrlich sagen, daß gerade die Diffamierung der Juden, die jene Kundgebung enthält, aus der dieses schöne Gelöbnis stammt, nicht vom Geiste der Liebe getragen ist. Halten Sie den Kampf für das deutsche Volkstum rein, und sorgen Sie dafür, daß edles Wollen für Wahrheit und Deutschtum nicht durch dämonische Verzerrung entstellt wird!

Aber noch ein Letztes ist endlich zu sagen. Haben wir Sinn und Forderung des christlichen Glaubens richtig verstanden, so ist allerdings angesichts der Stimmen der Gegenwart klar, daß dieser *christ-*

liche Glaube selbst in Frage gestellt ist; m.a.W. daß wir uns zu entscheiden haben, ob christlicher Glaube für uns Geltung haben soll oder nicht. Er kann von seinem Wesen und Anspruch nichts preisgeben; denn „Verbum Domini manet in Aeternum". Und vor Verfälschungen des Glaubens durch eine völkische Religiosität sollen wir uns ehrlicherweise ebenso hüten wie vor einer Verfälschung des völkischen Glaubens durch christlichen Aufputz. Es gilt: Entweder-Oder!

Die kurzen Worte dieser Stunde können an diese Entscheidung nur erinnern. Aber die Arbeit des Semesters wird die Entscheidungsfrage immer wieder zum Bewußtsein bringen und klären, damit die Entscheidung klar und gewissenhaft gefällt werden kann.

Die Frage der natürlichen Offenbarung*

1941

Will man die Frage erörtern, ob es neben der Offenbarung in Christus noch andere Offenbarungen gibt, so muß man sich zuerst darüber verständigen, was man unter *Gott* versteht; denn um die Offenbarung *Gottes* handelt es sich ja bei dieser Frage. Wird Gott nur in Christus sichtbar? oder auch anderswo, in Natur und Geschichte? Wer dieses behauptet, muß doch zeigen, daß Natur und Geschichte wirklich *Gott* sichtbar machen! Und wenn der, der von einer Gottesoffenbarung in Natur und Geschichte redet, sich daran begibt, Gottesoffenbarung in Natur und Geschichte aufzuzeigen, so dürfen wir uns nicht gleich dadurch verwirren lassen, daß er dasjenige, was er aufzeigt, mit dem Titel „Gott" belegt, sondern wir haben zu fragen, ob es auch wirklich Gott sei. Und der Maßstab für solche kritische Frage kann nur die Erkenntnis sein, die der christliche Glaube von Gott hat.

Freilich könnte jeder erwidern: „Umgekehrt! was wir euch als Gott aus Natur und Geschichte aufzeigen, ist der kritische Maßstab, an dem eure christliche Gotteserkenntnis gemessen werden muß!" Wenn wir uns auf diese Fragestellung einlassen, so haben wir von vornherein unseren christlichen Glauben preisgegeben; denn er wäre damit preisgegeben, daß zugegeben wird: über seine Legitimität könne von einem Standpunkt außerhalb seiner entschieden werden. Wir müssen also dabei bleiben: der Maßstab für die kritische Frage nach irgendeiner anderwärts angeblich gewonnenen Gotteserkenntnis ist die Gotteserkenntnis des christlichen Glaubens.

Dann wäre gar keine *Diskussion* zwischen uns und jenem möglich? Doch! denn wenn jener behauptet: „wir sehen und zeigen euch Gott aus Natur und Geschichte", so setzt er voraus, daß es uns und ihm

* Aus: R. Bultmann, Offenbarung und Heilsgeschehen 1941, S. 3–26.

um die Frage nach Gott geht. Er behauptet: „die echte Frage nach Gott ist durch das, was ihr uns als Gottes Offenbarung zeigt, nicht beantwortet, oder wenigstens nicht vollständig beantwortet", und er behauptet weiter: „wenn ihr in echtem Sinne nach Gott fragt, so müßt ihr sehen, daß hier, in Natur und Geschichte, sich Gott offenbart!"

Eine *gewisse Gemeinsamkeit in dem Verständnis dessen, was Gott bedeute,* ist also zwischen den beiden streitenden Parteien vorausgesetzt. Sonst gäbe es überhaupt keinen Streit! Und die Frage scheint zu sein: ist in Christus oder in Natur und Geschichte das erfüllt, was alle Menschen meinen, wenn sie von Gott reden und nach Gott fragen?

Aber ist damit nun nicht doch wieder ein außer-, ein vorchristlicher Gottesbegriff zum kritischen Maßstab gemacht für die Frage, wo Gottes Offenbarung zu finden sei, in Christus oder in Natur und Geschichte? Das wäre dann der Fall, wenn die Gemeinsamkeit mehr wäre als die der *Frage* nach Gott, wenn sie ein *Wissen* von Gott wäre. Aber kann die Frage nach ihm fragen, ohne ein Wissen von ihm zu haben? Und welches ist das Wissen, das sie von ihm haben muß, um nach ihm fragen zu können? ein Wissen, das doch nicht schon behaupten dürfte, ihn zu kennen?

I. Der Gottesbegriff

Wir werden die Antwort auf diese Frage finden, wenn wir einfach nach dem fragen, *was Menschen überhaupt meinen, wenn sie von Gott reden.* Luther definiert in der Erklärung des 1. Gebotes im Großen Katechismus, was Gott bedeutet: „Worauf du nun dein Herz hängest und verlässest, das ist eigentlich dein Gott!"

So kann freilich auch „Geld und Gut" ein „Gott" heißen, auch „Kunst, Klugheit, Gewalt, Gunst, Freundschaft und Ehre", – sofern nämlich jemand „darauf alle sein Herz setzet". Und so ist Deutschland Gott, wenn heute jemand bekennt „ich glaube an Deutschland".

Wenn nun Luther fortfährt, daß ein Gott solcher Art nicht der rechte einige Gott sei, so sagt er damit noch nichts spezifisch Christliches. Denn Geld und Gut, Kunst und Ehre und dgl. nennt ja auch sonst niemand in der Welt Gott; und selbst die an Deutschland Gläubigen würden ja nicht direkt sagen: Deutschland ist Gott, sondern höchstens so, daß Gott ihnen in Deutschland begegne, sich in Deutschland offenbare.

a) D. h. zuerst gehört zum Gottesbegriff dieses: Gott ist derjenige, oder ist die Macht, *auf die man sein Herz setzt*, auf die man sich verläßt, dazu man sich versieht alles Guten und Zuflucht hat in allen Nöten. Aber indem überall auf der Welt eine solche Macht eben Gott genannt wird, mit einem besonderen Namen also, kommt schon zu Tage, daß für jedermann Gott nicht eine *einzelne* Macht oder Größe innerhalb der Welt neben anderen ist, sondern die Macht, die *alles* einzelnen Innerweltlichen mächtig ist. Nur so kann man ja zu ihr in allen Nöten Zuflucht nehmen. Zum Gottesgedanken als solchen gehört *der Gedanke der Allmacht.*

b) Aber überall, wo von Gott geredet wird, hat der Gottesgedanke auch polemischen oder kritischen Sinn. Denn überall steht die Verkündigung Gottes in Gegensatz zu der Haltung der Menschen, sofern diese zwar gerne sich einer Macht versichern wollen, von der sie sich alles Guten versehen und zu der sie in allen Nöten Zuflucht nehmen können, sofern sie aber in der Durchschnittlichkeit des Lebens gar nicht nach dieser Macht über alles fragen, sondern jeweils das Einzelne, was ihnen nützt oder imponiert, über sich mächtig werden lassen. Überall, wo von Gott geredet wird, weiß man auch, daß seine Macht *fordernde* Macht ist, daß seine Allmacht mit seinem *Anspruch* zusammengeht; daß er nicht nur als „eifersüchtiger" Gott Verehrung fordert, sondern daß er auch der Hüter des Rechtes und der Sitte ist. Seine Allmacht wird für den, der sie nicht über sich mächtig werden läßt, zur vernichtenden Macht, – in welcher Form auch immer. *Der Allmächtige ist zugleich der Heilige, der Opfer verlangt, der Richter, der fordert und urteilt.* So sagt Luther, daß wir aus dem 1. Gebot lernen, „wie Gott keine Vermessenheit noch Vertrauen auf einig ander Ding leiden will und nichts Höheres von uns fordert, denn eine herzliche Zuversicht alles Guten ..." Zum Gottesgedanken als solchem gehört also der Gedanke der *Heiligkeit.*

c) Es ist darin auch ausgedrückt, daß *Gott in Distanz zur Welt* steht. Freilich ist dieser Gedanke nicht überall, wo von Gott geredet wird, zur Klarheit gebracht; aber er ist im Gottesgedanken als solchem enthalten, und das kommt zum Vorschein, wenn – wie überall – von Gottes *Ewigkeit* geredet wird. Auch wer von einem der Welt immanenten Gott redet, legt ihm das Attribut der Ewigkeit bei; denn auch für ihn ist das Sein Gottes in der Welt nicht einfach mit dem puren Dasein der weltlichen Phänomene identisch. Erst jenseits ihrer ist Gott, nicht mit den leiblichen Augen, sondern mit denen des

Geistes zu schauen. Er ist nicht einfach da in dem Einzelnen, was mir begegnet, sondern muß von mir jenseits seiner geschaut, gefühlt, geahnt werden. Und auch wo man ihn mit dem Ganzen der Welt gleichsetzt, ist er nicht einfach in der Gegebenheit der Welt da, sondern man redet dann von ihm als dem Weltgesetz, als der wirkenden Lebenskraft und dgl. Vor allem aber: die Welt begegnet dem Menschen ja nie als Ganzes, sondern in ihren einzelnen Teilen, mit ihren einzelnen Mächten. Und wo Gott als die Macht des Weltganzen gepredigt wird, da wird immer dem Einzelnen zugemutet, daß er sich von dem individuellen Aspekt befreien, sich im Ganzen, als Teil des Ganzen verstehen soll, als das, was er in seiner individuellen Subjektivität gar nicht ist, sondern was er wohl sub specie aeterni ist, aber in seiner faktischen Existenz erst werden muß. Der ewige Gott ist jenseits der mir jeweils begegnenden Welt und jenseits meiner selbst. Und auch, wer stolz vom „deus in nobis" redet, gesteht das ein; denn er will ja auch nicht sagen, daß er in seiner puren Vorfindlichkeit göttlich ist, sondern daß sein *eigentliches* Ich, das er immer erst ergreifen muß, das ihm immer den Maßstab für sein Handeln liefern soll, göttlich ist. Seiner vorfindlichen Subjektivität gegenüber ist das göttliche Ich genau so jenseitig, wie das Gebot des Sittengesetzes, auch wenn es als Gesetz des eigenen Willens gilt, jenseitig ist gegenüber den subjektiven Wollungen des Individuums.

Zum Gottesgedanken gehört wie der Gedanke der Allmacht und der Forderung, der Heiligkeit, so der Gedanke der *Ewigkeit und Jenseitigkeit.*

II. Das im Gottesbegriff enthaltene Wissen

Aber was weiß der Mensch, wenn er das weiß, von Gott? Kennt er damit Gott, daß er einen *Begriff* von Gott hat? Keineswegs. *Er hat damit nur die Frage nach Gott;* und das Wissen, das in dieser Frage enthalten ist, ist im Grunde kein anderes Wissen als *ein Wissen des Menschen von sich selbst;* ein Wissen um das, was er nicht hat und nicht ist, und was er doch haben möchte und sein möchte; ein Wissen um die Begrenztheit und Nichtigkeit des Menschen.

a) *Um seine Ohnmacht weiß der Mensch, der von der Allmacht Gottes redet;* er weiß darum, daß er in seinem Leben ständig Mächten unterworfen ist, fördernden und schädigenden, Mächten der Natur und der Geschichte, die mit ihm spielen, Mächten des Schicksals und des Todes. Dunkel und unheimlich bleibt sein Leben, wenn er nicht von einer höchsten Macht, die aller Mächte mächtig ist, reden kann als von einer Macht, von der er sich alles Guten versieht, und zu der er in allen Nöten Zuflucht nimmt, vor der auch der Tod zunichte oder nichtig wird. Entweder gilt als solche Macht eine der Mächte, deren Walten er meint begreifen zu können, der er sich verwandt fühlen kann, und die er nun auf den Thron erhebt, neben der für ihn alle andern Mächte nichtig erscheinen; sei es die Macht des Geistes, der Vernunft, sei es die Macht des Blutes. Oder es gilt als solche Macht eine Macht, die hinter und über all diesen Mächten steht, unsichtbar und unbegreifbar durch sie wirkend, das Lebensgesetz des All oder ein Herr noch jenseits des Alls der Welt.

Wie dem auch sei: das *Wissen*, das in solchem Reden enthalten ist, ist das Wissen von der Unheimlichkeit, dem Rätsel des Lebens, von der *Fragwürdigkeit und Begrenztheit des Menschen*. Aus ihm erwächst die Frage nach der Macht, die in das Dunkel Licht, in das Wirrsal Einheit, in den Tod Leben bringen könnte. Es ist ein Wissen der Angst, und es ist kein Wunder, wenn die aus ihr erwachsende Frage sich gerne eine Antwort einredet oder einreden läßt, damit die Angst gestillt wird; wenn das Unfaßbare objektiviert wird, wenn das Unheimliche dadurch gebannt wird, daß es als eine allmächtige Gottheit hypostasiert und verehrt wird.

b) *Um sein Gefordertsein weiß der Mensch, wenn er vom fordernden Gott, von Gott als dem Richter* redet. Er weiß, daß er nicht so *ist*, wie er sein *sollte*. Das heißt noch nicht: er weiß, daß er ein Sünder ist, daß er auf dem falschen Wege ist; sondern zunächst nur, daß er überhaupt unterwegs ist, daß er immer noch nicht der ist, der er sein sollte, und daß auch, wenn er meint, recht gehandelt zu haben, sein Leben noch keine Erfüllung hat, sondern daß er ständig neu angefordert ist. Er weiß um seine *Eigentlichkeit* und weiß, daß er in allem Jetzigen, Augenblicklichen immer noch nicht eigentlich er selbst ist. Er ist gleichsam immer auf der Suche nach sich selbst.

Ist er ehrlich, so kann er aber noch mehr wissen, nämlich daß er sich in diesem Unterwegssein ständig verirren kann und oft verirrt. Er weiß, daß er schuldig werden kann und oft schuldig wird, daß er ständig sich selbst überwinden muß, sich erziehen, Opfer bringen muß, sich von seiner Vergangenheit frei machen muß.

Kurz, er weiß, daß er zwischen gut und böse steht, daß zwei Seelen, ach, in seiner Brust wohnen, und daß sein Weg deshalb ein Kampf ist, in dem er erst werden soll, was er eigentlich ist; daß er aber so wie er ist, nie in seiner Eigentlichkeit ist, sondern bestenfalls auf dem rechten Wege, aber immer gehemmt von dem, was ihn verführen will, von dem, was seine eigene Vergangenheit aus ihm gemacht hat, und wovon er frei werden muß.

Und aus diesem Wissen um das ständige Gefordertsein und Unvollendetsein erwächst *die Rede von Gott als dem Heiligen, dem Fordernden*, sei es, daß sich der Mensch damit die Macht und Würde der Forderung zum Bewußtsein bringt, sei es, daß er nach Gott fragt als der Idee, die in die Unsicherheit und Dunkelheit seines Weges Licht bringt, indem sie alle die verschiedenen Ansprüche, die der Mensch an sich gerichtet weiß, zu einer Einheit bringt, sei es, daß er von Gott redet als der Norm, nach der er sein und der Anderen Verhalten mißt, und nach der er die Geschichte beurteilt.

Das *Wissen*, das in solchem Reden enthalten ist, ist das Wissen des Menschen um sich selbst, *um sein Gefordert-, sein Unterwegssein, um seine ständig vor ihm liegende Eigentlichkeit*. Aus diesem Wissen entspringt die Frage nach Gott als der Autorität, die den rechten Weg weist, oder als dem Garanten für die Würde des Menschen und für Einheit und Sinn der Geschichte. Und gerne gibt sich die Frage die Antwort, daß das Wissen um das Gefordertsein schon das Wissen um Gott sei, daß das Gefordertsein die Würde des Menschen sei, daß die Gottheit von ihrem Weltenthron steigt, wenn der Mensch die Forderung des Guten in seinen Willen aufnimmt, daß die Unruhe seines Unterwegsseins, daß sein Wissen um seine Eigentlichkeit schon Beweis des deus in nobis sei.

c) *Um seine Vorläufigkeit weiß der Mensch, wenn er von der Ewigkeit und Jenseitigkeit Gottes redet*. Sein Reden von Gott ist das Reden von der Begrenztheit seiner Welt und seiner selbst. Nichts Einzelnes in der Welt ist ihm etwas Endgültiges. Kein Tun ist ein vollendetes:

> „Ach unsre Taten selbst, so gut als unsre Leiden,
> Sie hemmen unsres Lebens Gang."

Keine einzelne Situation bringt dem, was er wünscht und was er erstrebt, die Erfüllung. Immer steht noch aus, was eigentlich erreicht sein sollte. Immer lauert die Angst, daß das Glück, wenn es da zu sein scheint, zerstört wird; das Wissen, daß die gesegnete Stunde flüchtig vorübereilt, und daß er selbst noch nicht bereit ist für das

Ende. Die Flüchtigkeit der Zeit reißt alles fort, – ja, er kann nicht einmal wünschen, daß es anders wäre; denn die Zeit bringt auch keinen Augenblick, zu dem er sprechen könnte:

„Verweile doch, du bist so schön!"

Der Mensch weiß immer:

„Dort, wo du nicht bist, dort ist das Glück."

So rät die Resignation dem Menschen:

„Im Weiterschreiten find' er Qual und Glück,
Er, unbefriedigt jeden Augenblick."

Aus dieser Situation erhebt sich die Rede von einem Jenseitigen, Ewigen, einem Bezirk, in dem all das Wirklichkeit ist, was wir hier im Diesseits, im Reich des Werdens und Vergehens, nicht sind; wo es nicht die Bindung an Raum und Zeit gibt, wo Leben ist ohne Tod und Licht ohne Dunkel. Und es erhebt sich die Frage nach Gott als der Macht, die den Menschen aus seinen Bindungen heraushebt, die Leben gibt, das den Tod verachten kann, die Ewigkeit gibt im Augenblick, die heraushebt aus der Vorläufigkeit des Alltäglichen, die die Welt transparent macht, daß sie nur noch Gleichnis für das Jenseitige ist.

Und wohl begreiflich, daß sich solches Fragen leicht die Antwort gibt oder geben läßt; denn ohne Antwort könnte der Mensch ja nicht leben! Laute die Antwort nun so, daß es gilt, dem Hiesigen, Diesseitigen zu entfliehen in der *Schau des Geistes,* in der der Mensch teilgewinnt am ewigen Reich der Ideen, oder in *asketischer Lebenshaltung und mystischem Erlebnis,* daß Gott also als das Ganz-Andere gegenüber allem Hiesigen und Jetzigen beschrieben wird, als das Numinose, vor dem alle Gedanken verstummen, und mit dem der Mensch nur im Gefühl eins wird, in seligen Augenblicken verschlungen ins Göttliche, verzehrt vom göttlichen Feuer. Sei es, daß die Antwort so lautet, daß *der geheime Lebensstrom selber göttlich* ist, der in allen wechselnden Erscheinungen als der eine rauschend strömt; jede einzelne Gestalt, jedes Hier und Jetzt muß allerdings versinken wie die Welle im flutenden Strom; aber der Strom selber ist das Jenseitige, Ewige. Der Mensch darf sich freilich nicht festhalten am Einzelnen, Jetzigen; er ist aber zur Ewigkeit befreit, wenn er das Rauschen des Stromes in sich selber spürt und ihm sich hingibt; sei es der Strom der kosmischen Lebenskraft, sei es der Strom des Blutes, der die

Einzelnen eines Volkes verbindet und durch alle Generationen des „ewigen“ Volkes strömt.

Das Wissen um Gott ist zunächt ein Wissen des Menschen um sich selbst, um seine Begrenztheit, und Gott gilt als die Macht, die diese Begrenztheit des Menschen durchbricht und ihn dadurch zu seiner Eigentlichkeit emporhebt.

III. Der christliche Glaube und dieses Wissen

Was hat der christliche Glaube dazu zu sagen? Er hat dieses Wissen zunächst einfach *zu bestätigen.* Das ist auch nach christlichem Glauben mit Gott gemeint: die Macht, die den Menschen aus seiner Begrenztheit befreit, und eben die Tat, durch die Gott das tut, nennt der christliche Glaube die Offenbarung Gottes. Aber er behauptet, daß der Mensch nur auf Grund dieser Offenbarung ein Wissen von Gott habe, das nicht nur um den *Menschen* weiß und darin einen *Begriff* von Gott hat, sondern das um Gott *selbst* weiß.

Der christliche Glaube kritisiert von seinem Wissen aus also *nicht die außerchristliche Frage nach Gott – sie kann er nur durchschauen und klären –, sondern erst die Antwort,* die das außerchristliche Fragen sich gibt. Ja, er behauptet, daß der außerchristliche Mensch gar nicht zu einer Antwort kommen könnte, wenn er in der Klarheit des Fragens, im Ernst des Fragens durchhielte. Er behauptet, daß *alle Antworten* außer der christlichen Antwort *Illusionen* sind.

a) Er behauptet, daß *die Allmacht,* die der Mensch Gott mit Recht zuschreibt, *dem Menschen gar nicht in der Welt begegnet,* so daß er sie erkennen und sich ihr beugen könnte. Nichts innerhalb der Welt ist allmächtig; und wer in der Welt einen allmächtigen Herrn sucht, dem geht es wie Christophorus, daß er vom Einen zum Andern wandern muß, bis er Christus findet. Nichts in der Welt ist allmächtig, auch nicht die Welt als ganze. Wir sagten schon, daß *die Welt als Ganzes dem Menschen faktisch gar nicht begegnet,* so daß ihre Allmacht ihm als einheitlicher Wille anschaulich würde und er in dessen Anerkennung seine Eigentlichkeit fände. Redet man von der Allmacht des *Schicksals,* der der Mensch ausgeliefert ist, so gibt man damit den Gedanken der Einheit und Ganzheit der Welt preis; denn man redet ja so, wenn man das Schicksal nicht versteht, nicht anerkennt, sondern als dunkles Gegenüber sieht. Man gibt eben damit den Gedanken der Allmacht preis. Der Mensch sucht sich unter dem Druck des Schicksal-Rätsels freilich die Welt als Ganzes vorzustellen, als einheitlichen Kosmos im Gefolge der Tradition griechischer Wissenschaft. Gerade dann aber – unter dem Gedanken der Gesetzlichkeit begriffen – wird sie ihm zur Natur, von der er sein eigenes geschichtliches Leben unterscheidet, und deren Allmacht er eben damit leugnet, die er gar nicht als die Macht erfährt, auf die er sein ganzes Herze setzen kann, wie das in der modernen Dichtung bei Carl Spitteler so anschaulich wird.

Freilich gibt es seit der *Stoa* den großartigen Versuch, *die Welt im ganzen als allmächtig zu verstehen* und daraus für den Menschen die Folgerung zu ziehen: *ὁμολογουμένως τῇ φύσει ζῆν* [1], d. h. *sich als Natur zu verstehen.* Diese Forderung bedeutet, daß der Mensch sein geschichtliches Leben als Illusion verstehen soll, daß er sich und sein Leben als Fall des Allgemeinen begreifen soll, sein Verhältnis zu den Andern als das Naturverhältnis der Exemplare der Gattung Mensch, seinen Tod als Naturvorgang. Er hat kein eigenes Leben; die Zeitlichkeit ist ausgeschaltet; kein Augenblick sagt ihm etwas und bringt Neues, sondern nur immer dasselbe; der Mensch hat kein eigenes Schicksal mehr; und wie nichts, was ihm begegnet, ihm etwas anhaben kann, so kann ihm auch nichts etwas schenken; alles was ihm begegnet, geht ihn nichts mehr an.

Wir wollen nicht fragen, ob der Mensch dies Selbstverständnis faktisch durchführen kann, wollen nicht darauf eingehen, wie schon das Krampfhafte der stoischen Paränesen diese Unmöglichkeit zeigt. Es genügt zu sagen, daß es hier um eine *Entscheidungsfrage* geht: wie will, wie soll sich der Mensch verstehen? *als Naturwesen oder als Geschichtswesen?* als einer, der sein eigenes Leben zu leben und seinen eigenen Tod zu sterben hat, oder als Exemplar einer Gattung von Naturwesen? Das naturalistische Menschenverständnis der Stoa ist heute ja nicht als ganzes und konsequentes versucherisch, sondern nur in einer Verkürzung, indem dem Menschen eingeredet wird, daß er in der Hingabe an die Lebenskräfte der Natur sein eigentliches Leben finde, daß die Macht des Blutes ihn schicksalhaft bestimme, und daß ihr zu folgen, seinem Leben die Richtung geben müsse. Die Biologie soll erklären, wer der Mensch ist, so daß dem Menschen das Rätsel seines Lebens, das er je selbst zu lösen hat, abgenommen wird. Fällt das Leben des Menschen und der Menschheit unter die Kompe-

---

[1] „In Übereinstimmung (Harmonie) mit der Natur zu leben."

tenz der Biologie? Oder ist es ein geschichtliches Leben, d. h. ein Leben, das je sein eigenes Rätsel hat, und das sich in der Frage, ob es sich gewinnen oder verlieren will, nicht auf Naturinstinkte berufen kann?, das auch als Leben der Gemeinschaft nicht die Sicherheit seiner Richtung durch den Instinkt des Blutes gewinnen kann, sondern ebenso ein Rätsel ist und seine Richtung durch die Entscheidung gewinnt, die je die Einzelnen vollziehen?

Ist aber das Leben des Menschen ein geschichtliches, so hat die Natur ihm gegenüber keine Allmacht, sondern es ist mächtig, wenngleich nicht allmächtig, gegenüber der Natur. Dann hat es keinen Sinn, von der Offenbarung Gottes in der Natur zu reden; denn *die Natur zeigt gerade das nicht, was für Gott wesentlich ist: Allmacht.* Sie ist eine dunkle rätselhafte Macht, stets *im Kampf mit dem geschichtlichen Leben* des Menschen, das sie ständig bedroht und dessen sie im Tode Herr zu werden scheint, ohne selbst damit ihre Anerkennung als Allmacht erzwingen zu können; denn der Tod hat keine Macht über den Lebenswillen.

Im übrigen versteht *die Rede von Gottes Offenbarung in der Natur* in der Regel die Natur überhaupt nicht als Macht, sondern als Schauspiel.

„Welch Schauspiel! aber ach! ein Schauspiel nur!" wie Faust beim Zeichen des Makrokosmos ausruft. D. h. meist, wo von Gottes Offenbarung in der Natur geredet wird, ist sie ästhetisch gesehen und d. h. so, wie sie sich dem Zuschauer darbietet. Nun ist es wohl eine geheimnisvolle Tatsache, daß sich der Mensch so vom Leben der Natur distanzieren kann, daß er sie als Schauspiel betrachtet. Aber damit distanziert er sich zugleich von der vollen Wirklichkeit seines Lebens selbst, zu dem es gehört, daß ihm die Natur als Macht begegnet, mit der er im Kampfe steht, der gegenüber er sich gerade nicht distanzieren kann, weil sein Leben in die Natur verflochten ist, wie wiederum bei Carl Spitteler so anschaulich ist.

Wer versteht, daß *das Leben des Menschen ein geschichtliches* ist, der hört auf, in solcher Weise von der Offenbarung Gottes in der Natur zu reden; denn er weiß 1., daß ihm in der Natur nicht die Allmacht begegnet, auf die er sein ganzes Herze setzen kann; und er weiß 2., daß er nicht in ästhetischer Distanz zur Natur ihre Macht erfährt, die sie über sein faktisches Leben hat. Wer aus der Natur die Allmacht Gottes zu ersehen meint, der hat den Gedanken der Allmacht noch nicht radikal gedacht. Aber er hat auch eben damit *seine eigene Begrenztheit noch nicht radikal verstanden.* Denn er macht überall da, wo er die Macht der Natur als göttliche Allmacht anerkennen will, die geheime Voraussetzung, als *könne* er das, als sei er seiner selbst mächtig. Er kann freilich ästhetisch oder theoretisch die Welt als Einheit, als Kosmos interpretieren; aber er bildet sich ein, daß, wenn ihm dafür die Augen geöffnet sind, es nur des einfachen Entschlusses bedürfe, um selbst in Einheit mit dem einheitlichen Kosmos zu leben. *Er meint, er sei bei sich selbst, in seinem Inneren frei,* und ahnt nicht, daß er unfrei ist, daß der Kampf zwischen ihm und der Natur sich nicht eigentlich in seinem äußeren Schicksal abspielt, so daß der Kampf beendet werden könnte durch die freie Unterwerfung und Einfügung in das Ganze der Natur, – sondern daß dieser Kampf seine eigentliche Stätte in seinem eigenen Inneren hat, daß er selbst zwiespältig ist. Der Mensch, der in der Natur die Allmacht Gottes zu sehen meint, der er sich frei hingeben könnte, hat die eigentliche Macht der Natur überhaupt noch nicht gesehen, ihre Unheimlichkeit und Zweideutigkeit noch nicht erkannt; denn in seinem Innern ist er ständig dieser Macht ausgesetzt, so daß er im tiefsten ohnmächtig ist [2]. Erst wenn er sich selbst fremd geworden ist, vor sich selbst zu erschrecken beginnt, erst dann wird er der eigentlichen Macht der Natur inne, damit aber auch der Unmöglichkeit, in ihr Gott zu schauen. Er schaut vielmehr nach einer Allmacht aus, die ihn von sich selbst befreit. Was aber von der Zwiespältigkeit des Menschen gilt, das gilt ebenso von der Zwiespältigkeit eines Volkes, dessen Wesen nie eindeutig ist.

So versteht der christliche Glaube den Menschen; er ist damit freilich noch nicht christlicher Glaube, sondern das ist er erst damit, daß er die göttliche Macht wirklich kennt, die den Menschen von sich selbst befreit.

b) Der christliche Glaube behauptet weiter, *daß der Mensch in der Forderung, unter der er sich stehen weiß, noch gar nicht Gott erkennt,* daß die Stimme des Gewissens, die er hört, für ihn noch gar nicht Gottes Stimme ist. Der christliche Glaube verkennt ja nicht, daß auch die Heiden die sittliche Forderung kennen; daß das, was Gottes Gesetz fordert, ihnen ins Herz geschrieben ist, und daß sie auch tun können, was das Gesetz fordert; daß sie um gut und böse wissen

[2] Vgl. H. Jonas, Augustin und das paulinische Freiheitsproblem 1930.

und auch die Anklage des Gewissens bei sich hören, – ohne daß sie doch Gott kennen [3].

Denn dies alles bedeutet nach christlichem Glauben noch nicht: *Gottes* Forderung kennen, *Gott* als den Richter kennen. Denn *Gott* als den Richter kennen, heißt noch nicht, sich entschlossen und tapfer unter die Forderung des Guten stellen und den Kampf mit dem Bösen aufnehmen, heißt noch nicht, sich ständig angefordert und vorwärts gerufen wissen, heißt auch noch nicht, heroisch sich zu seiner Schuld bekennen und nicht verzweifeln, heißt noch nicht, mit der eigenen Vergangenheit ringen und von ihr frei werden wollen.

Gottes Majestät ist größer, als daß sie mit der Bejahung solcher Forderung schon anerkannt wäre. Sie anerkennen, heißt, an sich selbst verzweifeln. Denn Gott ist nicht das moralische Gesetz, sondern *der Heilige;* und ihn schauen kann nicht schon der moralische Mensch, sondern erst der reine. Wer aber ist es, der reines Herzens ist, daß ihm die Verheißung gelte? [4] Von Gottes Heiligkeit aus gesehen ist *jeder Mensch* unrein, und zwar auch der moralische Mensch, der seine Unreinheit dadurch bezeugt, daß er ständig im Kampfe steht mit sich selbst, daß er sich zum Guten ständig überwinden muß. Gerade der gewissenhafteste, sich selbst gegenüber ehrlichste Mensch weiß das und bildet sich nicht ein, rein zu sein. Er weiß, daß ihm die Forderung ständig als ein „Du sollst" begegnet, und daß er das „ich will" erst im Kampfe mit sich selbst gewinnen muß. Während es doch für einen Menschen, der seine Existenz aus der Forderung Gottes führte, nur ein „ich will" geben könnte, da sein Wille in Einheit mit dem Willen Gottes stünde; er wäre „vom heiligen Geist getrieben". Wer meint, in der Forderung des Guten, Gott zu schauen, und wer dann nicht versinkt in dem Bekenntnis, daß er ein Sünder ist, der gleicht den Juden, die nach Paulus durch die eifrige Erfüllung des Gesetzes sich selbst Ruhm vor Gott zu erringen suchen. Denn er ist ja der Meinung, daß er in seinem sittlichen Kampf gut genug ist vor Gott, sich vor ihm halten kann und keiner Rechtfertigung aus Gnade bedarf. Ehrlicher als solcher Selbstruhm ist der schweigende Gehorsam, der das Gute tut, weil es gefordert ist, und der im Kampfe mit sich selbst darum ringt, vor sich selbst rein dastehen zu können, ohne daß er große Worte von *Gott* macht. Er wird auch vor der Versuchung be-

[3] Röm. 1, 32; 2, 14—15; Phil. 4, 8.

[4] Matth. 5, 8.

wahrt bleiben, sich die Tatsache, *daß* er ein Kämpfer ist, schon als einen Ruhmestitel anzurechnen, und wird es sich verbitten, von anderen als eine Offenbarung Gottes bewundert zu werden. Er kennt das ewige Ungenügen, und er kennt das Dunkel der Verzweiflung.

Christlicher Glaube behauptet, daß Gott als der Heilige noch nicht erkannt werde, wenn der Mensch die Forderung des Guten kennt, und daß er seiner Grenzen noch nicht inne geworden ist, wenn er weiß, daß er ein Kämpfer ist. Infolgedessen kann der christliche Glaube auch nicht einfach von der Offenbarung Gottes in der Geschichte reden.

Was heißt das überhaupt: *Gottes Offenbarung in der Geschichte?*

1. Ist damit gemeint, daß Gott sich *in einzelnen Persönlichkeiten* der Geschichte offenbare, so erweist sich solcher Glaube als Illusion angesichts der Erkenntnis, daß an einem Menschen nicht mehr offenbar werden kann als der Heroismus jenes Kämpferseins. Damit ist uns höchstens offenbart, was wir sein sollen und sein können, aber nicht Gott, zu dem wir uns versehen können alles Guten und zu dem wir unsere Zuflucht haben in allen Nöten. Der Anblick des Heros kann ein Appell an meinen sittlichen Willen sein, aber er macht mich nicht rein. Und der wirkliche Heros wird sich solchen Mißbrauch verbitten; denn nicht in der Subjektivität seiner Haltung, sondern in der Größe der Sache, für die er sich einsetzt und hinter der er immer zurückbleibt, sieht er den Sinn seines Lebens.

2. Ist damit gemeint, daß *sich im Gang der Geschichte Gottes Walten offenbare*, das alles einzelne Geschehen nach festem Plan zur sinnvollen Einheit des Ganzen fügt und das Ganze nach vorbestimmtem Ziele lenkt, so ist auch diese Betrachtung eine Illusion. Denn einmal ist die Einheit, der Sinn des geschichtlichen Geschehens, gar nicht eindeutig sichtbar, und wo der Eine einen Sinn wahrzunehmen meint, sieht der Andere nur einen Mischmasch aus Irrtum und Gewalt. Und sodann begegnet uns die Geschichte so wenig wie die Welt überhaupt wirklich als Ganzes. Als Ganzes erscheint sie nur der theoretischen oder der ästhetischen Betrachtung, die sie aus der Distanz sieht.

3. Die wirkliche Beziehung unseres Lebens zur Geschichte vollzieht sich darin, daß *die Geschichte*, aus der wir kommen, uns *die Möglichkeiten für unser Handeln in der Gegenwart vorgibt* angesichts der Aufgaben, die die Zukunft für uns enthält. D. h. aus unserer Geschichte empfangen wir *ein Erbe*, das uns in der Gegenwart verpflichtet. Aber dies Erbe ist *zweideutig:* es enthält Segen und Fluch. Wie

im Leben des Einzelnen die Gegenwart die Entscheidungsfrage enthalten kann, was aus seiner Vergangenheit gelten soll, wem er treu bleiben soll, und was er preisgeben, wovon er sich frei machen soll, so im Leben des Volkes. Echte Treue unserer Geschichte gegenüber kann sich nur in Freiheit, nicht in sklavischer Abhängigkeit vollziehen, nicht in willkürlich blinder Wahl einer Möglichkeit als der selbstverständlich gegebenen. In der Tat, unsere Geschichte redet zu uns; aber das treue Hören kann nur *ein kritisches Hören* sein. Das ist angesichts unserer reichen deutschen Vergangenheit ganz selbstverständlich, und so besteht in der Gegenwart die Frage: woran sollen wir uns für die Zukunft orientieren: an Luther oder Goethe?, an Hegel oder Nietzsche? Welche Epoche prägt das deutsche Wesen, dem wir verpflichtet sind, rein aus: Reformation oder Humanismus? Idealismus oder Aufklärung? Romantik oder Positivismus? Oder alles zusammen? Aber in welchem Verhältnis? Selbst wenn man sagen könnte, daß Aufklärung und Positivismus fremder Import sind, und daß es unsere Aufgabe ist, unsere Kultur von ihm frei zu machen, – gilt das Analoge auch von der christlichen Tradition? Woher ist der Maßstab des Deutschen gewonnen, wenn das behauptet wird? Mit welchem Recht kann man sagen, daß die deutsche Urgeschichte klarer offenbare, was deutsch ist, als die Geschichte des deutschen Mittelalters?

Kurz, *jedes Phänomen der Geschichte ist zweideutig*, und keines offenbart als solches Gottes Willen. Und erst recht ist jedes *geschichtliche Phänomen der Gegenwart* zweideutig. Über das, was der Sieg von 1870/71 für Deutschland bedeutete, war in der Zeit seiner Gegenwart kein sicheres Urteil möglich, und wir urteilen heute anders über die Frage nach dem Segen dieses Sieges. Natürlich bedarf jede Gegenwart für ihre Zukunftsaufgaben des Glaubens. Aber solcher Glaube ist nicht Gottesglaube, sondern er ist ein Glaube an die selbstergriffene Aufgabe, und er sollte immer wissen, daß er ein Wagnis ist, das vor Gott verantwortet werden muß. Und wenn der Wagende sein Werk vor Gottes Augen tut, tut er es nicht in dem Bewußtsein, daß er Gottes Plan eindeutig enträtselt hat, sondern in dem Bewußtsein, daß sein Werk die Probe vor Gottes Richterthron zu bestehen hat, dessen Spruch er nicht vorwegnehmen kann.

Das Wort der Geschichte ist dunkel, und wenn wir darauf hören, ist es ein Wagnis. *Das Wesen des deutschen Volkes* liegt *nicht als eindeutiges Kriterium* vor, kraft dessen wir das Recht unseres Tuns klar beurteilen könnten. Es ist ja selbst eine geschichtliche Größe; und was als deutsche Art gelten soll, ist der Entscheidung jeder Generation und jedes Einzelnen in ihr stets neu anheimgegeben. Was soll von dem, was wir in unserer Geschichte wahrnehmen, als typisch, als verpflichtend deutsch gelten? Wie Nationaltugenden, so gibt es auch Nationallaster; was muß als solches gelten? Die Eigentlichkeit deutschen Wesens steht als erst zu ergreifende vor uns wie das eigentliche Selbst jedes Einzelnen vor ihm steht.

So steht das Leben des Einzelnen und des Volkes unter Gottes Forderung und unter dem Urteil seiner Heiligkeit. Sind Gottes Forderung und Gottes Heiligkeit in ihrer Radikalität erfaßt, so schweigt die Rede von der Offenbarung Gottes in der Forderung des Guten und in der Geschichte; so muß das Urteil lauten, daß *der Mensch vor Gott Sünder* ist, und daß *seine Geschichte eine Geschichte sündiger Menschen* ist und deshalb Gott gerade verhüllt. Dann kann der Mensch nach Gott nur ausschauen als nach der Macht, die den Menschen von sich selbst befreit, die ihm Reinheit schenkt, und die seiner Geschichte der Sünde ein Ende macht.

So versteht der christliche Glaube das Sein des Menschen und seine Geschichte unter der Forderung Gottes. Damit ist er freilich noch nicht christlicher Glaube; sondern dies ist er erst damit, daß er von einer Tat Gottes redet, in der Gott solches wirklich getan hat.

c) Der christliche Glaube behauptet weiter, daß der Mensch, *wenn er von der Ewigkeit und Jenseitigkeit Gottes redet, noch gar nicht wirklich von Gott redet*, und daß er die Begrenztheit des Menschen noch nicht radikal verstanden hat, wenn er das Vorläufige oder das Gleichnishafte alles Hiesigen und Jetzigen durchschaut hat. Er behauptet seinerseits: die Rede von dem jenseitigen Gott wird zur *Illusion, wenn sie mehr sein will als eine bloße Negation*, d. h. als das Geständnis, daß die tatsächliche Wirklichkeit des Menschen leer von Gott ist. Sich hinter diesem Leben Gottes Jenseitigkeit als die Sphäre vorzustellen, in die der Mensch aus dem Diesseits flüchten kann in theoretischer Schau, in Askese und Mystik, ist eine wunschgeborene Phantasie. Und ebenso ist es eine wunschgeborene Phantasie, sich das Diesseits als Transparent des Jenseitigen vorzustellen und im Diesseits – in Natur und Geschichte – den Lebensstrom Gottes rauschen zu hören. Zu alledem hat der Mensch ja gar kein Recht; er kann nicht aus der Gottentleertheit des Hiesigen, Jetzigen auf die Gottesfülle eines Jenseits schließen. Und er kann nicht im Diesseits das

Jenseits schauen, da sein Diesseits durch die Sünde seine Gestalt erhält.

Und andererseits behauptet der christliche Glaube: *so von Gottes Jenseitigkeit reden, das ist gerade Sünde.* Denn wenn der Mensch wirklich Gott schaute und aus ihm lebte, so dürfte er gerade nicht das Hiesige und Jetzige als das Vorläufige und Gleichnishafte bezeichnen, sondern er müßte es als das Endgültige und Wirkliche verstehen können, als das, worin er Gottes Wort wirklich hört, als das Feld, auf dem er wirklich Gottes Willen tut. Gerade seinem hiesigen jetzigen Leben müßte Erfülltheit, Eigentlichkeit zukommen. Sein Schicksal müßte er als Gnade verstehen können; sein Handeln müßte ein Handeln der Liebe sein. Und da der Mensch sich, wenn er ehrlich ist, eingestehen muß, daß weder das eine noch das andere der Fall ist, so bleibt für ihn auch nur das Eingeständnis, daß *die Ewigkeit und Jenseitigkeit Gottes ein negatives Urteil* ist, in Wahrheit eine *Verurteilung seines gottleeren Lebens.* Und es bliebe ihm nichts als die Frage nach Gott, als die Frage nach einer Macht der Gnade und der Liebe, die sein Schicksal in das Geschenk göttlicher Gnade und sein Handeln in ein Handeln der Liebe verwandelt. Vom Jenseits als einer positiven Wirklichkeit kann der Mensch nur reden, wenn sich das Jenseits ihm schenkt. Sonst bleibt es ein negativer Begriff; und es doch als etwas Positives fassen zu wollen, ist Sünde, ist Raub an Gottes Macht.

Es ist wohl echt, vom Ewigen, Jenseitigen zu reden, wenn es ein Mensch ehrlich tut, wo *er sich rein als Beschenkter versteht.* Ein solcher Mensch weiß aber auch 1. daß er selbst gerade zu schweigen hat, wenn ihm das Geschenk begegnet, und daß er nicht sich als Mensch ein Verhältnis zum Ewigen zusprechen kann, daß er nicht von sich aus ins Ewige vordringen kann. Und er weiß 2. daß die Momente des Beschenktseins vereinzelte Momente seines Lebens sind, die ihm gerade die Ewigkeitsleere seines Lebens zum Bewußtsein bringen, und daß das ihm gewordene Geschenk, indem es in seine unreinen Hände gelegt ist, schnell seinen Glanz verliert.

> „Dem Herrlichsten, was auch der Geist empfangen,
> Drängt immer fremd- und fremder Stoff sich an.
> Wenn wir zum Guten dieser Welt gelangen,
> Dann heißt das Beßre Trug und Wahn.
> Die uns das Leben gaben, herrliche Gefühle,
> Erstarren in dem irdischen Gewühle."

So kann angesichts des Gedankens der Ewigkeit der Schluß nur Fausts Bekenntnis sein:

„Den Göttern gleich ich nicht! Zu tief ist es gefühlt;
Dem Wurme gleich ich, der den Staub durchwühlt."

Es ist Sünde, wenn sich der Mensch in ein Verhältnis zur Ewigkeit bringen will; denn es ist Lüge, in der sich der Mensch selbst belügt, daß er nämlich durch irgendeine Methode oder Haltung von sich selbst loskommen könnte, daß er nicht immer in der *Sorge* steckt, wie Faust es formuliert – in der *Sünde*, wie der christliche Glaube sagt. Er steckt immer in der *Angst* um sich selbst, und seine Angst steckt in seinem Suchen und Greifen nach dem Jenseits und nach der Ewigkeit. Und weil es ein Suchen und Greifen der Angst ist, gewinnt es die Ewigkeit nie.

Die Ewigkeit kann nur sich schenken und als Geschenk empfangen werden. Sich die Ewigkeit schenken zu lassen, müßte der Mensch sich völlig preisgeben können, völlig von sich frei sein können. Daß er es nicht kann, zeigt sich an seiner *Unfähigkeit zur Liebe;* denn diese bedeutet ja, völlig von sich frei und für den Anderen sein. Daß der Mensch diese Freiheit nicht hat, liegt nicht an seiner Unmoral, sondern an *seiner Angst.* Und seine Angst ist im Grund die Angst vor der Ewigkeit. Also steckt in dieser Angst ein besseres, wenngleich ihm selbst verhülltes Wissen um die Ewigkeit, als in allen großen Worten, die er über das Jenseitige und Ewige macht. Denn in dieser Angst steckt das Wissen, daß die Ewigkeit für ihn, so wie er ist und wie er sich immer an sich festhalten will, Vernichtung bedeutet, daß die Ewigkeit für den Menschen ein negativer Begriff ist.

So bleibt also für den Menschen *nur die Frage nach Gott,* nur das Ausschauen nach der göttlichen Gnade, in der der Ewige, Jenseitige uns von uns selbst befreit. Damit, daß der christliche Glaube dies sagt, sagt er noch nichts spezifisch Christliches. Das tut er erst damit, daß er von der Tat Gottes redet, in der Gott seine Gnade schenkt und uns und die Welt verwandelt.

IV. Der Sinn und die Exklusivität der christlichen Offenbarung

a) Denn das ist nun die eigentümliche Behauptung des Glaubens, daß Gott durch Jesus Christus seine Gnade hat erscheinen lassen (Tit. 2, 11), daß er durch ihn die Welt mit sich versöhnt hat (2. Kor.

5, 18 f.), daß er in ihm Gerechtigkeit und Heiligkeit und Freiheit schenkt (1. Kor. 1, 30; 2. Kor. 3, 17; Gal. 5, 1).

In dieser Offenbarung in Jesus Christus ist wirklich *Gott* offenbar. Denn in dieser Offenbarung ist Gott wirklich als der Allmächtige, als der Heilige, als der Ewige offenbar. Dadurch nämlich, daß die Gnade, die er in Christus schenkt, nichts anderes ist als die Vergebung der Sünde. Der eigentliche Grund dafür, daß der natürliche Mensch Gott nicht als den Allmächtigen, Heiligen, Ewigen sehen kann, ist ja der, daß der Mensch sich nicht von sich selbst frei machen kann. Allein im Wort der göttlichen Gnade ist *Gottes Allmacht* ernst genommen. In diesem Wort ist die Begrenztheit des Menschen radikal verstanden, als das Versklavtsein des Menschen unter sich selbst. Dieses Wort von der vergebenden Gnade durchbricht diese Grenze und befreit den Menchen von sich selbst; es übt damit eine Macht aus, die nichts in der Welt sonst hat außer eben der göttlichen Allmacht. Und der Mensch, der das Wort glaubt, weiß, daß er damit der Allmacht Gottes begegnet ist, und daß ihn keine Macht der Welt trennen kann von der Liebe Gottes (Röm. 8, 31–39).

In diesem Wort allein ist *Gottes Heiligkeit* ernst genommen, da in diesem Wort die Begrenztheit des Menschen radikal verstanden ist als die Sünde. Kein anderes Wort als das der Vergebung Gottes hält die Forderung des Guten in dieser Radikalität aufrecht. Denn dieses Wort ist Gericht und Gnade in Einem. Gerade als das Wort der Gnade fällt es das endgültige Urteil über die Nichtigkeit des Menschen, über den Frevel seines Selbstruhms und über die Vergeblichkeit seines sittlichen Kampfes. Gerade als das Wort der Gnade macht es ein Ende allem menschlichen Rennen und Laufen. Und dieser richtende Charakter des Gnadenwortes wird instinktiv sehr richtig verstanden von denen, die es ablehnen, weil es der Würde des Menschen widerspreche. Denn in der Tat: es entlarvt ja die Würde des Menschen als Selbstbetrug. Der Mensch muß sich selbst aufgeben, um es als das Wort der Gnade zu verstehen. Aber gerade als das richtende Wort ist es das Wort der Gnade, das den Menschen von sich selbst befreit.

In diesem Wort allein ist *Gottes Ewigkeit* ernst genommen. Denn als das vergebende Wort ist es das *eschatologische* Ereignis, das die Welt erneuert. „Also: ist einer in Christus, so ist er ein neues Geschöpf. Das Alte ging dahin.“ (2. Kor. 5, 17). Die christliche Existenz hat Ewigkeitscharakter, denn sie ist eschatologische Existenz. Durch

Gottes Vergebung ist der Glaubende von sich selbst befreit, damit aber von den Bindungen, die den Menschen an die Welt fesseln.

> „Ich aber will mich nimmermehr rühmen als allein des Kreuzes unseres Herrn Jesus Christus, durch das mir die Welt gekreuzigt ist und ich der Welt.“ (Gal. 6, 14)

Nichts in der Welt hat noch Anspruch auf ihn, der allein unter dem Anspruch Gottes steht:

> „Alles steht mir zur Verfügung“ (1. Kor. 6, 12; 10, 23).
> „Denn alles ist Euer,
> Es sei Paulus oder Apollos oder Kephas,
> Es sei die Welt, Leben oder Tod, Gegenwärtiges oder Zukünftiges,
> Alles ist Euer, Ihr aber seid Christi,
> Christus aber ist Gottes“ (1. Kor. 3, 21—23).

Als der, dem Gott vergeben hat, als der Gerechtfertigte, ist der Mensch in seiner Eigentlichkeit, ist seine Existenz nicht mehr eine vorläufige. Denn Gottes Richterspruch ist sein eschatologisches Urteil. So kann auch der Tod sein Leben nicht mehr zu einer Vorläufigkeit machen.

> „Unser keiner lebt ja sich selbst,
> und keiner stirbt sich selbst.
> Leben wir, so leben wir dem Herrn,
> sterben wir, so sterben wir dem Herrn.
> Darum, ob wir leben oder ob wir sterben:
> wir gehören dem Herrn“ (Röm. 14, 7—8).

Das erweist sich darin, daß *alles Rühmen aufgehört hat.* In solchem Verzicht hat der Glaubende einerseits alle Bindungen an das Weltliche preisgegeben; denn das, dessen er sich rühmen könnte, wäre ja immer nur ein innerhalb der Welt sich vollziehendes und deshalb der Welt verhaftetes Tun. Und er hat andererseits damit sich selbst radikal preisgegeben, die Begrenztheit seines menschlichen Seins radikal durchschaut und anerkannt. Seine Haltung ist die des *Glaubens,* in dem er radikal von sich absieht und auf Gottes Tat in Christus blickt. Und indem er nur im Glauben steht, nicht im Schauen (2. Kor. 5, 7), bewahrt er das Gnadengeschenk seiner Rechtfertigung, seine Eigentlichkeit, davor, wieder zu einem Weltphänomen zu werden. Nicht in dem, was je innerweltlich verwirklicht werden könnte, hat er seine Eigentlichkeit, in Erlebnissen oder Leistungen oder in seiner Persönlichkeit, auch nicht in seiner Gläubigkeit, sondern in dem, was er *nicht* ist im Sinne weltlichen Seins, – in dem, was er allein bei Gott ist, hat er seine Eigentlichkeit; seine Existenz ist eschatologische, jenseitige Existenz.

Allem Diesseitigen steht er in der Haltung des „*als ob nicht*" gegenüber:

> „Hinfort gilt es:
> Die Weiber haben, als hätten sie keine,
> Und die da weinen, als weinten sie nicht,
> Und die da sich freuen, als freuten sie sich nicht,
> Und die da kaufen, als besäßen sie es nicht,
> Und die mit der Welt umgehen, als hätten sie nichts davon"
> (1. Kor. 7, 29—31).

Freilich er treibt nicht Weltflucht in Askese und schwingt sich nicht in theoretischer Schau oder mystischen Erlebnissen über die Welt hinaus. Sein Verhältnis zur Ewigkeit, seine Jenseitigkeit, führt er durch in den Weltverhältnissen, in denen er steht. Jeder soll in dem Stande bleiben, in dem ihn Gottes Ruf getroffen hat (1. Kor. 7, 20). Und so mag er heiraten, mag Handel treiben usw.; er soll sich freuen mit den Fröhlichen und weinen mit den Weinenden (Röm. 12, 15). Wie denn Jesus den Vater bittet, nicht daß er die Seinen aus der Welt fortnimmt, sondern daß er sie vor dem Bösen bewahrt (Joh. 17, 15): sie sind in der Welt, aber nicht von der Welt (17, 14).

Wie aber ist das paradoxe Verhältnis zur Welt durchzuführen? Dies in der Welt sein und doch nicht mehr zu ihr zu gehören? In der *Liebe.* Hat Gottes vergebende Gnade den Menschen von sich selbst befreit, so hat sie ihn von der Angst befreit und damit befreit zum Sein für die Andern, zur Liebe. Durch die Kraft der Liebe aber gewinnt das Handeln in der Welt Endgültigkeit. Jede Tat der Liebe ist über das Vorläufige hinaus und bedeutet Erfüllung. Und für das Auge der Liebe ist die Welt nicht ein Transparent mysteriöser Hinterwelten, sondern das Feld realer Aufgaben, die der Kraft des Liebenden warten. Darin, daß der Glaube in der Liebe wirksam ist, offenbart sich, daß der Glaubende *καινὴ κτίσις* ist, daß seine Existenz eine eschatologische ist [5].

So also redet *der christliche Glaube von Gottes Offenbarung in Christus* als der vergebenden Gnade Gottes, durch die sich Gott als der Allmächtige, als der Heilige, als der Ewige erweist und dadurch den Menschen von sich selbst befreit, dadurch auch in Einem den

[5] Vgl. Gal. 5, 6 mit 6, 15.

Menschen sich selbst in seiner Begrenztheit und Gott in seiner Gnade verstehen lehrt.

> „Et ita Deus per suum exire nos facit ad nos ipsos introire et per sui cognitionem infert nobis et nostri cognitionem“ [6].

b) *Daß in Jesus Christus Gottes Offenbarung begegne, kann keinem Menschen andemonstriert werden.* Das Neue Testament, das Wort der Verkündigung, verkündigt Gottes vergebende Gnade in Christus, und der Mensch ist gefragt, ob er sich im Lichte dieses Wortes verstehen, ob er glauben will. Der natürliche Mensch hat den Anstoß zu überwinden, daß ein zufälliges geschichtliches Ereignis mit dem Anspruch auftritt, Gottes Offenbarung zu sein. Denn der natürliche Mensch meint zu wissen, wie Offenbarung aussehen müsse und entdeckt deshalb Offenbarung in Natur und Geschichte; er meint, über das Kriterium für Gottes Offenbarung zu verfügen. Das liegt daran, daß er den Gedanken von Gott, der ihm im Wissen um seine Existenz zugänglich ist, nicht als Frage nach Gott versteht und durchhält, daß er sein negatives Wissen zu einem positiven Wissen umlügt. Es ist die entscheidende Frage, ob er, wenn Gottes Offenbarung wirklich Ereignis wird, sein falsches Wissen von Gott preisgeben, sich seine sündige Existenz radikal aufdecken lassen will; oder ob er sich verblendet, indem er seine Illusionen zum Kriterium der ihm verkündigten Offenbarung macht. Gottes Offenbarung unterliegt nicht menschlichen Kriterien; sie ist kein innerweltliches Phänomen, sondern allein seine Tat. Und er selbst muß wissen, wo und wie er zu uns reden will. Gerade das Zufällige gehört zu seiner Offenbarung: das „das Wort ward Fleisch“, das in dem „es steht geschrieben“ durchgehalten wird in der christlichen Kirche, und das sich jeweils im gesprochenen Predigtwort erneuert, welches uns mit dem Anspruch begegnet, Gottes Wort zu verkünden.

Ohne dieses „Ärgernis“ gibt es Gottes Offenbarung nicht; und *daß* es sie gibt, kann keinem Menschen andemonstriert werden. Selbstverständlich ist es aber, daß für den, der Gottes Offenbarung in Chri-

---

[6] „Und so bewirkt Gott dadurch, daß er aus sich herausgeht, daß wir zu uns selbst eingehen; und durch die Erkenntnis seiner bringt er uns auch die Erkenntnis unserer selbst.“ Luther, Scholien zum Römerbrief (zu Röm. 3, 5, Ficker II S. 67, 21—23).

stus sieht, also für den christlichen Glauben, *die Frage, ob es daneben auch andere Offenbarung Gottes gebe, erledigt ist.* Denn wo sollte sie es geben? Im Lichte des christlichen Glaubens erweist sich ja alles, was als Gottes Offenbarung namhaft gemacht wird, als Illusion. Der christliche Glaube weiß, daß als Gottes Offenbarung nur bezeichnet werden kann die Gnade Gottes, die die Sünde vergibt. Wo ist diese Gnade denn offenbar in Natur und Geschichte? Und wenn diese Gnade nicht bloße Idee, sondern wirkliches Ereignis, Gottes Tat sein soll, so werden wir *ihm* zu überlassen haben, wo er diese Tat tun wollte, und sind einfach gefragt: glauben wir an Gottes Gnade in Christus oder nicht?

Wer neben der Offenbarung in Christus noch nach anderen Offenbarungen fragt, der hat den Gedanken Gottes noch gar nicht ernst genommen und seine eigene Existenz noch gar nicht in der Tiefe erfaßt.

Aber sagt nicht *Paulus* selbst, daß es eine *natürliche Offenbarung* gibt?, daß das, „was von Gott erkennbar ist", unter den Heiden „offenbar" ist, „weil Gott selbst es ihnen offenbart hat"? „Sein unsichtbares Wesen wird ja seit der Erschaffung der Welt an dem Geschaffenen mit dem Denken wahrgenommen, seine ewige Kraft und Göttlichkeit" (Röm. 1, 19 f.).

Natürlich genügt es nicht zu sagen, daß Paulus von einer Periode vor dem Sündenfall rede, sondern er redet von der Menschheit seit dem Bestehen der Schöpfung. Aber *warum* redet er davon? um nun natürliche Theologie" zu treiben, d. h. um Gottes Offenbarung in der Welt aufzuweisen? um den Menschen für Gottes Offenbarung außerhalb Christus die Augen zu öffnen? Vielmehr um ihnen die Augen zu öffnen allein für die Offenbarung Gottes in Christus! Und deshalb, um Anklage zu erheben: „so daß sie keine Entschuldigung haben!" Denn worin besteht die natürliche Offenbarung in der Schöpfung? darin, daß die Schöpfung den Menschen sich als Geschöpf verstehen lehrt, so daß er seiner Grenze inne wird und sich als Beschenkten und Geforderten versteht. Offenbart ist also in der Schöpfung jenes Wissen von Gott, das dem Menschen im Wissen um seine Existenz gegeben ist. Würde er dieses Wissen um seine Existenz radikal offenhalten, würde er bei der Frage nach Gott bleiben, so würde die Schöpfung als Gottes Wort für ihn reden. Aber eben das tut ja der Mensch nicht; er lügt sein negatives Wissen zu einem positiven Wissen um, und so wird die Schöpfung stumm für ihn, der die Wahrheit Gottes gefangenhält [7].

Wer der Meinung ist, daß er von dieser Lüge frei sei, daß er in der radikalen Frage nach Gott verharre, der kann aus den Worten des Paulus die Konsequenz ziehen, daß er Christus nicht braucht, weil die Schöpfung für ihn schon Offenbarung ist. Aber wer ist denn dieser Mensch, der die Schöpfung wirklich als Offenbarung sehen könnte? Und das würde doch heißen: der Mensch, dem die Welt kein Rätsel mehr ist, der keine Klage über Schmerz und Not erhebt, der keine Angst vor Schicksal und Tod kennt, den der Zwiespalt in sich selber nie gequält hat! Wo ist der Mensch, der ohne Christus spräche: „alles ist unser, sei es Tod oder Leben, sei es Gegenwärtiges oder Zukünftiges" (1. Kor. 3, 22)? Der sagen würde: „was kann mich von Gott scheiden: Not oder Bedrängnis, Verfolgung oder Hunger oder Nacktheit oder Gefahr oder Schwert? Nein! in alle dem bin ich Sieger!" (Röm. 8, 35. 37)? Nur dann würde er ja die Schöpfung als Gnadenoffenbarung Gottes sehen. Nur dann hätte er ein Recht, von Gottes Offenbarung außerhalb Christus zu reden.

Aber wie steht es mit dem *Alten Testament?* Redet es nicht von Gottes Offenbarung in Natur und Geschichte? In der Tat weiß das Alte Testament, daß Gott durch Natur und Geschichte zum Menschen redet, und zwar dann, wenn der Mensch Gott als den Schöpfer und sich selbst in seiner Geschöpflichkeit versteht. D. h. das Alte Testament zeigt, daß jenes mit der menschlichen Existenz gegebene Wissen um seine Begrenztheit und Angewiesenheit auf Gott nicht völlig verschüttet und erstickt, nicht völlig in einen falschen Gottesglauben umgelogen zu sein braucht. Und durch das Alte Testament zieht sich der ständige Kampf jenes echten Wissens mit der Lüge.

Wie offenbart sich Gott nach dem Alten Testament in der Natur? So, daß die Natur die Macht, die Herrlichkeit und Güte Gottes offenbart, dessen Kleid Licht ist, dessen Diener Winde und Feuerflammen sind, vor dessen Blick die Erde bebt, und der doch gnädig und von großer Güte ist. Sein Wesen ist in der Natur nicht offenbar für die betrachtende Anschauung des Verstandes oder der ästhetischen Schau, sondern gerade im Rätsel, im Unbegreiflichen, Wunderbaren; für *den* Menschen also, der sich durch sie in seine Grenzen weisen läßt

[7] Vgl. H. Schlier, Über die Erkenntnis Gottes bei den Heiden. Evang. Theol. 1933, 9—26.

und Gott mit Furcht und Zittern, in Demut und Dank naht, der weiß, daß der Mensch wie Gras, wie eine Blume auf dem Felde ist, daß er Staub ist, der nur vom Atem Gottes lebt. Bleibt der Mensch in diesem Selbstverständnis seiner Geschöpflichkeit, so redet Gott durch die Natur zu ihm.

Und wie offenbart sich Gott nach dem Alten Testament in der Geschichte? Er läßt sich nicht schauen in der Gestalt großer Persönlichkeiten und in dem Gange der geschichtlichen Entwicklung, dessen Plan der Mensch verstehen könnte, sondern im Wunder, in seinem Tun als Herr der Geschichte, der erwählt und verwirft, wen er will, der Segen spendet und Gericht hält, der sich in allem verherrlicht.

> „Um meinetwillen, ja, um meinetwillen will ich es tun, daß ich nicht gelästert werde; denn ich will meine Ehre keinem Andern lassen."
> *(Jes. 48, 11)*[8].

Das ist das Umgekehrte von dem, was man sonst unter Gottes Offenbarung in der Geschichte versteht. Nicht im Verständlichen, sondern im Wunder, im Unverständlichen zeigt sich Gott. Gott wird erst dem in der Geschichte offenbar, der sich von ihm zerbrechen läßt.

> „Über alles Stolze und Hohe kommt der Tag Jahves, daß sich der Männer Stolz beugt und sich der Männer Hochmut bückt und der Herr allein erhaben sei an jenem Tage." (Jes. 2, 12. 17)

Und wiederum:

> „Er gibt den Müden Kraft und Stärke genug den Unvermögenden."
> (Jes. 40, 29).

Nur zu dem Menschen, der sich seiner Geschöpflichkeit bewußt ist, redet Gott in der Geschichte.

Fragen wir in solchem Selbstverständnis nach Gottes Offenbarung in Natur und Geschichte, so reden Natur und Geschichte zu uns. Aber wie reden sie? so, daß der Mensch inne wird, daß er sich die Offen-

---

[8] Jes. 40, 15: „Wer unterrichtet den Geist des Herrn, und welcher Ratgeber unterweiset ihn?"

Jes. 55, 8 f.: „Denn meine Gedanken sind nicht eure Gedanken, und meine Wege sind nicht eure Wege, spricht der Herr. Sondern so viel der Himmel höher ist denn die Erde, so sind meine Wege höher denn eure Wege, und meine Gedanken denn eure Gedanken."

Ps. 73, 16: „Ich gedachte ihm nach, daß ich es begreifen möchte; aber es war mir zu schwer."

Ps. 139, 6: „Solche Erkenntnis ist mir zu wunderlich und hoch; ich kann es nicht begreifen."

barung selbst immer wieder versperrt, daß Gottes Wort ihm zum Gericht wird, daß er zuletzt nur bitten und hoffen kann auf Gottes Gnade.

Können wir im Sinne des Alten Testaments von Gottes Offenbarung in Natur und Geschichte reden? Wir *können* es zweifellos, nämlich eben dann, wenn wir unserer Kreatürlichkeit inne werden. *Sollen* wir es? ja und nein!

Nein! denn wir sollen uns doch nicht bewußt und absichtlich in das Stadium der Hoffnung zurückbringen, wenn Gott die Erfüllung geschenkt hat. Wir sollen uns als Glaubende gerade nicht in unserer Kreatürlichkeit, sondern als „neue Kreatur" verstehen. Ja, im Grunde können wir es ja gar nicht, wenn wir wirklich an die vergebende Gnade Gottes in Christus glauben, wenn wir unsere Existenz als eschatologische Existenz erfaßt haben. Dann ist ja Gottes Gericht und Gnade eben in Christus offenbar, und wir können unsere Augen nicht abwenden. Und eben deshalb: Nein! wir sollen es nicht; denn das würde ja heißen, aus dem Glauben fallen.

Aber in einem gewissen Sinne gilt doch: *Ja!* Insofern nämlich, als das Stehen im Glauben ja nicht ein gesicherter Zustand ist, sondern ein ständiges Neuergreifen der Offenbarung, ein ständiges Zufluchtnehmen zur Gnade Gottes. Die Welt begegnet uns ja ständig verführerisch, dazu nämlich verführerisch, daß wir doch wieder meinen, auf uns selbst stehen zu können, und sei es auch gerade auf unserer Gläubigkeit. Diese Gläubigkeit wird aber ständig erschüttert dadurch, daß wir in Natur und Geschichte unser Schicksal haben. Und so sollen wir Natur und Geschichte gerade nicht in *dem* Sinne für Gottes Offenbarung halten, daß sie uns Ruhe und Zuversicht geben, sondern in *dem* Sinne, daß Gott durch sie so zu uns spricht, daß er uns ständig in unsere Grenzen weist, ständig unsere Selbstsicherheit, unser Rühmen zerbricht. Das also ist die ständige Offenbarung Gottes in Natur und Geschichte, daß sie uns lehrt, daß wir die Offenbarung eben nicht *haben*, daß wir in dem, was wir sind und haben, nichtig sind vor Gott. Das ist ihr Sinn, daß sie uns ständig in die Haltung dessen zurückweist, der weiß, daß er nur empfangen kann und nichts hat, was er nicht empfangen hätte, also in die Haltung des Glaubens (1. Kor. 4, 7). Das also ist endlich der Sinn der Offenbarung in Natur und Geschichte, daß sie uns ständig verweist auf die Offenbarung der vergebenden Gnade Gottes in Christus. Nur indem sie das tut, ist sie aber für uns Offenbarung; das heißt aber außer Christus ist sie es für uns nicht.

Von Christus aus aber kann nun in der Tat das Ganze der Welt in Natur und Geschichte das Licht der Offenbarung erhalten.

> „O welch eine Tiefe des Reichtums,
> beides, der Weisheit und Erkenntnis Gottes!
> Wie gar unbegreiflich sind seine Gerichte
> und unerforschlich seine Wege!
> Denn wer hat des Herrn Sinn erkannt,
> und wer ist sein Ratgeber gewesen?
> Oder wer hat ihm etwas zuvor gegeben,
> das ihm werde wieder vergolten?
> Denn von ihm und durch ihn und zu ihm sind alle Dinge.
> Ihm sei Ehre in Ewigkeit! Amen."

Anknüpfung und Widerspruch *

1946

I.

Versteht man den christlichen Glauben als ein Phänomen der Religion überhaupt und, indem man christlich zu urteilen meint, als das höchste religiöse Phänomen, – versteht man weiter die Religion als ein Phänomen des menschlichen Geisteslebens, so ist es selbstverständlich, daß zwischen der christlichen Religion und den nichtchristlichen Religionen ein kontinuierlicher Zusammenhang besteht. Die religionsgeschichtliche Betrachtung scheint dieses Urteil zu bestätigen. Denn zweifellos kann man die heidnischen Religionen als Vorstufen oder Parallelerscheinungen der christlichen Religion ansehen; und man kann etwa feststellen, daß in dieser zu voller Ausbildung gelangt ist, was in jenen nur in Ansätzen vorhanden ist, oder daß in dieser zur Vollendung gekommen ist, was in jenen durch Fehlentwicklung zu einer minder vollkommenen oder verzerrten Gestalt gediehen ist.

Typische Phänomene des religiösen Lebens erscheinen hier wie dort und beweisen die innere Verwandtschaft allen religiösen Lebens: Gemeinschaftsbildung mit ihren kultischen Feiern und sakramentalen Handlungen, mit ihrer Disziplin, mit ihrem Priestertum und ihrer Tradition; in den höheren Formen mit ihren heiligen Schriften, mit religiöser Spekulation oder Dogmatik, mit ihrer Ethik oder auch mit ihrer Mystik.

Für diese Betrachtungsweise ist *die Frage nach der „Anknüpfung“* für die christliche Verkündigung grundsätzlich kein Problem; es besteht nur ein praktisches Problem. D. h.: soll der christliche Glaube

* Theol. Zeitschrift 2 (1946), S. 401—418.

nichtchristlichen Völkern gebracht werden, so ist es keine Frage, daß der Missionar an die Formen und Gehalte des religiösen Lebens der heidnischen Völker anknüpft, also etwa ihre Gedanken über die Gottheit läutert und weiterführt, ihre Bräuche reinigt, ihre Lebensführung auf eine höhere Stufe leitet u. dgl. Es kann sich dann nur jeweils um die praktische Frage handeln, wie das zu machen sei.

Ist aber die christliche Theologie der Meinung, daß der christliche Glaube nicht ein Phänomen der menschlichen Geistesgeschichte, der Religion überhaupt, sei, sondern daß er die Antwort auf die in einer bestimmten Offenbarung Gottes erklingende Frage an den Menschen sei, also kein Ergebnis der Entwicklung auf dem Felde der Religionsgeschichte, keine Blüte im Garten des menschlichen Geistes, sondern eine fremde Pflanze, von jenseits her in die menschliche Welt gebracht, und nur so und nur deshalb eine Haltung, die mit der jenseitigen Welt Gottes verbindet, – dann gibt es offenbar keine Kontinuität zwischen der christlichen und den nichtchristlichen Religionen; dann wird für die Mission das Problem der „Anknüpfung" als ein grundsätzliches aktuell. Denn wie kann es dann noch *Anknüpfung* geben? Gibt es dann nicht nur *Widerspruch?* Sind dann nicht alle Vorstellungen von Gott außerhalb des Glaubens falsch? – Wahnideen, die durch das Wort des wirklichen Gottes zunichte gemacht werden? Ist dann nicht alle sogenannte Religion in Wahrheit Gottlosigkeit? Eine Illusion, die das Rätselhafte, Unheimliche, Furchtbare, Bedrängende von Welt und Leben tragbar machen will, indem sie ihm die Gestalt einer Gottheit substituiert und es dadurch erträglich macht? Die dem unbestimmten Rätsel Gestalt und Namen gibt, um es gleichsam zu bannen und mit ihm in Verkehr treten zu können? – indem sie aus der faktischen Unterworfenheit ein Sichunterwerfen macht, um der Gnade des Übermächtigen sicher zu werden?

Und bestätigt nicht die Betrachtung der Geschichte dieses Urteil? Denn verkümmert nicht die Religion, stirbt sie nicht ab, oder sinkt sie nicht wenigstens zu einer unverbindlichen Verklärung des Arbeitslebens herab, je mehr Welt und Leben ihr Rätsel verlieren, dem Denken verständlich und der Tat beherrschbar, „organisierbar", werden? Wäre der christliche Glaube also nur eine Religion, ein Phänomen des Geisteslebens, so würde er mit dem Untergang der Religion dahingehen.

Aber eben als ein solches versteht er sich selber nicht, sondern er weiß sich als Geschenk Gottes selbst, als gewirkt durch die Verkündigung von Jesus Christus, auf die er selbst die Antwort ist. Es ist daher verständlich, wenn in der neueren Theologie die Frage, ob es für den christlichen Glauben eine Anknüpfung an die religiösen Gefühle und Vorstellungen des Menschen gibt: entschieden verneint wird: *es gibt keine Anknüpfung, sondern nur den Widerspruch!* Es gibt nicht so etwas wie ein religiöses Organ im Menschen, das nur ausgebildet zu werden brauchte. Indem Gott zu uns spricht, schafft er auch selbst in uns das Organ, ihn zu hören.

Ergibt sich nun daraus die Konsequenz, alle außerchristliche Religion als einen gottlosen Wahn zu bekämpfen? Sich auf den Standpunkt früherer Zeiten zurückzuversetzen, in denen christliche Missionare alle heidnische Religion als sündhaften „Götzendienst" ansahen und destruierten? – offenbar eine naive Meinung, der wirkliche Kenntnis und Einsicht in die heidnischen Religionen fehlte! Muß nicht unsere bessere Kenntnis und tiefere Einsicht für die Mission fruchtbar werden? und das hieße doch: muß nicht die Mission die heidnischen Religionen als ein Positivum, als ein Stadium auf dem Wege zu Gott, werten und also nach der Anknüpfung fragen? Darf sie nur im Widerspruch bleiben? Aber würde sie damit nicht den exklusiven und absoluten Charakter der Offenbarung Gottes, den sie zu vertreten hat, preisgeben?

II.

Wie ist aus diesem Dilemma herauszukommen? Mir scheint, daß eine zweifache Antwort – oder eine Antwort in zwei Stufen – gegeben werden muß.

1. *Gottes Handeln am Menschen* durch sein Wort hat freilich *keinen Anknüpfungspunkt im Menschen* oder im menschlichen Geistesleben, an den sich Gott akkommodieren müßte. Gottes Handeln macht den Menschen, den es lebendig machen will, vorher zunichte. *Gottes Handeln ist Widerspruch gegen den Menschen,* und gerade auch gegen den Menschen in seiner Religion, in der er sich gegenüber der bedrängenden Welt sichern und behaupten, in der er seine Sorgen und Ängste beschwichtigen will. Und jede Selbsterniedrigung und Selbstaufopferung, die im Namen der Religion geschieht, ist in Wahrheit Empörung gegen Gott, – wie für Paulus der jüdische Gesetzesdienst nur ein Mittel ist, eigenen Ruhm zu erringen. Gottes

Gnade ist für den Menschen Gnade in so radikalem Sinne, daß sie die ganze Existenz des Menschen trägt und nur von dem als Gnade verstanden werden kann, der seine ganze Existenz aus der Hand gibt und sich fallen läßt in die unabmeßbare, schwindelnde Tiefe, ohne einen Halt zu suchen. Gottes Offenbarung ist der Widerspruch Gottes gegen den Menschen in seiner Religion. Legitime christliche Verkündigung kann also nur eine solche sein, die diesen Widerspruch in seiner vollen Schärfe laut werden läßt.

Aber gerade *im Widerspruch wird in paradoxer Weise der Anknüpfungspunkt geschaffen*, oder besser: *aufgedeckt*. Einen Widerspruch gibt es nur, wo ein Verhältnis besteht; und ein verkehrtes Verhältnis ist auch ein Verhältnis. Einem Stein kann ich nicht widersprechen, sondern nur einem Menschen; und einem Stein kann auch Gott nicht widersprechen, weil der Stein selber nicht spricht, – sondern nur dem Menschen, den er nach seinem Bilde geschaffen hat. Der Mensch, den Gottes Widerspruch trifft, ist der Mensch, der sich in den Widerspruch zu Gott gestellt hat und der dadurch sich selbst verloren hat. Gottes Widerspruch ruft ihn zu sich selbst zurück, zu dem, was er eigentlich ist. Sein Selbst kann man nie verlieren, wie ein Ding, das einem abhanden kommt, das man durch den Verlust einfach los wird. Die Bestimmung zum Selbst ist unverlierbar und bleibt im Menschen ständig wirksam als die ihn ständig – bewußt oder unbewußt, eingestanden oder verdrängt – bewegende Frage nach dem, was er eigentlich ist. Der Mensch, den Gottes Widerspruch trifft, ist der verirrte Mensch. Der Verirrte ist durch den Bezug auf den Weg, den er gehen soll und will, determiniert und steht nicht neutral zu ihm, wie ein Pfahl, der abseits vom Wege steht.

Die den Menschen, der er selbst sein will und der sein Selbst verloren hat, bewegende Frage nach seiner Eigentlichkeit ist der Anknüpfungspunkt für Gottes Wort. Und sofern die Frage nach seiner Eigentlichkeit eben *den* Menschen bedrängt, der sich in den Widerspruch zu Gott gesetzt hat, und sofern ihm also Gottes Wort als Widerspruch begegnet, läßt sich sagen: der Widerspruch des Menschen gegen Gott ist der Anknüpfungspunkt für den Widerspruch Gottes gegen ihn. *Die Sünde des Menschen ist der Anknüpfungspunkt* für das widersprechende Wort von der Gnade.

Dann kann man also nicht auf diesen oder jenen Anknüpfungspunkt *im* Menschen, in seinem Geistesleben, in seiner Geschichte hinweisen. Vielmehr: *der Mensch in seiner Existenz, als ganzer, ist der Anknüpfungspunkt.* Und deshalb ist es auch richtig, daß es kein Organ im Menschen gibt, kein „religiöses" Organ, das für das Wort Gottes eine besondere Empfänglichkeit besäße. Vielmehr kann das, was wir als ein religiöses Organ, als eine besondere Veranlagung oder Empfänglichkeit bezeichnen, ebenso gut ein Hindernis wie eine Förderung für das Hören des Wortes Gottes bedeuten. Nicht eine besondere Fähigkeit des Menschen ist der Anknüpfungspunkt, sondern die Existenz des Menschen als ganze.

2. Aber noch ein Zweites ist zu sagen. Darf das Erste in keiner Verkündigung vergessen werden, muß es vielmehr in ihr stets die leitende Grundanschauung sein, so ist damit doch nicht gesagt, daß Gottes Widerspruch gegen den Menschen in der menschlichen Rede – und alle Verkündigung ist auch menschliche Rede! – stets die *Form* des Widerspruches tragen müsse. Gottes Wort trifft den Menschen in seiner ganzen Existenz, und auch menschliches Wort der Verkündigung sollte ihn so treffen. Aber die menschliche Existenz erscheint dem menschlichen Verkündiger ja immer in konkreter historischer Gestalt, in der sein Selbstverständnis und damit seine Verstehensmöglichkeiten für das ihm verkündigte Wort individuelle Gestalt gewonnen haben, in der der Widerspruch gegen Gott und die Frage nach der Eigentlichkeit verschieden ausgeprägt sind.

Es ist sinnlos, das Wort Gottes überall in gleicher Form zu verkündigen. Wie es fremdsprachlichen Völkern in ihrer Sprache gepredigt werden muß, so muß es überhaupt – und im Grunde jedem einzelnen Menschen – übersetzt werden in die jeweils dem Menschen verständliche Sprache. Gerade der Widerspruch muß ja *als Widerspruch* verstanden werden, nicht als etwas Sinnloses ans Ohr klingen. Das bedeutet aber: *die Sprache des Menschen ist der Anknüpfungspunkt* für das vom menschlichen Verkündiger gesprochene Wort Gottes. Genauer: Die Gestalt, in der sich jeweils das Existenzverständnis des Menschen ausgeprägt hat, die Ausgelegtheit, die sein Widerspruch gegen Gott und die Frage nach der Eigentlichkeit gefunden hat, ist der Anknüpfungspunkt, – und also in besonderer Weise seine Religion, sein Gottesbegriff, seine Ethik, seine Philosophie. Es wäre sinnlos und verantwortungslos, wollte der Verkündiger ignorieren, daß das Selbstverständnis des Menschen sehr verschieden gestaltet sein kann; daß es naiv oder reflektiert, dogmatisch starr oder labil und bewegt sein kann, leichtfertig oder ernst, daß der Mensch für die Frage seiner Existenz verschlossen oder durch sie erregt sein kann.

Gewiß: *Gottes* Widerspruch gilt dem Menschen schlechthin, und *Gott* hat keine Anknüpfungspunkte im Menschen. Ihm steht der Ernste nicht näher als der Leichtfertige; er kann den Selbstzufriedenen und den Verstockten im gleichen Nu seinem Worte erschließen wie den Ringenden, der sich selbst nur Frage ist. Er kann den Frevler heute zu sich rufen, während er den, der „immer strebend sich bemüht", warten lassen kann. Aber *wir* sind nicht Gott und haben nicht Wunder zu tun, sondern wir sind Menschen und haben verantwortungsbewußt und gewissenhaft nach den Möglichkeiten zu fragen, die unserer Arbeit Raum geben. Wir haben den Anknüpfungspunkt nicht nur in jenem paradoxen Sinne in den Blick zu fassen, sondern auch im ganz simplen Sinne nach dem Anknüpfungspunkt für unsere Verkündigung zu fragen.

III.

Wie das zu geschehen hat, dafür kann ein Blick auf das Neue Testament lehrreich sein. Ich brauche nicht darüber zu reden, wie die Aufgabe der Verkündigung im NT grundsätzlich aufgefaßt ist, – so nämlich, daß von einem Anknüpfungspunkt für Gottes Wort im menschlichen Geistesleben nicht die Rede sein kann. Gottes Wort erscheint in der christlichen Predigt als das Wort des Anstoßes, als der Ruf zur Umkehr, als der radikale Widerspruch Gottes gegen den Menschen. Ja, als so radikal, daß der Blick auf die praktischen Anknüpfungsmöglichkeiten dadurch verstellt wird. Aus der Einsicht, daß vor Gott alle Differenzierungen verschwinden, durch welche sich Menschen für menschlichen Blick unterscheiden, wird die Konsequenz gezogen, daß solche Differenzierungen überhaupt nicht da sind. Nirgends wird im NT unterschieden zwischen den Leichtsinnigen und den Ernsten, zwischen denen, die nur den Trieb sinnlicher Leidenschaften kennen, und denen, die nach geistigen Gütern verlangen. Die Heidenwelt erscheint als undifferenzierte Massa Perditionis, und ihre Gottferne wird als eine allgemeine Versunkenheit in Laster und Sünde – wenigstens fast ausnahmslos – aufgefaßt.

Aber überraschenderweise ist nun doch die Verkündigung hier und dort an Anknüpfungspunkten in der Heidenwelt orientiert, wie durch drei Beispiele veranschaulicht werden soll.

1. *Die Anknüpfung an die hellenistische Popularphilosophie, speziell an die natürliche Theologie der Stoa*

Schon die Redeweise des Paulus ist durch die popularphilosophische Propaganda beeinflußt. Von ihr hat er gelernt, disputierend zu reden und gewisse rhetorische Kunstmittel zu verwenden; aus ihr stammen die Tugend- und Lasterkataloge, vor allem die Vorliebe für die Antithese und die Paradoxie. Auch die kynisch-stoische Predigt kann in gewissem Sinne als Bußpredigt bezeichnet werden; sie will den Menschen zurückrufen aus der Bindung in die Konvention, aus der Versunkenheit in Leidenschaften und Laster, zurück zu einem natürlichen Leben. So lehrt sie eine Umwertung der Werte und zeigt auf, wie ein falsches Verständnis von Glück und Leid, von Freiheit und Knechtschaft, von Leben und Tod die Menschen beherrscht, und lehrt ein echtes Verständnis. An diese Redeweise und damit an ein bestimmtes Selbstverständnis in der hellenistischen Welt knüpft Paulus an. Er übernimmt dabei auch bestimmte Begriffe aus der philosophischen Tradition, die im AT teils nur schwache, teils gar keine Entsprechungen haben wie die Begriffe *συνείδησις, καθῆκον, ἀρετή, ἐλευθερία,* ja auch den Begriff *φύσις*.

Paulus will natürlich nicht sagen, daß der Mensch, wenn er die Stimme seines *Gewissens* hört, damit schon Gott hört, daß sein Verantwortungsbewußtsein schon Gottesbewußtsein ist. Aber daß die Forderungen des Sittlichen, die der Heide vernimmt, die Forderungen Gottes sind, das ist ihm nicht zweifelhaft. Er erkennt das nicht nur indirekt an, wenn er Phil. 4, 8 mahnt: „Alles was wahr, was ehrbar, was gerecht, was rein, was wohlgefällig, was löblich ist, was es irgend an Tugend und Lob gibt, das beherzigt!" Sondern er erkennt es auch direkt an, wenn er Röm. 2, 14 f. sagt: „Denn wenn die Heiden, die das Gesetz nicht haben, von Natur das tun, was das Gesetz fordert, so sind sie, die das Gesetz nicht haben, sich selbst das Gesetz. Sie zeigen ja, daß das vom Gesetz geforderte Werk in ihr Herz geschrieben ist, indem auch ihr Gewissen es bezeugt und ihre Gedanken sich untereinander anklagen oder verteidigen."

Aber es ist nun wohl zu beachten, in welchem Zusammenhang und zu welchem Zweck Paulus dies sagt; nämlich um zu beweisen, daß auch die Heiden dem Gericht Gottes unterworfen sind und sich nicht entschuldigen können. So vereint sich mit der Anknüpfung der Widerspruch. Gottes Widerspruch richtet sich nicht gegen das sittliche

Bewußtsein der Heiden als solches. Gottes Widerspruch kann vielmehr dem Heiden gerade dadurch zum Bewußtsein gebracht werden, daß an sein Verantwortungsbewußtsein appelliert wird und er vor die Frage gestellt wird, ob er radikal ernst damit macht; ob er sich darüber klar ist, daß er als verantwortlicher Mensch vor Gott als seinem Richter verantwortlich ist und daß er dann vor Gott als Gerichteter dasteht.

Ähnlich läßt sich an der Anwendung des Begriffes der *Freiheit* das Beisammen von Anknüpfung und Widerspruch zeigen. Denn zunächst ist klar, daß Paulus das Selbstverständnis des Menschen bejaht, welches besagt: zur Existenz des Menschen gehört Freiheit, und zwar – wie in der Stoa – nicht in einem äußerlichen Sinne. Der Sklave soll nicht meinen, er müsse frei werden im soziologischen Sinne; er kann gerade als Sklave ein Freier sein. Nein! es ist die Freiheit in jenem innerlichen Sinne gemeint als die Freiheit von menschlichen Urteilen und Wertungen (*μὴ γίνεσθε δοῦλοι ἀνθρώπων* 1. Kor. 7, 24), als die Freiheit von den Leidenschaften der Sinnlichkeit (Gal. 5, 13), als die Freiheit der Innerlichkeit, der Abkehr von allem, was dem eigentlichen Selbst fremd ist, der Abkehr von der „Welt". Alles wie in der Stoa; und auch die Dialektik des *πάντα μοι ἔξεστιν, ἀλλ' οὐκ ἐγὼ ἐξουσιασθήσομαι ὑπό τινος* (1. Kor. 6, 12) ist stoisch. An diesen innerlichen Freiheitsbegriff und seine Dialektik, in dem die Frage der menschlichen Existenz einen deutlichen Ausdruck gewonnen hat, knüpft Paulus an. Der Mensch, in dem die Frage nach der Freiheit so lebendig ist, muß doch die Botschaft von der christlichen Freiheit verstehen!

Aber auch hier kann die Anknüpfung nur zusammengehen mit dem Widerspruch. Freilich sieht die Stoa richtig, daß die Freiheit des eigentlichen Selbst in der Abkehr des Menschen von der Welt gegeben ist. Aber sie setzt dabei voraus, daß der Mensch Herr über seine Innerlichkeit ist, daß die Gewinnung seiner Eigentlichkeit in seine Macht gegeben ist, während für Paulus das eigentliche Freiheitsproblem gerade da beginnt, wo es für die Stoa aufhört [1]. In seinem Inneren ist der Mensch nicht frei; vielmehr wenn er sich von der Welt abkehrt und vor Gott gestellt weiß, entdeckt er in seinem Wollen ein Nichtkönnen, einen Zwiespalt zwischen Ich und Ich, so

---

[1] Vgl. *Hans Jonas,* Augustin und das paulinische Freiheitsproblem 1930, S. 8—16.

daß er die Freiheit nur als Freiheit von sich selbst erfahren kann. Er gewinnt sie, wenn er sein altes Ich preisgibt, sich mit Christus kreuzigen läßt und nun mit Christus lebt, aber nicht mehr als Ich, sondern so, daß Christus in ihm ein neues Ich ist (Gal. 2, 19 f.).

Auch an *die „natürliche Theologie" der Stoa* knüpft Paulus an, wenn er Röm. 1, 18 f. sagt: „Denn was von Gott erkennbar ist, das ist unter ihnen (den Heiden) offenbar, denn Gott hat es ihnen offenbar gemacht. Denn sein unsichtbares Wesen kann seit der Erschaffung der Welt an seinen Werken durch die Vernunft geschaut werden, seine ewige Kraft und Göttlichkeit." Der Satz entspricht in Gedanke und Form den hellenistischen Gottesbeweisen. Und auch darin stimmt Paulus mit der griechischen Aufklärung überein, daß die an der Betrachtung des Kosmos gewonnene Gotteserkenntnis nicht eine bloß theoretisch-wissenschaftliche, sondern eine Erkenntnis ist, in der der Mensch sein eigenes Sein erfaßt: seine Gottbezogenheit und seine Unterworfenheit unter die ewigen göttlichen Normen, die das Gesetz seines eigentlichen Selbst sind [2].

Indessen, in welchem Zusammenhang und zu welchem Zweck greift Paulus zu diesem Gedanken? Nicht weil er die Zugänglichkeit Gottes für die Heiden als ein Positivum darstellen will, sondern weil er zeigen will, daß die Heidenwelt unter dem Zorne Gottes steht. Die Erkenntnis Gottes als des Schöpfers hat bei ihnen nicht zu Dank und Dienst geführt, sondern ist in der praktischen Haltung verleugnet worden. So begründet die Gotteserkenntnis der Heiden ihre Verantwortlichkeit, ihre Verfallenheit an Gottes Gericht. Aber gerade so ist die natürliche Gotteserkenntnis der Anknüpfungspunkt, weil im Schuldigsein der Heiden die Möglichkeit für das Hören des Evangeliums von der Gnade gegeben ist.

Ähnlich, wenngleich äußerlicher, knüpft die sog. *Areopagrede*, die der Autor der Acta Paulus in den Mund gelegt hat, an die natürliche Theologie des Hellenismus an. Die Anknüpfung ist hier eine bewußte. Die Rede knüpft ja an die Inschrift eines heidnischen Altares an: *ἀγνώστῳ θεῷ*; sie setzt also bei den Hörern eine Ahnung von dem wahren Gott voraus, der ihnen nun erst wirklich bekannt gemacht werden soll. „Was ihr, ohne es zu kennen, verehrt, das verkündige ich euch." Gleich die ersten Sätze tragen hellenistische Got-

---

[2] Vgl. *Günther Bornkamm,* Die Offenbarung des Zornes Gottes. Zeitschr. f. d. Neutest. Wissensch. 34 (1935), S. 239—262.

teslehre vor, beginnend freilich im alttestamentlichen Stile mit der Verkündigung des einen Gottes, der als der Schöpfer keines Tempels zu seiner Verehrung bedarf. „Gott, der die Welt gemacht hat und alles, was darin ist, er, der des Himmels und der Erde Herr ist, wohnt nicht in Tempeln, die von Händen gemacht sind." Aber dann wird der Gedanke in modernisierte hellenistische Form gefaßt und führt auf das Motiv der Bedürfnislosigkeit Gottes hinaus, das, gut stoisch, dem AT fremd ist, das ja eine Lehre von den auf der via negationis zu erschließenden Eigenschaften Gottes nicht kennt. „Er läßt sich nicht von Menschenhänden bedienen, als bedürfe er etwas, da er selbst allem Leben gibt, Odem und Alles." Dann folgt die hellenistische Betrachtung der von Gott den Menschen gesetzten Ordnungen. „Er fügte, daß, von Einem entsprungen, das ganze Geschlecht der Menschen auf der ganzen Fläche der Erde wohnen sollte. Er bestellte ihnen geordnete Zeiten des Jahres und begrenzte Zonen zum Siedeln." Und daraus folgernd: „damit sie Gott suchen sollten, ob sie ihn greifen und finden möchten; denn nicht fern ist er ja jedem unter uns". Und dabei ist das Suchen Gottes nicht im alttestamentlichen Sinne als Sache des Willens, sondern im hellenistischen Sinne als Sache des Forschens verstanden. Vollends ist der hellenistische Gedanke in den folgenden Versen deutlich. „Denn in ihm haben wir Leben, Weben und Sein, wie ja auch einige eurer Dichter gesagt haben: ‚Denn wir sind seines Geschlechts'. Als göttlichen Geschlechtes nun sollen wir nicht wähnen, die Gottheit gleiche einem Bilde aus Gold, Silber oder Stein, dem Werke menschlicher Kunst und Phantasie." Es ist der Gedanke der Gottesverwandtschaft des Menschen, welcher die richtige Erkenntnis und Verehrung Gottes zu entsprechen hat. Der Gedanke wird ja durch ein Zitat aus dem Stoiker Arat erläutert, und ein Zitat steckt vermutlich auch in dem *ἐν αὐτῷ γὰρ ζῶμεν καὶ κινούμεθα καὶ ἐσμέν* [3]).

Eine echte Paulusrede ist diese Rede nicht. Der charakteristisch paulinische Gedanke, daß die Gotteserkenntnis der Heiden ihre Schuld begründet, fehlt, wie andrerseits dem Paulus der Gedanke von der Gottesverwandtschaft fern liegt. Die Rede ist eine literarische Bildung des Verfassers der Acta; aber das Motiv des Widerspruches fehlt auch in ihr nicht, sondern kommt im Schluß der Rede

[3] Vgl. *Martin Dibelius, Paulus* auf dem Areopag. Sitzungsber. der Heidelb. Akad. d. Wiss., Phil.-hist. Klasse, Jahrg. 1938/39, 2. Abk. 1939; bzw. Aufsätze zur Apostelgesch. 1951, S. 29–70.

zur Geltung: in dem Ruf zur Buße und in dem Hinweis auf das bevorstehende Gericht Gottes und auf Jesus Christus als den Mann, an dem sich das Gericht entscheiden wird. Ebenso auch durch den Bericht vom Eindruck der Rede: „Da sie aber von der Auferstehung der Toten hörten, spotteten die einen, die andern sagten: ‚wir wollen darüber noch ein andermal hören'." Der Verfasser der Acta weiß also, daß es Anknüpfung nicht ohne Widerspruch gibt, wenn er auch beides recht äußerlich nebeneinander gestellt hat ohne die innere Verknüpfung, die darin gegeben ist, daß gerade der Widerspruch in tieferem Sinne die Anknüpfung ist.

2. *Die Anknüpfung an die hellenistischen Mysterienreligionen*

Über dieses Thema ist in der religionsgeschichtlichen Schule viel verhandelt worden, und ich will hier nur kurz an das erinnern, was die *Sakramente* betrifft. Stammen die Taufe, die den Getauften in die christliche Gemeinde aufnimmt, und das Herrenmahl in irgendeiner Form aus der urgemeindlichen Tradition, so ist es doch keine Frage, daß beide Sakramente im hellenistischen Christentum eine Form und eine Deutung gewannen, durch die sie den Sakramenten der Mysterienreligionen angeglichen wurden. Wie in den Mysterien der Myste kraft der kultischen Handlung am Schicksal der Mysteriengottheit teilgewinnt, an seinem Tode und an seinem Wiederaufleben, so erhält durch die christliche Taufe der Täufling teil am Tode und an der Auferstehung Christi. Der christliche Taufbrauch und Taufglaube knüpfen also an die Mysterienvorstellung an und damit an das ihm zugrunde liegende Selbstverständnis des Menschen.

Den Menschen, die sich in den Mysteriengemeinden zusammenfanden, war das *Weltverhältnis* fragwürdig geworden. Die Möglichkeiten der Welt bieten ihnen nicht mehr das, was sie brauchen, um eigentlich sein zu können. Der Mensch findet die Erfüllung seines Selbst nicht mehr wie einst in der weltgestaltenden Tat und in der Gemeinschaft der Polis; auch nicht im Kosmos, wie der Philosoph, der in der Hingabe an den Logos die Welt als Einheit versteht und sich in ihr gesichert weiß. Er weiß sich vielmehr als ungesichert, und die Welt enthält für ihn primär die Möglichkeiten des Schicksals, dem er sich preisgegeben weiß, – als letztes Schicksal den Tod. Er weiß sich Leiden und Freuden ausgesetzt, als der Freuden bedürftig und doch nicht über sie verfügend. Er zittert vor dem Tode und hat doch keine Möglichkeit, seiner Herr zu werden. Er kann sich nicht mehr einer Gottheit trösten, die in der Gemeinschaft der Polis als tragende Kraft waltet, die die Autorität des Rechtes begründet und Gehorsam fordert und lohnt, – noch auch des Logos oder des *νόμος φύσεως*, der die Welt und das Geschehen in ihr harmonisch zur Einheit fügt. Es ist eine den nationalen Schranken enthobene, eine überweltliche Gottheit, deren Willkür er sich ausgeliefert weiß, und zu der er sich flüchtet, um sich ihrer Gnade zu versichern. Im Mysterium der Weihe gibt er sein altes Leben preis, erleidet er den Tod, um ein ganz Neuer zu werden, über den das Schicksal keine Macht mehr hat, und der nach dem leiblichen Sterben des unvergänglichen Lebens in Seligkeit gewiß sein kann.

Bedenken wir weiter, daß sich die Mysteriengläubigen in *Gemeinden* sammelten, in denen die Unterschiede von Geschlecht, Nation und Rasse (wenn wir von der Mithrasreligion absehen) hinfällig geworden sind, in Gemeinden, die durch den freien Zusammenschluß ihrer Mitglieder entstanden, welche Mitglieder sich auf die Glauben fordernde Botschaft der betreffenden Religion hin bekehrt haben, so leuchtet ein, daß die christliche Predigt hier einen Anknüpfungspunkt fand, den sie durch Ausgestaltung und Interpretation der christlichen Sakramente nutzbar machte. Die Forderung des Glaubens und der Bekehrung, der Zusammenschluß zur Gemeinde, die heiligen Weihen, vermöge deren der Geweihte ein neuer Mensch und seines Schicksals wie des Todes Herr wird, – eben diese charakteristischen Züge mußten die christliche Religion solchen Hörern empfehlen, die der Botschaft der Mysterien zugänglich waren.

Es mochte wohl auch vorkommen, daß bei der Anknüpfung der Widerspruch vergessen wurde, wie z. B. der für Korinth bezeugte Brauch der Vikariatstaufe zeigt, die den schon Gestorbenen noch das Heil zuwenden will (1. Kor. 15, 29). Aber Paulus jedenfalls hat den Widerspruch nicht vergessen. Er bestreitet die Sicherheit, die durch den Sakramentsempfang gewährleistet zu sein scheint. Auch Israel hat einst in der Wüste ein Sakrament der Taufe und des heiligen Mahles empfangen; aber es verfiel dem Gericht Gottes; also: *ὁ δοκῶν ἑστάναι βλεπέτω μὴ πέσῃ* (1. Kor. 10, 12). Und so gilt auch für das Herrenmahl, daß es nicht ex opere operato wirkt, sondern nur bei würdigem Genuß (1. Kor. 11, 27–29). Denn was ist *der Sinn der Sakramente?* Die Taufe führt in den Tod des Herrn, und das Herrenmahl proklamiert den Tod des Herrn. Sagten nicht das gleiche die Mysterien? Ja, aber Paulus radikalisiert den Gedanken: in den Tod gegeben ist nicht nur das Vergängliche am Menschen, das dem Schicksal unterworfen ist, so daß nun sein Lebenswille triumphiert, daß das alte Ich sich in seinem unbändigen Lebenswillen durchhält, sondern der Mensch ist als ganzer in den Tod gegeben, so daß er in radikalem Sinne ein Neuer geworden ist, d. h. aber, daß sein Wille ein neuer geworden ist, daß er nicht in der Sicherheit des Unsterblichkeitsbesitzes allen Ansprüchen enthoben ist und sein neues Leben in seinem beruhigten Bewußtsein genießen kann. Vielmehr er ist ein neuer geworden für Gottes Anspruch und hat ihm zur Verfügung zu stehen: *λογίζεσθε ἑαυτοὺς εἶναι νεκροὺς μὲν τῇ ἁμαρτίᾳ, ζῶντας δὲ τῷ θεῷ ἐν Χριστῷ* (Röm. 6, 11).

Dementsprechend unterscheiden sich auch *die christlichen Gemeinden* von den Mysteriengemeinden, und zwar nicht nur dadurch, daß in ihnen das Gebot gilt, ein reiner Tempel zu sein und allen Sauerteig der *κακία* und *πονηρία* auszufegen (1. Kor. 3, 17; 5, 8), sondern einmal durch ihre Exklusivität, d. h. daß das Ereignis des Sterbens und Auferstehens mit Christus so ernst genommen ist, daß daneben andere Mittel und kultische Weihen, die die Sicherheit vergrößern sollen, ausgeschlossen sind. Sodann dadurch, daß sie nicht Einzelgemeinden ohne Zusammenhang miteinander sind, sondern zur Gesamt-Ekklesia zusammengeschlossen sind; d. h. aber, daß das in ihnen durch die Sakramente verwirklichte Christusgeschehen eschatologisches Geschehen ist, das diese Gemeinden radikal aus der Welt heraushebt und sie im Überweltlichen zu einer Gemeinschaft zusammenbindet, in der alle historisch-weltlichen Differenzierungen verschwinden.

3. *Die Anknüpfung an die Gnosis*

Nur in den Grundzügen kann dieses umfassende Thema hier dargestellt werden. In der Gnosis ist *das Bewußtsein der Fremdheit des Menschen gegenüber der Welt* radikal ausgebildet, und damit ist *das menschliche Selbst in seiner radikalen Unterschiedenheit von allem außermenschlichen, welthaften Sein* entdeckt. Für den Menschen des AT war die Welt wie der Mensch Gottes Schöpfung, und der Mensch erblickte in den Dingen und Vorgängen der Welt Gottes Gaben und Walten. Er wußte sich in der Welt zu Hause. Für den Griechen regiert in der Welt derselbe Geist, dieselbe göttliche Vernunft, die auch im menschlichen Geiste lebendig ist, und so weiß er sich mit der Welt innerlich verwandt. Der Gnostiker ist der Fremdheit seines inneren eigentlichen Ich von aller Welt tief inne geworden; er fühlt sich einsam und gefangen in der Welt, von ihr bedrängt und erschreckt, an sie ausgeliefert und verloren. Eine atemberaubende *Weltangst* erfüllt ihn. Aber diese Angst befällt den Gnostiker auch *vor sich selbst.* Denn er fühlt in sich selbst Triebe und Begierden aufsteigen, die ihn an die Verlockungen der Welt verfallen lassen, ihn an sie fesseln. Er ertappt sich darauf, daß die Welt ihn betäubt und trunken gemacht hat; und wenn er aus dem Rausch erwacht, so graut ihm vor sich selbst, vor den Gewalten, die in seinem eigenen Inneren wirken. Sein eigentliches Selbst ist an die Seele, den Doppelgänger, gefesselt und kann sich nicht frei machen. Durch den Fall des Urmenschen aus der Lichtwelt – so lautet die Objektivation des Selbstverständnisses in der Mythologie – ist das Selbst in die Gefangenschaft der Dämonen der Finsternis geraten.

Die *Freiheit* kann ihm nur geschenkt werden, und sie wird ihm geschenkt *durch den Gottessohn, den Offenbarer*, der aus der himmlischen Lichtwelt herabgesandt wird, der sich in menschliche Gestalt verkleidet und das Erdenleben mit seiner Qual und Angst auf sich nimmt. Er belehrt den Menschen, lehrt ihn seine Situation verstehen; er erinnert das Selbst an seine himmlische Heimat und bahnt ihm den Weg in die Lichtwelt, indem er selbst, die dämonischen Weltmächte überwindend, emporsteigt. Diesen Weg wird das Selbst nach dem Tode gehen, um im Reigen der himmlischen Mächte Gott Loblieder zu singen.

Solange der Mensch noch auf Erden weilt, ist ihm radikale Abkehr von der Welt bis zur Askese aufgegeben, – wofern nicht das gnostische Bewußtsein der nunmehr erlangten Weltüberlegenheit umschlägt in Libertinismus. Aber der Gnostiker braucht nicht in der negativen Haltung der Weltverneinung zu verharren. Und nicht nur in Spekulation und Meditation kann er sich sein himmlisches Selbst zum Bewußtsein bringen, sondern er meint auch in der Ekstase die Aufhebung seines jetzigen weltlichen Daseins, den Aufschwung in die Lichtwelt jetzt schon zu erleben [4].

Es ist wiederum deutlich, daß die christliche Predigt hier einen Anknüpfungspunkt fand. Offenbar schon vor Paulus, jedenfalls bei ihm selbst *geht die Verkündigung auf die gnostische Begrifflichkeit*

---

[4] S. *Hans Jonas*, Gnosis u. spätantiker Geist I, 1934.

ein [5]; ebenso dann im Hebräerbrief und vor allem im Johannesevangelium. Der Verfasser des Joh. übernimmt den gnostischen Mythos vom erlösten Erlöser, der ihm den Aufriß für seine Darstellung liefert; er faßt die Verkündigung Jesu in die Begrifflichkeit des gnostischen Dualismus von Licht und Finsternis, Wahrheit und Lüge; und wenn er Jesus in den großen Worten sagen läßt: „Ich bin das Licht der Welt", „Ich bin das Brot des Lebens", „Ich bin der wahre Weinstock", „Ich bin die Auferstehung und das Leben", „Ich bin der Weg, die Wahrheit und das Leben", so nimmt er die gnostische Sprache auf; er erkennt damit die Fragestellung der Gnosis an und will sie in dem „Ich bin" zur rechten Antwort leiten [6].

Aber auch hier bilden Anknüpfung und Widerspruch eine Einheit. Mit der Gnosis ist der christlichen Verkündigung gegenüber dem AT und dem Judentum die Überzeugung gemeinsam, daß *die Welt*, so wie sie dem Menschen begegnet, einen gnädigen Gott nicht offenbart. Ist die Welt Schöpfung, dann kann der Schöpfer – so folgert die Gnosis – nur eine dem Menschen feindliche Macht sein. In der Tat sagt die christliche Verkündigung, daß Gott und Mensch Feinde sind (Röm. 5, 10, vgl. 8, 7, auch 2. Kor. 5, 19: *κόσμον καταλλάσσων ἑαυτῷ*); der Mensch steht unter dem Zorne Gottes (Röm. 1, 18 ff.). Aber dennoch: die Welt ist die Schöpfung des gnädigen Gottes, des Vaters Jesu Christi; der Schöpfer- und der Erlösergott sind ein und derselbe. Jene Feindschaft hat ihren Ursprung nicht in einer dämonischen Schöpfermacht, sondern im bösen Willen des Menschen selbst, in seiner Empörung gegen Gott, so daß ihm Gottes Schöpfung nun als vernichtende Macht begegnen muß. Eine eigentümliche Dialektik bestimmt also das Weltverhältnis des Menschen.

Im Gedanken der *Erlösung* als der radikalen Befreiung von der Welt ist der christliche Glaube der Gnosis verwandter als dem AT, weil in ihr der Mensch in seiner Einsamkeit als von der Welt Unterschiedener, an sich selbst Leidender gesehen ist, als Hilfloser, der sich nicht selbst befreien kann. Aber indem in der Gnosis seine Einsamkeit auf sein Schicksal zurückgeführt wird, statt auf seine Schuld, sein Leiden und seine Hilflosigkeit auf fremde Mächte statt auf den eigenen Willen, wird in ihr – so sagt der christliche Glaube – eben diese Einsamkeit mit ihren Konsequenzen nicht radikal verstanden

[5] S. meine Neutest. Theologie S. 162–182; für Hebr.: *E. Käsemann*, Das wandernde Gottesvolk, 1939; für Joh. meinen Joh.-Kommentar 1941.

[6] S. *Ed. Schweizer*, EGO EIMI 1939.

als das Getrenntsein von Gott infolge der eigenen Empörung, sondern nur als ein äußerliches Geschiedensein infolge des Eingreifens fremder Mächte. Demzufolge wird die Erlösung in der Gnosis im Grunde als ein Naturprozeß verstanden, der sich am eigentlichen Ich des Menschen vorbeivollzieht, statt in dessen Umwandlung zu bestehen. In der Gnosis spricht das begegnende Wort dem Menschen nicht die den Sünder verwandelnde Vergebung zu, sondern übermittelt ihm eine spekulative Lehre, die ihn heißt, sein Selbst als einen aus der Präexistenz gefallenen Lichtfunken zu verstehen und ihn über dessen Natur und Schicksal belehrt.

Die christliche Verkündigung bricht gerade die fundamentale Lehre von der Präexistenz des Selbst als eines Lichtfunkens aus dem gnostischen Aufriß heraus und muß deshalb auch die gnostische Auffassung von der durch die Erlösung vollzogenen *Entweltlichung* der Erlösten ablehnen. Die Entweltlichung besteht nicht in der eindeutigen Abkehr von der Welt, die als Askese oder als Libertinismus Gestalt gewinnen kann, die als Zuständlichkeit nach dem Tode verwirklicht werden wird, und die im Kulminationsphänomen der Ekstase schon jetzt vorweggenommen werden kann. Sie kann nur durch die Vergebung der Sünde erfolgen, die im Menschen das tilgt, was die Welt zur feindlichen Macht werden ließ, so daß die Welt nun wieder als Gottes Schöpfung sichtbar werden kann. Freilich ist sie auch so ein Vorläufiges, aber sein Verhältnis zur Welt ist ein dialektisches, jenes Sein im ὡς μή von 1. Kor. 7, 29–31. Der Mensch wandelt im Glauben, nicht im Schauen (2. Kor. 5, 7), in dem eigentümlichen Zwischenstadium von „Nicht mehr“ und „Noch nicht“: „Nicht daß ich es schon ergriffen hätte oder schon vollendet wäre; ich jage ihm aber nach, ob ich es ergreifen möchte, weil ich von Jesus Christus ergriffen ward“ (Phil. 3, 12). Hier gibt es kein Kulminationsphänomen des Ekstase; und wer nach der Schau Gottes verlangt, der wird an den verwiesen, in dem Gottes „Wort“ Fleisch geworden ist: „Wer mich gesehen hat, der hat den Vater gesehen“ (Joh. 14, 9). Die Befreiung von der Welt wird nicht in Askese oder Libertinismus demonstriert, sondern in der Liebe: „Gott ist die Liebe; und wer in der Liebe bleibt, der bleibt in Gott, und Gott bleibt in ihm“ (1. Joh. 5, 16). „Wir wissen, daß wir aus dem Tode ins Leben hinübergeschritten sind; denn wir lieben die Brüder“ (1. Joh. 3, 14).

Das Problem der Hermeneutik *

1950

I.

Nach *Wilhelm Dilthey* verschafft sich die Hermeneutik, d. h. die „Kunstlehre des Verstehens schriftlich fixierter Lebensäußerungen", immer nur Beachtung „unter einer großen geschichtlichen Bewegung". Eine solche macht nämlich das „Verständnis des singularen geschichtlichen Daseins" bzw. die „wissenschaftliche Erkenntnis der Einzelperson, ja der großen Formen singulären menschlichen Daseins überhaupt" zu einer dringenden Angelegenheit der Wissenschaft" [1]. Stehen wir heute „unter einer großen geschichtlichen Bewegung", so wäre die Erörterung des Problems der Hermeneutik motiviert. Und in der Tat bildet heute die Auseinandersetzung mit der geschichtlichen Tradition ein wesentliches Stück der Selbstbesinnung, die ja zugleich die Besinnung auf die „großen Formen singulären menschlichen Daseins" ist.

Das Problem, um das sich die Hermeneutik bemüht, ist nach *Dilthey* die Frage: „Ist eine solche Erkenntnis (nämlich eben die der großen Formen singulären menschlichen Daseins) möglich, und welche Mittel haben wir, sie zu erreichen?" Oder bestimmter die Frage, „ob das Verständnis des Singulären zur Allgemeingültigkeit erhoben werden kann". „Wie kann eine Individualität eine ihr sinnlich gegebene fremde individuelle Lebensäußerung zu allgemeingültigem objektiven Verständnis sich bringen?" [2]. Es ist also die Frage nach der Möglichkeit, *Objektivität im Verstehen singulären geschichtlichen Da-*

---

* Zeitschr. für Theologie und Kirche 47 (1950), S. 47—69.

[1] *Wilh. Dilthey*, Die Entstehung der Hermeneutik (1900), veröffentlicht mit den Zusätzen aus den Handschr. im 5. Band der Ges. Schriften 1924, S. 317 bis 383. — Die oben gegebenen Zitate aus den Seiten 332 f., 317.

[2] A. a. O. 317, 334.

seins, sc. der Vergangenheit, zu gewinnen. Diese Frage fragt im Grunde nach der Möglichkeit des Verstehens geschichtlicher Phänomene überhaupt, sofern sie Zeugnisse singulären menschlichen Daseins sind; Hermeneutik wäre dann die Wissenschaft des Verstehens von Geschichte überhaupt. Faktisch schränkt *Dilthey* die Hermeneutik ein auf die Interpretation von „dauernd fixierten Lebensäußerungen“, nämlich von den Denkmälern der Kultur, und zwar primär von literarischen Dokumenten, neben denen die Werke der Kunst aber auch von wesentlicher Bedeutung sind [3].

II.

Für die Interpretation literarischer Texte sind seit Aristoteles *hermeneutische Regeln* entwickelt worden, die traditionell geworden sind und durchweg mit Selbstverständlichkeit befolgt werden [4]. Wie schon

---

[3] A. a. O. 319.

[4] Die Darstellung der Hermeneutik, die in dem inhaltreichen Artikel *G. Heinricis* im 7. Band der Realenc. f. prot. Theol. u. Kirche (1899), S. 718—750 zu Worte kommt, beschränkt sich auf die Entwicklung der traditionellen hermeneutischen Regeln. Das gleiche gilt von *Fr. Torms* Hermeneutik des NT (1930), während *Er. Fascher* (Vom Verstehen des Neuen Testaments 1930) darüber hinauskommen möchte, ohne freilich m. E. eine klare Richtung des Weges zu finden. — *Joachim Wach* hat in seinem großen Werk „Das Verstehen“ die „Grundzüge einer Geschichte der hermeneutischen Theorie im 19. Jahrhundert“ gezeichnet (3 Bände 1926/29/33); eine außerordentlich sorgfältige Bestandsaufnahme, in einer m. E. allzugroßen Zurückhaltung eigener Stellungnahme, die die Geschichte kritisch durchleuchten könnte. Die hermeneutischen Prinzipien, die er im Journal of Bibl. Lit. 55, 1 (1936), S. 59—63 skizziert, sind auch nur die alten hermeneutischen Regeln, vermehrt nur um die „necessity of psychological understanding“, durch die offenbar *Schleiermachers* Forderung zur Geltung gebracht werden soll, jedoch ohne daß diese Forderung in der Konsequenz der *Dilthey*schen Anregungen weiter entfaltet würde. Auch sein Artikel „Verstehen“ in Rel. in Gesch. u. Gegenw. V (1931), 1570—1573 bleibt begreiflicherweise zu skizzenhaft. — Eine kritische Auseinandersetzung mit der Diskussion des hermeneutischen Problems in der protestantischen Theologie der Gegenwart gibt *Fritz Buri* in Schweizerische Theologische Umschau, Festgabe für *Martin Werner* zum 60. Geburtstag 1947. Ich weiß mich mit ihm einig ebenso in seinem Kampf für das historisch-kritische Schriftverständnis wie in seiner Ablehnung eines „pneumatisch-übergeschichtlichen Schriftverständnisses“ und einer sog. theologischen Hermeneutik, vermöge deren eine „christologische Exegese“ des AT getrieben wird. Daß er meine Versuche nicht richtig verstanden hat, liegt sicher z. T. daran, daß ich bisher nicht deutlich das wissenschaftliche Verstehen der Schrift von dem Gehorsam gegenüber dem Kerygma unterschieden habe. Es liegt aber vor allem daran, daß er den Unter-

Aristoteles sah, ist die erste Forderung die *formale Analyse* eines literarischen Werkes hinsichtlich seines Aufbaus und seines Stiles [5]. Die Interpretation hat die Komposition des Werkes zu analysieren, das Einzelne aus dem Ganzen, das Ganze vom Einzelnen aus zu verstehen. Die Einsicht, daß sich jede Interpretation in einem „hermeneutischen Zirkel" bewegt, ist damit gegeben. Sobald die Interpretation alt- oder fremdsprachlicher Texte aktuell wird, kommt die Forderung einer Interpretation *nach den Regeln der Grammatik* zum Bewußtsein. Schon bei den Alexandrinern wird die Forderung der grammatischen Kenntnis der Sprache durch die der Kenntnis des individuellen *Sprachgebrauchs des Autors* ergänzt, so daß z. B. ein Kriterium für die Entscheidung von Echtheitsfragen in der Homerinterpretation gewonnen wird. Mit der Entwicklung der historischen Arbeit in der Zeit der Aufklärung wird die Frage nach dem individuellen Sprachgebrauch des Autors fortgebildet zur Frage *nach dem Sprachgebrauch der jeweiligen Zeit des Textes.* Aber mit der Einsicht in die geschichtliche Entwicklung der Sprache geht Hand in Hand die Erkenntnis der geschichtlichen Entwicklung überhaupt, die Erkenntnis also der *geschichtlichen Bedingtheit* aller literarischen Dokumente durch die Umstände von Zeit und Ort, und deren Kenntnis muß nunmehr als Voraussetzung jeder sachgemäßen Interpretation gelten.

Die Wissenschaft, die die Interpretation literarischer Texte zu ihrem Gegenstand hat und die sich dafür der Hermeneutik bedient, ist *die Philologie.* An ihrer Entwicklung aber ist sichtbar, daß die Hermeneutik als die Kunst wissenschaftlichen Verstehens keineswegs durch die traditionellen hermeneutischen Regeln schon hinreichend bestimmt ist. *Harald Patzer* hat vor kurzem gezeigt, wie die Philologie, die sich zunächst der Geschichtswissenschaft zum Zwecke der Interpretation bedient, allmählich in den Dienst der Geschichtswissenschaft gerät bzw. zu einem Zweige der Geschichtswissenschaft wird, für welche die Texte nur noch „Zeugnisse", „Quellen", sind, aus denen ein Geschichtsbild zu entwerfen, d. h. eine vergangene Zeit zu rekonstruieren ist [6]. Ein verständlicher Vorgang, da zwischen phi-

---

schied von existentiell und existential nicht erfaßt hat, wie er denn von meinem Versuch einer „existentiellen Exegese" redet, wogegen ich nur protestieren kann. Er zitiert meinen Satz (aus „Offenbarung und Heilsgeschehen" S. 41), daß die Mythologie des NT „existential" zu interpretieren sei, indem er schreibt „existentiell"!

[5] S. *Dilthey* a. a. O. 321, und für das folgende 321 ff.

[6] *Harald Patzer*, Der Humanismus als Methodenproblem der klassischen Philologie, Studium Generale I (1948), S. 84—92.

lologischer und historischer Erkenntnis natürlich auch ein Zirkel besteht. Aber die Folge war eben, daß die Philologie ihren eigentlichen Gegenstand, die Interpretation der Texte um des Verstehens willen, verlor. Der tiefere Grund für diese Entwicklung ist aber doch der, daß die Aufgabe des Verstehens nicht tief genug erfaßt war und schon mit der Befolgung jener hermeneutischen Regeln erledigt werden zu können schien, – daß die Einsicht in den *Vorgang des Verstehens*, um die sich *Schleiermacher* einst bemüht hatte, verlorengegangen war.

Denn schon *Schleiermacher* hatte gesehen, daß ein echtes Verständnis nicht schon mit der Befolgung der hermeneutischen Regeln gewonnen werden kann. Zu der durch sie geleiteten Interpretation – nach seiner Terminologie: der „grammatischen" – muß die „psychologische" treten. Er sieht, daß die Komposition und Einheit eines Werkes nicht allein durch die Kategorien einer formalen logischen und stilistischen Analyse erfaßt werden kann. Vielmehr muß das Werk als Lebensmoment eines bestimmten Menschen verstanden werden. Zur Erfassung der „äußeren Form" muß die der „inneren Form" kommen, was die Sache nicht einer objektiven, sondern subjektiven, „divinatorischen" Interpretation sei[7]. Das Interpretieren ist daher „ein Nachbilden", ein „Nachkonstruieren" in seiner lebendigen Beziehung zu dem Vorgang der literarischen Produktion selbst. Das Verstehen wird zur „eigenen Nacherzeugung der lebendigen Gedankenverknüpfung" [8]. Solche „Nacherzeugung" aber ist deshalb möglich, weil „sich die Individualität des Auslegers und die seines Autors nicht als zwei unvergleichbare Tatsachen gegenüberstehen". Vielmehr: „Auf der Grundlage der allgemeinen Menschennatur haben sich beide gebildet, und hierdurch wird die Gemeinschaftlichkeit der Menschen untereinander für Rede und Verständnis ermöglicht [9]. *Dilthey* eignet sich diese Gedanken an und sucht sie weiter aufzuklären: „Alle individuellen Unterschiede sind letztlich nicht durch qualitative Verschiedenheiten der Personen von einander, sondern nur durch Gradunterschiede ihrer Seelenvorgänge bedingt. Indem nun aber der Ausleger seine eigene Lebendigkeit gleichsam probie-

---

[7] Außer *Dilthey* vgl. bes. *Wach* a. a. O. I S. 83 ff., 102 ff., 143, 148 f.

[8] Die Formulierungen im Anschluß an *Diltheys* Charakteristik a. a. O 327 f., vgl. ebda. 328, 335.

[9] *Dilthey* a. a. O. 329. Vgl. *Wach* a. a. O. I S. 141: *Schleiermacher* begründet das divinatorische Verfahren damit, daß jeder Mensch außerdem, daß er selbst ein eigentümlicher ist, eine „Empfänglichkeit" für alle anderen hat.

rend in ein historisches Milieu versetzt, vermag er von hier aus momentan die einen Seelenvorgänge zu betonen und zu verstärken, die anderen zurücktreten zu lassen und so eine Nachbildung fremden Lebens in sich herbeizuführen". Die Bedingung des Verstehens „liegt darin, daß in keiner fremden individuellen Äußerung etwas auftreten kann, das nicht auch in der auffassenden Lebendigkeit enthalten wäre". So kann es heißen: „Die Auslegung ist ein Werk der persönlichen Kunst, und ihre vollkommenste Handhabung ist durch die Genialität des Auslegers bedingt; und zwar beruht sie auf *Verwandtschaft*, gesteigert durch eingehendes Leben mit dem Autor, beständiges Studium" [10].

Schleiermachers Auffassung vom Verstehen steht natürlich in geschichtlichem Zusammenhang mit „Winckelmanns Interpretation von Kunstwerken" und mit Herders „kongenialem Sich-Einfühlen in die Seele von Zeitaltern und Völkern" [11]. Sie ist orientiert an der Interpretation philosophischer und dichterischer Texte. Aber gilt sie auch für andere Texte? Erwächst etwa die Interpretation eines mathematischen oder eines medizinischen Textes aus dem Nachvollzug der seelischen Vorgänge, die sich im Autor vollzogen haben? Oder werden die Inschriften der ägyptischen Könige, die von ihren Kriegstaten berichten, oder die historisch-chronistischen altbabylonischen und assyrischen Texte oder die Grabinschrift des Antiochus von Kommagene oder die Res Gestae Divi Augusti erst aus der Versetzung in den inneren schöpferischen Vorgang, in dem sie entstanden sind, verständlich?

Nein, – wie es scheint! Und in der Tat nicht, insofern die Interpretation darauf abgestellt ist, die durch die Texte *direkt* vermittelten Sachverhalte zu verstehen, – also z. B. ihre mathematischen oder medizinischen Erkenntnisse oder ihren Bericht von weltgeschichtlichen Tatsachen und Vorgängen. Eben das aber ist doch wohl das primäre Interesse derer, die solche Texte lesen. Freilich lassen sich diese auch in einem anderen Interesse lesen, wie z. B. die Interpretation jener Inschriften durch *Georg Misch* zeigt [12], nämlich als „Lebensäußerungen", als „Formen singularen geschichtlichen Daseins", ob nun als Lebensäußerungen einzelner Personen oder als Äußerungen des „Lebensgefühls" oder des Daseinsverständnisses bestimmter Epochen. Es zeigt sich also, daß die *Schleiermacher-Dilthey*-

[10] *Dilthey* a. a. O. 329 f., 334, 332. [11] *Dilthey* a. a. O. 326 f.

[12] *Georg Misch*, Geschichte der Autobiographie I 1907.

sche Auffassung einseitig ist, insofern sie durch eine bestimmte Fragestellung geleitet ist.

Ein Verstehen, eine Interpretation, ist – das ergibt sich – *stets an einer bestimmten Fragestellung, an einem bestimmten Woraufhin, orientiert.* Das schließt aber ein, daß sie nie voraussetzungslos ist; genauer gesagt, daß sie immer *von einem Vorverständnis der Sache geleitet* ist, nach der sie den Text befragt. Auf Grund eines solchen Vorverständnisses ist eine Fragestellung und eine Interpretation überhaupt erst möglich [13].

Die Sache, nach der *Dilthey* die Texte befragt, ist das „Leben", nämlich das geschichtlich-persönliche Leben, das in den Texten als „dauernd fixierten Lebensäußerungen" Gestalt gewonnen hat; das „seelische Leben", das aus „sinnlich gegebenen und sinnlich auffaßbaren Äußerungen" durch die Interpretation zur objektiven Erkenntnis gebracht werden soll. Diese Sache ist aber nicht die einzige, auf die die Interpretation abgestellt sein kann; also ist auch wohl der in diesem Interesse charakterisierte Vorgang des Verstehens nicht der einzige, der sich in einer Interpretation vollziehen kann. Vielmehr wird der Vorgang des Verstehens verschieden sein, je nachdem wie das Woraufhin der Interpretation bestimmt ist.

Offenbar genügt es nicht zu sagen: je nach der Art der Texte, d. h. je nach der im Texte jeweils direkt zu Worte kommenden Sache, nach dem in ihm jeweils leitenden Interesse. Denn in der Tat können ja alle Texte unter der *Dilthey*schen Fragestellung interpretiert, d. h. als Dokumente geschichtlich-persönlichen Lebens verstanden werden. Das Gegebene ist freilich zunächst, daß sich die Befragung der Texte an der in ihnen in Rede stehenden, durch sie direkt vermittelten Sache orientiert. Einen Text der Musikgeschichte werde ich z. B. unter der Frage interpretieren, was er für mein Verständnis der Musik und ihrer Geschichte einträgt usw.

---

13 Die Formel, daß das Verständnis des Schriftstellers und seines Werks das eigentliche Ziel der Exegese sei (*Herm. Gunkel,* Monatsschr. f. d. kirchl. Praxis 1904, S. 522) ist richtig, sofern sie ablehnt, daß die Exegese durch dogmatische oder praktische Interessen geleitet sein solle (oder dürfe). Im übrigen besagt sie zum hermeneutischen Problem gar nichts. Denn jetzt fängt das Problem erst an! Denn welches Verständnis des Schriftstellers ist gemeint: ein psychologisches? ein biographisches? usw.! Und wie soll das Werk verstanden werden: problemgeschichtlich? ästhetisch? usw.!

III.

Die Fragestellung aber erwächst aus einem Interesse, das im Leben des Fragenden begründet ist, und es ist die Voraussetzung aller verstehenden Interpretation, daß dieses Interesse auch in irgendeiner Weise in den zu interpretierenden Texten lebendig ist und die Kommunikation zwischen Text und Ausleger stiftet. Sofern *Dilthey die Verwandtschaft zwischen Autor und Ausleger* als die Bedingung der Möglichkeit des Verstehens bezeichnet, hat er in der Tat die Voraussetzung aller verstehenden Interpretation aufgedeckt. Denn diese Bedingung gilt nicht nur für die spezielle *Schleiermacher-Diltheysche* Fragestellung, sondern für jede Interpretation, die nie schon durch die Befolgung der traditionellen „hermeneutischen Regeln" geleistet werden kann. Es handelt sich nur darum, jene Voraussetzung genauer zu bestimmen. Statt der Reflexion auf die Individualität von Autor und Ausleger, auf ihre Seelenvorgänge und auf die Genialität oder Kongenialität des Auslegers bedarf es der Besinnung auf die einfache Tatsache, daß *Voraussetzung des Verstehens das Lebensverhältnis des Interpreten zu der Sache ist, die im Text – direkt oder indirekt – zu Worte kommt* [14].

Die Interpretation kommt nicht dadurch zustande, daß „sich die Individualität des Auslegers und seines Autors nicht als zwei unvergleichbare Tatsachen gegenüberstehen", sondern dadurch, daß beide den gleichen Lebensbezug zu der in Rede bzw. in Frage stehenden Sache haben (bzw. insoweit als sie ihn haben), weil sie (bzw. sofern sie) im gleichen Lebenszusammenhang stehen. Dieses Verhältnis zur Sache, um die es im Text geht bzw. auf die hin er befragt wird, ist die Voraussetzung des Verstehens [15]. Eben daher ist es auch verständlich,

---

[14] Intendiert ist diese Einsicht offenbar in der „idealistischen Metaphysik des Verstehens, derzufolge geschichtliches Verstehen nur möglich ist auf Grund einer Identität des menschlichen Geistes in seinen verschiedenen Objektivationen und dieser mit dem absoluten Geist" (*Buri* a. a. O. 25). — Aber auch *J. Chr. K. von Hofmann* hat das Entscheidende in seiner Weise gesehen, wenn er sagt, daß sich die biblische Hermeneutik nicht für eine selbständige und in sich geschlossene Wissenschaft geben wolle, sondern die allgemeine Hermeneutik voraussetze, daß sie aber nicht einfach in der Anwendung dieser auf die Bibel bestehe, sondern ein Verhältnis zum Inhalt der Bibel voraussetze (Biblische Hermeneutik 1880, S. 1 ff.). Über *Hofmann* s. auch *Wach* a. a. O. II 365, 369 f.

[15] In diesem Sinne ist auch die von dem Historiker geforderte „Kongenialität" bei Wilh. v. Humboldt, bei Boeckh und bes. bei Droysen verstanden. Darüber *Hildegard Astholz*, Das Problem „Geschichte" untersucht bei Joh. Gust. Droysen

daß jede Interpretation durch ein bestimmtes Woraufhin geleitet ist; denn nur aus den Bedingungen eines Lebenszusammenhangs ist eine irgendwie orientierte Frage möglich. Und ebenso ist daher verständlich, daß jede Interpretation ein bestimmtes Vorverständnis einschließt, eben das aus dem Lebenszusammenhang, dem die Sache zugehört, erwachsende.

Die Tatsache, daß jeder Interpretation ein Lebensverhältnis zur Sache, um die es im Texte geht, bzw. nach der er befragt wird, zugrunde liegt, läßt sich leicht durch die Besinnung auf den *Vorgang des Übersetzens aus einer fremden Sprache*, verdeutlichen. Der Sinn dieses Vorgangs ist in der Regel nur dadurch verdeckt, daß uns die Kenntnis der antiken Sprachen unseres Kulturkreises durch die Tradition vermittelt ist und nicht neu gewonnen zu werden braucht. Neu gewinnen läßt sich die Kenntnis einer fremden Sprache (falls nicht mehrsprachige Texte vorliegen) nur dann, wenn die durch die Wörter bezeichneten Sachen (Dinge, Verhaltungen usw.) vertraut sind, – vertraut eben aus dem Gebrauch und Umgang im Leben. Ein Gegenstand oder ein Verhalten, das in meinem Lebenszusammenhang, in meiner Umwelt und Lebensführung schlechthin sinnlos ist, ist auch in seiner sprachlichen Benennung unverständlich und unübersetzbar, – oder doch nur so, daß für das betr. Ding ein Wort gewählt wird, das es für die äußere Anschauung beschreibt, wie z. B. die Wiedergabe „Schwirrholz" für das „Tjurunga" der Australneger [16]. Die Beobachtung des Gebrauchs kann, sofern oder soweit dieser verständlich ist, zu weiteren Umschreibungen führen, so daß „Tjurunga" als ein „machthaltiges Zauberinstrument" beschrieben werden kann, da die Vorstellung von Zauberinstrumenten mir aus dem eigenen Lebenszusammenhang begreiflich ist. Grundsätzlich der gleiche Vorgang liegt dann vor, wenn Texte in oder mit bildlichen Darstellungen gegeben sind, die ihrerseits aus dem eigenen Lebenszusammenhang verständlich sind. Faktisch vollzieht sich ja auch das Verstehen und Sprechenlernen des Kindes in eins mit seinem Vertrautwerden in seiner Umwelt, seinem Umgang, kurz in seinem Lebenszusammenhang.

Also: die Interpretation setzt immer ein *Lebensverhältnis zu den*

1933; sie zitiert u. a. den charakteristischen Satz Droysens: „Zwar ist jeder Mensch ein Historiker. Wer aber das *ἱστορεῖν* zu seinem Berufe macht, der hat etwas in besonderem Maße Menschliches zu tun" (S. 97 f.).

[16] *Nathan Söderblom,* Das Werden des Gottesglaubens 1916, S. 41 ff.

Sachen voraus, die im Text – direkt oder indirekt – zu Worte kommen. Ich verstehe einen über Musik handelnden Text nur, wenn und soweit ich ein Verhältnis zur Musik habe (weswegen denn in *Thomas Manns* „Doktor Faustus" manche Partien für manche Leser unverständlich sind), einen mathematischen Text nur, wenn ich ein Verhältnis zur Mathematik habe, eine Geschichtsdarstellung nur, sofern mir geschichtliches Leben vertraut ist, sofern ich aus meinem eigenen Leben weiß, was ein Staat, was das Leben im Staat und seine Möglichkeiten sind, einen Roman nur, weil ich aus dem eigenen Leben weiß, was z. B. Liebe und Freundschaft, was Familie und Beruf ist usw. Eben daher ist manche Literatur manchen Menschen je nach Alter oder Bildung verschlossen.

Mein Lebensverhältnis zur Sache kann natürlich ein ganz naives, unreflektiertes sein, und im Verstehen, in der Interpretation, kann es ins Bewußtsein erhoben und geklärt werden. Es kann ein oberflächliches und durchschnittliches sein, und durch das Verstehen des Textes kann es vertieft und bereichert, modifiziert und korrigiert werden. In jedem Falle ist ein Lebensverhältnis zu der betr. Sache Voraussetzung, und diese Erkenntnis schaltet falsche Probleme von vornherein aus, wie die Frage nach der Möglichkeit, „fremdseelisches" Sein zu verstehen. Diese ist einfach gegeben in dem gemeinsamen Bezug von Autor und Ausleger zu der jeweiligen Sache. Wenn *Dilthey* als die Bedingung der Möglichkeit des Verstehens die „Grundlage der allgemeinen Menschennatur" statuiert, bzw. die Tatsache, daß „in keiner fremden individuellen Äußerung etwas auftreten kann, das nicht auch in der auffassenden Lebendigkeit enthalten wäre", so dürfte das dahin zu präzisieren sein, daß Bedingung der Auslegung die Tatsache ist, daß Ausleger und Autor als Menschen in der gleichen geschichtlichen Welt leben, in der menschliches Sein sich abspielt als ein Sein in einer Umwelt, im verstehenden Umgang mit Gegenständen und mit Mitmenschen. Natürlich gehört zu solchem verstehenden Umgang auch das Fragen, die Problematik, der Kampf und das Leiden, die Freude wie die entsagende Flucht.

IV.

Das Interesse an der Sache motiviert die Interpretation und gibt ihr *die Fragestellung*, ihr *Woraufhin*. Unproblematisch ist die Orientierung der Interpretation, wenn sie durch die Frage nach derjenigen

Sache geleitet ist, deren Mitteilung die Absicht des Textes selbst ist, also z. B. die Interpretation eines mathematischen oder musiktheoretischen Textes, wenn ich daraus Erkenntnisse über Mathematik oder Musik schöpfen will. Ebenso die Interpretation eines erzählenden Textes, wenn ich das in ihm Erzählte kennen lernen will, also z. B. die Interpretation von Chroniken, aber auch von Herodot oder Thukydides, wenn ich nichts weiter will, als die von ihnen berichteten geschichtlichen Verhältnisse und Vorgänge kennen lernen. Das gleiche gilt z. B. von einem hellenistischen Roman, der zwar von erdichteten Vorgängen erzählt, den ich aber als unterhaltende Geschichte lese. In jenen Fällen ist historische Belehrung, in diesem Unterhaltung das Woraufhin des Verstehens. In allen diesen Fällen ist die Fragestellung ganz naiv; sie wird in ihrer Eigenart deutlich, wenn es sich um das Verstehen eines dichterischen Textes von Rang handelt, also z. B. Homers, wenn solche Texte nämlich nicht als Dichtung, sondern einfach als Erzählung gelesen werden, was ja weithin zunächst der Fall ist, wie denn auch Werke der bildenden Kunst von naiven, zumal kindlichen Betrachtern unter diesem Gesichtspunkt, was sie erzählen, befragt werden. Und die bildende Kunst hat selbst ja z. T. diesen Sinn als Illustrationskunst, etwa in den „illuminierten" Bibelhandschriften oder in Mosaikzyklen wie im Dom von Monreale. Und grundsätzlich ist es das gleiche, wenn in der modernen Welt etwa ein Goethe-Album mit Abbildungen zum Leben Goethes herausgegeben wird.

Aber die Sache kompliziert sich freilich bald: denn die naive Befragung der Texte überdauert nicht lange das kindliche Stadium, wenngleich dieses sein Recht nie verliert als die Frage nach dem, was der Text direkt mitteilen will. Die naive Befragung behält zumal Dauer gegenüber *wissenschaftlichen Texten*, die Erkenntnis direkt vermitteln wollen. Denn auch dann, wenn die Befragung dazu fortschreitet, die Texte als Zeugnisse der Geschichte der betr. Wissenschaft zu verstehen, ist ja ein vorgängiges Verständnis dessen nicht auszuschalten, was sie direkt an Erkenntnis übermitteln. Auch bleibt ja das Interesse z. B. an der Geschichte der Mathematik normalerweise an der mathematischen Erkenntnis selbst orientiert, also an der in den betr. Texten intendierten Sache, und ordnet ihre Interpretation nicht einem fremden Interesse unter, etwa dem kulturgeschichtlichen, – was z. B. dadurch illustriert wird, daß der Kulturhistoriker seinerseits die Geschichte der Mathematik ignorieren kann, wie *Jac.*

Burckhardt es in seiner „Kultur der Renaissance" tut. Immerhin, das Woraufhin ist ein anderes geworden, wenn wissenschaftliche Texte als Zeugnisse für die Geschichte der Wissenschaft gelesen werden.

Eine ähnliche Modifikation tritt in der Interpretation *erzählender, zumal historischer Texte* ein, und zwar in doppelter Weise: 1. indem sie nicht primär als Zeugnisse für das, über das sie berichten, gelesen werden, sondern als Zeugnisse ihrer eigenen Zeit, aus der sie berichten. Nicht das Berichtete, sondern der Berichterstatter interessiert dann primär. Das kann sich noch innerhalb der Intention des Berichterstatters selbst bewegen, insofern die historische Erkenntnis des Berichterstatters den kritischen Maßstab für das Verständnis seines Berichtes liefert. 2. wenn der historische Text als Zeugnis für die Geschichte der Historie, der Wissenschaft von der Geschichte, interpretiert wird. Hier wird von der Absicht des Textes gänzlich abgesehen; denn er will ja nicht Wissenschaft von der Geschichte mitteilen, sondern Geschichte selbst erzählen. Jetzt ist er selbst in die Geschichte eingereiht und wird nicht mehr als der Vermittler geschichtlicher Kenntnis, sondern als ihr Objekt interpretiert.

Wie aber liegt es beim *Roman?* Schon der naive Leser liest wohl nicht nur mit dem neugierigen Interesse an dem, was passiert; und in der Spannung, zu vernehmen, was passieren wird, steckt mehr als nur die Neugier, nämlich die innere Teilnahme am Schicksal des Helden, in den sich der Leser versetzt. Er nimmt nicht zur Kenntnis, sondern er erlebt mit, er wird „ergriffen", seine Stimmung gerät in Bewegung, seine Leidenschaften werden erregt. Und ist damit nicht auch erst die Absicht des Autors erfüllt?

In der Tat ist diese Weise des Verstehens die sachgemäße gegenüber den *Werken echter Dichtung.* Sie erschließen sich dem teilnehmenden Verstehen, wie das schon Aristoteles in seiner Weise durch die Lehre von Furcht und Mitleid als der Wirkung der Tragödie zum Ausdruck bringt. Und sie erschließen solchem teilnehmenden Verstehen *das menschliche Sein in seinen Möglichkeiten als den eigenen Möglichkeiten des Verstehenden.*

Solcher Art ist aber nicht nur das sachgemäße Verstehen und die in ihm entbundene Wirkung der Dichtung, sondern der *Kunst* überhaupt. Darf man das Schöne als „das Wahre im Sichtbaren" bezeichnen [17], und faßt man das „Wahre" in einem radikalen Sinne als die

[17] *Patzer* a. a. O. 90.

Aufgedecktheit des menschlichen Seins – aufgedeckt durch die Kunst als die Macht, im Schönen das Wahre zu zeigen, so gilt es, daß die Interpretation die in der Dichtung wie in der Kunst aufgedeckten *Möglichkeiten des menschlichen Seins* zum Verständnis bringen soll.

Ist das „Wahre" in Dichtung und Kunst für die Anschauung dargestellt und wird es hier im ergriffenen Verstehen zu eigen, so ist es als Objekt des reflektierenden und forschenden Denkens der Gegenstand der Philosophie. Die Interpretation *philosophischer Texte* muß daher, will sie eine echt verstehende sein, selbst von der Frage nach der Wahrheit bewegt sein, d. h. sie kann nur in der Diskussion mit dem Autor vor sich gehen. Platon versteht nur, wer mit ihm philosophiert. Die Interpretation verfehlt das echte Verstehen, wenn sie den Text nach Lehrsätzen als den Ergebnissen wissenschaftlicher Forschung befragt, und wenn sie demzufolge den jeweiligen Text als „Quelle" für ein jeweiliges Stadium der Geschichte der Philosophie nimmt und damit diese Geschichte als ein in der Vergangenheit liegendes Geschehen auffaßt, statt sie in die Gegenwärtigkeit zu erheben. Denn wohl ist es noch keine Preisgabe echten philosophischen Verstehens, die Geschichte der Philosophie zu beschreiben, aber es hat so zu geschehen, daß das Verstehen ihrer Geschichte zum Verstehen ihrer selbst wird, indem in dieser Geschichte die Problematik des Seins- und damit des Selbstverständnisses deutlich wird.

V.

Die echte Fragestellung der Interpretation muß für die Texte und Denkmäler der Dichtung und Kunst, der Philosophie und der Religion zurückgewonnen werden, nachdem sie durch die im Zeitalter des sog. *Historismus* herrschend gewordene Fragestellung verdrängt worden war. Eben diesem Interesse gelten *Diltheys* Bemühungen und sein Rückgriff auf *Schleiermacher*. In verschiedener Weise wurden unter der Herrschaft des Historismus *die Texte und Denkmäler als „Quellen" verstanden*, zumeist als Quellen, aus denen das Bild einer vergangenen Zeit oder eines Zeitverlaufs zu rekonstruieren ist. Als Zeugnisse einer geschichtlichen Epoche oder als Glieder oder Etappen eines geschichtlichen Prozesses wurden sie interpretiert, wobei es grundsätzlich nichts ausmacht, in welcher Weise dabei der geschichtliche Prozeß verstanden wurde, als politische oder als Sozial-

Geschichte, als Geistesgeschichte oder als Kulturgeschichte im weitesten Sinne.

Nicht als ob Texte und Denkmäler nicht auch *als „Quellen"* verstanden werden könnten, ja auch müßten! Einmal gibt es in der Tat Texte, die es ihrem Gehalt nach nur verdienen, daß ihnen der Rang von Quellen zugesprochen wird. Von ihnen sind die „klassischen" Texte und Denkmäler zu unterscheiden, auch wenn die Grenzen nicht festliegen können. Sollen solche Dokumente als Quellen interpretiert werden, so müssen sie dafür immer schon im Sinne ihrer eigenen Intention verstanden sein, – wenigstens vorläufig; und oft sind sie es in einer unreflektierten, oberflächlichen Weise. Soll z. B. Platon als Quelle für die Kultur Athens im 5. Jahrhundert benutzt werden, so muß der Gehalt seines Werkes ja irgendwie schon verstanden sein, damit er überhaupt als Quelle dienen kann. Indessen frägt die an ihn als an ein Dokument der Kulturgeschichte gerichtete Frage an seinem eigentlichen Anliegen vorbei und wird dieses schwerlich in seiner Ganzheit und Tiefe zu Gesicht bekommen. Die Fragestellung, die den Text als Quelle nimmt, hat nun ihr Recht gerade im Dienste einer echten Interpretation. Denn jede Interpretation bewegt sich notwendig in einem Zirkel: das einzelne Phänomen wird einerseits aus seiner Zeit (und Umgebung) verständlich und macht andererseits sie selbst erst verständlich. Das Verständnis des Platon aus seiner Zeit steht im Dienste einer echten Platon-Interpretation und gehört in den Bereich jener traditionellen hermeneutischen Regeln.

Analog stehen andere in der Zeit des Historismus ausgebildete Frageweisen ihrem legitimen Sinne nach im Dienste des echten Verstehens, wie etwa *Heinr. Wölfflins stilgeschichtliche Interpretation* von Kunstwerken oder die zahlreichen Untersuchungen zur *Typen- und Motivgeschichte* ebenso in der Literatur wie in der bildenden Kunst. Freilich können alle solche Untersuchungen auch die eigentliche Frage der Interpretation verdecken. Das gleiche gilt für *die formale, am Gesichtspunkt des Ästhetischen vollzogene Analyse* von Werken der Literatur und Kunst; mit ihrem Vollzug ist das eigentliche Verstehen noch nicht vollzogen, wohl aber kann es durch sie vorbereitet werden, wie etwa in dem Sophoklesbuch *Karl Reinhardts* und in dem Platonwerk *Paul Friedländers* [18]. Wie verschieden die

[18] *Karl Reinhardt*, Sophokles, 2. Aufl. 1943. — *Paul Friedländer*, Platon II die platonischen Schriften 1930. — Ich weise auch auf *Reinhardts* Vorträge und Aufsätze hin, die 1948 unter dem Titel „Von Werken und Formen" erschienen sind.

Interpretation des gleichen Kunstwerkes sein kann, je nachdem, ob sie durch das Interesse an der Form oder durch das am Inhalt des Werkes geleitet ist, wird sichtbar, wenn man die Interpretationen des Jüngsten Gerichtes von Michelangelo durch Jac. Burckhardt und durch den Grafen Yorck von Wartenburg vergleicht, wie sie *Karl Löwith* nebeneinander gestellt hat [19]. Ganz meisterhaft weiß *Erich Auerbach* in seinem Buch „Mimesis" die formale Analyse von Werken der Dichtung für die Interpretation ihres Gehalts fruchtbar zu machen [20].

Das echte Verstehen von Dichtung und Kunst wie von Werken der Philosophie und Religion ist nach *Dilthey* – wie wir sahen – an der *Frage nach dem Verständnis singularen geschichtlichen Daseins* orientiert, und dieser Fragestellung können – wie auch schon gezeigt wurde – alle geschichtlichen Dokumente unterworfen werden. Läßt sich diese Interpretationsabsicht noch bestimmter und treffender fassen? Sie wurde schon dahin modifiziert, daß es darauf ankomme, die in der Dichtung und in der Kunst – und für philosophische und religiöse Texte gilt das Gleiche – aufgedeckten *Möglichkeiten menschlichen Seins* aufzuzeigen (S. 222). Ich versuche, das noch etwas deutlicher zu machen.

In einem Aufsatz über *J. J. Winckelmanns* Griechenbild [21] hat *Fritz Blättner* sehr instruktiv die *„intentio recta"* und die *„intentio obliqua"* in der Aufnahme von religiösen Kunstwerken einander gegenübergestellt. Jene setzt den Glauben des Betrachters voraus, der im Kunstwerk das geglaubte Göttliche als ein Objektives dargestellt sieht; sie sieht das Kunstwerk gar nicht als Kunstwerk, und für ihre Bedürfnisse würde z. B. ein Öldruck der Madonna den gleichen Dienst tun wie ein Gemälde Raffaels oder wie eine Pietà Michel Angelos. Die „intentio obliqua" dagegen fragt nicht nach der gegenständlichen Bedeutung des Kunstwerkes, und ihr gilt es gleich, „ob ein Apoll oder ein heiliger Sebastian vor Augen stand, ob objektiv ein Christus oder ein Moses oder ein Sklave gemeint war"; sie fragt nach der „Menschlichkeit", nach dem „Geist, aus dem das Kunstwerk hervorgegangen und von dem es ein Zeugnis war".

[19] Theol. Rundschau, N. F. II (1930), 44—46.

[20] *Erich Auerbach*, Mimesis. Dargestellte Wirklichkeit in der abendländischen Literatur 1946. — In seinen „Bildnisstudien" (1947) versucht *Ernst Buschor* die stilistische Analyse einer man darf wohl sagen: existentialen Interpretation dienstbar zu machen, wenngleich schwerlich in hinreichend klaren Kategorien.

[21] *Fritz Blättner*, Das Griechenbild J. J. Winckelmanns. Jahrbuch ‚Antike und Abendland" I (1944), S. 121—132.

Diese Wendung hat sich mit *Winckelmann* vollzogen; er hat „den Blick gewonnen, der hinter dem objektiv Gemeinten und Gesagten den *Geist*, den *Genius* des Schöpfers und seines Volkes erkennt und als das Wesentliche im Werk herausempfindet" *(Blättner)*. So fragten auch die großen Philologen *Friedrich Ast* und *August Boeckh* nach dem „Geist" des Altertums als dem Ganzen, aus dem das einzelne Werk verstanden werden müsse [22]. Es ist die Weise des Verstehens, die von *Herder* entwickelt wurde, und die in der *Romantik* zur Herrschaft gelangte. Natürlich kann sich diese Betrachtungsweise auch mit dem Historismus verbinden, wie denn *Winckelmann* die Epochen der griechischen Kunstgeschichte entdeckte; indem er deren Abfolge für eine gesetzmäßige hielt, könnte er sogar als Vorläufer *Oswald Spenglers* angesehen werden. In der Zeit des Nationalsozialismus ist solche Fragestellung – geprägt freilich durch den Biologismus – ins Absurde getrieben worden, aber in ihrem Grundgedanken ist sie auch in den kunstgeschichtlichen Essays *Hermann Grimms* lebendig, dessen Ziel es war eine Geschichte der nationalen bildenden Phantasie zu schreiben [23].

Natürlich hat diese Betrachtungsweise ihr bedingtes Recht, und der ihr eigene Relativismus (der seinen Hintergrund in einem phantheistischen Glauben an das Göttliche in allem Menschlichen haben kann) braucht nicht zur Herrschaft (oder zum Bewußtsein) zu kommen. Wie denn für *Winckelmann* der Geist, den er in der griechischen Kunst Gestalt gewinnen sah, die exemplarische Repräsentation des menschlichen Geistes überhaupt war, an der sich der Mensch jederzeit zu bilden habe.

Offenbar ist es *Diltheys* Bestreben, über die letztlich ästhetizistische Betrachtungsweise der Romantik hinauszukommen. Er bleibt freilich in ihr befangen, wenn er das Interesse an dem „Nachfühlen fremder Seelenzustände" in dem daraus entspringenden Glück begründet sieht und von dem „Zauber" redet, den derjenige „genießt", der über alle Schranken der eigenen Zeit hinaus in die vergangenen Kulturen blickt. Indessen genießt ein solcher nicht nur den Zauber, sondern er „nimmt auch die Kraft der Vergangenheit in sich auf". Indem der Verstehende „in aller Geschichte Geschichte der Seele findet", „ergänzt" er durch das verstehende Anschauen die eigene Individualität

---

22 Vgl. *Wach* a. a. O. I S. 106, 185.

23 Vgl. das Vorwort *Reinh. Buchwalds* zu den unter dem Titel „Deutsche Künstler" erschienenen Essays *Hermann Grimms*.

und lernt „verstehend zu sich selber zu kommen“ [24]. In solchen Sätzen zeigt sich doch, daß das echte Verstehen nicht auf die beglückende Anschauung einer fremden Individualität als solcher geht, sondern im Grunde auf die in ihr sich zeigenden Möglichkeiten des menschlichen Seins, die auch die des Verstehenden sind, der sie sich eben im Verstehen zum Bewußtsein bringt. Echtes Verstehen wäre also *das Hören auf die im zu interpretierenden Werk gestellte Frage, auf den im Werk begegnenden Anspruch,* und die „Ergänzung“ der eigenen Individualität bestünde in der reicheren und tieferen Erschließung der eigenen Möglichkeiten, im Fortgerufen werden von sich selbst (d. h. von seinem unfertigen, trägen, stets der Gefahr des Beharrens verfallenden Selbst) durch das Werk [25].

Graf Yorck dürfte klarer noch als *Dilthey* gesehen haben, wenn er in der Abgrenzung gegen Rankes Geschichtsschreibung sagt: „Wenn aber irgendwo, so sind in der Geschichte Himmel und Erde eins“. Denn dahinter liegt die Anschauung, daß das Verstehen der Geschichte nicht im ästhetischen Anschauen besteht, sondern ein religiöser Vorgang ist, weil die Wirklichkeit der Geschichte gar nicht für den persönlich unbeteiligten Zuschauer sichtbar wird. „Ranke ist ein großes Okular, dem nicht, was entschwand, zu *Wirklichkeiten* werden kann“ [26]. Wie geschichtliches Verstehen das Vernehmen des Anspruchs der Geschichte und kritische Selbstbesinnung ist, zeigen *Yorcks* Worte: „Die Renaissance der Moral predigte in gewaltigster Einseitigkeit Michel Angelo in der sixtinischen Capelle. Die stummen einfachen Kreuze, von Christen in die Steine des carcer Mamertinus geritzt, sie kamen durch Luther zu Worte. Wenn etwas gewaltiger ist als M. Angelos jüngstes Gericht, so sind es jene Kreuze, die Lichtpunkte an einem unterirdischen Himmel, die Zeichen der Transzendenz des Bewußtseins“ [27].

Zu entscheidender Klarheit ist das Problem des Verstehens durch

---

[24] Die Formulierungen nach *Dilthey* a. a. O. 317, 328 und nach dem Referat von *Fritz Kaufmann,* Geschichtsphilosophie der Gegenwart (Philosoph. Forschungsberichte 10) 1931, S. 109—117.

[25] Vgl. *Kaufmann* a. a. O. 54 f. in der Auseinandersetzung mit *Simmel* über das persönliche Verhältnis zum Geschehen der Geschichte. — Über das Vernehmen des Anspruchs der Geschichte bei *Droysen* s. *Astholz* a. a. O. 106; ebenda 120 f. über das Verstehen als ein Anliegen des Lebens, als Tat.

[26] Briefwechsel zwischen *Wilhelm Dilthey* und dem *Grafen Paul York von Wartenburg* 1877—1897 (1923), S. 60.

[27] Ebenda S. 120.

Heideggers Aufweis des Verstehens als eines Existentials gebracht worden und durch seine Analyse der Auslegung als der Ausbildung des Verstehens, vor allem aber durch seine Analyse des Problems der Geschichte und seine Interpretation der Geschichtlichkeit des Daseins [28]. In der Verfolgung der Gedanken *Heideggers* hat *Fritz Kaufmann* eine kritische Übersicht über die Geschichtsphilosophie der Gegenwart gegeben, aus der der Sinn verstehender Interpretation historischer Dokumente deutlich herausspringt [29].

VI.

Fassen wir zusammen!

Voraussetzung jeder verstehenden Interpretation ist *das vorgängige Lebensverhältnis zu der Sache*, die im Text direkt oder indirekt zu Worte kommt und die das Woraufhin der Befragung leitet. Ohne ein solches Lebensverhältnis, in dem Text und Interpret verbunden sind, ist ein Befragen und Verstehen nicht möglich, ein Befragen auch gar nicht motiviert. Damit ist auch gesagt, daß jede Interpretation notwendig von einem gewissen *Vorverständnis* der in Rede oder in Frage stehenden Sache getragen ist.

Aus dem Sachinteresse erwächst *die Art der Fragestellung, das Woraufhin der Befragung*, und damit das jeweilige hermeneutische Prinzip. Das Woraufhin der Befragung kann identisch sein mit der Intention des Textes, und dieser vermittelt dann die erfragte Sache direkt. Es kann aber auch aus dem Interesse an Sachverhalten erwachsen, die an allen möglichen Lebensphänomenen und demzufolge in allen möglichen Texten zur Erscheinung kommen können. Das Woraufhin der Befragung fällt dann nicht mit der Intention des Textes zusammen, und dieser vermittelt die erfragte Sache indirekt.

Das Woraufhin der Interpretation kann also z. B. gegeben sein durch das Interesse an der *Rekonstruktion des Zusammenhangs vergangener Geschichte*, – an der politischen Geschichte, an der Geschichte der Probleme und Formen des sozialen Lebens, an der Geistesgeschichte, an der Kulturgeschichte in weitestem Umfang, und

[28] *Martin Heidegger*, Sein und Zeit I 1927, speziell §§ 31, 32. Über Heidegger *Fritz Kaufmann* a. a. O. 118 ff.

[29] Vgl. *Kaufmann* a. a. O. 41: das Verständnis eines geschichtlichen Lebenszusammenhangs ist das Verständnis dafür, „wie Dasein einst seine eigene Problematik verstand oder mißverstand, aushielt oder floh“. Vgl. auch *Droysen* bei *Astholz* a. a. O. 121.

dabei wird die Interpretation stets bestimmt sein von der Auffassung die der Interpret von Geschichte überhaupt hat.

Das Woraufhin der Interpretation kann gegeben sein durch das *psychologische Interesse*, das die Texte etwa der individualpsychologischen, der völkerpsychologischen oder der religionspsychologischen Fragestellung unterwirft, der Frage nach der Psychologie der Dichtung, der Technik usw. In all diesen Fällen ist die Interpretation von einem vorausgesetzten Vorverständnis psychischer Phänomene geleitet.

Das Woraufhin kann gegeben sein durch *das ästhetische Interesse*, das die Texte einer formalen Analyse unterwirft und ein Werk als Kunstwerk in Bezug auf seine Struktur, seine „äußere" und „innere" Form befragt. Das ästhetische Interesse vermag sich mit einem romantisch-religiösen Interesse zu verbinden, es vermag aber auch in der Sphäre einer stilistischen Betrachtung zu bleiben.

Das Woraufhin der Interpretation kann endlich gegeben sein durch *das Interesse an der Geschichte als der Lebenssphäre, in der menschliches Dasein sich bewegt*, in der es seine Möglichkeiten gewinnt und ausbildet, und in Besinnung auf welche es das Verständnis seiner selbst, der eigenen Möglichkeiten, gewinnt. Mit anderen Worten: das Woraufhin kann gegeben sein durch *die Frage nach dem menschlichen als dem eigenen Sein*. Die nächstliegenden Texte für solche Befragung sind die Texte der Philosophie und Religion und der Dichtung; grundsätzlich aber können ihr alle Texte (wie die Geschichte überhaupt) unterworfen werden. Solche Befragung ist immer von einem vorläufigen Verständnis menschlichen Seins, von einem bestimmten Existenzverständnis, geleitet, das sehr naiv sein kann, aus dem aber überhaupt erst die Kategorien erwachsen, die eine Befragung möglich machen, – z. B. die Frage nach dem „Heil", nach dem „Sinn" des persönlichen Lebens oder nach dem „Sinn" der Geschichte, nach den ethischen Normen des Handelns, der Ordnung der menschlichen Gemeinschaft und dgl. Ohne solches *Vorverständnis* und die durch es geleiteten Fragen sind die Texte stumm. Es gilt nicht, das Vorverständnis zu eliminieren, sondern es ins Bewußtsein zu erheben, es im Verstehen des Textes kritisch zu prüfen, es aufs Spiel zu setzen, kurz es gilt: in der Befragung des Textes sich selbst durch den Text befragen zu lassen, seinen Anspruch zu hören.

Mit solcher Einsicht ist auch die Antwort auf die zweifelnde Frage gefunden, *ob Objektivität der Erkenntnis geschichtlicher Phänomene,*

Objektivität der Interpretation, zu erreichen sei. Wird der Begriff der objektiven Erkenntnis von der Naturwissenschaft her genommen (in der er übrigens im traditionellen Sinne heute auch problematisch geworden sein dürfte), so ist er für das Verstehen geschichtlicher Phänomene nicht gültig; denn diese sind anderer Art als die Phänomene der Natur. Sie bestehen als geschichtliche Phänomene überhaupt nicht ohne das sie auffassende geschichtliche Subjekt. Denn zu geschichtlichen Phänomenen werden Tatsachen der Vergangenheit erst, wenn sie für ein selbst in der Geschichte stehendes und an ihr beteiligtes Subjekt sinnvoll werden, wenn sie reden, und das tun sie nur für das Subjekt, das sie auffaßt. Nicht so freilich, als hefte ihnen dieses nach subjektiven Belieben einen Sinn an, sondern so, daß sie für den, der im geschichtlichen Leben mit ihnen verbunden ist, eine Bedeutung gewinnen. In gewissem Sinne gehört also zum geschichtlichen Phänomen seine eigene Zukunft, in der es sich erst zeigt in dem, was es ist.

Es wäre mißverständlich zu sagen, daß jedes geschichtliche Phänomen vieldeutig ist. Denn mag es freilich schutzlos der Willkür beliebiger Deutung ausgesetzt sein, so ist es doch für das wissenschaftliche Verstehen grundsätzlich eindeutig. Wohl aber ist *jedes geschichtliche Phänomen vielseitig, komplex;* es unterliegt verschiedener Fragestellung, sei es der geistesgeschichtlichen, sei es der psychologischen, der soziologischen, oder welcher auch immer, sofern sie nur aus der geschichtlichen Verbundenheit des Interpreten mit dem Phänomen erwächst. Jede solche Fragestellung führt, wenn die Interpretation methodisch durchgeführt wird, zu eindeutigem, objektivem Verständnis. Und natürlich ist es kein Einwand, daß sich das echte Verstehen in der Diskussion, im Streit der Meinungen, herausbildet. Denn die simple Tatsache, daß jeder Interpret in seinem subjektiven Vermögen beschränkt ist, hat keine grundsätzliche Relevanz.

Die methodisch gewonnene Erkenntnis ist eine „objektive", und das kann nur heißen: eine dem Gegenstand, wenn er in eine bestimmte Fragestellung gerückt ist, angemessene. Die Fragestellung selbst „subjektiv" zu nennen, ist sinnlos. Sie mag so heißen, wenn man darauf blickt, daß sie natürlich jeweils von einem Subjekt gewählt werden muß. Aber was heißt hier „wählen" [30]? Als solche erwächst die Fragestellung ja nicht aus individuellem Belieben, sondern

[30] Sofern es sich nicht um die Verlegenheits- und Zufallswahl eines Themas für eine Dissertation handelt.

aus der Geschichte selbst, in der jedes Phänomen, seiner komplexen Natur entsprechend, verschiedene Aspekte darbietet, d. h. nach verschiedenen Richtungen Bedeutung gewinnnt oder besser: beansprucht, – und in der jeder Interpret, entsprechend der in der Mannigfaltigkeit des geschichtlichen Lebens wirkenden Motive, die Fragestellung gewinnt, in der gerade für ihn das Phänomen redend wird.

Die Forderung, daß der Interpret seine Subjektivität zum Schweigen bringen, seine Individualität auslöschen müsse, um zu einer objektiven Erkenntnis zu gelangen, ist also die denkbar widersinnigste. Sie hat Sinn und Recht nur, sofern damit gemeint ist, daß der Interpret seine persönlichen Wünsche hinsichtlich des Ergebnisses der Interpretation zum Schweigen bringen muß, – etwa den Wunsch, daß der Text eine bestimmte (dogmatische) Meinung bestätigen oder für die Praxis brauchbare Anweisungen hergeben soll, – was natürlich oft genug in der Geschichte der Exegese der Fall war und ist. Gewiß! *Voraussetzungslosigkeit* hinsichtlich der Ergebnisse ist wie für alle wissenschaftliche Forschung, so auch für die Interpretation selbstverständlich und unabdinglich gefordert. Sonst aber verkennt jene Forderung das Wesen echten Verstehens schlechterdings. Denn diese setzt gerade *die äußerste Lebendigkeit des verstehenden Subjekts, die möglichst reiche Entfaltung seiner Individualität* voraus. Wie die Interpretation eines Werkes der Dichtung und der Kunst nur dem gelingen kann, der sich ergreifen läßt, so das Verstehen eines politischen oder soziologischen Textes nur dem, der von den Problemen des politischen und sozialen Lebens bewegt ist. Das Gleiche gilt endlich auch von jenem Verstehen, an dem *Schleiermacher* und *Dilthey* ihre hermeneutische Theorie orientieren, und das als das Verstehen geschichtlicher Phänomene im letzten und höchsten Sinne bezeichnet werden darf, von der Interpretation, die die Texte auf die Möglichkeiten des menschlichen als des eigenen Seins hin befragt. Die „subjektivste" Interpretation ist hier die „objektivste", d. h. allein der durch die Frage der eigenen Existenz Bewegte vermag den Anspruch des Textes zu hören. Die Denkmäler der Geschichte „sprechen zu uns aus der Wirklichkeitstiefe, die sie gezeugt hat, nur dann, wenn wir selbst aus eigener Erfahrungsbereitschaft von der Problematik, von der zuletzt unüberwindlichen Bedürftigkeit und Bedrohtheit wissen, die Grund und Abgrund unseres in der Welt Seins ausmachen" [31].

[31] *Kaufmann* a. a. O. 41.

VII.

Die Interpretation der biblischen Schriften unterliegt nicht anderen Bedingungen des Verstehens als jede andere Literatur. Zunächst gelten für sie unbezweifelt die alten hermeneutischen Regeln der grammatischen Interpretation, der formalen Analyse, der Erklärung aus den zeitgeschichtlichen Bedingungen. Sodann ist klar, daß auch hier die Voraussetzung des Verstehens die Verbundenheit von Text und Interpret ist, die durch das Lebensverhältnis des Interpreten, durch seinen vorgängigen Bezug zur Sache, die durch den Text vermittelt wird, gestiftet wird. Voraussetzung des Verstehens ist auch hier ein Vorverständnis der Sache.

Diese Behauptung begegnet heute dem *Widerspruch:* die Sache, von der die Hl. Schrift, zumal das Neue Testament, redet, ist das Handeln Gottes, von dem es schlechterdings kein Vorverständnis geben kann, da ja der natürliche Mensch nicht einen vorgängigen Bezug zu Gott hat, sondern von Gott nur durch die Offenbarung Gottes, d. h. eben durch sein Handeln, von ihm wissen kann.

Dieser Widerspruch hat nur scheinbar recht. Denn freilich kann der Mensch von einem im Ereignis Wirklichkeit werdenden Handeln Gottes sowenig ein Vorverständnis haben wie von anderen Ereignissen als Ereignissen. Ehe ich aus der Überlieferung vom Tode des Sokrates gehört habe, kann ich nichts von ihm wissen, so wenig wie von der Ermordung Caesars oder vom Thesenanschlag Luthers. Aber um diese Ereignisse als geschichtliche Ereignisse zu verstehen und nicht als bloße beliebige Begebenheiten, muß ich allerdings ein Vorverständnis von den geschichtlichen Möglichkeiten haben, innerhalb derer diese Ereignisse ihre Bedeutsamkeit und damit ihren Charakter als geschichtlicher Ereignisse gewinnen. Ich muß wissen, was ein Leben im philosophischen Fragen ist, was Begebenheiten zu politischen Ereignissen macht, was katholisches und protestantisches Selbstverständnis als Möglichkeiten sind, in denen menschliches Sein als ein sich für sich selbst entscheidendes Sein steht. (Es wird kaum nötig sein, zu bemerken, daß dieses Wissen natürlich nicht ein explizites zu sein braucht).

Ebenso setzt *das Verstehen von Berichten über Ereignisse als Handeln Gottes* ein Vorverständnis dessen voraus, was überhaupt Handeln Gottes heißen kann, – im Unterschied etwa vom Handeln des Menschen oder von Naturereignissen. Und wenn entgegnet wird, der

Mensch könne vor der Offenbarung Gottes auch nicht wissen, wer Gott sei, und folglich auch nicht, was Handeln Gottes heißen könne, so ist zu antworten, daß *der Mensch sehr wohl wissen kann, wer Gott ist, nämlich in der Frage nach ihm.* Wäre seine Existenz nicht (bewußt oder unbe*wußt*) von der Gottesfrage bewegt im Sinne des Augustinischen „Tu nos fecisti ad Te, et cor nostrum inquietum est, donec requiescat in Te", so würde er auch in keiner Offenbarung Gottes Gott als Gott erkennen. Im menschlichen Dasein ist ein existentielles Wissen um Gott lebendig als die Frage nach „Glück", nach „Heil", nach dem Sinn von Welt und Geschichte, als die Frage nach der Eigentlichkeit des je eigenen Seins. Mag das Recht, solches Fragen als die Gottesfrage zu bezeichnen, erst vom Glauben an die Offenbarung Gottes aus gewonnen sein, – das Phänomen als solches ist der Sachbezug auf die Offenbarung.

Das existentielle Wissen um Gott ist, wo es ins Bewußtsein tritt, *in irgendeiner* Ausgelegtheit da. Kommt es z. B. zum Bewußtsein als die Frage: „Was soll ich tun, daß ich selig werde?" (Act. 16, 30), so ist in ihr irgendeine Vorstellung von „Seligkeit" (oder wenn wir uns am griechischen Text orientieren, von „Rettung") vorausgesetzt. Die an das Neue Testament gerichtete Frage muß im Hören auf das Wort des Neuen Testaments zur Korrektur der mitgebrachten Vorstellung bereit sein, kann aber solche Korrektur nur erhalten, wenn die Grundintention der Frage, die in den Begriff der „Seligkeit" (oder „Rettung") gefaßt ist, mit der Intention der im Neuen Testament gegebenen Antwort zusammentrifft.

Es kommt nun – zum mindesten für die wissenschaftliche Exegese – entscheidend auf die sachgemäße Ausgelegtheit der Frage, und das bedeutet zugleich: auf *die sachgemäße Ausgelegtheit der menschlichen Existenz,* an. Diese zu erarbeiten, ist Sache der menschlichen Besinnung, konkret die Aufgabe der philosophischen, der existentialen Analyse des menschlichen Seins. Selbstverständlich ist solche Arbeit nicht die Voraussetzung für das schlichte Hören auf das Wort des Neuen Testaments, das sich direkt an das existentielle Selbstverständnis richtet und nicht an ein existentiales Wissen. Anders aber, wenn es sich um die wissenschaftliche Interpretation der Schrift handelt. Sie findet ihr Woraufhin in der Frage nach dem in der Schrift zum Ausdruck kommenden Verständnis der menschlichen Existenz. Daher hat sie sich um die sachgemäßen Begriffe, in denen von menschlicher Existenz geredet werden kann, zu bemühen.

Diese gründen im Lebensbezug des Exegeten zu der Sache, die in der Schrift zu Worte kommt und schließen ein Vorverständnis der Sache ein. Es ist ein Wahn, ohne ein solches und die aus ihm fließenden Begriffe ein Wort des Neuen Testaments verstehen zu können, wenn es als Gottes Wort verstanden werden soll. Der Interpret bedarf der kritischen Besinnung auf die sachgemäßen Begriffe, gerade wenn er die biblischen Schriften nicht als ein Kompendium dogmatischer Sätze lesen will oder als „Quellen", um ein Stück vergangener Geschichte zu rekonstruieren, oder um ein religiöses Phänomen oder das Wesen von Religion überhaupt zu studieren, oder um den psychischen Verlauf und die theoretische Objektivierung religiöser Erlebnisse zu erkennen, sondern wenn er die Schrift selbst zum Reden bringen will als eine in die Gegenwart, in die gegenwärtige Existenz, redende Macht. Wird das Woraufhin der Interpretation als die Frage nach Gott, nach Gottes Offenbarung, bezeichnet, so bedeutet das ja, daß es die Frage nach der Wahrheit der menschlichen Existenz ist. Dann aber hat sich die Interpretation um die Begrifflichkeit existentialen Verstehens der Existenz zu bemühen.

VIII.

Karl Barth verwirft die Meinung, daß ein theologischer Satz nur dann gültig sein könne, wenn er sich als echter Bestandteil des christlichen Verständnisses der *menschlichen* Existenz ausweisen kann [32]. Hier ist darüber nur insoweit zu reden, als theologische Sätze Interpretationen von Aussagen der Schrift sind, insoweit also, als *Barth* meine Forderung einer existentialen Interpretation der Schrift bestreitet. Er tut es mit folgenden (im Zusammenhang auf die Hauptsätze des christlichen Bekenntnisses bezogenen Worten): „Sie (diese Sätze) beziehen sich wohl alle auf die menschliche Existenz. Sie ermöglichen und begründen deren christliches Verständnis, und so werden sie denn – abgewandelt – auch zu Bestimmungen der menschlichen Existenz. Sie sind es aber nicht von Haus aus. Sie bestimmen von Haus aus das Sein und Handeln des vom Menschen *verschiedenen*, des dem Menschen *begegnenden* Gottes: des Vaters, des Sohnes, des Heiligen Geistes. Sie sind schon darum nicht auf Sätze über das innere Leben des Menschen zu reduzieren."

Der letzte Satz verrät das völlige Mißverständnis dessen, was exi-

[32] *Karl Barth*, Die kirchliche Dogmatik III, 2 (1948), S. 534.

stentiale Interpretation, und was der in ihr gemeinte Sinn von Existenz ist. Diese ist ja gar nicht das „innere Leben des Menschen", das unter Absehung von dem von ihm Verschiedenen und ihm Begegnenden (sei es Umwelt, Mitmensch oder Gott) in den Blick gefaßt werden mag – von einer religionspsychologischen Betrachtung etwa, aber jedenfalls nicht von der existentialen. Denn diese will ja die wirkliche (geschichtliche) Existenz des Menschen, der nur im Lebenszusammenhang mit dem von ihm „Verschiedenen", nur in den Begegnungen existiert, in den Blick fassen und verstehen! Um die sachgemäße Begrifflichkeit, in der das geschehen könnte, bemüht sich ja die existentiale Analyse. *Barth* orientiert seine Vorstellung von ihr offenbar an einem von *Feuerbach* entnommenen Begriff der Anthropologie und schiebt diesen schon *Wilhelm Herrmann* unter, statt zu sehen, daß *Herrmann* gerade darum ringt (wenngleich in unzureichender Begrifflichkeit), menschliches Sein als geschichtliches zu begreifen.

An *Barth* ist die Forderung zu stellen, daß er über seine Begrifflichkeit Rechenschaft ablegt. Er gibt mir z. B. zu, daß die Auferstehung Jesu kein historisches Faktum sei, das mit den Mitteln der historischen Wissenschaft festgestellt werden könne. Daraus aber – meint er – folge nicht, daß sie nicht *geschehen* sei: „Kann sich nicht auch *solche* Geschichte wirklich ereignet haben, und kann es nicht eine legitime Anerkennung auch *solcher* Geschichte geben, die „historisches Faktum" zu nennen, man schon aus Gründen des guten Geschmacks unterlassen wird, die der „Historiker" im modernen Sinne gut und gerne „Sage" oder „Legende" nennen mag, weil sie sich den Mitteln und Methoden samt den stillschweigenden Voraussetzungen dieses Historikers in der Tat entzieht?" [33].

Ich frage: Was versteht *Barth* hier unter „geschehen" und „Geschichte"? Was für Ereignisse sind das, von denen gesagt werden kann, daß sie „viel sicherer wirklich in der Zeit geschehen sind als alles, was die „Historiker" als solche feststellen können"? [34] Es ist völlig deutlich, daß *Barth* mittels einer mitgebrachten Begrifflichkeit die Sätze der Schrift interpretiert. Welches ist der Ursprung und der Sinn dieser Begrifflichkeit?

Weiter! Was ist das für eine Weise des „Glauben schenkens", wenn der Glaube gegenüber der Behauptung von Ereignissen aufgebracht

[33] Ebenda 535. [34] Ebenda 535 f.

werden soll, die in Zeit und Geschichte geschehen sein sollen, jedoch nicht mit den Mitteln und Methoden der historischen Wissenschaft festgestellt werden können? Wie kommen diese Ereignisse in das Blickfeld des Glaubenden? Und wie unterscheidet sich solcher Glaube von einem blinden Akzeptieren mittels eines Sacrificium Intellectus? In welchem Sinne appelliert *Barth* an ein Gebot der Wahrhaftigkeit, das höherer oder anderer Art ist als das Gebot der Wahrhaftigkeit, welches gebietet, nichts für wahr zu halten, was im Widerspruch steht zu Wahrheiten, die die faktische Voraussetzung meines all mein Tun leitenden Weltverständnisses sind? [35] Welche Elemente enthielt denn das mythische Weltbild, auf das wir uns als auf ein ganzes zwar nicht festzulegen brauchen, von dem wir uns aber in eklektischem Verfahren einiges aneignen können? [36] Nach einem gültigen Sinn des mythischen Weltbildes zu fragen, ist ja gerade die Absicht meiner existentialen Interpretation des Mythos, und darin versuche ich methodisch zu verfahren, während ich bei *Barth* nur willkürliche Behauptungen wahrnehmen kann. Welches ist denn sein Prinzip der Auswahl?

Offenbar im Sinne *Karl Barths* hält mir *Walter Klaas* [37] den Satz entgegen: „Wer die Schrift allein Maßstab und Richtscheit der Verkündigung sein läßt (wo bestreite ich das?), wer sich das Wort der Propheten und Apostel vorgeordnet weiß und nachspricht, wie er es verantwortlich vernommen hat, der treibt Schriftauslegung.“ Solche Worte zeigen nur, daß der, der sie spricht, das Problem der Schriftauslegung noch gar nicht in den Blick bekommen hat. Der Exeget soll die Schrift „auslegen“, nachdem er ihr Wort verantwortlich „vernommen“ hat? Wie soll er denn vernehmen, ohne zu *verstehen?* Und das Problem der Interpretation ist doch gerade das des Verstehens!

---

[35] Ebenda 536. [36] Ebenda 536 f.

[37] *Walter Klaas,* Der moderne Mensch in der Theologie *Rud. Bultmanns* 1947, S. 29. Die Schrift ist ein sachlicher und sympathischer Beitrag zur Diskussion. Nur ist es zu bedauern, daß der Verf. den Sinn der „Entmythologisierung“ als eines hermeneutischen Prinzips offenbar nicht verstanden hat und zwischen existentialem und existentiellem Verstehen nicht zu unterscheiden weiß.

Die christliche Hoffnung und das Problem der Entmythologisierung *

1954

Worauf hofft nach dem Neuen Testament die christliche Hoffnung? Sie hofft auf den „Tag unseres Herrn Jesus Christus", auf die „Ankunft" oder „Erscheinung" Christi als des „Retters", auf seine „Offenbarung", denn in der Gegenwart weilt er noch verborgen im Himmel.

Und was wird geschehen, wenn er kommt? Paulus schildert es folgendermaßen: „Wenn das Befehlswort erschallt und die Trompete Gottes erklingt, wird er, der Herr, herabkommen vom Himmel, und zuerst werden die Toten, die in Christus entschlafen sind, auferstehen, und dann werden wir, die wir noch am Leben sind, zusammen mit ihnen auf Wolken entrafft werden in die Luft, den Herrn einzuholen." Und an anderer Stelle: „Siehe, ich sage euch ein Geheimnis: nicht alle werden wir entschlafen, alle aber werden wir verwandelt werden in einem Nu, in einem Augenblick beim Klang der letzten Trompete. Denn die Trompete wird blasen, und die Toten werden erweckt werden als Unvergängliche, und wir werden verwandelt werden." – Das wird sich unter gewaltigen kosmischen Katastrophen vollziehen: „In jenen Tagen ... wird sich die Sonne verfinstern, und der Mond wird seinen Schein nicht mehr geben, und die Sterne werden vom Himmel fallen, und die Himmelsmächte werden in Erschütterung geraten. Dann wird man sehen, wie der Menschensohn auf Wolken kommt mit großer Macht und Herrlichkeit." Nach der Auferstehung der Toten wird der Herr Gericht halten über die Lebenden und die Toten. Die Gerechten werden ins ewige Leben eingehen, die Bösen werden ewiger Qual überantwortet werden.

* *G. Bornkamm, R. Bultmann, F. K. Schumann,* Die christliche Hoffnung und das Problem der Entmythologisierung, Stuttgart, 1954, S. 21–32.

Dazu ist gleich ein Zweifaches zu sagen:

Zunächst: die älteste Christenheit erwartete: *daß dieses Ereignis des Weltendes und der Ankunft Christi in der nächsten Zeit stattfinden werde.* Auch für Paulus ist es zunächst selbstverständlich, daß er dieses Ereignis erleben wird. Hat er später damit gerechnet, daß er noch vorher den Tod erleiden wird, so doch nicht deshalb, weil er meinte, daß es noch unabsehbar lange dauern könne, bis das Ende käme. Manche Schriften und Verse des Neuen Testamentes zeigen freilich, daß man das immer längere Ausbleiben der „Ankunft" Christi empfand, daß die Hoffnung erlahmte oder gar Zweifel sich einschlich. Daher die vielfachen Mahnungen, nicht müde zu werden und wachsam zu sein. Im sogenannten 2. Petrusbrief werden Leute bekämpft, die sagen: „Wo bleibt die Verheißung seiner Ankunft? Denn seitdem unsere Väter entschlafen sind, bleibt alles, wie es seit Anfang der Welt gewesen ist!" Durchweg aber hielt man an der alten Hoffnung fest und gab nur die Erwartung preis, daß sie sich in Bälde erfüllen werde. So ist durch die ganze Geschichte der Kirche hindurch das alte Hoffnungsbild festgehalten worden, der *Termin* des Endes aber wurde in unbestimmte Ferne hinausgeschoben. Nur in Zeiten besonderer Not und Erregung flammte die Hoffnung, ja die Überzeugung auf: „Jetzt ist die letzte Zeit, das Ende steht unmittelbar bevor!" – so bis in die neueste Zeit hinein. Freilich hat sich solche Hoffnung immer als trügerisch erwiesen.

Sodann: Das soeben skizzierte Hoffnungsbild ist als solches gar *nicht ein spezifisch christliches.* Es stammt aus dem Judentum und ist besonders in einigen jüdischen Schriften – den sogenannten Apokalypsen – in bunten Farben ausgemalt worden. Der Unterschied ist nur der, daß die jüdische Hoffnung auf den Tag *Gottes,* auf *sein* Kommen wartete oder auch auf das Kommen des „Menschensohnes" als des von Gott bestellten himmlischen Richters und Heilbringers. Diese Hoffnung hat das Christentum übernommen, indem es an Stelle des Kommens Gottes die „Ankunft" Christi erwartet bzw. in ihm den von Gott bevollmächtigten „Menschensohn" sieht. –

Nun gibt es freilich neben diesem spezifisch jüdischen Hoffnungsbilde noch ein anderes, nämlich die Erwartung, daß die Seelen der Frommen gleich nach dem Tode in die himmlische Herrlichkeit emporsteigen. Es ist dies eine im *hellenistischen Heidentum,* besonders in der sogenannten Gnosis, verbreitete Hoffnung. Sie ist von der jüdischen ganz verschieden, da sie nicht das Herabkommen des himmlischen Herrn und seiner Herrlichkeit auf diese unsere Welt und deren Verwandlung in eine Stätte der Seligkeit erwartet, sondern vielmehr den Untergang dieser Welt und die Rettung aller Seelen aus ihr in die Herrlichkeit der Lichtwelt erhofft. In diese steigen die Geweihten und Frommen schon jeweils nach ihrem Tode empor, um dort im Reigen der himmlischen Geister den Herrn der Lichtwelt zu preisen – ein Hoffnungsbild, wie es uns aus Darstellungen der Kunst vom Reigen der Engel und Seligen – etwa von Fra Angelico – vertraut ist. Denn auch dieses Hoffnungsbild wurde vom jungen Christentum übernommen. Schon im Neuen Testament finden sich Spuren davon; so wenn es heißt, daß Lazarus nach seinem Tode von Engeln in Abrahams Schoß getragen wurde, oder wenn Jesus dem einen der mit ihm gekreuzigten Verbrecher verheißt, daß er noch heute mit ihm im Paradies sein werde. Vor allem aber ist das die Hoffnung des Johannes-Evangeliums, das das alte jüdisch-christliche Hoffnungsbild preisgegeben hat. Im sogenannten hohenpriesterlichen Gebet (Kap. 17) bittet Jesus den Vater, daß seine Jünger in der himmlischen Herrlichkeit, zu der er erhöht wird, bei ihm sein und seine Herrlichkeit schauen dürfen; und er verheißt ihnen, daß er sie in eine der vielen himmlischen Wohnungen holen wird. In der späteren kirchlichen Frömmigkeit spielt diese Hoffnung, nach dem Tode „in den Himmel zu kommen", eine große Rolle in Liedern und Gebeten. – Während bei naiven Gläubigen die beiden Hoffnungsbilder nebeneinander hergehen, ohne sich zu stören, hat die katholische Kirche ihr Verhältnis so bestimmt, daß die Heiligen gleich nach dem Tode in die himmlische Herrlichkeit eingehen, während die übrigen Christen auf den „jüngsten Tag", auf die Ankunft Christi und das Gericht warten müssen.

Es kann nun kein Zweifel sein, daß *beide Hoffnungsbilder* – das jüdische ebenso wie das hellenistisch-gnostische – *mythologische* sind.

Beide sind gebunden an das mythologische antike Weltbild, insofern beide die jenseitige göttliche Welt des Heils und des Lichtes als eine Sphäre innerhalb des kosmischen Raumes oberhalb unserer Erde vorstellen – einerlei, ob man erwartet, daß sich aus dieser himmlischen Welt das Heil demnächst auf diese untere Erde herabsenken und sie verwandeln wird, oder ob man erwartet, daß die geretteten Menschenseelen nach und nach jeweils nach ihrem Tode in die Lichtwelt emporsteigen werden, bis schließlich diese unsere Erde in Finsternis und Chaos versinkt.

Mythologisch ist auch in beiden Fällen die Vorstellung vom Ende der Welt, insofern dieses Ende nicht herbeigeführt wird durch natürliche Vorgänge, deren Gesetzmäßigkeit durch die Naturwissenschaft erkannt oder wenigstens erforscht werden kann, sondern durch das Eingreifen übernatürlicher Mächte.

Diese mythologische Vorstellungsweise ist *dem modernen Menschen* fremd geworden, dessen Denken durch die Wissenschaft bestimmt ist – einerlei ob und wie weit er selbst aktiv an wissenschaftlicher Forschung teilnimmt und ihre Methode versteht. Wir haben gelernt, daß es sinnlos ist, von Oben und Unten im Weltall zu reden. Wir können die Vorstellung vom Kommen Christi auf den Wolken des Himmels ehrlicherweise nicht mehr vollziehen. Wir sind gewohnt, die Vorgänge im Kosmos als natürliche Vorgänge zu verstehen; und wenn wir mit einem Ende der Welt rechnen, so doch nur mit einem durch Naturprozesse bzw. Naturkatastrophen herbeigeführten Ende. Auch wenn heute der furchtbare Gedanke auftaucht, daß durch menschlichen Mißbrauch der Atomkräfte unsere bewohnbare Erde zu einem Chaos gemacht werden könnte, so ist das doch etwas durchaus anderes als ein durch göttliches Eingreifen herbeigeführtes Ende – ganz abgesehen davon, daß es sich nur um das Ende der Erde, nicht der Welt handeln würde.

Es ist ferner noch eines zu bedenken: Beide Hoffnungsbilder sind *verbunden mit einer Anschauung vom Lauf der Geschichte.*

Das *jüdische Hoffnungsbild* mit der Vorstellung einer von Gott zu einem bestimmten Ziel gelenkten Heilsgeschichte. In ihrem Mittelpunkt steht die Geschichte des israelitisch-jüdischen Volkes, doch umspannt sie die Geschichte der mit ihr in Zusammenhang stehenden Weltvölker. Diese Geschichte verläuft in Epochen, in deren jeder ein Weltreich die Weltherrschaft ausübt, bis die Zeit der Gottesherrschaft anbricht, in der dem Gottesvolk die Herrschaft übertragen wird. In verschiedenen Bildern ist dieser Gedanke z. B. im Buche Daniel zur Darstellung gebracht; er ist von der kirchlichen Geschichtsschreibung des Mittelalters übernommen worden. Für die moderne Geschichtswissenschaft ist er versunken und dem modernen Menschen ist er fremd geworden.

Das gnostische Hoffnungsbild ist mit einer anderen Vorstellung vom zeitlichen Verlauf des Weltgeschehens verknüpft, die nicht in historischen, sondern in kosmologischen Kategorien denkt. Die Weltgeschichte ist ein Prozeß, der in der Urzeit begonnen hat, als es zu einer Vermischung von Lichtelementen mit der Finsternis und dadurch zur Entstehung dieser unserer Erde kam. Die Menschenseelen sind Lichtfunken, die in dieser Welt gefangen sind und wieder befreit werden müssen. Der Weltlauf seit jenem Urereignis besteht eben in diesem Prozeß der Befreiung. Er wurde dadurch in Gang gesetzt, daß aus der Lichtwelt ein Erlöser herabgesandt wurde, der den Weg in die himmlische Heimat lehrte und ihn bahnte, indem er selbst wieder emporstieg. Auch das ist eine für den modernen Menschen vergangene und nicht mehr nachvollziehbare Vorstellung, wenngleich er in ihr einen tiefen Sinn finden mag.

Denn das ist nun die Frage der sogenannten *Entmythologisierung*, ob mit der Erledigung der mythologischen Vorstellungen das letzte Wort gesprochen ist oder ob in ihnen ein bleibender Sinn Ausdruck gefunden hat; ob ihnen eine Anschauung, ja ein Wissen, vom Wesen der menschlichen Existenz zugrunde liegt, das vielleicht nicht das einzig mögliche Verständnis menschlicher Existenz wäre – denn es gibt deren manche, und eines zu wählen ist immer Sache der Entscheidung –, das aber eine Möglichkeit ist, die ihr Recht nie verlieren kann. Liegt also jenen Mythologemen ein solches Verständnis zugrunde? Und wie wäre es in der Vorstellungsweise und Sprache des modernen Menschen zum Ausdruck zu bringen?

Tatsächlich ist die Entmythologisierung der urchristlichen Mythologie durchaus nicht etwas in jeder Hinsicht Neues. In gewisser Weise ist das mythologische Hoffnungsbild schon sehr früh durch die *Sakramentalisierung* entmythologisiert worden, d. h. durch die Vorstellung, daß die Kräfte des künftigen jenseitigen Lebens schon jetzt wirksam sind in den Sakramenten, die die Kirche spendet, und in den kirchlichen Institutionen, die die rechte Spendung der Sakramente garantieren. Alte Liturgien zeigen, daß die eschatologische Parusie (Ankunft) Christi in seiner kultischen Epiphanie (Erscheinung) vorausnehmend erlebt wurde. Die Enttäuschung über das Ausbleiben der erwarteten Ankunft Christi konnte gerade dadurch leichter überwunden werden, daß man ihn und die Kräfte der Zukunft schon jetzt gegenwärtig wußte. Die sakramentale Kirche erscheint als eine schon gegenwärtige Gottesherrschaft.

In ganz anderer Weise sind das jüdische Hoffnungsbild und die mit ihm zusammenhängende Geschichtsauffassung in dem Sinne entmythologisiert worden, daß sie aus der religiösen Betrachtung in die säkulare transponiert, also *säkularisiert* wurden. – Lag nicht jenem

Geschichtsbild die Frage nach dem Sinn der Geschichte zugrunde? Eine Frage, die zwar noch nicht das alte Griechentum, wohl aber das Abendland seit Augustin bewegte und die zumal den modernen Menschen bewegt? Und lag jenem Geschichtsbild nicht der Gedanke der geschichtlichen Entwicklung zugrunde, nämlich als der Gedanke, daß sich der Sinn der Geschichte erst im Laufe ihres Ganges, ja im Grunde erst von ihrem Ende aus entschleiert? Das Wissen um das Ende der Geschichte, so wie es die alte Mythologie vorstellte, war zwar vergangen; aber sofern man um das Ende der Geschichte zu wissen meinte, konnte man den ganzen Geschichtsverlauf wieder als sinnvolle Einheit verstehen. Das war der Fall sowohl bei *Hegel*, für den das Ziel der Geschichte das Zu-sich-selbst-Kommen des Geistes ist, wie für *Marx*, für den ihr Ende die durch die Durchführung der klassenlosen Gesellschaft erreichte allgemeine Wohlfahrt ist. Das Bild von der geschichtlichen Entwicklung und von ihrem Ziel bei *Hegel* wie bei *Marx* ist entmythologisierte, säkularisierte urchristliche Eschatologie, wie z. B. *Karl Löwith* mehrfach gezeigt hat.

Aber es ist freilich die Frage, ob die Entmythologisierung durch Säkularisierung den in jener alten Mythologie enthaltenen Sinn wirklich erfaßt hat. Denn drückt sich in dieser nicht ein religiöses Verständnis der menschlichen Existenz aus? Ist dieses nicht vielleicht richtiger und tiefer erfaßt in den „Chiliastischen Sonetten" *Karl Immermanns*, in denen der Dichter seine Zukunftsvision der sozialistischen Utopie *St. Simons* entgegenstellt? Eine Geschichtsspekulation liegt *Immermann* fern; er greift aus der alten Hoffnung nur die Gestalt des erwarteten Messias auf. Dieser ist für ihn der Typus des natürlichen, man möchte sagen: des menschlichen Menschen, der jenseits aller Differenzierungen steht, die Geschichte und Zivilisation geschaffen haben, der frei ist von aller Verbildung und Künstlichkeit, ja auch von dem gebietenden Imperativ der ethischen Forderung, weil er von selbst, aus natürlichem Wesen, das Rechte tut. Die „Chiliastischen Sonette" fingieren den Glauben, daß dieser Mensch kommen und daß sich alles seiner Herrschaft beugen wird. Aber der fingierte Glaube zeigt nur, was das verlorene und ersehnte Wesen des Menschen und der menschlichen Gemeinschaft ist, nie realisiert als Zustand in der konkreten Geschichte und dennoch den Menschen bestimmend und damit ihn aus der konkreten Gegenwart befreiend, wenn er dieses Bild als das Bild seines Wesens erkennt. In ihm ist die nie erreichte Zukunft doch faktisch jeweils Gegenwart geworden. Hier ist das alte mythologische Hoffnungsbild nicht säkularisiert, sondern spiritualisiert worden.

Ist es keine *Spiritualisierung*, wenn *Luther* im Kleinen Katechismus die 2. Bitte des Vater-Unsers „Dein Reich komme!" erläutert: „Gottes Reich kommt wohl ohne unser Gebet von ihm selbst; aber wir bitten in diesem Gebet, daß es auch zu uns komme. Wie geschieht das? Antwort: Wenn der himmlische Vater uns seinen heiligen Geist gibt, daß wir seinem heiligen Wort durch seine Gnade glauben und göttlich leben, hie zeitlich und dort ewiglich"? Das verheißene und erbetene Gottesreich der Zukunft wird hier doch zugleich auch als ein schon geistig gegenwärtiges verstanden. – Nicht anders in der Erklärung der 2. Bitte im Großen Katechismus, wo Luther von der künftigen Offenbarung des Gottesreiches seine gegenwärtige Wirksamkeit „durch das Wort und die Kraft des heiligen Geistes" ausdrücklich unterscheidet. In diesem Sinne wird auch in den Bekenntnisschriften das Reich Christi als ein geistliches Reich verstanden, in dem Christus „regieret durch das Wort und die Predigt, wirket durch den heiligen Geist und mehret in uns den Glauben, Gottesfurcht, Liebe, Geduld inwendig im Herzen, und fähet hie auf Erden in uns Gottes Reich und das ewige Leben an". – Im Pietismus wird dieses Verständnis aufgenommen, aber in der Weise weitergebildet, daß der christlichen Liebestätigkeit und der Heidenmission die Aufgabe zugeschrieben wird, das Gottesreich auf Erden zu bauen. Ist diese Spiritualisierung schon eine *Ethisierung*, so ist das erst recht der Fall, wenn *Kant* den Begriff des Gottesreiches aufnimmt, um darunter das Reich der sittlichen Zwecke zu verstehen. Unter dem Einfluß *Kants* ist dann in der Theologie des 19. Jahrhunderts, vor allem bei *Albrecht Ritschl*, das Gottesreich als Gabe und Aufgabe zugleich verstanden worden; als Aufgabe, sofern es gilt, den Willen Gottes in der menschlichen Gemeinschaft mehr und mehr zur Herrschaft zu bringen und so das Reich Gottes innerhalb der Welt zu verwirklichen. Der Ausblick auf die künftige Vollendung konnte dabei mehr oder weniger zurücktreten; und man kann schwanken, wieweit der Gedanke der Gottesherrschaft spiritualisiert, wieweit er säkularisiert wurde, was in Europa wie in Amerika in verschiedenem Maße der Fall war.

Als eine gewisse Weise der Spiritualisierung könnte man wohl die *Ästhetisierung* des alten Hoffnungsbildes durch die Kunst bezeichnen, zumal durch die Musik der *Requiem*-Kompositionen. Ich möchte nicht bezweifeln, daß dem Hörer des Requiems Mozarts oder Bruckners,

Verdis oder Brahms' der tiefere Sinn der mythologischen Eschatologie vermittelt werden kann, ohne daß er in klaren Begriffen zum Bewußtsein gebracht wird. Aber ich zweifle, ob es viele Hörer gibt, die das „Dies irae, dies illa" als Weissagung eines künftigen Geschehens ernst nehmen, indem sie sich als jenen „miser" (Elenden) wissen, der vor dem göttlichen Richter verstummt, und die es nicht nur als die künstlerische Darstellung des göttlichen Richtertums ästhetisch genießen. – Man mag auch denken an die Charakterisierung der Darstellung des „jüngsten Gerichtes" von Michelangelo in der Sixtinischen Kapelle durch den Grafen *Yorck von Wartenburg:* „Ein großes sittliches, nicht ein religiöses Gedicht liegt vor uns. Es ist wie das Gefühl eines Erdbebens, welches ausgeht von der Darstellung des jüngsten Gerichts."

Die Frage ist nun: *ist in der Spiritualisierung des mythologischen Hoffnungsbildes dessen ursprünglicher Sinn,* das in ihm waltende Verständnis der menschlichen Existenz, *festgehalten worden?* Bis zu einem gewissen Grade jedenfalls. Ein Grundmotiv der alten Hoffnung ist das Wissen des Menschen um das Ungenügen des Hier und Jetzt, das ihm die Erfüllung seines eigentlichen Lebens nie schenken kann. Es ist damit zugleich das Wissen darum, daß sein eigentliches Wesen die Welt transzendiert, in der er hier lebt, über die er als sein Arbeitsgebiet verfügt, und in der er sein Schicksal hat, – das Wissen, daß ihm die Erfüllung seines Lebens nur eine diese Arbeits- und Schicksalwelt transzendierende Wirklichkeit schenken kann. Es ist das Wissen, daß „diese Welt nicht die Welt allein ist" *(Franz Werfel).* Eine Spur dieses Wissens ist auch in den säkularisierten Formen der Hoffnung erhalten geblieben, sofern in ihnen das Wissen um das Ungenügen des Hier und Jetzt wirksam ist. Aber in dem Glauben, daß menschliches Planen und menschliche Tat die über alle bisherige Geschichte hinausliegende Zeit der Vollendung verwirklichen kann, ist der entscheidende Gedanke der alten Hoffnung preisgegeben, daß die Erfüllung des menschlichen Lebens *nicht* das Ergebnis menschlichen Bemühens, sondern nur Geschenk von jenseits, Geschenk der Gnade Gottes sein kann, wie naiv auch immer das mythologische Denken das Ereignis der heilbringenden Gnade Gottes ausgemalt haben mag und wie naiv auch immer es die Erfüllung der Hoffnung als einen Zustand vorgestellt hat, der nur mit den Farben des Diesseits ausgemalt werden konnte. Hat man die Verdiesseitigung des Jenseitigen als das Charakteristische des mythologischen Vorstellens erkannt und leistet man entschlossen Verzicht auf sie, so ist die eigentliche Intention des mythologischen Hoffnungsbildes nicht schwer zu erkennen. Das aber wird deutlich, wenn endlich eine Weise der Entmythologisierung ins Auge gefaßt wird, die im Neuen Testament selbst ihren Anfang genommen hat.

Während die jüdische Hoffnung das Ende der Welt und den Beginn der Heilszeit von der Zukunft erwartet und der populäre urchristliche Glaube diese Zukunft für unmittelbar bevorstehend hält und auf die „Ankunft" Christi als das die Wendung bringende Ereignis wartet, ist *Paulus*, ohne daß er diese Erwartung preisgegeben hätte, doch der Überzeugung, daß das entscheidende Ereignis schon *geschehen ist*, daß sich die Wende der Weltzeiten schon vollzogen hat, nämlich im Kommen Jesu von Nazareth: „Als die Zeit erfüllt war, sandte Gott seinen Sohn." Wer an ihn als die offenbar gewordene Gnade Gottes glaubt, wer – wie Paulus sagt – „in Christus ist", der ist ein neues Geschöpf; „das Alte verging; siehe, es ward neu." Schon jetzt können die Glaubenden ihren Wandel in der Kraft des Lebens führen; denn wie einst Adam den Tod über die Menschen gebracht hat, so hat Christus die Möglichkeit des Lebens für alle Glaubenden eröffnet.

Während Paulus daneben die Hoffnung auf die „Ankunft" Christi und das Ende dieser Welt festgehalten hat, hat *Johannes* sie preisgegeben und hat den Gedanken von der Gegenwart des durch Jesus schon gebrachten Lebens radikal durchgeführt. Für ihn bedeutet das (erste) Kommen Jesu das Gericht über die Welt, und dieses Gericht ist zugleich die Scheidung; an der Stellung zur Person Jesu entscheidet sich, wer zum Leben eingegangen und wer dem Tode verfallen ist. „Wer an ihn glaubt, wird nicht gerichtet; wer nicht glaubt, der ist schon gerichtet ... Das aber ist das Gericht, daß das Licht in die Welt kam ... Wahrlich, wahrlich, ich sage euch: es kommt die Stunde und jetzt ist sie da, da die Toten die Stimme des Gottessohnes hören werden und die, die sie hören, leben werden." „Zum Gericht bin ich in diese Welt gekommen, damit die, die nicht sehen, sehend werden und die Sehenden blind werden." –

Handelt es sich hier auch um Spiritualisierung? In der Tat ist hier ein legitimes Interesse der Spiritualisierung zum Ausdruck gebracht, dieses nämlich, daß die Erfahrung der Gnade Gottes Erfüllung der Gegenwart ist. Und dennoch liegt nicht einfach Spiritualismus vor. Denn im Spiritualismus ist das eigentümlich dialektische Verhältnis von Gegenwart und Zukunft verkannt, daß nämlich Erfüllung der

Gegenwart zugleich ihre Bestimmtheit durch die Zukunft bedeutet, daß der gegenwärtige Gott zugleich der kommende Gott ist. Diese Dialektik aber kommt bei Paulus wie bei Johannes je in ihrer Weise zum Ausdruck; bei Paulus, indem er trotz des Satzes „Das Alte verging; siehe, es ward neu" an dem alten mythologischen Zukunftsbild festhält; bei Johannes, indem er zu der hellenistisch-gnostischen Hoffnung vom Aufstieg der Seelen in die Lichtwelt greift. Gewiß, nach Paulus wie nach Johannes ist der Mensch durch den Glauben an die in Jesus erschienene Gnade Gottes schon in der Gegenwart zum Leben befreit. Aber er hat dieses sein Leben nicht einfach als einen Besitz, so wenig wie sein Glaube eine ein für allemal besessene Überzeugung, sondern ein stets neu zu vollziehender Glaubensakt ist. Die Gegenwart des Menschen ist ja keine stillhaltende Zeit; als ein eigentümliches „Zwischen" ist sie entweder von der Vergangenheit oder von der Zukunft bestimmt; der Mensch stirbt entweder ständig mit seiner ständig entschwindenden Vergangenheit oder er lebt aus seiner Zukunft. Der Gott der Gegenwart ist immer der kommende Gott; und gerade nur indem er das ist, ist er der Gott der Gegenwart, dessen Gnade den Menschen von der Gebundenheit an seine Vergangenheit befreit und für die Zukunft – für Gottes Zukunft – öffnet. –

Mit dieser Erkenntnis ist auch der Sinn und das Recht der mythologischen Hoffnungsbilder erfaßt, insofern diese dem Individuum den Sieg über den Tod verheißen – sei es das jüdische Hoffnungsbild, das von der Auferstehung der Toten redet, sei es das gnostische, das der Seele den Aufstieg in die Lichtwelt verspricht. Das einzig Gewisse der menschlichen Zukunft ist ja, daß jedem Menschen der Tod bevorsteht. Für den, der offen ist für alle Zukunft als die Zukunft des kommenden Gottes, hat der Tod seine Schrecken verloren. Er wird darauf verzichten, die Zukunft, die Gott im Tode schenkt, auszumalen; denn alle Bilder von einer Herrlichkeit nach dem Tode können nur Wunschbilder der Phantasie sein; und der Verzicht auf Wunschbilder gehört zur radikalen Offenheit des Glaubens an Gottes Zukunft. Der durch die Entmythologisierung freigelegte Sinn der mythologischen Hoffnungsbilder aber ist der, daß sie von der Zukunft Gottes reden als von der Erfüllung des menschlichen Lebens.

Ist voraussetzungslose Exegese möglich?*

1957

Die Frage, ob voraussetzungslose Exegese möglich ist, muß mit Ja beantwortet werden, wenn „voraussetzunglos" meint: ohne daß die Ergebnisse der Exegese vorausgesetzt werden. In diesem Sinne ist voraussetzungslose Exegese nicht nur möglich, sondern geboten. In einem anderen Sinn ist freilich keine Exegese voraussetzungslos, da der Exeget keine tabula rasa ist, sondern mit bestimmten Fragen bzw. einer bestimmten Fragestellung an den Text herangeht und eine gewisse Vorstellung von der Sache hat, um die es sich im Texte handelt [1].

1. a) Die Forderung, daß *die Exegese voraussetzungslos sein muß* in dem Sinne, daß sie *ihre Ergebnisse nicht voraussetzt:* wir können auch sagen, daß sie *vorurteilslos* sein muß, sei nur kurz verdeutlicht. Diese Forderung bedeutet zunächst die Ablehnung der *Allegorese* [2]. Wenn Philon in der Vorschrift des Gesetzes, daß das Opfertier makellos sein muß, die stoische Idee des affektlosen Weisen findet (Spec. Leg. I, 260), wenn Paulus Deut. 25, 4 als die Vorschrift deutet, daß die Prediger des Evangeliums von den Gemeinden unterhalten werden sollen (1. Kor. 9, 9), wenn im Barnabasbrief die 318 Knechte Abrahams (Gen. 14, 14) als Weissagung des Kreuzes Christi gedeutet werden (9, 7 f.), dann ist klar, daß in solchen Fällen der Exeget nicht hört, was der Text sagt, sondern ihn sagen läßt, was er, der Exeget, schon vorher weiß.

---

* Theologische Zeitschrift 13, 1957, S. 409–417.

[1] *Walter Baumgartner,* dem die folgenden Blätter gewidmet sind, hat in Schweiz. theol. Umschau 11 (1941), S. 17–38, einen Aufsatz veröffentlicht: „Die Auslegung des Alten Testaments im Streit der Gegenwart". Wie ich seinen Ausführungen völlig zustimme, so hoffe ich, daß er damit einverstanden ist, wenn ich die hermeneutische Besinnung noch etwas weiterzuführen versuche.

[2] Liegt im Text eine Allegorie vor, so ist sie selbstverständlich als Allegorie zu erklären. Solche Erklärung ist aber keine Allegorese; sie fragt ja nach dem vom Texte intendierten Sinn.

1. b) Aber auch da, wo auf Allegorese verzichtet wird, ist die Exegese manchmal von Vorurteilen geleitet [3]. Das ist z. B. dann der Fall, wenn vorausgesetzt wird, daß die Evangelisten Matthäus und Johannes persönliche Jünger Jesu waren, und daß deshalb die von ihnen überlieferten Geschichten und Worte Jesu historisch treue Berichte sein müssen. In diesem Falle muß z. B. behauptet werden, daß die Tempelreinigung, die bei Matth. in die letzten Tage Jesu vor seiner Passion gelegt ist, während sie bei Joh. am Anfang des Wirkens Jesu steht, zweimal passiert sei. Besonders wird die Frage einer vorurteilslosen Exegese brennend, wenn es sich um das Problem des Messiasbewußtseins Jesu handelt. Darf die Exegese der Evangelien von der dogmatischen Voraussetzung geleitet sein, daß Jesus der Messias war und sich bewußt war, es zu sein? Oder muß sie nicht die Frage offen lassen? Die Antwort dürfte klar sein. Das etwaige Messiasbewußtsein wäre ein historisches Faktum und kann als solches nur von der historischen Forschung aufgezeigt werden. Würde diese es wahrscheinlich machen können, daß Jesus sich als Messias gewußt hat, so hätte ein solches Ergebnis nur relative Gewißheit; denn historische Forschung kann es nie zu Resultaten von absoluter Geltung bringen. Jede historische Erkenntnis steht in der Diskussion; die Frage, ob sich Jesus als Messias gewußt hat, bleibt also innerhalb der Exegese offen. Jede von dogmatischen Vorurteilen geleitete Exegese hört nicht, was der Text sagt, sondern läßt ihn sagen, was sie hören will.

2. a) Von der Frage der Voraussetzungslosigkeit im Sinne der Vorurteilslosigkeit ist die Frage der Voraussetzungslosigkeit in jenem anderen Sinn zu unterscheiden, und in diesem Sinne ist zu sagen: *voraussetzungslose Exegese kann es nicht geben.* Daß es sie faktisch deshalb nicht gibt, weil jeder Exeget durch seine Individualität im Sinne seiner speziellen Neigungen und Gewohnheiten, seiner Gaben und seiner Schwächen bestimmt ist, hat keinen grundsätzlichen Charakter. Seine Individualität in diesem Sinne soll er gerade ausschalten und sich zu einem rein sachlich interessierten Hören erziehen. Unabdingbare Voraussetzung aber ist *die historische Methode* in der Befragung der Texte. Exegese ist ja als Interpretation historischer Texte ein Stück Geschichtswissenschaft.

Zur historischen Methode gehört es selbstverständlich, daß ein Text nach den Regeln der Grammatik und des Lexikons ausgelegt

[3] Die Kritik solcher von Vorurteilen belasteten Exegese ist das Hauptanliegen des genannten Aufsatzes von W. Baumgartner (A. 1).

wird. Damit hängt aufs engste zusammen, daß die historische Exegese nach dem individuellen Stil eines Textes zu fragen hat. Die Jesus-Worte der Synoptiker sind anders stilisiert als die johanneischen. Damit ist ein Problem gegeben, über das die Exegese Rechenschaft ablegen muß. Die Beachtung von Lexikon, Grammatik und Stil führt alsbald zu der Beobachtung, daß jeder Text in der Sprache seiner Zeit und seiner historischen Sphäre redet. Diese muß der Exeget kennen; er muß also die geschichtliche Bedingtheit der Sprache einer Zeit kennen, aus der der zu erklärende Text stammt. Für das Verständnis der Sprache des N. T. bedeutet das, daß die Frage akut wird: wo und wieweit ist sein Griechisch durch den semitischen Sprachgebrauch bestimmt? Daraus erwächst die Forderung des Studiums der Apokalyptik, der rabbinischen Literatur, der Qumran-Texte wie der hellenistischen Religionsgeschichte.

Es bedarf wohl kaum der Beispiele, und ich weise nur auf ein einziges hin. Das neutestamentliche *πνεῦμα* wird im Deutschen als „Geist" wiedergegeben. Daher ist es zu verstehen, daß die Exegese im 19. Jahrhundert (z. B. in der Tübinger Schule) das N. T. von dem auf das Griechentum zurückgehenden Idealismus aus interpretierte, bis 1888 Hermann Gunkel zeigte, daß das neutestamentliche *πνεῦμα* etwas ganz anderes bedeutet, nämlich die wunderbare Kraft und Wirkungsweise Gottes [4].

Die historische Methode schließt die Voraussetzung ein, daß *die Geschichte eine Einheit* ist im Sinne eines geschlossenen Wirkungs-Zusammenhangs, in dem die einzelnen Ereignisse durch die Folge von Ursache und Wirkung verknüpft sind. Das bedeutet nicht, daß der Verlauf der Geschichte durch das Kausalgesetz determiniert sei und daß es keine freien Entscheidungen der Menschen gäbe, deren Handlungen den Lauf der Geschichte bestimmen. Aber auch eine freie Entscheidung geschieht nicht ohne Ursache, ohne Motiv, und die Aufgabe des Historikers ist es, die Motive der Handlungen zu erkennen. Alle Entscheidungen und alle Taten haben ihre Ursachen und Folgen, und die historische Methode setzt voraus, daß es grundsätzlich möglich ist, diese und ihre Verknüpfung aufzuzeigen und so den ganzen geschichtlichen Verlauf als eine geschlossene Einheit zu verstehen.

Diese *Geschlossenheit* bedeutet, daß der Zusammenhang des ge-

---

[4] *H. Gunkel,* Die Wirkungen des Heil. Geistes nach der populären Anschauung der apostol. Zeit und der Lehre des Ap. Paulus (1888; 3. Aufl. 1909).

schichtlichen Geschehens nicht durch das Eingreifen übernatürlicher, jenseitiger Mächte zerrissen werden kann, daß es also kein „Wunder" in diesem Sinne gibt. Ein solches Wunder wäre ja ein Ereignis, dessen Ursache nicht innerhalb der Geschichte läge. Während z. B. die alttestamentliche Geschichtserzählung vom handelnden Eingreifen Gottes in die Geschichte redet, kann die historische Wissenschaft nicht ein Handeln Gottes konstatieren, sondern nimmt nur den Glauben an Gott und sein Handeln wahr. Als historische Wissenschaft darf sie freilich nicht behaupten, daß solcher Glaube eine Illusion sei, und daß es kein Handeln Gottes in der Geschichte gäbe. Aber sie selbst kann das als Wissenschaft nicht wahrnehmen und damit rechnen; sie kann es nur jedermann freistellen, ob er in einem geschichtlichen Ereignis, das sie selbst aus seinen innergeschichtlichen Ursachen versteht, ein Handeln Gottes sehen will.

Nach solcher Methode verfährt die Geschichtswissenschaft allen historischen Dokumenten gegenüber. Es kann gegenüber den biblischen Texten keine Ausnahme geben, wenn diese überhaupt historisch verstanden werden sollen. Man kann auch nicht einwenden: die biblischen Schriften wollen keine historischen Dokumente sein, sondern Glaubenszeugnisse und Verkündigung. Gewiß! aber wenn sie als solche verstanden werden sollen, so müssen sie zuvor historisch interpretiert werden, da sie in einer fremden Sprache reden mit den Begriffen einer uns fernen Zeit, eines uns fremden Weltbildes. Einfach gesagt: sie müssen *übersetzt* werden, und die Übersetzung ist die Aufgabe der historischen Wissenschaft.

2. b) Reden wir vom Übersetzen, so meldet sich das *hermeneutische Problem*[5]. Übersetzen heißt Verständlichmachen und setzt ein Verstehen voraus. Das Verständnis der Geschichte als eines Wirkungszusammenhangs setzt *das Verstehen der wirkenden Kräfte* voraus, die die einzelnen Phänomene verknüpfen. Solche Kräfte sind die wirtschaftlichen Bedürfnisse, die sozialen Nöte, das politische Machtstreben, menschliche Leidenschaften, Ideen und Ideale. In der Einschätzung solcher Faktoren differieren die Historiker, und bei allem

[5] Zum Folgenden vgl. meinen Aufsatz „Das Problem der Hermeneutik" in: Glauben und Verstehen 2 (1952), S. 211–235 [s. o. S. 223–247]; ferner meinen Aufsatz „Wissenschaft und Existenz" in: Ehrfurcht vor dem Leben. Festschr. f. Alb. Schweitzer (1954), S. 30–45 [in: Glauben und Verstehen III, S. 107–121]; endlich History and Echatology (1957) bzw. Geschichte und Eschatologie (1957), Kap. VIII.

Bestreben, eine einheitliche Sicht zu gewinnen, wird stets beim einzelnen Historiker *eine bestimmte Fragestellung, eine bestimmte Perspektive*, leitend sein.

Das bedeutet keine Verfälschung des Geschichtsbildes; wenn die vorausgesetzte Fragestellung nicht ein Vorurteil, sondern eben eine Fragestellung ist, und wenn der Historiker sich bewußt ist, daß seine Fragestellung eine einseitige ist, die das Phänomen bzw. den Text aus einer bestimmten Perspektive befragt. Verfälscht wird das Geschichtsbild nur dann, wenn eine bestimmte Fragestellung als die allein mögliche erklärt wird, wenn z. B. alle Geschichte auf ökonomische Geschichte reduziert wird. Aber die geschichtlichen Phänomene sind vielseitig. Ereignisse wie die Reformation können unter dem Gesichtspunkt der Kirchengeschichte wie der politischen Geschichte, der Wirtschaftsgeschichte wie der Geschichte der Philosophie betrachtet werden. Die Mystik kann nach ihrer Bedeutung für die Kunstgeschichte befragt werden usw. Eine bestimmte Fragestellung ist immer die Voraussetzung, wenn überhaupt Geschichte verstanden werden soll.

Aber weiter! Die in der Verknüpfung der Phänomene wirksamen Kräfte sind nur verständlich, wenn die Phänomene selbst verstanden werden, die in dem Wirkungszusammenhang verbunden sind. Das heißt: zum historischen Verständnis gehört *das sachliche Verständnis*. Denn kann man die politische Geschichte verstehen, ohne einen Begriff von Staat und Recht zu haben, die ihrem Wesen nach nicht historische Produkte, sondern Ideen sind? Kann man die ökonomische Geschichte verstehen, ohne einen Begriff davon zu haben, was Wirtschaft und Gesellschaft überhaupt bedeuten? Kann man die Geschichte der Religion, der Philosophie verstehen, ohne zu wissen, was Religion, was Philosophie ist? Man kann z. B. den Thesenanschlag Luthers 1517 nicht verstehen, ohne den sachlichen Sinn des Protestes gegen den Katholizismus seiner Zeit zu verstehen. Man kann das kommunistische Manifest von 1848 nicht verstehen, ohne die Prinzipien von Kapitalismus und Sozialismus zu verstehen. Man kann die Entschlüsse der in der Geschichte handelnden Personen nicht verstehen, wenn man den Menschen nicht versteht in seinen Möglichkeiten. Kurz: historisches Verständnis setzt ein sachliches Verständnis von dem voraus, worum es in der Geschichte geht, und von den Menschen, die in der Geschichte handeln.

Damit ist aber gesagt, daß historisches Verstehen immer *ein Ver-*

hältnis der Interpreten zu der Sache voraussetzt, die in den Texten (direkt oder indirekt) zu Worte kommt. Dieses Verhältnis ist durch den *Lebenszusammenhang* begründet, in dem der Interpret steht. Nur wer in einem Staat, in einer Gesellschaft lebt, kann die staatlichen und gesellschaftlichen Phänomene der Vergangenheit und ihre Geschichte verstehen, wie nur der, der ein Verhältnis zur Musik hat, einen Text, der über die Musik handelt, verstehen kann, usw.

Ein bestimmtes Verständnis der Sachen auf Grund eines Lebensverhältnisses ist also in der Exegese immer vorausgesetzt, und insofern ist keine Exegese voraussetzungslos. Ich nenne dieses Verständnis das *Vorverständnis.* Mit ihm ist, sowenig wie mit der Wahl einer bestimmten Perspektive, ein Vorurteil gegeben. Verfälscht würde das Geschichtsbild nur dann, wenn der Exeget sein Vorverständnis für ein endgültiges Verständnis halten würde. Aber das Lebensverhältnis ist ein echtes nur, wenn es ein bewegtes ist, d. h. wenn die Sachen, um die es geht, uns selbst angehen, für uns selbst Probleme sind. Befragen wir in der Bewegtheit durch die Probleme die Geschichte, so beginnt sie wirklich zu uns zu reden. Das Vergangene wird in der Diskussion mit ihm lebendig, und mit der Geschichte lernen wir unsere eigene Gegenwart erkennen; geschichtliche Erkenntnis ist zugleich Selbsterkenntnis. Die Geschichte zu verstehen, ist nur dem möglich, der ihr nicht als ein neutraler, unbeteiligter Zuschauer gegenübersteht, sondern der selbst in der Geschichte steht und an der Verantwortung für sie teilnimmt. Wir nennen diese aus der eigenen Geschichtlichkeit erwachsende Begegnung mit der Geschichte die *existentielle Begegnung*. An ihr ist der Historiker mit seiner ganzen Existenz beteiligt.

Dieses existentielle Verhältnis zur Geschichte ist die Grundvoraussetzung für das Verstehen der Geschichte [6]. Es bedeutet nicht, daß das Verstehen der Geschichte ein „subjektives" ist in dem Sinne, daß es von dem individuellen Belieben des Historikers abhängt, wodurch es ja alle objektive Bedeutung verlieren würde. Sondern es bedeutet, daß Geschichte gerade in ihrem objektiven Gehalt nur von dem existentiell bewegten, lebendigen Subjekt verstanden werden kann. Es bedeutet, daß für das geschichtliche Verstehen das Schema von Sub-

[6] Es versteht sich von selbst, daß das existentielle Verhältnis zur Geschichte nicht ins Bewußtsein erhoben werden muß. Durch Reflexion kann es nur verdorben werden.

jekt und Objekt, das für die beobachtende Naturwissenschaft Gültigkeit hat, nicht gilt [7].

Das Gesagte schließt nun noch eine wichtige Einsicht ein, nämlich, daß *historische Erkenntnis nie eine abgeschlossene definitive* ist – sowenig wie das Vorverständnis, mit dem der Historiker fragend an die Phänomene herantritt. Denn wenn geschichtliche Phänomene nicht neutral beobachtbare Fakten sind, sondern sich in ihrem Sinn nur dem lebendig bewegten Fragenden erschließen, so werden sie immer nur je jetzt verständlich, indem sie in die je gegenwärtige Situation hineinsprechen. Die Frage erwächst ja aus der geschichtlichen Situation, aus dem Anspruch des Jetzt, aus der im Jetzt gegebenen Problematik. Deshalb ist die historische Forschung nie abgeschlossen, sondern muß immer weiter getrieben werden. Natürlich gibt es wohl historische Erkenntnisse, die als definitive gelten können, nämlich solche, die nur chronologisch und lokal fixierbare Daten betreffen, wie z. B. die Ermordung Cäsars oder der Thesenanschlag Luthers. Aber was diese durch Datierung fixierbaren Ereignisse als geschichtliche Ereignisse bedeuten, läßt sich nicht definitiv fixieren. Man muß daher sagen, daß ein geschichtliches Ereignis als das, was es – eben als geschichtliches – ist, immer erst in der Zukunft erkennbar wird. Und deshalb kann man auch sagen, daß *zu einem geschichtlichen Ereignis seine Zukunft gehört.*

Natürlich können historische Erkenntnisse weitergegeben werden, aber nicht als definitive, sondern als solche, die das Vorverständnis der folgenden Generation klären und erweitern. Aber ebenso unterliegen sie auch der Kritik der folgenden Generation. Können wir heute absehen, was die Bedeutung der beiden Weltkriege ist? Nein; denn es gilt, daß immer erst in der Zukunft deutlicher wird, was ein geschichtliches Ereignis bedeutet. Definitiv könnte es sich erst zeigen, wenn die Geschichte zu Ende ist.

3. Welches sind *die Folgerungen für die Exegese der biblischen Schriften?* Es sei in einigen Thesen formuliert.

1) Die Exegese der biblischen Schriften muß wie jede Interpretation eines Textes vorurteilslos sein.

---

[7] Ich lasse hier spezielle Fragen beiseite, wie etwa ein existentielles Verhältnis zur Geschichte schon in der Erforschung von Grammatik, Lexikon, Statistik, Chronologie, Geographie wirksam sein kann, oder wie der Historiker der Mathemathik oder Physik an seinem Gegenstande existentiell beteiligt ist. Man denke an Platon!

2) Die Exegese ist aber nicht voraussetzungslos, weil sie als historische Interpretation die Methode historisch-kritischer Forschung voraussetzt.

3) Vorausgesetzt ist ferner der Lebenszusammenhang des Exegeten mit der Sache, um die es in der Bibel geht, und damit ein Vorverständnis.

4) Das Vorverständnis ist kein abgeschlossenes, sondern ein offenes, so daß es zur existentiellen Begegnung mit dem Text kommen kann und zu einer existentiellen Entscheidung.

5) Das Verständnis des Textes ist nie ein definitives, sondern bleibt offen, weil der Sinn der Schrift sich in jeder Zukunft neu erschließt.

Zur Erläuterung der 1. und 2. These braucht nach dem vorher Gesagten nichts hinzugefügt zu werden.

Ad 3). *Das Vorverständnis* ist begründet in der das menschliche Leben bewegenden Frage nach Gott. Es bedeutet also nicht, daß der Exeget alles mögliche von Gott wissen muß, sondern daß er von der existentiellen Frage nach Gott bewegt ist – einerlei welche Form diese Frage jeweils in seinem Bewußtsein annimmt, etwa als die Frage nach dem „Heil", nach der Rettung vor dem Tode, nach Sicherheit im wechselnden Schicksal, nach der Wahrheit inmitten der rätselhaften Welt.

Ad 4). *Die existentielle Begegnung* mit dem Text *kann zum Ja wie zum Nein führen,* zum bekennenden Glauben wie zum ausgesprochenen Unglauben, weil im Text dem Exegeten ein Anspruch begegnet, weil ihm hier ein Selbstverständnis angeboten wird, das er annehmen (sich schenken lassen) oder ablehnen kann, weil also Entscheidung von ihm gefordert ist. Auch im Falle des Nein ist das Verständnis ein legitimes, eine echte Antwort auf die Frage des Textes, die nicht etwa durch Argumentation zu widerlegen ist, weil sie existentielle Entscheidung ist.

Ad 5). *Weil der Text in die Existenz spricht, ist er nie endgültig verstanden.* Die existentielle Entscheidung, aus der die Auslegung stammt, kann nicht weitergegeben werden, sondern muß immer neu vollzogen werden. Das bedeutet freilich nicht, daß es in der Exegese der Schrift keine *Kontinuität* geben könnte. Selbstverständlich können Ergebnisse der methodischen historisch-kritischen Forschung weitergegeben werden, wenn sie auch nur in ständiger kritischer Nachprüfung übernommen werden können. Aber auch hinsichtlich der existentiell begründeten Exegese gibt es Kontinuität, insofern sie Anleitung für die Folgezeit ist, wie z. B. Luthers Verständnis der paulinischen Lehre von der Rechtfertigung allein durch den Glauben. Wie dieses in der Diskussion mit der katholischen Exegese immer neu gewonnen werden muß, so ist jede echte Exegese immer als Anleitung zugleich Frage, deren Beantwortung immer selbständig neu gefunden werden muß. Da der Exeget geschichtlich existiert und das Wort der Schrift als in seine besondere geschichtliche Situation gesprochen hören muß, wird er das alte Wort immer neu verstehen. Immer neu wird es ihm zeigen, wer er, der Mensch, ist und wer Gott ist, und er wird es in immer neuer Begrifflichkeit sagen müssen. So gilt auch für die Schrift, daß sie das, was sie ist, nur mit ihrer Geschichte und ihrer Zukunft ist.

Gedanken über die gegenwärtige theologische Situation *

1958

Die gegenwärtige Aufgabe der Theologie ist, wie mir scheint, durch zwei Versuchungen bestimmt, die aus der gegenwärtigen Situation erwachsen: die Versuchung der Reaktion und die Versuchung der Politisierung. Beide Versuchungen sind in dem Verlangen nach Sicherheit begründet, das in den durch die Katastrophe des zweiten Weltkrieges und ihre Folgen erschütterten Menschen lebendig ist, soweit sie noch nach einem Sinn des Lebens fragen und nicht einem völligen Relativismus und völliger Skepsis verfallen sind. Ich meine nicht das Verlangen nach der Sicherung des äußeren Lebens, das ja in allen Menschen lebendig ist und sein wird, sondern das Verlangen nach innerer Sicherheit, nach der Geborgenheit in einer Weltanschauung, die die Rätsel des Schicksals löst und die Angst vor dem unheimlichen Dunkel der Zukunft bannt, und die ebenso den Menschen von der Verantwortung der freien Entscheidung entlastet.

Viele Menschen, die sich Christen nennen oder wenigstens eine Beziehung zum Christentum haben, suchen diese Sicherheit in einer autoritativen Lehre, die alle Zweifel und kritische Fragen ausschließt. Sie fordern eine Theologie, die nicht in freiem Forschen nach dem für heute gültigen Ausdruck der christlichen Wahrheit fragt, sondern die die überlieferte dogmatische Lehre weitergibt, die „rechtgläubig", „orthodox" ist. Solches Verlangen führt in manchen Fällen zu Konversionen von der protestantischen Kirche zur katholischen; denn diese hat eine feste Lehrtradition und eine einheitliche Lehre, während die protestantische Theologie in allerlei Schulen zerfällt.

Mit dem Verlangen nach einer einheitlichen autoritativen Theologie verbindet sich gern ein Biblizismus, d. h. die Meinung, aus dem Wortlaut der Bibel autoritative Lehre entnehmen zu können. Daher

* Christian Century, 1958, Aug. 27, S. 967–969.

denn auch die Verwerfung der historisch-kritischen Erforschung der Bibel.

In diesen Tendenzen liegt die Versuchung der Reaktion, der die Theologie nicht erliegen darf. Sie hat zunächst klar zu sehen, daß die Reaktion Unmögliches erstrebt. Denn wohl kann in kleineren christlichen Kreisen eine traditionelle Orthodoxie und ein naiver Biblizismus lebendig sein, es ist aber unmöglich, die Menschen, die an der modernen Bildung teilhaben, zu Orthodoxie und Biblizismus zurückzuführen. Die Sprache der Bibel und der dogmatischen Tradition ist an ein altes vergangenes Weltbild gebunden und ist deshalb dem modernen Menschen durchweg unverständlich geworden, weil sein Denken und seine Sprache durch die Wissenschaft bzw. durch das von der Wissenschaft entworfene Weltbild geprägt sind. Speziell der historisch gebildete Mensch weiß, daß das kirchliche Dogma ein historisches Phänomen ist, das in einem verwickelten historischen Prozeß entstanden ist, und er sieht in der Bibel ein historisches Dokument, dessen Sinn nur durch historische Forschung erschlossen werden kann. Würden Theologie und Kirche der Reaktion erliegen, so würde es dadurch den Menschen von heute in ihrer weitaus größten Zahl unmöglich gemacht werden, die kirchliche Verkündigung zu verstehen. Denn wohl bietet die kirchliche Verkündigung für den modernen Menschen – wie für jeden Menschen – einen Anstoß; aber dieser echte Anstoß ist ein ganz anderer als der, den die Zumutung bietet, an einem vergangenen Weltbild festzuhalten. Welches der echte Anstoß ist, davon ist jetzt zu reden.

Die Reaktion erstrebt nämlich nicht nur Unmögliches, sondern auch Verkehrtes. Sie verspricht eine Sicherheit, wo es keine Sicherheit geben kann und darf. Der christliche Glaube ist keine Weltanschauung, durch die die Rätsel des Lebens gelöst werden und dem Menschen die verantwortliche Entscheidung im Jetzt abgenommen wird. Der christliche Glaube ist der Mut und die Kraft, in allem Dunkel, in allen Rätseln das „Dennoch!“ zu sprechen. Er ist der Mut und die Kraft des Glaubenden, in der Einsamkeit der Entscheidung die Verantwortung für sein Tun auf sich zu nehmen.

Er ist dieser Mut und diese Kraft, weil er das Vertrauen auf die Gnade Gottes ist, die den Menschen ins Leben gerufen hat und seinem Leben einen Sinn gibt, auch wenn er ihn jetzt noch nicht zu sehen vermag. Dieses Vertrauen kennt keine Sicherheit als das dem Menschen zugesprochene Wort der Gnade. Und darin liegt der Anstoß des Wortes Gottes, daß dieses Wort der Gnade zugleich das Wort vom Kreuz ist, daß die Verheißung des Lebens die Bereitschaft für die Übernahme des Todes einschließt.

Das nun ist die Aufgabe der Theologie, dieses Wort vom Kreuz verständlich zu machen, und zwar nicht durch eine dogmatische Theorie von dem stellvertretenden Sühneleiden Jesu Christi, sondern als das Wort, das den Hörer selbst unter das Kreuz ruft. Indem der Gekreuzigte als die Offenbarung der Gnade Gottes verkündigt wird, ist der Mensch gefragt, ob er bereit ist, seinen Eigenwillen, der meint, aus eigener Kraft des Denkens und Handelns leben zu können, preiszugeben, um gerade aus dieser Preisgabe sein eigentliches Leben zu gewinnen. Solcher Bereitschaft verheißt das Wort vom Kreuz eine Freiheit, in der der Mensch von sich selbst befreit ist und damit in der Freiheit von der Angst und in der Freiheit zur Verantwortung leben kann.

Das also ist die Aufgabe der Theologie, den Sinn der Predigt vom Kreuz dem modernen Menschen verständlich zu machen in einer Sprache, die er verstehen kann. Ihre Aufgabe ist also die der Übersetzung. Sie hat die Sprache der dogmatischen Tradition, die an ein altes Weltbild gebunden ist, in die Sprache des Menschen von heute zu übersetzen.

Zu übersetzen hat sie auch die Sprache der Bibel. Die rechte Auslegung der Bibel besteht nicht darin, daß biblische Aussagen einfach reproduziert und etwa in einen Zusammenhang gebracht werden, sondern darin, daß sie zeigt, welches Verständnis der menschlichen Existenz in der Bibel laut wird.

Wie kann z. B. die Lehre des Paulus von der Rechtfertigung des Menschen allein durch den Glauben und nicht durch die Werke des Gesetzes dem modernen Menschen verständlich gemacht werden, für den sie doch zunächst unverständlich ist? Denn was bedeuten für ihn die „Werke des Gesetzes"? Die Theologie hat zu zeigen, daß in dem jüdischen Streben, durch das Tun der Werke des Gesetzes einen Anspruch an die Gnade Gottes zu erwerben, nichts anderes steckt als das Geltungsbedürfnis des natürlichen Menschen, das auch im modernen Menschen lebendig ist, – jenes Geltungsbedürfnis, das sich in Betriebsamkeit, in Verkrampftheit, in Minderwertigkeitskomplexen und ihren Folgen äußert. Jenes Geltungsbedürfnis, das in echter Weise nur Erfüllung finden kann, wenn der Mensch einsieht, daß Geltung nicht durch Bemühen errungen, sondern nur als Geschenk empfangen werden kann. Der Mensch lebt in Wahrheit nicht von seinen „Werken" – seien es Werke religiöser Praxis, seien es Werke profaner Aktivität –, sondern vom Geschenk, letztlich von der schenkenden Gnade Gottes, für die er offen ist, wenn er von sich selbst befreit ist als der, der das Kreuz Jesu Christi auf sich genommen hat.

Die Theologie hat auf diese Weise zu zeigen, was christliche Existenz bedeutet, nämlich existieren aus dem Glauben und im Glauben. Aber eben damit hat sie auch zu zeigen, daß Glauben nur im Existieren wirklich ist und nicht als ein Für-Wahr-Halten von Lehren. Ist Glaube aber nur im Existieren wirklich, so kann er nicht ein Besitz sein in dem Sinne wie wissenschaftliche Erkenntnisse, die man ein für allemal einsehen und damit besitzen kann. Christlicher Glaube ist ein Weg, der immer durch Anfechtungen und Verführungen im Kampf gegangen werden muß. Er ist nur echt als immer neu – im „Dennoch" – gefaßter, immer nur im Hören auf das Wort der Gnade neu empfangener. Immer gilt: „Herr, ich glaube; hilf meinem Unglauben!"

Zu dieser Aufgabe, zu explizieren, was christlich existieren heißt, gehört aber auch die Auseinandersetzung mit anderen Weisen des Existenz-Verständnisses, eine Aufgabe, die natürlich reich differenziert ist. In der Mission z. B. wird es notwendig sein, das in anderen Religionen waltende Existenz-Verständnis zu erkennen, um zu sehen, welche Fragen hier wirksam sind und welche Antworten gegeben werden. Die Auseinandersetzung mit fremden Religionen kann doch erst fruchtbar sein, wenn sie nicht einfach Kritik an ihren Lehren ist, sondern kritische Auseinandersetzung mit dem diesen zugrundeliegenden Existenzverständnis. Dabei kann sich das christliche Existenzverständnis selbst klären; denn es ist doch möglich, daß in dieser oder jener fremden Religion die Problematik der menschlichen Existenz in einer bestimmten Richtung zum Ausdruck kommt, die in der durchschnittlichen theologischen Tradition übersehen oder nicht hinreichend zur Geltung gebracht worden ist. Doch davon soll hier nicht weiter die Rede sein. Wohl aber muß das Verhältnis der Theologie zur Philosophie bedacht werden, freilich nicht im Hinblick auf alle möglichen Philosophien, aber im Hinblick auf die in der gegenwärtigen Situation des Abendlandes aktuelle Diskussion.

Das ist einmal die Auseinandersetzung der Theologie mit der Tradition des Idealismus und Humanismus. Die christliche Theologie des 19. Jahrhunderts war weitgehend von der Philosophie des Idealismus beeinflußt worden, und deren Verständnis des Geistes wirkte verhängnisvoll auf das christliche Verständnis des Geistes Gottes ein, so daß auch die Jenseitigkeit Gottes mit der Jenseitigkeit des idealistisch verstandenen Geistes verwechselt werden konnte. Die kritische Unterscheidung des christlichen und des idealistischen Existenzverständnisses drohte verlorenzugehen. Die Reaktion dagegen erfolgte in der sogenannten dialektischen Theologie nach dem Ende des ersten Weltkrieges, indem der Blick für jene Unterscheidung wieder geöffnet wurde. Die idealistische Tradition wirkt aber weithin im Menschenverständnis des christlichen Abendlandes nach, und es besteht immer noch die Aufgabe der kritischen Unterscheidung.

Aber nun ist ebenso vor der billigen Verurteilung des Idealismus zu warnen, die vielfach Mode geworden ist. Vielmehr ist eine echte kritische Auseinandersetzung zu fordern. Denn ist im Idealismus die menschliche Existenz ganz und gar falsch gesehen? Oder enthält er in seinem Glauben an den Geist nicht auch Einsichten, die nicht verlorengehen dürfen, die nur in das rechte Verhältnis zum christlichen Existenzverständnis gesetzt werden müssen? Etwa die Ideen des Wahren und Guten, des Rechtes und der Pflicht? Und ist nicht der Theologie in der Auseinandersetzung mit dem Idealismus das alte Problem des Verhältnisses von Gesetz und Evangelium in neuer Form aufgegeben?

Die andere aktuelle Aufgabe ist die Auseinandersetzung mit der modernen Existenzphilosophie. Auch diese hat durch die Entdeckung der Geschichtlichkeit des menschlichen Daseins mit der idealistischen Tradition und mit der in ihr leitenden Metaphysik des Geistes gebrochen. Es ist auch klar, daß in ihr Motive der christlichen Tradition wirksam sind von Paulus und Augustin bis zu Luther und zu Kierkegaard. Man kann sagen, daß in der Existenzphilosophie in gewisser Weise das christliche Daseinsverständnis säkularisiert, d. h. von seiner Begründung in dem Glauben an die Offenbarung der Gnade Gottes gelöst worden ist, indem z. B. Gedanken wie die Verfallenheit des Menschen an die Welt oder der Gewinn eigentlichen Lebens in der existentiellen Entscheidung ohne Voraussetzung des Gottesgedankens gedacht werden können. Mit dieser Möglichkeit der Säkularisierung ist der Theologie ein ernstes Problem gestellt: worin ist denn dann überhaupt das christliche Existenzverständnis vom philosophischen unterschieden? Wie ist der Begriff der Offenbarung zu verstehen, wenn christliche Existenz nur aus dem Grunde der Offenbarung Gottes möglich ist?

Endlich die Frage: wie hat sich die Theologie mit demjenigen Existentialismus auseinanderzusetzen, der sich ausdrücklich als atheistisch bekennt? Daß solche Auseinandersetzung zur Klärung des Gottesgedankens führt, scheint mir am Atheismus Sartres deutlich zu sein. Denn dieser beruht offenbar darauf, daß Sartre gegen einen Gott kämpft, der dem Menschen seine Sicherheit gibt, indem er der Garant für die Richtigkeit seiner Entscheidungen ist, und der damit, daß er dem Menschen seine Verantwortung abnimmt, ihm zugleich seine Freiheit nimmt. Wie ist also der Begriff der christlichen Freiheit zu bestimmen im Verhältnis zu der Freiheit, für die Sartre kämpft?

Die zweite aktuelle Versuchung, gegen die die Theologie zu kämpfen hat, ist ihre Politisierung. Bis zu den Katastrophen der beiden Weltkriege hatten die Menschen des Abendlandes in einer relativ festen Tradition des politischen Urteils gelebt; natürlich verschieden je nach Nationen, Ständen und Klassen, aber so, daß sich der Einzelne innerhalb seines Kreises in seinem Urteil relativ sicher fühlte. Jetzt hat eine große Unsicherheit weithin, wenn nicht überall, Platz gegriffen. Die bis dahin gültigen Maßstäbe sind zerbrochen; jede politische Idee scheint eine trügerische Ideologie zu sein, die nur bestimmten Interessen entstammt.

Gibt es nicht eine über den Interessen stehende, allen Relativitäten enthobene Instanz, die in politischen Entscheidungen Weisung geben kann? In diesem Sinne wurden und werden Forderungen an die Kirche gerichtet, Weisung zu geben in politischen Fragen, etwa bei Wahlen, in der Frage der Verwendung der Atomenergie oder (in Deutschland) in der Frage der Wiederaufrüstung. Die Kirche hat, wie theologische Besinnung ihr klarmachen muß, solches Ansinnen bestimmt abzuweisen. Es mutet der Kirche Unmögliches zu. Denn die Kirche, die hier Weisung geben soll, besteht ja in concreto aus den Männern des Kirchenregiments, und diese können nur ihr persönliches Urteil abgeben.

Aber die theologische Besinnung hat vor allem zu zeigen, daß die Kirche auf jene Forderungen gar nicht eingehen *darf*. Sie hat das Wort Gottes zu verkündigen, aber nicht politische Urteile abzugeben. Ein politisches Urteil in einer konkreten politischen Situation ist nicht das Wort Gottes. Die Theologie hat streng darüber zu wachen, daß keine Vermischung des christlichen Glaubens mit einem politischen Programm eintritt. Die Folge einer solchen Vermischung würde es sein, daß Menschen anderer politischer Überzeugung von denjenigen, die eine „christliche" Politik meinen betreiben zu müssen, als unchristlich gescholten worden, und daß die Zugehörigkeit zu einer Partei dann als Kriterium für den Glauben oder Unglauben eines Menschen gilt.

Natürlich soll der Christ auch im praktischen Leben und somit auch in der Politik als Christ handeln. Aber das kann doch nichts anderes heißen, als daß er sich auch für das politische Leben verantwortlich weiß und in solcher Verantwortlichkeit handelt. Solche Verantwortung kann er nur tragen, wenn er ein möglichst umfassendes Sachverständnis zu gewinnen sucht, eine möglichst weite Orientierung über die vorliegenden politischen Möglichkeiten und die Konsequenzen des Handelns, und dieses in offener Diskussion mit anderen in Kritik wie in Lernbereitschaft. Dazu hat er die Vernunft, um zu einem selbständigen Urteil zu gelangen und seine Entscheidungen zu treffen. Diese Verantwortung haben Theologie und Kirche deutlich zu machen und den Hörern der Predigt einzuschärfen. Aber Theologie und Kirche haben nicht die Aufgabe, politisch verbindliche Regeln aufzustellen und damit den einzelnen Menschen die Verantwortung für die eigene Entscheidung abzunehmen.

Manchen Christen scheint die Kompetenz der Kirche zu politischen Urteilen daraus zu erwachsen, daß die Kirche doch unter allen Umständen den Krieg verurteilen muß. So richtig dies ist, so wenig folgt daraus die Kompetenz der Kirche zu politischen Urteilen. Denn wohl kann und soll die Kirche allen Menschen die Verantwortung dafür einschärfen, daß es nicht zum Kriege kommt. Aber wie ein Krieg jeweils vermieden werden kann, ist eine Frage der Politik, über die Theologie und Kirche nicht urteilen und entscheiden können. Mit dem bloßen Ruf: „Nie wieder Krieg!" ist nichts getan.

Was ist also die Aufgabe der Theologie in der gegenwärtigen Situation? Sie besteht, kurz gesagt, darin, daß sie deutlich macht, daß der christliche Glaube keinerlei innerweltliche Sicherheit gibt, daß er aber, als der Glaube an Gottes offenbare Gnade, die Freiheit schenkt, getrost durch Dunkelheit und Rätsel hindurchzuschreiten und die Verantwortung für die Tat in der Einsamkeit eigener Entscheidung zu wagen und zu tragen.

Der Gedanke der Freiheit nach antikem und christlichem Verständnis*

1959

Der eigentliche Gewinn der historischen Arbeit liegt nicht schon darin, daß sie ein verständliches und interessantes Bild der Vergangenheit rekonstruiert; auch nicht darin, daß sie gewisse Gesetze, oder besser: Regeln, aufweisen kann, nach denen das geschichtliche Geschehen zu verlaufen pflegt, so daß daraus für künftiges Handeln in Politik und Gesellschaft zu lernen wäre. Der eigentliche Gewinn liegt vielmehr darin, daß die historische Arbeit die Möglichkeiten menschlichen Selbstverständnisses aufzeigt, aus welchem ja alle Handlungen entspringen, – Möglichkeiten, die, als menschliche, nie einfach vergangene, sondern stets wieder gegenwärtige sind. Echte geschichtliche Betrachtung führt daher auch immer in Entscheidungsfragen: wie hat sich der Mensch zu verstehen? zu verstehen in seiner Welt, in der menschlichen Gemeinschaft, im Verhältnis zu jenseitigen Mächten, zu Gott?

Dem dient auch die Betrachtung der geistigen Mächte Antike und Christentum. Wie diese Mächte unsere abendländische Geschichte bestimmt haben, so sind sie auch heute noch wirksam, und damit sind auch die in ihnen leitenden Weisen des Selbstverständnisses noch gegenwärtige Möglichkeiten. Daraus erwächst die Frage: ist das Verhältnis von antikem und christlichem Selbstverständnis ein einfaches Entweder – Oder? Oder wie ist es zu bestimmen? Man kann natürlich auch die Frage stellen: sind diese Weisen des Selbstverständnisses überhaupt noch gültig, haben sie noch Tragkraft angesichts der Problematik unserer Gegenwart. Diese Frage soll aber in den folgenden Ausführungen nur indirekt behandelt werden.

Christliches und antikes Selbstverständnis im Ganzen darzustellen würde natürlich den Raum weit überschreiten. Die Frage soll nur an

* Universitas, 14. Jhrg. 1959, Heft 11, S. 1129–1138.

der Hand eines einzelnen Beispiels behandelt werden, an der Frage nach dem christlichen und antiken Verständnis der Freiheit. Nur eine ganz knappe Charakteristik der Grundzüge des christlichen und antiken Selbstverständnisses sei vorausgeschickt.

Auf die Eigenart und den Unterschied von Antike und Christentum werden wir gleich aufmerksam, wenn wir bedenken, daß im Griechentum die methodische Wissenschaft und die Philosophie erwachsen sind, von denen das biblische Christentum nichts weiß. Was das für das Selbstverständnis des Menschen bedeutet, können zwei Worte des Philosophen Anaxagoras andeuten. Als er gefragt wurde, warum es besser sei, geboren zu werden als nicht geboren zu werden, antwortete er: „(Man sei geboren) um den Himmel zu schauen und die den Kosmos umgreifende Ordnung" (H. Diels, Fragmente der Vorsokratiker, Anax. A 30). Das zweite: „Das Ziel des Lebens sei die Schau (Theoria) und die daraus folgende Freiheit" (ebenda A 29). Aus diesen Worten geht ein Doppeltes hervor: 1. Das eigentliche Wesen des Menschen ist der Geist, d. h. die ihrer selbst mächtige Vernunft, die die harmonische Einheit des Kosmos erkennen kann; 2. Der Mensch versteht sich als ein Glied des Kosmos, eingegliedert in sein harmonisches Gefüge.

Ganz anders das christliche Menschenverständnis. Ihm zufolge hat der Mensch nicht seinen organischen Platz in dem gesetzmäßig gegliederten Kosmos, sondern er steht in der Geschichte. Sein eigentliches Wesen ist der Wille, und sein Erkennen hat zum Gegenstand seine Verantwortung für die Geschichte, d. h. für das Erbe der Geschichte und für ihre Zukunft.

Dieses Verständnis der Geschichtlichkeit des Menschen ist der griechischen Antike fremd. Wohl ist in Griechenland die Geschichtsschreibung entstanden, aber in ihr ist die Geschichte nach Analogie der kosmischen Natur verstanden als ein Geschehen, in dem nichts grundsätzlich Neues geschieht, sondern immer das gleiche in immer neuen Konstellationen. So ist denn auch im Griechentum keine Geschichts-Philosophie erwachsen, d. h. die Geschichte ist nicht als ein selbständiges Gebiet für das philosophische Fragen neben der Natur entdeckt worden.

Damit ist über das Verständnis der Freiheit, das uns nunmehr beschäftigen soll, schon etwas Wesentliches gesagt. Der Unterschied zwischen dem griechischen und dem christlichen Freiheitsverständnis wird schon durch eine äußerliche Tatsache angedeutet. Das Alte Testament, das die christliche Gedankenbildung weithin bestimmt hat, kennt natürlich wohl den Gegensatz des Freien zum Gefangenen und Sklaven; aber es hat kein Wort, das dem griechischen Begriff von Freiheit entspricht. In der Verkündigung Jesu begegnet der Begriff der Freiheit überhaupt nicht.

Er ist dann von Paulus aus dem hellenistischen Sprachgebrauch in den christlichen übernommen worden, und bei ihm spielt er eine entscheidende Rolle, aber in welchem Sinne, danach wird alsbald zu fragen sein; denn daran zeigt sich gerade der Unterschied des christlichen vom antiken Verständnis.

Im Griechentum hat der Gedanke der Freiheit eine reiche Geschichte. Natürlich kann das Wort auch hier den Gegensatz zur Sklaverei und Gefangenschaft bezeichnen. Vor allem aber bezeichnet es zunächst die politische Freiheit, und zwar nicht nur als die Unabhängigkeit von fremder Herrschaft, die Freiheit, für die der Grieche im Kampf sein Leben zu opfern bereit ist, sondern auch die Freiheit des Bürgers innerhalb seiner Stadt bzw. seines Staates, seiner „Polis", wie denn Aristoteles die Polis als eine „Gemeinschaft der Freien" definiert.

Hier zeigt sich nun gleich eine eigentümliche Dialektik. Die Freiheit des Bürgers ist nämlich nicht die subjektive Willkür, zu tun und zu lassen,was er will, sondern sie ist durch das Gesetz, den Nomos, gebunden; oder vielmehr: sie wird durch ihn gerade begründet. Durch den Nomos wird das Recht aufgerichtet, und die Freiheit steht im Schutze des Rechtes, aber für das Recht ist der Bürger auch verantwortlich. Und so enthält die Freiheit des Bürgers ebenso die persönliche Freiheit wie die Würde der Verantwortung für das Ganze.

Im Griechentum ist also die eigentümliche Dialektik von Freiheit und Gesetz erfaßt worden, die Goethe in dem Wort ausgesprochen hat, daß „nur das Gesetz uns Freiheit geben kann". Es ist also erkannt worden, daß echte Freiheit nicht in dem willkürlichen Belieben besteht, stets das tun zu dürfen, wozu im Augenblick Wunsch und Leidenschaft treiben. Denn in solcher Scheinfreiheit würde sich der Mensch in Wahrheit von dem abhängig machen, was im Augenblick reizt und als begehrlich erscheint. Frei ist er nur, wenn er der Motivation des Augenblicks in innerer Distanz gegenübersteht, d. h. aber, wenn das Motiv seines Handelns jenseits des jeweiligen Augenblicks liegt und tiefer begründet ist. Das heißt aber wiederum, wenn er einer Norm folgt, die seinen jeweiligen Entschlüssen eine einheitliche

Richtung gibt; einem Gesetz also, aber einem Gesetz, das er bejaht, weil er es als das Gesetz verstehen kann, das seinem Leben Einheit und Sinn gibt. Nur im Gehorsam gegen ein solches Gesetz, platonisch gesprochen: im Gehorsam gegen die Idee des Guten, ist er wirklich frei.

Diese Dialektik von Freiheit und Gesetz gilt nun nicht nur von der Freiheit des Bürgers in der Polis, sondern darüber hinaus von der inneren Freiheit, die den Charakter des edlen, des „hochgesinnten" Menschen prägt. Es ist die Freiheit im Gegensatz zu allem gemeinen, niedrig-knechtischen Wesen. Das Gesetz, das dieser Freiheit korrespondiert, ist das Gesetz der Ehre.

Das Verständnis der Freiheit als der inneren Unabhängigkeit ist aber auch in der Richtung entwickelt worden, daß die Freiheit als die Unabhängigkeit von allem verstanden wird, was dem inneren Menschen von außen bedrohen und binden kann, als die Freiheit von den Wertmaßstäben der Gesellschaft, von der sozialen Situation und auch von alledem, was das leibliche Dasein treffen kann, von Krankheit und Not, von Gefangenschaft und Tod. Ist dieses Verständnis der inneren Freiheit auch erst in der späteren Stoa radikal entwickelt worden, so ist es doch nicht nur schon in der Haltung des Sokrates exemplarisch zur Darstellung gebracht worden, sondern im griechischen Denken schon längst angelegt gewesen, wie jenes Wort des Anaxagoras bezeugt, daß das Ziel des Lebens die Schau (nämlich des Kosmos) und die daraus folgende Freiheit sei. Der Freiheit korrespondiert also das Gesetz der kosmischen Harmonie. Dieses schauend erkennen, heißt zugleich, sich ihm eingefügt wissen und es innerlich bejahen. In dieser Bejahung gewinnt der Mensch die Freiheit.

Dieses Verständnis der Freiheit ist vor allem in der späteren Stoa ausgebildet worden. Es ist das ständige Thema der Bemühungen des Epiktet, den Menschen diese Freiheit zum Bewußtsein zu bringen, sie zu erziehen zu der Ergebung in das große Gesetz des Weltgeschehens, das Gesetz der „Vorsehung" (ein Begriff, der im Neuen Testament noch nicht erscheint), das Gesetz Gottes, den Epiktet als seinen Vater verehrt. Einige Beispiele mögen das veranschaulichen: Wer bedenkt, daß er ein Sohn Gottes ist, „wie sollte der etwas fürchten, was Menschen ihm anhaben können. Wenn wir mit dem Kaiser verwandt sind oder sonst mit einem der Großen in Rom, so gibt uns das Sicherheit und Stolz und völlige Furchtlosigkeit. Und Gott zum Schöpfer und Vater und Pfleger zu haben, sollte uns das nicht von Leid und Furcht frei machen?" (Diss. I 9, 6 f.).

„Verlockst du den Weisen durch Geld?
Er wird es verachten.
Was gilt ihm Liebesfreude, was Finsternis?
Was gilt ihm Ruhm oder Schande?
Was gilt ihm Lob? Was gilt ihm Tod?
Er vermag über das alles Sieger zu sein!"
(Diss. I 18, 22)

Nach einer Schilderung der „Vorsehung", die sich in der zweckmäßigen Einrichtung der Natur bekundet, ruft Epiktet aus: „Das also ist alles, was die Vorsehung an uns getan hat? Ja, und welche Worte reichen hin, es gebührend zu loben und zu preisen! Ja, wenn wir vernünftig wären, dürften wir etwas anderes tun – allesamt und jeder für sich – als der Gottheit lobsingen und sie preisen und ihre mannigfache Gnade verkünden? Müßten wir nicht beim Spaten und beim Pflug, beim Essen und beim Trinken den Lobgesang Gottes anstimmen: ‚Groß ist Gott; denn er schenkte uns diese Werkzeuge, mit denen wir das Land bebauen; groß ist Gott; denn er schenkte uns Hände, schenkte uns Genießen und Verdauen, Wachsen, ohne daß wir es merken, und Erquickung im Schlaf.' So müßten wir singen bei jedem Werk, doch den höchsten und göttlichsten Lobgesang müßten wir dafür singen, daß er uns die Kraft gab, all das zu begreifen und richtig zu gebrauchen" (Diss. I 16, 15 ff.).

Bei alledem ist die Voraussetzung, daß der Mensch seiner selbst mächtig ist. Sein Wesen ist ja die Vernunft, die Kraft des vernünftigen Denkens. Das Denken aber hat sein eigenes Gesetz, das durch äußere Ereignisse nicht gestört und aus seiner Bahn gebracht werden kann. Was von der Vernunft gilt, wird auf die menschliche Person übertragen, eben weil ihr Wesen die Vernunft ist. Sie ist frei und vermag ihre Freiheit in der Ergebung in das Weltgesetz zu finden, weil dieses die Weltvernunft ist, mit der die individuelle Vernunft identisch ist. Die Freiheit ist also eine Qualität des Menschen als Menschen, die er freilich ständig im denkenden Verstehen des Weltgesetzes und in seiner Bejahung zu realisieren hat.

Es ist daher verständlich, daß hier das Problem der Willensfreiheit, nämlich das Problem, ob der Mensch seines Willens mächtig ist, nicht auftaucht. Daß der Wille immer das Gute, das Heilsame will, gilt dem griechischen Denken als selbstverständlich; ebenso, daß er das tut, was er für das Gute hält. Da nun die Vernunft erkennt, was das Gute ist, und es dem Willen sagt, und da die Vernunft frei ist, ist auch der Wille frei. Das Böse geschieht aus Irrtum, und der Irrtum wird durch vernünftige Besinnung oder Belehrung beseitigt. Das griechische Wort, das im Neuen Testament „Sünde" bedeutet, heißt eigentlich Verfehlung, das Verfehlen des Zieles, das doch jeder treffen will, und das er zufolge seines Irrtums verfehlen kann. Auch dafür ein charakteristisches Beispiel aus Epiktet: „Jede Verfehlung enthält einen Zwiespalt (wörtlich übersetzt: einen Kampf, einen Streit). Denn da der Verfehlende nicht verfehlen, sondern richtig treffen will, so ist klar, daß er das, was er will, nicht tut. ... Zeige dem vernünftigen Führer (sc. der Seele, d. h. der Vernunft), den Zwiespalt, und er wird davon ablassen" (Diss. II 26).

Vielleicht fühlt sich jemand bei dem Satz, daß der Verfehlende das nicht tut, was er will, an das Wort des Paulus erinnert: „Denn was ich wirke, das weiß ich nicht; denn nicht das, was ich will, das tue ich, sondern was ich hasse, das tue ich" (Röm. 7, 15). Aber auch schon jene Sätze des Epiktet, in denen die Überlegenheit des Weisen über das Schicksal zum Ausdruck kommt, konnten uns an Worte des Paulus erinnern. Auch Paulus kennt die innere Freiheit als die Unabhängigkeit des Menschen vom Schicksal: „Alles ist euer ... sei es Leben, sei es Tod, sei es Gegenwärtiges oder Zukünftiges, alles ist euer" (1. Kor. 3, 22). Wie der Stoiker triumphiern kann als Sieger über alles, was ihm begegnet, so kann Paulus im Blick auf alle Nöte und Bedrängnisse sprechen: „In alledem sind wir die überlegenen Sieger" (Röm. 8, 37). Und wie der Stoiker kann er seine Freiheit bekennen: „Über alles bin ich Herr; aber ich werde nichts Herr über mich werden lassen" (1. Kor. 6, 12). In der Tat: die Sätze, in denen Paulus seiner inneren Freiheit Ausdruck gibt, klingen an stoische Sätze an, und es ist auch möglich, daß sie durch stoische Formulierungen beeinflußt sind. Und doch ist der Sinn ein anderer. Worin besteht der Unterschied?

Er liegt darin, daß für Paulus das Wesen des Menschen nicht die ihrer selbst mächtige erkennende Vernunft ist, sondern der Wille, der den Menschen zu dem macht, der er ist. Das bedeutet zugleich: durch seine Entscheidungen wird der Mensch zu dem, der er ist. Denn der Wille vollzieht sich in den Entscheidungen des Menschen, in den Entscheidungen, die durch die Begegnungen jeweils herausgefordert werden, die Begegnungen mit anderen Menschen wie mit dem Schicksal. Auf dem Weg, den der Mensch durch seine früheren Entscheidungen gewählt hat, ist er zu dem geworden, der er jeweils jetzt ist. Indem er vor neue Entscheidungen gestellt wird, ist er gleichsam gefragt, ob er der bleiben will, der er war, oder ob er ein neuer werden will. Das bedeutet aber: der Mensch ist als ein geschichtlicher gesehen, dessen Wesen nicht ein für allemal dadurch gegeben ist, daß er mit der Vernunft ausgestattet ist; sondern sein Wesen wird durch seine Entscheidungen, d. h. durch seine Geschichte, geprägt, und zwar so, daß es immer als ein zukünftiges vor ihm steht, weil ja seine Geschichte immer durch neue Entscheidungen führt; es sei denn, daß er sich durch seine früheren Entscheidungen so festgelegt hat, daß er seine echte Geschichtlichkeit verloren hat.

Die Freiheit ist also nicht eine Qualität, die dem Menschen als Menschen zu eigen ist, sondern sie ist eine Möglichkeit, die nur jeweils Ereignis werden kann. Der Begriff der Freiheit ist also vergeschichtlicht. Es ist nun aber die große Frage, wann das Ereignis der Freiheit Wirklichkeit werden kann. Denn wenn der Mensch immer schon durch seine früheren Entscheidungen geprägt ist, sind dann nicht seine künftigen Entscheidungen immer schon determiniert? In der Weise, daß eine echte freie, durch die Begegnung jeweils herausgeforderte Entscheidung gar nicht zum Vollzuge kommt? Ist der Mensch durch seine Vergangenheit, aus der er in jedes Jetzt kommt, so gebunden, daß er seine Freiheit verloren hat?

Das ist jedenfalls die Meinung des Paulus, und die Übereinstimmung mit Epiktet in dem Satz von Widerspruch zwischen Wollen und Tun ist nur eine scheinbare. Denn wenn der Satz des Epiktet der Appell an die Vernunft ist, sich ihrer Überlegenheit bewußt zu werden und ihre Herrschaft zu realisieren, so will der Satz des Paulus sagen, daß der Mensch seiner selbst nicht mächtig ist.

Gewiß ist es richtig zu sagen, daß die Bindung des Menschen an seine Vergangenheit immer nur eine relative ist; aber damit ist ja auch gesagt, daß seine Freiheit immer nur eine relative ist. Der Mensch müßte, um wirklich ganz frei zu sein, frei sein von seiner Vergangenheit und das heißt frei von sich selbst, so wie er durch seine Vergangenheit geprägt ist. Er müßte sich gleichsam aus dem Fluß seines Lebens herausstellen können an einen Ort, von dem aus er in völliger Unabhängigkeit seine Entscheidungen treffen könnte. Gibt es einen solchen Ort?

Nach der Meinung des Paulus gibt es ihn. Für den Blick des Paulus ist der Mensch durch seine Vergangenheit total gebunden, und dieser totalen Bindung gegenüber würde eine relative Freiheit keine echte Freiheit sein. Paulus sieht aber, daß die totale Bindung des Menschen an seine Vergangenheit darauf beruht, daß der Mensch sich im Grunde an sich selbst festhalten will, so wie er ist, daß er im Grunde also gar nicht frei sein will. Denn die Freiheit würde ja die radikale Selbstpreisgabe des Menschen sein, das Wissen, daß der Mensch sich gewinnt, gerade wenn er sich verliert. Sie würde die vorbehaltlose Offenheit für alle Begegnungen sein, für das, was auf den Menschen zukommt, was Gott schickt. Dem Zu-kommenden offen sein, heißt auf sich selbst verzichten, um das Selbst aus der Zukunft als Geschenk zu empfangen. Allein diese Offenheit ist die Freiheit, allein in ihr kann jeweils eine echte freie Entscheidung getroffen werden.

Welches aber ist der Ort, der solche Freiheit schenkt? Im Sinne des Paulus wäre die Frage zu formulieren: Welches ist die Macht, die den Menschen von sich selbst befreit? Befreit von seinem durch die Vergangenheit geprägten Selbst? Diese Macht ist die in Christus offenbar gewordene Gnade Gottes, die aus dem alten Menschen einen neuen macht, als die Gnade der Vergebung. Denn jene vom Menschen selbst bejahte Bindung an das alte Selbst ist die Sünde. Ihre Vergebung bedeutet eben dieses, daß die Gnade der Tod des alten Menschen, aber die Erweckung des neuen Menschen ist. Dem Menschen, der sich im Glauben der Gnade öffnet, wird die Freiheit geschenkt. Diese Freiheit ist also keine Qualität des Menschen; sie wird nur als Ereignis Wirklichkeit für den Menschen, der aus der Gnade Gottes lebt. Sie ist auch nicht eine Qualität des Glaubenden; kein ihm verfügbarer Besitz. Gnade ist unverfügbar und kann nur immer neu empfangen werden im glaubenden Aufblick zu ihr.

Es kann daher für Paulus nicht jene Dialektik von Freiheit und Gesetz geben wie im Griechentum, wenigstens nicht in dem Sinne, daß das Gesetz gerade die Freiheit begründet. Eher könnte man umgekehrt sagen, daß nach Paulus die Freiheit das Gesetz begründet. Aber wie ist das gemeint? Denn sagt nicht Paulus, daß die Gnade vom Gesetz befreit? Daß Christus das Ende des Gesetzes ist (Röm. 10, 4)? Daß die Glaubenden nicht unter dem Gesetz, sondern unter der Gnade stehen (Röm. 6, 14)? Aber was versteht Paulus unter dem Gesetz? Natürlich nicht das Gesetz der kosmischen Harmonie, aber auch nicht das Gesetz der Polis, sondern die Forderungen Gottes, wie sie im Dekalog formuliert und im Gebot der Nächstenliebe zusammengefaßt sind (Röm. 13, 9 f.; Gal. 5, 14), und wie sie auch den Heiden bekannt sind (Röm. 2, 14 f.). Der Sinn des Gesetzes Gottes ist es, zum Leben zu führen (Röm. 7, 10). Inwiefern ist es also durch Christus erledigt?

Insofern als es vom Menschen, der sich an sich selbst festhalten will, als das seine Freiheit begrenzende „Du sollst!" gehört wird und gerade deshalb vom Menschen mißbraucht wird, um sich durch seine Erfüllung zu sichern und einen Anspruch auf Gott zu erheben, um, wie Paulus sagt, die eigene Gerechtigkeit aufzurichten, statt sich der Gnade Gottes zu öffnen (Röm. 10, 3).

Indem das Gesetz in diesem Sinn durch Christus erledigt ist, ist es aber seiner eigentlichen Bestimmung, zum Leben zu führen, zurückgegeben. Denn jetzt kann es in echtem Gehorsam ohne die Absicht der Selbstsicherung erfüllt werden. Der durch die Gnade von sich selbst befreite Mensch ist frei zur Liebe, in der die Gebote des Gesetzes zusammengefaßt sind. Das „Du sollst!" ist zu einem „Ich will" geworden. Das Gesetz ist also insofern durch die Freiheit begründet worden, als es für den von sich selbst Befreiten einen neuen Sinn gewonnen hat.

Gibt es für Paulus also jene für das Griechentum charakteristische Dialektik von Freiheit und Gesetz nicht, in dem Sinne, daß das Gesetz die Freiheit begründet, so kann doch auch er dialektisch von dem die Freiheit begründenden Gesetz reden. Aber der Unterschied ist klar. Denn Paulus kann so nur reden, indem er den Begriff Gesetz paradox gebraucht, indem er nämlich vom „Gesetz Christi" redet (Gal. 6, 2) oder vom Gesetz des Geistes (Röm. 8, 2). Die Paradoxie ist die, daß das Stehen in der Freiheit unter der Gnade als ein Stehen unter dem Gesetz bezeichnet wird. Wie Paulus denn auch die Freiheit vom Gesetz und von der Sünde als eine Knechtschaft unter die Gerechtigkeit und unter Gott bezeichnen kann (Röm. 6, 18 f. 22). Daß er hier paradox redet, ist klar. Das „Gesetz Christi" hat gerade keinen Gesetzes-Charakter; die Knechtschaft unter Gott ist gerade die Freiheit.

Wie sollen wir nun zum Schluß das Verhältnis des christlichen Freiheitsverständnisses zum antiken bestimmen? Die Frage betrifft im Grunde nur das Verständnis der inneren Freiheit. Von der politischen Freiheit und von der Freiheit des Bürgers in der Polis redet das Neue Testament nicht, und der christliche Glaube hat als solcher kein direktes Interesse an ihnen. Aber vielleicht ein indirektes? Die den Menschen befreiende Gnade ruft ihn nicht aus der Welt und ihrer Geschichte heraus, sondern weist ihn in sie hinein als den, der für sie verantwortlich ist. Diese Konsequenz ist im Neuen Testament freilich nicht entwickelt worden, weil die älteste christliche Gemeinde das nahe Ende der Welt erwartete. Aber diese Konsequenz liegt im rechten Verständnis der befreienden Gnade. Denn wenn sie den Menschen offen macht für seine Begegnungen, so macht sie ihn eben damit offen für die konkreten geschichtlichen Aufgaben. Wenn zu diesen Aufgaben auch die Ordnung der menschlichen Gemeinschaft in Staat und Wirtschaft gehört, und wenn diese Ordnung eine Rechtsordnung sein muß, so zeigt sich, daß die Griechen darin recht gesehen haben, daß sie das Verhältnis von Freiheit und Gesetz im Staat als ein dialektisches verstanden haben. Nicht anders kann es ja in jedem Rechtsstaat sein; er ist nur gesund, wenn die Freiheit in ihm durch das Gesetz begründet ist und wenn das Gesetz ein die Freiheit begründendes ist. Auch dieses Gesetz wird vom christlichen Glauben verstanden als zu dem Gesetz Gottes gehörig, das dem Leben dient. Diese Freiheit ist jedoch nicht die Freiheit, zu der die Gnade Gottes befreit. Das ist vielmehr die innere Freiheit. In der Idee der inneren Freiheit begegnen sich Antike und Christentum und scheiden sich doch zugleich. Denn dort wird die innere Freiheit durch die eigene Kraft des vernünftigen und seiner selbst mächtigen Menschen gewonnen; hier ist sie das Geschenk der befreienden Gnade Gottes.

Zum Problem der Entmythologisierung*

1963

Unter *Entmythologisierung* verstehe ich ein *hermeneutisches Verfahren*, das mythologische Aussagen bzw. Texte nach ihrem Wirklichkeitsgehalt befragt.

Vorausgesetzt ist dabei, daß der Mythos zwar von einer Wirklichkeit redet, aber in einer nicht adäquaten Weise.

Vorausgesetzt ist ebenso ein bestimmtes Verständnis von Wirklichkeit.

Nun kann *Wirklichkeit* in einem doppelten Sinne verstanden werden. Gemeinhin versteht man unter Wirklichkeit die *im objektivierenden Sehen vorgestellte Wirklichkeit der Welt*, innerhalb deren sich der Mensch vorfindet, in der er sich orientiert, indem er sich ihr gegenüberstellt, mit deren Zusammenhang er rechnet und den er berechnet, um sie zu beherrschen und dadurch sein Leben zu sichern. Diese Weise, die Wirklichkeit zu sehen, ist in der Naturwissenschaft und in der durch sie ermöglichten Technik ausgebildet.

Diese Weise, die Wirklichkeit zu sehen, ist *als solche entmythologisierend*, indem sie das Wirken übernatürlicher Mächte, von denen der Mythos erzählt, ausschaltet, – sei es das Wirken von Mächten, die das Naturgeschehen in Gang bringen und halten, sei es das Wirken von Mächten, die das Naturgeschehen unterbrechen. Die konsequente Naturwissenschaft hat die „Hypothese Gott" nicht nötig (Laplace); die das Naturgeschehen leitenden Kräfte sind diesem immanent. Ebenso eliminiert sie den Gedanken des Wunders als eines den Kausalzusammenhang des Weltgeschehens unterbrechenden Mirakels.

Wie alle Phänomene der ihn umgebenden Welt kann der Mensch auch sich selbst, sofern er in der Welt vorkommt, dem objektivierenden Sehen unterwerfen. Er stellt sich dann sich selbst gegenüber, macht sich selbst zum Objekt. Damit reduziert er seine eigentliche,

* Kerygma und Mythos VI, 1, 1963, S. 20–27.

spezifische Wirklichkeit auf die Weltwirklichkeit. So in einer „erklärenden" Psychologie (im Unterschied von einer „verstehenden" Psychologie, vgl. Dilthey) und in einer Soziologie.

Diese Sehweise kann auch in der *Geschichtswissenschaft* zur Herrschaft kommen, und das ist auch der Fall in einem positivistischen Historismus. Hier tritt der Historiker als beobachtendes Subjekt der Geschichte als dem Objekt gegenüber und stellt sich so als Spektator außerhalb des in der Zeit verlaufenden historischen Prozesses.

Heute hat sich die Erkenntnis mehr und mehr durchgesetzt, daß es ein solches Gegenüber nicht gibt, weil *das Wahrnehmen des geschichtlichen Prozesses selbst ein geschichtlicher Vorgang* ist. Der Abstand eines neutralen Sehens vom gesehenen Objekt ist unmöglich. Das scheinbar objektive Bild geschichtlicher Vorgänge ist immer von der Individualität des Sehenden geprägt, die selbst geschichtlich ist und nie ein außerhalb der geschichtlichen Zeit stehender Spektator sein kann.

Ich sehe nun hier davon ab, daß auch in der modernen Naturwissenschaft ein analoges Verständnis des Subjekt-Objekt-Verhältnisses Platz gegriffen hat in der Erkenntnis, daß das Beobachtete schon durch den Beobachter mitgestaltet oder irgendwie modifiziert wird. Wie weit die Analogie zwischen moderner Geschichts- und Natur-Wissenschaft reicht, bedürfte besonderer Untersuchung. Worauf es hier ankommt, ist, daß im modernen Geschichts-Verständnis *die Wirklichkeit* in anderer Weise verstanden ist als in der Weise des objektivierenden Sehens, nämlich als *die Wirklichkeit des geschichtlich existierenden Menschen.*

Menschliches Sein ist von dem im objektivierenden Sehen wahrgenommenen Sein der Natur grundsätzlich unterschieden. Wir pflegen heute das spezifisch menschliche Sein als *Existenz* zu bezeichnen. Dabei ist „Existenz" nicht als bloßes Vorhandensein gemeint in dem Sinne, wie Pflanzen und Tiere auch „existieren", sondern als die spezifisch menschliche Seinsweise.

Der Mensch ist nicht wie ein Naturwesen dem kausalen Zusammenhang des Naturgeschehens eingeordnet, sondern er hat sein Selbst zu übernehmen, ist für sich selbst verantwortlich. Das bedeutet: das menschliche Leben ist Geschichte; es führt durch Entscheidungen jeweils in eine Zukunft, in der der Mensch sich selbst wählt. Die Entscheidungen fallen danach, wie sich ein Mensch selbst versteht, worin er die Erfüllung seines Lebens sieht.

Die Geschichte ist das Feld der menschlichen Entscheidungen. Sie wird verständlich, wenn sie als solches gesehen wird, d. h. wenn gesehen wird, daß in ihr die Möglichkeiten menschlichen Selbstverständnisses wirksam gewesen sind, – Möglichkeiten, die auch Möglichkeiten des gegenwärtigen Selbstverständnisses sind, und die nur in eins mit diesen überhaupt wahrgenommen werden können. Ich nenne eine solche Interpretation der Geschichte *existentiale Interpretation*, da sie, bewegt von der Existenzfrage des Interpreten, nach dem in der Geschichte jeweils wirksamen Existenzverständnis fragt.

Da faktisch alle Menschen aus einer Vergangenheit kommen, in der Möglichkeiten des Selbstverständnisses schon leitend sind, angeboten oder in Frage gestellt werden, ist die Entscheidung immer auch eine *Entscheidung gegenüber der Vergangenheit*, ja, letztlich gegenüber der je eigenen Vergangenheit des Menschen und seiner Zukunft.

Nun braucht die Entscheidung nicht bewußt gefällt zu werden und ist in den meisten Fällen unbewußt. Ja, sie kann als Unentschiedenheit erscheinen, was faktisch die unbewußte Entscheidung für die Vergangenheit ist, das Verfallensein des Menschen an seine Vergangenheit. Das bedeutet aber: der Mensch kann eigentlich oder uneigentlich existieren. Eben dieses, *die Möglichkeit, eigentlich oder uneigentlich zu sein*, gehört zur Geschichtlichkeit und d. h. zur menschlichen Wirklichkeit.

Ist das eigentlich menschliche Sein die Existenz, in der der Mensch sich selbst zu übernehmen hat, für sich verantwortlich ist, so gehört zur eigentlichen Existenz *die Offenheit für die Zukunft, die jeweils Ereignis werdende Freiheit.* Die Wirklichkeit des geschichtlichen Menschen ist daher nie eine abgeschlossene wie die des Tieres, das immer ganz das ist, was es ist. Die Wirklichkeit des Menschen ist seine Geschichte, d. h. sie steht ständig vor ihm, so daß man sagen kann: *Zukünftigsein* ist die Wirklichkeit, in der der Mensch steht.

In der Geschichte der Menschheit wird das daran deutlich, daß der geschichtliche Sinn eines Ereignisses immer erst von seiner Zukunft her verständlich wird. Die Zukunft gehört wesenhaft zum Ereignis. Erst vom Ende der Geschichte aus ist daher der Sinn geschichtlichen Geschehens endgültig zu verstehen. Da aber ein solcher Rückblick vom Ende aus für menschliches Auge nicht möglich ist, ist auch eine Philosophie, die den Sinn der Geschichte zu verstehen trachtet, nicht möglich. Vom Sinn der Geschichte läßt sich nur reden als vom Sinn des Augenblicks, der als Augenblick der Entscheidung sinnvoll ist.

Nun werden alle Entscheidungen in konkreten Situationen gefällt, und auch entscheidungsloses Verhalten – also uneigentliches menschliches Sein – ereignet sich immer in konkreten Situationen. Wenn die Geschichtswissenschaft die in menschlichen Entscheidungen zutage tretenden Möglichkeiten des Selbstverständnisses deutlich machen will, so hat sie also auch die konkreten Situationen der vergangenen Geschichte darzustellen. Diese aber erschließen sich nur dem objektivierenden Blick in die Vergangenheit. So wenig dieser den geschichtlichen Sinn einer Tat, eines Ereignisses erfaßt, so sehr kann und muß er doch die einfachen Fakten der Taten und Ereignisse zu erkennen suchen und in *diesem Sinne* feststellen, „wie es gewesen ist". Und so wenig der Zusammenhang menschlichen Handelns durch kausale Notwendigkeit determiniert ist, so sehr ist er doch ein durch die Folge von Ursache und Wirkung geknüpfter. Denn kein Ereignis, kein Willensakt, keine Entscheidung ist ohne Ursache. Gerade die freie Entscheidung erfolgt aus Gründen, wenn sie nicht blinde Willkür sein soll. Es ist daher möglich, den Gang der Geschichte jeweils rückblickend als einen geschlossenen Kausalzusammenhang zu verstehen, und so muß ihn die objektivierende Geschichtsbetrachtung sehen.

Es fragt sich nun, ob die existentielle Interpretation der Geschichte und die objektivierende Darstellung der Geschichte in Widerspruch zu einander stehen, bzw. ob die Wirklichkeit, die dort gesehen ist, mit der hier gesehenen in Widerspruch steht, so daß von zwei Wirklichkeitsbereichen, ja sogar von einer doppelten Wahrheit geredet werden müßte. Das wäre offenbar eine falsche Folgerung; denn faktisch gibt es nur *eine Wirklichkeit* und nur *eine* Wahrheit der Aussage über das gleiche Phänomen.

Die *eine* Wirklichkeit aber kann unter doppeltem Aspekt gesehen werden, entsprechend der doppelten Möglichkeit des Menschen, eigentlich oder uneigentlich zu existieren. In der uneigentlichen Existenz versteht sich der Mensch aus der verfügbaren Welt, in der eigentlichen Existenz versteht er sich aus der unverfügbaren Zukunft. Dem entsprechend kann er die Geschichte der Vergangenheit sowohl objektivierend betrachten, wie auch als Anrede, sofern aus ihr die Möglichkeiten menschlichen Selbstverständnisses vernehmbar werden und zur verantwortlichen Wahl herausfordern.

Man wird das Verhältnis der beiden Weisen des Selbstverständnisses als ein *dialektisches* bezeichnen müssen, insofern es das eine ohne das andere faktisch nicht gibt. Denn der Mensch, dessen eigentliches Leben sich in Entscheidungen vollzieht, ist auch ein leibliches Wesen. Verantwortliche Entscheidungen gibt es nur in konkreten Situationen, in denen auch das leibliche Leben auf dem Spiele steht. Die Entscheidung, in der der Mensch sich selbst, seine eigentliche Existenz, wählt, ist immer zugleich die Entscheidung für eine Möglichkeit des leiblichen Lebens. Die Verantwortung für sich selbst ist immer zugleich die Verantwortung für die Welt und ihre Geschichte. Um seiner Verantwortung willen bedarf der Mensch des objektivierenden Blicks in die Welt, in die er gestellt ist, als in seine verfügbare „Arbeitswelt". Daher auch immer wieder die Versuchung oder Verführung, die „Arbeitswelt" als die eigentliche Wirklichkeit anzusehen und die Eigentlichkeit des Existierens zu verfehlen und durch Verfügen über das Verfügbare das Leben zu sichern.

Es ist also vollends klar, daß die existentiale Interpretation der Geschichte der objektivierenden Betrachtung der historischen Vergangenheit bedarf. So wenig diese den geschichtlichen Sinn einer Tat, eines Ereignisses erfassen kann, so wenig kann jene eine (möglichst zuverlässige) Feststellung von Tatsachen entbehren. Nietzsches gegen den Positivismus gerichteter Satz, daß es keine Tatsachen gebe, sondern nur Interpretationen, ist mißverständlich. Er ist richtig, wenn man „Tatsache" in dem Vollsinn einer geschichtlichen Tatsache versteht, also einschließlich ihres Sinnes und ihrer Bedeutung im Zusammenhang des geschichtlichen Geschehens. Eine Tatsache in diesem Sinn liegt immer nur vor als „Interpretation", als das Bild, das von dem mit seiner Person beteiligten Historiker gezeichnet ist. Aber eine Interpretation ist offenbar kein Phantasie-Gebilde, sondern durch sie wird etwas interpretiert, und dieses zu Interpretierende sind doch die „Tatsachen", die dem objektivierenden Blick des Historikers (in welcher Annäherung immer) zugänglich sind.

Darf das als gültig angenommen werden, so kann auch das *Problem der Entmythologisierung im Hinblick auf die Geschichtswissenschaft* einer Lösung entgegengeführt werden. Ist die Geschichtswissenschaft wie die Naturwissenschaft als solche entmythologisierend? Ja und Nein!

Die Geschichtswissenschaft entmythologisiert als solche, insofern oder insoweit sie im objektivierenden Sehen den historischen Prozeß als einen geschlossenen Wirkungszusammenhang versteht. Der Historiker kann gar nicht anders verfahren, wenn er eine gesicherte Erkenntnis irgend einer Tatsache gewinnen will, wenn er z. B. prüfen will, ob jeweils eine überlieferte Geschichte wirklich ein gültiges Zeugnis für eine Tatsache der Vergangenheit ist. Er kann also nicht anerkennen, daß der Zusammenhang des Geschehens durch das Eingreifen überirdischer Mächte zerrissen wird; er kann kein Wunder anerkennen als ein Ereignis, dessen Ursache nicht innerhalb der Geschichte liegt. Die historische Wissenschaft kann nicht wie die biblischen Schriften von einem in den Gang der Geschichte eingreifenden Handeln Gottes reden. Sie kann als historisches Phänomen nur den Glauben an Gottes Handeln wahrnehmen, aber nicht Gott selbst. Ob diesem Glauben eine Wirklichkeit entspricht, kann sie nicht wissen, da eine Wirklichkeit, die jenseits der dem objektivierenden Blick sichtbaren Wirklichkeit liegt, für sie nicht sichtbar ist. Für sie muß jede Rede als Mythologie gelten, die beansprucht, vom Handeln jenseitiger Mächte zu reden als von einem Handeln, das in der dem objektivierenden Blick vorliegenden Welt beobachtbar, konstatierbar ist und etwa auch als Argument für den Beweis irgendwelcher Wahrheiten dienen kann. Als mythologisch gilt ihr aber ebenso jede Rede von jenseitigen Sphären, die an die sichtbare Welt räumlich angestückt sind, wie der Himmel und die Hölle.

Nun besteht aber ein grundsätzlicher Unterschied von der Naturwissenschaft hinsichtlich der Stellung zum Mythos: die Naturwissenschaft eliminiert ihn, die Geschichtswissenschaft hat ihn zu interpretieren. Sie hat die Frage nach dem Sinn des mythologischen Redens, das ja ein historisches Phänomen ist, zu stellen.

Die Frage, welches *der Sinn der mythologischen Rede* überhaupt ist, dürfte einfach zu beantworten sein. Der Mythos will von einer Wirklichkeit reden, die jenseits der objektivierbaren, der beobacht- und beherrschbaren Wirklichkeit liegt, und zwar von einer Wirklichkeit, die für den Menschen von entscheidender Bedeutung ist; die für ihn Heil oder Unheil, Gnade oder Zorn bedeutet, die Respekt und Gehorsam fordert.

Ich kann hier von den ätiologischen Mythen absehen, die auffällige Naturgebilde oder Naturerscheinungen erklären wollen. Sie sind in unserem Zusammenhang nur insofern von Bedeutung, als sie das mythologische Denken als ein solches erkennen lassen, das aus Staunen, aus Schrecken, aus Fragen erwächst und mit dem Zusammenhang von Ursache und Wirkung rechnet. Es kann als ein primitives wissenschaftliches Denken bezeichnet werden, wie denn manche Forscher das mythologische Denken auf ein primitives Denken überhaupt reduzieren wollen.

Dieses primitiv-wissenschaftliche, und damit auch objektivierende Denken ist in der Tat aller Mythologie eigen. Aber nun besteht ein grundsätzlicher Unterschied. Es fragt sich nämlich, ob oder wieweit die Intention des Mythos die ist, nur erklärend von der Welt zu reden, der der Mensch beobachtend und berechnend gegenübersteht, oder ob er von der Wirklichkeit des Menschen selbst reden will, also von seiner Existenz. In unserem Zusammenhang handelt es sich um den Mythos, soweit in ihm ein bestimmtes Verständnis der menschlichen Existenz zum Ausdruck kommt.

Welches Existenz-Verständnis? Nun, dieses, daß sich der Mensch in einer Welt vorfindet, die voll ist von Rätseln und Geheimnissen, und daß er ein Schicksal erfährt, das ebenso rätselhaft und geheimnisvoll ist. Er wird zu der Erfahrung gedrängt, daß er nicht Herr über sein Leben ist, und er wird dessen inne, daß die Welt und das menschliche Leben ihren Grund und ihre Grenze in einer Macht (oder in Mächten) haben, die jenseits dessen liegt, was er berechnen, über das er verfügen kann, in einer transzendenten Macht.

Das mythologische Denken objektiviert jedoch in naiver Weise das Jenseits zum Diesseits, indem es, entgegen seiner eigentlichen Intention, das Transzendente als das im Raum Entfernte und seine Macht als quantitativ gegenüber dem menschlichen Können gesteigerte vorstellt. Die Entmythologisierung will demgegenüber die eigentliche Intention des Mythos zur Geltung bringen, nämlich die Intention, von der eigentlichen Wirklichkeit des Menschen zu reden.

Gibt es nun eine *Grenze der Entmythologisierung?* Es wird oft gesagt, daß die Religion und auch der christliche Glaube die mythologische Rede nicht entbehren können. Warum nicht? Sie liefert gewiß der religiösen Dichtung, der kultischen und liturgischen Sprache Bilder und Symbole, und die fromme Andacht mag in ihnen einen Sinngehalt ahnend, empfindend wahrnehmen. Das Entscheidende ist jedoch, daß solche Bilder und Symbole wirklich einen Sinngehalt bergen, und die philosophische und theologische Reflexion hat doch die Aufgabe, diesen Sinngehalt deutlich zu machen. Dieser kann dann aber doch nicht wiederum in mythologischer Sprache ausgedrückt werden; denn sonst müßte ja deren Sinn wiederum gedeutet werden – und so in infinitum.

Die Behauptung, daß der Mythos unentbehrlich ist, bedeutet doch, daß es Mythen gibt, die sich nicht existential interpretieren lassen. Und das heißt, daß es – wenigstens in gewissen Fällen – notwendig ist, vom Transzendenten, von der Gottheit, objektivierend zu reden, da das mythologische Reden nun einmal objektivierendes Reden ist.

Kann das gelten? Es spitzt sich wohl alles auf die Frage zu: ist *die Rede von Gottes Handeln* notwendig mythologische Rede, oder kann und muß sie auch existential interpretiert werden?

Da Gott kein objektiv feststellbares Weltphänomen ist, läßt sich von seinem Handeln nur so reden, daß zugleich von unserer Existenz geredet wird, die durch Gottes Handeln betroffen ist. Man mag solche Redeweise vom Handeln Gottes „analogisch" nennen. Es wird durch sie zum Ausdruck gebracht, daß das Betroffensein durch Gott schlechterdings seinen Ursprung in Gott selbst hat, und daß dabei der Mensch lediglich der Leidende, der Empfangende ist.

Aber ebenso ist festzuhalten, daß vom Betroffensein durch Gottes Handeln nur als von einem existentiellen Ereignis geredet werden kann, das objektiv nicht feststellbar, nicht ausweisbar ist.

Nun ereignet sich jedes existentielle Betroffensein je in einer konkreten Situation, und so liegt es nahe, oder ist für den Betroffenen sozusagen selbstverständlich, diese Situation auch auf das Handeln Gottes zurückzuführen, – was durchaus legitim ist, wenn nur der Ursprung in Gottes Willen nicht mit einer dem objektivierenden Blick zugänglichen Kausalität verwechselt wird. Hier hat die Rede von einem *Wunder* – nicht von einem Mirakel! – ihr Recht.

Wie vom Wunder, so redet der Glaube auch von Gottes Handeln als von seinem *Schöpfer- und Herrscher-Walten in Natur und Geschichte*, und er muß es auch tun. Denn wenn sich der Mensch in seiner Existenz durch Gottes Allmacht ins Leben gerufen und getragen weiß, so weiß er damit auch, daß die Natur und die Geschichte, innerhalb deren sich sein Leben abspielt, von Gottes Handeln durchwaltet sind. Aber dieses Wissen kann nur als Bekenntnis ausgesprochen werden und nie als eine allgemeine Wahrheit wie eine naturwissenschaftliche oder geschichtsphilosophische Theorie. Sonst würde Gottes Handeln zu einem welthaften Vorgang objektiviert. Der Satz von Gottes Schöpfer- und Herrschertum hat seinen legitimen Grund nur im existentiellen Selbstverständnis des Menschen.

So aber enthält der Satz eine *Paradoxie*. Denn er behauptet die paradoxe Identität des innerweltlichen Geschehens mit dem Handeln des jenseitigen Gottes. Der Glaube behauptet ja, daß er ein Handeln Gottes in einem Ereignis, bzw. in Vorgängen sieht, die zugleich für den objektivierenden Blick feststellbare Vorgänge im Zusammenhang des natürlichen und historischen Geschehens sind. Für den Glauben ist also das Handeln Gottes ein Wunder, in dem der natürliche Zusammenhang des Weltgeschehens gleichsam aufgehoben ist.

Für den *christlichen Glauben* ist nun aber das Besondere, daß er in einem bestimmten historischen Ereignis, das als solches objektiv feststellbar ist, das Handeln Gottes in einem ganz besonderen Sinne sieht, als die jedermann zum Glauben rufende Offenbarung Gottes, nämlich in der *Erscheinung Jesu Christi*. Die Paradoxie dieser Behauptung ist am schärfsten ausgedrückt in dem johanneischen Satz: „Das Wort ward Fleisch."

Diese Paradoxie ist offenbar noch anderer Art als diejenige, die behauptet, daß Gottes Handeln allezeit und überall mit dem Weltgeschehen indirekt identisch ist. Denn der Sinn des Christus-Geschehens ist das eschatologische Geschehen, durch das Gott der Welt und ihrer Geschichte das Ende gesetzt hat. Diese Paradoxie ist also die Behauptung, daß ein historisches Ereignis zugleich das eschatologische Ereignis ist.

Die Frage ist nun: kann dieses Ereignis als ein je in der eigenen Existenz sich vollziehendes Ereignis verstanden werden? Oder bleibt es dem zum Glauben Aufgerufenen in der Weise gegenüber, wie in der welthaften Wirklichkeit das Objekt dem Subjekt gegenübersteht? Das würde heißen, daß es ein Ereignis der Vergangenheit ist, wie es von dem objektivierenden Blick des Historikers vergegenwärtigt, d. h. „erinnert" wird. Soll es aber als ein je mich in meiner Existenz treffendes Ereignis verstanden werden, so muß es in einem anderen Sinne Gegenwart sein oder werden können.

Eben dieses liegt aber in seinem Sinn als eines eschatologischen Ereignisses. Denn als solches kann es nicht ein Ereignis der Vergangenheit sein oder werden, wenn anders historische Ereignisse nie die Bedeutung des ἐφάπαξ (einmal für allemal) haben können; und dieses gehört zum Wesen des Christus-Ereignisses als eines eschatologischen Ereignisses.

Es kann also nicht, wie andere historische Ereignisse, durch „Erinnerung" zur Gegenwärtigkeit gebracht werden. Es wird gegenwärtig *in der Verkündung* (dem Kerygma), die ihren Ursprung in ihm selbst hat, und ohne die es gar nicht ist, was es ist. Das bedeutet: die Verkündigung ist selbst eschatologisches Geschehen. In ihr, als Anrede, wird jeweils das Ereignis Jesus Christus präsent, – präsent als das je mich in meiner Existenz treffende Ereignis.

Träger der Verkündigung ist *die Kirche*, und hier wiederholt sich jene Paradoxie. Denn die Kirche ist unter *einem* Aspekt ein dem objektivierenden Blick verfügbares Phänomen, ihrem eigentlichen Wesen nach ist sie ein eschatologisches Phänomen – oder besser: ein je und je sich ereignendes eschatologisches Ereignis.

Ich stimme also Enrico Castelli zu, „que le ‚Kerygma' comporte l'être de l'événement (en tant que mystère); et l'éventuelle analyse historique de l'événement n'entame pas la Révélation, parce qu'elle est la Révélation du message et de l'événement (c'est-à-dire de l'histoire) en même temps."

Die protestantische Theologie und der Atheismus[1]
1971

Das Urteil der protestantischen Theologie über den Atheismus hängt davon ab, wie der Gott gedacht ist, dessen Wirklichkeit der Atheismus leugnet. Wenn Gott als ein Seiender gedacht wird, der zur Welt des Seienden gehört, wenngleich als das höchste Seiende, so ist die forschende Wissenschaft, deren Objekt die Welt des Seienden ist, notwendig atheistisch. Denn ihre Forschung kennt nur Phänomene, die für das forschende Denken objektivierbar und verfügbar sind. Ein Gott, der für das objektivierende Denken verfügbar wäre, wäre nicht Gott. Damit ist nicht gesagt, daß die wissenschaftliche Erforschung des Seienden die Wirklichkeit Gottes überhaupt leugnet. Sie ist insofern atheistisch, als sie nichts über Gott sagt und sagen kann, da er in das Reich des Wirklichen, das ihr offensteht, eben das Reich des Seienden, nicht hineingehört. Sie leistet damit der Theologie einen Dienst, indem sie sie zwingt, von der Wirklichkeit Gottes als einer Wirklichkeit jenseits des Seienden zu reden.

Man kann diesen Atheismus als einen methodischen bezeichnen. Für die Theologie ist nur ein wirklicher Atheismus relevant, d. h. ein solcher, der das Sein Gottes als eine Wirklichkeit jenseits der Welt des Seienden, also eine transzendente Wirklichkeit, leugnet. Dieser Atheismus kann ein bewußter oder ein unbewußter sein.

Der unbewußte, sozusagen naive Atheismus ist der eigentliche Feind des Glaubens an Gott. Er besteht in dem einfachen Ignorieren der Frage nach einer transzendenten Wirklichkeit, und er ist als gewohnheitsmäßiges Verhalten die konsequente Folge der Säkularisierung der modernen Kultur, die in ihrem Verfügen über die Welt des Seienden, mit ihrem Planen und Organisieren, nicht mit Gott rechnet, für die Gott „tot" ist. In diesem Sinne wird heute vielfach vom

[1] Deutsche Fassung eines Beitrags in dem italienischen Sammelwerk: L'Ateismo contemporaneo, Vol. IV, Società editrice internazionale, 1970.

„Tode Gottes“ geredet, und diese Rede ist insofern ganz legitim, als der Tod Gottes als ein kulturelles Phänomen verstanden wird, das eben für die säkularisierte Kultur charakteristisch ist.

Darf man diesen unbewußten Atheismus wirklich Atheismus nennen? Wir haben alle an ihm teil, sofern und soweit unser gewohntes alltägliches Tun und Treiben durch den Säkularismus der modernen Kultur bestimmt ist. Man kann freilich fragen, wie weit der Mensch heute diesem Säkularismus radikal verfallen ist. Meldet sich nicht hin und wieder die Frage nach einer anderen, einer transzendenten Wirklichkeit, etwa im Zweifel an dem Sinn des säkularisierten diesseitigen Lebens, in dem Gefühl der Nichtigkeit dieses Lebens oder schließlich in der schauerlichen Erkenntnis, daß alles Planen und Organisieren der verfügbaren Welt ins Nichts hineinführt? Meldet sich nicht im deprimierenden Bewußtsein der Nichtigkeit die Frage nach einem wirklichen Leben? Ja, ruht nicht im Bewußtsein der Begrenztheit der Gedanke eines Unbegrenzten? Wird nicht in dem Bewußtsein, daß mich in der säkularisierten Welt im Grunde nichts angeht, das Suchen nach dem, was mich unbedingt angeht, lebendig?

Soweit das der Fall ist, kann der unbewußte Atheismus als ein relativer oder vorläufiger bezeichnet werden. Man muß sich darüber klar sein, daß er immer wieder ein wirklicher Atheismus ist, soweit er die naive Haltung des Menschen in einer säkularisierten Welt ist, das Menschen, der in der gewohnten Alltäglichkeit seines Lebens die Frage nach einer transzendenten Wirklichkeit ignoriert oder vergißt.

Der bewußte Atheismus kann verschiedene Formen annehmen. Er ist oft die kategorische Leugnung der Wirklichkeit Gottes, wie sie ihm in der kirchlichen Dogmatik begegnet oder wenigstens zu begegnen scheint, weil diese Dogmatik von Gott als einem Seienden redet oder wenigstens zu reden scheint. Dieser Atheismus unterscheidet sich von dem Atheismus der Wissenschaft, deren Gegenstand ausschließlich die Welt des Seienden ist, dadurch, daß er die negative Haltung der Wissenschaft gegenüber der Gottesfrage nicht als eine nur methodische versteht, die über die Wirklichkeit Gottes nichts aussagt, sondern als kategorische Leugnung der Wirklichkeit Gottes überhaupt. Für diesen Atheismus ist Gott wirklich „tot“. Der Gottesglaube ist für ihn eine Illusion, die Rede von Gott bloße Mythologie.

Die Konsequenz eines solchen Atheismus ist der Nihilismus, wie ihn Jean Paul charakterisiert in der „Rede des toten Christus vom

Weltgebäude herab, daß kein Gott sei", oder ebenso Nietzsche, wenn er in der „Fröhlichen Wissenschaft" den „tollen Menschen" die Botschaft vom Tode Gottes verkündigen läßt.

Der bewußte Atheismus kann jedoch auch von anderer Art sein, indem er zwar die dogmatische Lehre von Gott, die diesen als Seienden versteht, bestreitet, aber ohne den Gedanken von einer transzendenten Wirklichkeit preiszugeben. Für erledigt hält er freilich das Gottesbild der kirchlichen Tradition, aber seine These ist, daß von Gott nur in einer neuen Begrifflichkeit geredet werden kann. So redet man heute etwa von den „Wandlungen Gottes" oder wagt die Formulierung: „Gottes Sein ist im Werden". Der Sinn solcher Aussagen besteht darin, daß wir Gott nicht als ein Wesen oberhalb oder außerhalb der Welt vorstellen dürfen, sondern daß sich die transzendente Wirklichkeit gerade innerhalb der Welt vornehmen läßt und daß solches Vernehmen, solche „Offenbarung Gottes", stets ein geschichtliches Geschehen ist, in dem Gott stets als ein anderer erscheint. Freilich ist der Gedanke nicht vollziehbar, daß Gott selbst eine Geschichte hat wie der Mensch. Aber der Mensch ist ein geschichtliches Wesen, dessen Leben in Entscheidungen in konkreten Situationen verläuft, und er besitzt die Erkenntnis Gottes nicht in zeitlosen Theorien über Gottes Sein, sondern nur, wenn er sich getroffen weiß vom Licht einer transzendenten Wirklichkeit, wenn in ihm das Bewußtsein wach wird, daß er in seiner Existenz von dieser transzendenten Wirklichkeit ebenso begnadet wie gefordert ist.

Dieses Innewerden setzt voraus, daß der Mensch von der Frage nach der Eigentlichkeit seiner Existenz bewegt ist. Diese Frage braucht nicht stets bewußt zu sein, sie lauert gleichsam in ihm und kann bewußt werden in geschichtlichen Situationen, besonders in sogenannten Grenzsituationen, in denen den Menschen der Gedanke der Sinnlosigkeit alles Geschehens überfällt, in denen er seiner eigenen Begrenztheit inne wird. Sie wird (um eine Formulierung Tillichs zu gebrauchen) in der Frage nach einem Unbedingten, nach dem, was mich unbedingt angeht, lebendig.

Ob die Antwort auf diese Frage gehört wird in dem Wort Gottes, das die christliche Botschaft verkündigt, ja, ob das Unbedingte überhaupt als Gott bezeichnet wird, ist nicht entscheidend. Entscheidend ist, daß in solchem Fragen und in solchem Selbstverständnis das Wissen um eine transzendente Wirklichkeit lebendig ist oder wenigstens lebendig wird, und zwar in der Weise, daß sich der Mensch als von ihr getragen wie auch gefordert versteht. Solches Selbstverständnis sucht die Wirklichkeit Gottes nicht jenseits und außerhalb der Welt, sondern in ihr. Für solches Selbstverständnis ist, wie Dietrich Bonhoeffer es formuliert, das Jenseitige nicht das unendlich Ferne, sondern das Nächste.

Man wird am treffendsten sagen, daß das Verhältnis von Weltlichkeit und Glauben an eine transzendente Wirklichkeit ein dialektisches ist, weil der Mensch einerseits die weltliche Wirklichkeit als wissenschaftlich erforschbare und verfügbare versteht und verstehen muß, um in ihr überhaupt verantwortungsvoll handeln zu können, und weil er andrerseits in dieser Wirklichkeit einer transzendenten Wirklichkeit inne wird und in ihren Gaben und Aufgaben das Unbedingte wahrnimmt.

Da der christliche Glaube an Gott nur echt ist, wenn er aus der Frage der Existenz erwächst, so sind christlicher Glaube und bewußter Atheismus im Wissen um eine transzendente Wirklichkeit einig, und man kann fragen, ob man diesen bewußten Atheismus noch als Atheismus bezeichnen soll. Ist der Glaube an das Unbedingte im Bedingten christlicher Gottesglaube? Er ist es nicht, wenn der christliche Glaube die Antwort auf das Wort Gottes ist, das die christliche Kirche verkündigt, weil sie es gesprochen hört im Neuen Testament.

Wohl aber muß man sagen: dieses verkündigte Wort wird verständlich gerade für den Menschen, der von der Frage nach seiner Existenz und damit von der Frage nach dem Unbedingten bewegt ist, für den Menschen, in dem das Wissen oder doch die Ahnung von einer transzendenten Wirklichkeit oder wenigstens die Sehnsucht nach ihr (bewußt oder unbewußt) lebendig ist. Das Wort, das Gott ebenso als den Richter wie als den Gnädigen verkündigt, das den Menschen lehrt, sich als Sünder zu verstehen, und das ihn zugleich der Vergebung Gottes versichert, – dieses Wort hat selbst dialektischen Charakter. Es verlangt vom Menschen das Bekenntnis seines Nichts angesichts Gottes als die Voraussetzung dafür, daß er als der Nichtige von Gott angenommen ist.

Im Lichte dieses Wortes werden gerade die geschichtlichen Situationen und Begegnungen als Worte Gottes verständlich, und so wird das verkündigte Wort stets neu. Denn das Wort Gottes ist nicht (um mit Tillich zu reden) ein göttlicher Redeakt der Vergangenheit, sondern jede Wirklichkeit kann nun zum Worte Gottes werden, weil in ihr die transzendente Wirklichkeit den Menschen anruft, zugleich richtend und begnadigend.

Damit wandelt sich zwar nicht Gott, wohl aber das Gottesbild. Gott ist, wie das biblische Wort sagt, der Allmächtige, er ist der Schöpfer, er ist die Liebe. Aber diese Sätze werden nun nicht als allgemeingültige dogmatische Sätze ausgesprochen, sondern als persönliche Bekenntnisse je in der geschichtlichen Situation.

Gott ist der Allmächtige, indem ich ihn als einen solchen bekenne in einem „Dennoch" gegenüber aller Versuchung, mich als abhängig zu verstehen von den Bedingungen meines irdischen Daseins, und damit gegenüber allem Zweifel am Sinn meines Lebens, selbst in Situationen der Verzweiflung, in denen mir der Sinn meines Lebens zu entschwinden droht. Gott ist der Schöpfer, dem ich vertraue als dem, der in der Welt, in der ich zu handeln habe, sein verborgenes Regiment führt, auch wenn die Natur- und Geschichtswissenschaft das Weltgeschehen als ein kausal bedingtes sehen lehrt. Gott ist die Liebe, sofern ich mich getragen weiß von dem Segen, der mir in der stets gegebenen Möglichkeit des Liebens im menschlichen Miteinander von Person zu Person angeboten ist, und wenn ich mich gedrungen weiß, diese Möglichkeit zu realisieren im Kampf gegen den eigenen Egoismus wie gegen alle mir begegnende Eifersucht und allen Haß und allen das menschliche Miteinander vergiftenden Streit.

In solchem Glauben wird die Welt und mein Leben in ihr neu, und es gilt, diesen Glauben immer wieder neu zu fassen, denn er kann nicht ein einfacher Besitz sein wie wissenschaftliche Erkenntnisse oder wie das Fürwahrhalten dogmatischer Sätze. Die Kraft zum „Dennoch" wird mir geschenkt in dem mich anredenden Wort der christlichen Botschaft, die mir Gottes Gnade verkündigt. So hört Paulus Gottes Wort: „Genug ist für dich meine Gnade; denn die Kraft kommt in der Schwachheit zur Vollendung" Und Paulus antwortet: „So will ich mich denn mit Freuden erst recht meiner Schwachheit rühmen, damit sich die Kraft Christi auf mich niederlasse. Darum sage ich Ja zu Schwachheiten, Mißhandlungen, Nöten, Verfolgungen und Bedrängnissen. Denn wenn ich schwach bin, dann bin ich stark." (2 Kor 12, 9f)

Bibelstellenregister

(nicht aufgenommen sind die zahlreichen
Belege zu λόγος auf S. 134)

Begriffsregister

Autorenregister
(ausgenommen biblische Autoren)

Ulrich Heckel

Der Segen im Neuen Testament

Begriff, Formeln, Gesten
Mit einem praktisch-theologischen Ausblick

Segen ist ein elementarer religiöser Begriff, der wie kaum ein anderer in die Alltagssprache eingedrungen ist, in vielen Glückwünschen vorkommt und uns selbst im säkularen Kontext der Medien begegnet. Dennoch sind Begriff, Formeln und Gesten des Segens im Neuen Testament bisher noch nicht zusammenhängend untersucht worden. Ulrich Heckel ordnet das Phänomen des Segens zunächst im gesellschaftlichen Kontext, den heutigen Herausforderungen der kirchlichen Arbeit und in der Forschungsgeschichte ein. In vier Hauptteilen analysiert er dann das hebräische, griechische und deutsche Wortfeld, das Verständnis von Segen und Fluch im Neuen Testament und Qumran vor ihrem traditionsgeschichtlichen Hintergrund, die unterschiedlichen Sprachformen, die ein Segenswort haben kann, und die Bedeutung der Gesten. Besondere Schwerpunkte sind die unterschiedliche Rezeption der Abrahamsverheißung in Apg 3, Gal 3, Hebr und 1. Klem und die Kindersegnung Jesu. Ebenfalls genau untersucht werden die Wirkungsgeschichte des aaronitischen Segens in Lk 24, Qumran und der christlichen Liturgie, Anathema und Fluchverbot sowie die Segensformeln der Briefe und die Handauflegung im Neuen Testament. In einem praktisch-theologischen Ausblick zieht Ulrich Heckel Folgerungen für die systematische Reflexion des Segensbegriffs, seine Bedeutung für Kirche und Alltag, die liturgische Praxis, das Amtsverständnis, die Kasualien als Segenshandlungen sowie für Kindersegnungen, Salbungsgottesdienste und Realbenediktionen.

2002. x, 432 Seiten (Wissenschaftliche Untersuchungen zum Neuen Testament I/150).
ISBN 3-16-147855-X Broschur;
ISBN 3-16-147847-9 Leinen

Mohr Siebeck
Postfach 2040
D-72010 Tübingen
Fax 07071 / 51104
e-mail: info@mohr.de
www.mohr.de